프랑스 철학과 문학비평

한국프랑스철학회Société coréenne de philosophie française는 2005년 5월 14일 창립되었다. 매년 네 차례씩 개최하는 정기 발표회를 통해 '프랑스 철학과 문학' '프랑스 철학과 미술' '정신분석학과 정치철학' 등의 주제 발표를 해왔다. 학회지 『프랑스철학』 발간을 비롯해 프랑스 철학 관련 각종 행사를 주관하고 있다.

필자 소개(가나다순)
김상환 서울대 철학과 교수
김 석 건국대 자율전공학부 조교수
박준상 숭실대 철학과 교수
변광배 프랑스인문학 연구단체 '시지프' 대표
서동욱 서강대 철학과 교수
서용순 영남대 인문과학연구소 학술연구교수
신인섭 강남대 철학과 교수
심세광 성균관대 불문과 강사
윤성우 한국외대 철학과 교수

현대의 지성 131
프랑스 철학과 문학비평

제1판 제1쇄 2008년 11월 24일
제1판 제2쇄 2014년 9월 1일

엮은이 한국프랑스철학회
펴낸이 주일우
펴낸곳 ㈜문학과지성사
등록번호 제1993-000098호
주소 121-894 서울 마포구 잔다리로7길 18(서교동 377-20)
전화 02)338-7224
팩스 02)323-4180(편집) 02)338-7221(영업)
전자우편 moonji@moonji.com
홈페이지 www.moonji.com

ⓒ 한국프랑스철학회, 2008. Printed in Seoul, Korea.
ISBN 978-89-320-1909-3

* 이 책의 판권은 엮은이와 ㈜문학과지성사에 있습니다.
  양측의 서면 동의 없는 무단 전재 및 복제를 금합니다.

프랑스 철학과 문학비평

| 한국프랑스철학회 엮음 |

문학과지성사
2008

서문

한 사물에 정신을 집중한다는 것은 그저 그 사물을 보고자 하는 것이 아니라 그 사물에 응축되어 있는 사건이 어떻게 터져 나오는가를 몸소 체험하기 위한 것이다. 하나의 사건을 체험한다는 것은 그 사건을 가능케 한 시간들의 직물 속에 아예 몸을 드리우는 것이다. 아예 몸을 드리운다는 것은 나의 몸에 응집된 시간의 흔적들을, 사물에서 터져 나오는 사건의 깊이에 따라 흘러가도록 하는 것이고, 사건에서 풀려나오는 시간들의 율동에 맞추어 함께 풀려나오도록 하는 것이다. 그것은 음악에 맞추어 춤을 추는 것과 같다. 그같이 함께 떨리면서 흘러가는 과정에서 나의 몸은 풀려나면서 더욱더 두툼하게 부풀어날 것이고, 그런 다음 더욱더 풍부하게 풀려날 수 있을 것이다. 이미 늘 다가와 있는 죽음 속에서조차 즐거울 수 있는 것은 그렇듯 나의 몸이 더욱더 풍부하게 풀려나는 데서 전율이 온몸을 안팎으로 휘감기 때문이다.

책의 출간을 알리고 축하하는 서문을 쓰는 의례적인 지면을 빌려 이렇게 함부로 개인의 입장을 밝히는 것이 예의에 어긋난다는 것은 안다. 하지만 한국프랑스철학회에서 기획·출간하는 이 책 『프랑스 철학과 문학비평』의 출간 원고들을 읽은 뒤, 그 강력한 감동의 여진을 숨길 수만은 없었다.

한국프랑스철학회가 설립된 지 어언 4년이 다 되어간다. '프랑스'라는 지리적인 명칭을 단 철학 모임을 결성한다는 것이 아무런 의미도 없다는 건 누구나 다 아는 사실이다. 그런데도 굳이 특정 국가의 이름을 딴 철학회를 이 땅에서 왜 만들었는지는 프랑스철학회에서 기획·출간하는 이 책을 읽으면 상당 정도 이해가 될 것이다.

라캉, 사르트르, 메를로-퐁티, 레비나스, 리쾨르, 블랑쇼, 들뢰즈, 푸코, 데리다, 바디우. 프랑스 현대 철학 사상의 걸출한 인물들이다. 이들의 철학 사상을, 독일을 비롯한 다른 유럽 대륙권이나 영미권의 철학 사상과 특별히 변별되게 아우를 수 있는 공통된 지반을 찾기란 물론 쉽지 않다. 한 가지를 꼽자면 이들이 배타적인 철학의 전유지(專有地)를 전혀 고집하지 않고, 철학을 다른 사유의 영토에로, 특히 문학과 예술의 영토에로 근본적으로 진입하기 위한 발판으로 삼는다는 것이다.

다른 방식의 사유도 마찬가지겠지만, 철학적 사유 역시 배타적인 사유지를 거느리고 그 속에서 웅크리고 있는 것이 결코 아닐진대, 어느 정도 전통적인 사유의 경계를 인정하면서 그 경계를 충분한 근거를 갖고서 마음껏 넘나드는 사유의 힘을 발휘하지 않고서는 제대로 된 철학적 사유를 수행하는 것이 아니다. 만약 철학적 진리가 존립한다 할지라도, 그것은 '있지도 않은' 철학 고유의 사유 영역에서는 발견할 수 없을 것이다. 철학적 진리는 자신을 벗어나는 곳, 지독한 삶과 대결하는 그 모든 방식의 사유의 몸짓 혹은 몸짓의 사유에 널리 스며들어 있을 것이기 때문이다.

이럴 경우, 특히 철학과 마찬가지로 언어적인 표현으로 삶과 존재 혹은 존재와 삶의 교직에서 이미 늘 빚어지고 있는 온갖 미세한 결들을 드러내는 문학은 그 미세한 결들을 더욱 미세하고 깊이 있게 만들고자 하는 철학과 심지어 한통속으로 엮여들지 않을 수 없다. 그런 까닭으로 앞에 열거한 프랑스 현대 철학 사상의 거장들에게서 문학 세계에 진입해 들어가는 사유의 몸짓을 염탐한다는 것은 가히 즐겁지 않을 수 없다.

김상환, 김석, 박준상, 변광배, 서동욱, 서용순, 신인섭, 심세광, 윤성우. 이 책의 필자들의 면면을 다 살필 여유는 없다. 이들은 모두 프랑스 철학의 본거지로 유학을 떠나 강렬한 철학적 삶의 바탕을 훑고 한국으로 돌아온 학자들이다. 이들이 국내외 곳곳에서 발휘하는 연구 역량은 눈부시다. 거상(巨像)으로 우뚝 솟은 대단한 철학자를 마주 대하다 보면 그들의 위용에 매몰되기 십상이다. 그러나 이들은 저들의 철학 사상을 너끈하게 소화해낸 뒤, 무엇보다 주어진 현실 속에서 삶을 희롱하고 망가뜨리는 정치적·사회적 현실에 대해 각기 나름의 근원적인 비판적 안목으로 대결해나가는 힘을 발휘한다. 당연한 이야기지만, 이들에게 프랑스 현대 철학 사상은 이러한 힘을 발휘해나가는 데 필요한 도구일 뿐인 것으로 여겨진다.

본인의 무능력과 과문함으로 인해, 한국 문학계가 어느 정도로 철학적 사유의 깊이를 조탁해온 상태인지 제대로 모른다. 하지만 한국 철학계가 이제야 문학과 예술의 깊은 경지를 확인하기 시작했고 알게 모르게 그 깊이를 받아내어 철학적 사유를 풍부하게 열어나가고자 하는 길을 모색하기 시작한 것만은 확실하다.

한국의 문학계와 철학계 양쪽으로 새로운 사유의 길들을 안내하고자 하는 이 『프랑스 철학과 문학비평』을 시발점으로 해서 아무쪼록 한국 지성계에 한층 더 깊고 미세한 사유의 열정이 심지어 난무하기를 바란다. 그래서 미국발 신자유주의적인 세계화의 폐해가 바닥을 모르고 그 거품의 정체를 여지없이 드러내고 언필칭 실용주의라는 통치이데올로기로 무장한 반인문학적인 정권의 오리무중이 넘쳐나는 이 시기를, 오히려 우리 모두에게서 더 강렬한 삶이 빛날 수 있는 기회로 반전시키는 데 이 책이 일조하기를 바란다.

  이 책의 출간을 위해 귀한 글을 주신 위 아홉 분의 필자들에게 감사하기 이를 데 없다. 특히 이 책의 출간을 위해 처음부터 끝까지 기획과 편집을 도맡아 노심초사 수고를 아끼지 않으신 서동욱 선생님께 더욱 감사하다는 말씀을 전한다. 책의 교정에 도움을 준 서강대 철학과 대학원의 김동규, 김웅열, 김현선, 노정태, 박경남, 그리고 책의 교정과 더불어 까다로운 색인 작업을 도맡아준 김광철의 노고도 기억되어야 할 것이다. 아울러 문학과지성사 편집부에도 고맙다는 인사를 전한다.

한국프랑스철학회장 조광제

기획의 말

　섬세한 전기 작가 슈테판 츠바이크는 발자크의 습작 시절, 그러니까 아직 진정한 소설가로 불리기 이전 무렵을 이렇게 기술하고 있다. "스무 살짜리는 자기가 무엇이고 앞으로 무엇이 되려는지 아직 분명한 생각이 없었다. 철학자인지, 시인인지, 소설가인지, 극작가인지, 아니면 학자인지. 어디를 향할지 모른 채 다만 힘만을 느끼고 있었다. (……) 발자크라는 이름을 세상에 알릴 작품이 철학적 체계인가, 아니면 교외지역의 오페라 대본인가, 낭만적 서사시인가, 아니면 소설인가?"(슈테판 츠바이크, 『츠바이크의 발자크 평전』, 안인희 옮김, 푸른숲, 1998, pp.64~65). 청년 발자크의 두뇌는 문학만의 소유가 아니었다. 발자크라는 용광로 안에는 어떤 생명체로 펼쳐질지 모르는 복잡한 조직체가 누리는 은밀한 밤처럼, '철학'과 '문학'이 함께 들끓고 있었던 것이다.
　이런 광경은 또 다른 유명한 장면에서도 목격할 수 있지 않은가? 푸치니의 무대 감각과 음악적 즐거움을 빼고 그 줄거리만 생각한다면 두 손으로 얼굴을 감싸버릴 만큼 참담한 작품인 「라보엠」에서, 철학자 콜리네는 시인 로돌포와 함께 라틴 구역 안의 낡은 아파트에서 궁상을 떨고 있다. 이 아마추어들은 놀라운 것을 생산해낼 실험실의 화로 안에서 서로 뒤섞인 채 장래를 위해 제련 중인 것이다. 로돌포가 쓸데없이 여자에게 한눈을 파는 바람에 우리는 철학과 문학의 뒤섞임이 만들어내는 태양의 불타는 화학 반응을 목격하는 대신, 감상적인 작업남의 「그대의 찬 손」을 듣는 데 만족하게 되었지만 말이다(그러나 무엇을 하며 인생의 시간을 보내야 할 것이냐를 냉혹히 검토해보자면, 이편도 꼭 나쁜 것은 아니다……).

그런데 이런 장면들은 얼마나 예외적인가? 서로 별개의 개체가 되어 완전히 상대방으로부터 떨어져 나가지 않고 샴쌍둥이처럼 뒤얽힌 철학과 문학이 끝끝내 두 갈래로 쪼개져 버리는 것은 마슈레 같은 사람에 따르면, 18세기 말엽부터이다(피에르 마슈레, 『문학은 무슨 생각을 하는가?』, 서민원 옮김, 동문선, 2003, p.12). 이 시기의 유산들 가운데, 언어의 아름다움과 숭고함에서 성립하는 문학과, 언어가 진리의 담지자라는 데서 성립하는 철학의 대립을 단적으로 표현하고 있는 것은 칸트의 다음과 같은 구절이다. "취미는 지성을 방해한다. 나는 표현의 아름다움이 더 이상 나를 혼란스럽게 하지 않을 때까지 루소를 읽고 또다시 읽어야 했다. 이성만으로 그의 글을 포착할 수 있을 때까지 말이다"(학술원판 전집, XX, p.30). 이제 문학은 진리의 여백으로 밀려나 버리게 된 것이다. 지적인 세계에 더할 나위 없이 고집스러운 분과 영역의 구획이 들어서고, 경찰에 버금가는 규칙의 수호자들이 이 구획의 담벼락을 오래도록 감시하는 시대가 탄생하였다. 이 경찰들의 과업은 쪼개진 분과 영역들 안에서 이미 통용되는 명제들에 '올바름'의 허울을 씌워주는 것, 즉 '정당화'하는 것이지, 우리를 근본적으로 새롭게 변화시켜줄, 규칙과 무관한 언어가 침입하는 통로를 열어주는 것은 아니다.

그런데 오늘날 충분치는 못하더라도 사정은 훨씬 나아졌다. 하이데거가 코기토와 상관적인 '표상적 진리' 배후의 근본적 진리에 접근하는 길로 시어(詩語)를 내세운 이래, 현대 철학은 자신의 한계를 기록하는 동시에 그것을 넘어설 수 있게 해주는 문지방으로서 문학의 언어를 발견하기 시작했다. 문학은 더 이상 진리에 대해서 없어도 그만, 있으면 그저 약간 아름다운 장식이 되어주는 진리의 여백이 아니라, '철학의 한계 개념'으로서 추켜올려진 것이다. 보편타당한 명제 수립의 규칙을 찾는 데, 또는 술어가 주어에 붙을 권리를 어떻게 지니는지 정당화하는 데에 골몰하던 철학은 술어 논리가 포착하지 못하는 근본적인 지점에 다가가기 위해서는 오르페우스의 수금(竪琴) 같은 노래 부르는 안내자, 바로 문학이 필요하다는 것을 깨달았다.

이 책이 시선을 고정시키고 있는 현대 프랑스 철학자들은 이러한 깨달음의 최전방에 자리잡고 있는 자들이다. 사르트르, 레비나스, 블랑쇼, 메를로-퐁티, 리쾨르, 라캉 같은 전쟁 전 세대부터 시작해, 68혁명과 구조주의 이후의 들뢰즈, 푸코, 데리다, 바디우 등에 이르는 반세기 이상의 긴 기간 동안 현대 프랑스 철학은 표상적 진리 바깥의 보다 근본적인 영역으로 통하는 다양한 길을 문학의 언어에서 발견하면서 철학과 문학 모두를 풍요롭게 해왔다. 철학은 새로운 나침반을 얻은 듯 진리의 신대륙으로 이어지는 먼 바다까지 나가볼 수 있게 되었으며, 문학은 자신의 언어가 통상적인 형식이나 속견으로 환원되지 않는, 세상 안에 전혀 등가물을 가지지 않는 낯선 침입자의 자격으로 존재의 질서 자체를 붕괴시킬 수 있는 힘을 지니고 있음을 알게 되었다. 대표적인 현대 프랑스 철학자들의 문학론 일반을 검토하고 그 성과를 정리하고 있는 이 책은 바로 이러한 풍요로움의 구체적 기록인 것이다.

이 책의 기획은 '한국프랑스철학회'의 창립을 준비하고 있던 2005년 초의 추운 날들로 거슬러 올라간다. 그때 우리는 이런 물음에 몰두하고 있었다. 도대체 이런 학술적 모임은 사회 안에, 사람들 사이에 어떻게 존립해야 할 것인가? 꿈꿀 수 있는 그 존립의 가장 이상적인 형태는 우리의 학문적 관심과 대중 일반의 관심이 같은 소실점을 향해 빨려들듯 시선을 던지고, 그 심연에 대해 서로 말을 건네기를 원하는 관계 속에서 찾을 수 있지 않겠는가? 우리는 '한국프랑스철학회'의 첫번째 저작 사업인 이 기획을 통해 독자들과 바로 이런 관계를 수립하고 싶었다.

그래서 이런 일이 벌어진 것이다.

지금 이 책을 미완성으로 만들어서 '당신'에게 드린다. 문장들을 따라가는 당신의 빠른 눈과 깊은 사유가 이 책을 비로소 완성시켜주기를 바라면서 말이다. 조각난 혼례의 예물은 이렇게 우주의 나머지 한 조각 퍼즐을 소유한 당신을 통해 완전한 형태를 찾을 것이다. 신뢰를 기념하기 위해 선물하는 축제일의 은빛 목걸이처럼 그렇게…….

2008년 가을
기획 책임자 서동욱

차례

서문 **조광제** 5
기획의 말 **서동욱** 9

1부 | 정신분석, 현상학, 실존주의, 그 주변

1. 라캉의 문학론—자율적인 시니피앙 논리의 효과인 문학 **김석** 16
2. 사르트르의 문학론—사르트르의 참여문학론과 그 철학적 토대 **변광배** 40
3. 레비나스의 문학론—시와 타자 **서동욱** 76
4. 블랑쇼의 문학론—침묵 또는 음악 **박준상** 104
5. 메를로-퐁티의 문학론—메를로-퐁티의 현상학과 클로드 시몽의 누보로망 **신인섭** 144
6. 리쾨르의 문학론—언어와 실재에 대한 탐구 **윤성우** 180

2부 | 후기구조주의, 해체주의, 그 주변

7. 들뢰즈의 문학론—기호와 표현 **서동욱** 208
8. 푸코의 문학론—푸코와 문학 **심세광** 256
9. 데리다의 문학론—데리다의 텍스트 **김상환** 294
10. 바디우의 문학론—베케트와 바디우의 마주침에 대한 단상: 인류에 대한 유적 사유 **서용순** 328

이 책에서 다루는 철학자들의 약력 351
필자 소개 355
찾아보기(주요 용어) 359
찾아보기(인명) 364

1부

정신분석, 현상학, 실존주의, 그 주변

라캉의 문학론

라캉에 따르면 언어는 사유의 도구가 아니며, 자율적이고 독립적인 메커니즘에 의해 작동한다. 그리고 언어적 활동인 작가의 글쓰기와 독자의 텍스트 독해는 상호주체성의 구조에서 시니피앙을 매개로 이루어지는 동일한 행위라고 라캉은 강조한다. 이 글의 목적은 『에크리』에 실린 「「도둑맞은 편지」」에 관한 세미나」와 『햄릿』의 분석을 통해 문학에 대한 라캉의 입장을 살펴보는 것이다.

라캉은 에드거 앨런 포의 단편소설 「도둑맞은 편지」를 분석하면서 자신이 고안한 시니피앙 논리를 중심으로 문학 텍스트의 위상을 설명한다. 포의 소설에서 이야기 전개와 인물들의 역할은 편지의 순환에 따라 달라지는데, 소설의 주인공은 인물이 아니라 시니피앙을 의미하는 편지이다. 편지는 그 내용이 전혀 알려지지 않은 채로, 편지를 둘러싼 세 가지 시선을 상호작용하게 만든다. 이처럼 문학을 보는 라캉의 독창성은 텍스트의 내용(시니피에)보다는 의미가 배제된 시니피앙의 구조와 역할을 강조하는 데 있다. 시니피앙 논리와 무의식의 언어적 본성 이론은 『햄릿』의 분석에도 그대로 적용된다. 햄릿은 대타자인 어머니의 욕망에 지배를 받고 있다. 그러므로 햄릿은 자신의 욕망을 전혀 알 수 없다. 햄릿 자신의 욕망은 불가능한 욕망이며 죽음과 연관되어 있다. 라캉에 따르면 인간의 욕망은 상징계의 주인인 대타자의 욕망이며, 대타자로부터 인정을 받고자 하는 인정에 대한 욕망이다. 그러므로 욕망은 상징계에서 지체될 수밖에 없는데, 라캉은 이를 햄릿의 욕망과 갈등을 분석함으로써 잘 보여준다.

라캉은 두 문학작품의 분석을 통해 상징계의 전능성을 강조하지만, 한편으로는 상징계와 실재계의 긴장과 역설에 대해서도 언급한다. 문학은 어떻게 보면 상징계가 실재계에 낸 구멍을 메우려는 시시포스적 시도라고 말할 수 있다. 그리고 제임스 조이스의 예에서 보듯 창작 행위는 그 자체로 향유될 수 있다.

자율적인 시니피앙 논리의 효과인 문학

김 석

1. 여는 글: 텍스트의 자율성과 문학 활동

프로이트는 문학 창조의 근원에는 현실에서 벗어나 몽상적 쾌락을 즐기려는 무의식적 소망이 있다고 말했다. 프로이트에 의하면 이것은 상상과 모방을 통해 현실과 분리된 자신만의 세계를 만들어내는 아이의 놀이와 비슷하다. 비록 글쓰기가 작가의 몽상을 텍스트로 옮기는 의식적 활동을 필요로 하지만, 그 동기에서 보면 문학작품은 우리가 꾸는 꿈과 마찬가지로 작가의 욕망과 무의식을 보여주는 징후가 될 수 있는 것이다. 이로부터 작가의 감정과 무의식적 소망이 텍스트를 통해 독자에게 전달되고 독자가 이를 즐길 수 있다는 가정이 성립된다.

하지만 문학에 대한 라캉의 접근 방법은 프로이트와는 다르다. 라캉에 의하면 텍스트는 작가의 경험과 무의식을 그대로 전달하는 게 아니라, 얼마든지 변형시킬 수 있고 왜곡할 수 있다. 이러한 생각의 바탕에는 언어가 사유의 도구가 아니라 인간의 본질을 규정하고 지배하는 자율적이며 독립적인 질서라는 전제가 깔려 있다. 상징계는 인간을 지배하는 선행적 질서이자 절대적 법이다. 라캉은 무의식과 문학의 구조적 동일성을 언어의 본성으로부터 분석한다. 그리고 언어적 활동이자 창조 행위인 작가의 글쓰기와 독자의 텍스트 독해가 상호주체성의 구조에서 텍스트를 매개로 이루어지는 동일한 행위임을 강조한다. 이런 면에서 텍스트는 오히려 다양한 해석을 가능하게 만들거나, 고정된 의미가 배제된 중립적 위치에 놓이게 된다. 다음에서 우리는 라캉이 이런 주장을 펼치게 되는 이론적 배경과, 라캉의 정신분석 이론이 문학 활동과 작품 분석에 어떤 식으로 적용될 수 있는지 살피고자 한다. 특히 라캉이 세미나의 독립적 주제로 삼았던 에드거 앨런 포의 「도둑맞은 편지」와 셰익스피어의 『햄릿』에 대한 분석을 통해 새로운 시각에서 문학에 접근하는 관점을 배울 수 있을 것이다.

2. 시니피앙의 작동법칙과 텍스트, 그리고 욕망

1) 시니피앙 논리

시니피앙과 시니피에의 분리

라캉은 언어학자 소쉬르로부터 시니피앙[1]과 시니피에 개념을 차용하여 자신의 상징계 개념을 고안한다. 소쉬르는 언어의 최소 단위를 기호로 보았는데, 기호는 다시 시니피앙과 시니피에로 나뉜다. 소쉬르에 의하면 시니피앙은 청각적 이미지를 말하는 것으로, 소리를 들을 때 우리가 느끼

---

1) 보통 '기표' 혹은 '능기'로 번역되지만 라캉 용어와의 혼동을 피하기 위해 원어를 사용하겠다. 라캉은 시니피앙이 의미가 전적으로 배제된 물질적 요소라고 보기 때문에 원어를 사용하는 것이 라캉의 의도에 더 부합한다고 할 수 있다. 시니피에도 '기의' 혹은 '소기'로 번역되지만 원어로 지칭하겠다.

는 감각적 심상을 말한다. 시니피에는 기호의 개념적 차원이다. 예를 들어 '나무'라는 단어를 들을 때, 우리는 즉시 '나무'라는 단어가 불러일으키는 음향적 느낌과 한 그루의 나무를 머릿속에 떠올린다. 소쉬르에 의하면 시니피앙과 시니피에의 결합은 언어에 따라 자의적이지만 일단 기호가 만들어지면 하나의 단위로 작동하며 임의로 분리되지 않는다. 그리고 기호들은 그 자체로 고정된 의미를 지니는 게 아니라 기호들 간의 변별적 체계 속에서 상호작용에 의해 의미를 생산한다. 언어가 사물과 그것을 지시하는 어휘들의 모음이 아니라 기호들의 체계로 이루어져 있기 때문에 의미를 생산하는 구조의 형식과 내적 법칙을 연구하는 공시적 접근 방법이 더 중요하다는 것이 소쉬르의 입장이다.

하지만 라캉은 언어에 내재한 근본적인 모호성을 강조하고 의미의 가변성과 이중성을 설명하기 위해 소쉬르의 이론에 대폭 수정을 가한다. 라캉에 의하면 언어의 최소 단위는 기호가 아니라 시니피앙이다. 그리고 시니피앙과 시니피에는 근본적으로 서로 다른 질서를 가지고 있다. 라캉은 소쉬르의 기호 모델을 $\frac{\text{시니피앙 S}}{\text{시니피에 s}}$의 공식으로 대체하며, 이를 통해 시니피에에 대한 시니피앙의 우월성과 자율성을 강조한다. 소쉬르의 기호에서 둘 사이를 가로지르는 막대는 이제 분리의 장벽이 되고, 시니피앙의 특권이 강조되는 새로운 연산식으로 바뀐다. 라캉에 의하면 시니피앙은 언어의 순수물질적 질료에 해당하는 부분으로 일차적이며, 의미는 나중에 생산되거나 시니피앙에 종속된다. 언어의 구조는 의미론적 가치를 포함하는 최소 단위인 기호가 아니라 시니피앙에 의해 조건 지어진다는 것이 라캉의 입장이다. 언뜻 사소한 차이처럼 보이지만 라캉의 새로운 연산식과 시니피앙 이론은 언어와 인간의 관계에 대한 전혀 새로운 관점을 가능하게 했다. 또한 언어적 행위인 문학의 역할과 텍스트의 효과에 대해서도 기존의 정신분석의 접근 방법과는 다른 설명을 제시한다.

시니피앙 논리와 언어의 한계

라캉의 연산식 $\frac{S}{s}$로부터 도출되는 시니피앙의 효과는 무엇이고, 그것은 언어의 본질과 작용을 어떻게 설명하는가? 시니피앙의 우월성을 강조하는 입장은 주체가 언어의 지배자나 중심이 아니라는 사실과 통한다. 그리고 자율적인 시니피앙의 결합으로부터 파생되는 의미들은 필연적으로 주체의 의도를 비켜 가면서, 주체의 언어활동에 무의식의 효과들을 산출한다. 라캉은 성적 충동의 억압과 억압된 표상의 분출 과정으로 무의식을 설명하는 프로이트의 메타심리학적 입장을 시니피앙 이론을 통해 재구성한다. '무의식은 언어처럼 구조화되어 있다'라는 라캉의 선언이 그것이다. 라캉은 리비도의 역동성에만 주목하면서 무의식과 성적 충동의 작용을 인간 내부에서 끌어내는 일부의 그릇된 이해를 비판하면서, 주체의 욕망과 의식을 벗어나는 언어적 효과를 무의식의 본성으로 간주한다. 다시 말해 무의식은 제3의 구조인 상징계의 작용이지 내면적인 어떤 현상이 아니다.

라캉에 의하면 무의식은 상징계에 존재하며, 억압되는 것은 인간의 본능이 아니라 바로 시니피앙이다. 라캉은 무의식을 '알려지지 않은 지식'의, 혹은 '주체의 의식을 벗어나는 말'의 효과로 정의한다. 상징계는 애초 의미를 갖지 못한 시니피앙에 의해 구성될 뿐 아니라, 주체의 경험에 선행하여 존재하기 때문이다. 그러나 주체는 자신의 욕구를 언어로 표현할 수밖에 없는데 말이 되풀이될수록 욕구와 요구의 간격은 커지게 된다. 헤겔은 이미 『정신현상학』에서, 언어란 내가 의도한 것에 도달하지 못하고 그것을 즉각 뒤집어 세계 안의 타자처럼 되돌려준다는 것을 강조했다.[2]

---

2) Hegel, "A. Bewusstein," in *Phänomenologie des Geistes*(Hegel Werke 3), Frankfurt: Suhrkamp, 1970, pp. 82~92(한국어 번역본은 헤겔, 『정신현상학』 1권 [임석진 옮김, 지식산업사, 1992]의 pp. 159~75)를 참조. 특히 원서 p. 85, p. 92와 한국어 번역본 p. 164, p. 174를 보라.

헤겔의 말은 인간이 언어의 지배자이며 언어는 주체의 욕망을 충실하게 반영할 수 있다는 논리에 대한 반증으로 해석될 수 있다. 시니피앙 논리는 주체와 상징계의 위치를 전복시킬 뿐 아니라, 왜 말이나 그것의 기술인 글쓰기가 인간의 욕망을 비켜 갈 수밖에 없는지를 설명해준다. 시니피앙은 그것과 연관된 고정적 의미를 갖지 못하기 때문이다.

결국 시니피앙 논리는 언어가 세계와 인간 내면의 감정과 욕망을 충실히 재현하고 기술할 수 있다는 전통적 입장을 비판하면서, 언어는 모호하고 다의적인 의미 속에서 사용될 수밖에 없음을 강조한다. 그런데 언어의 모호성과 다의성은 언어의 본성이기도 하지만 상징화에 저항하는 실재계 때문이기도 하다. 라캉에 의하면 실재계는 본질적인 대상이며, 모든 언어가 끝나고 모든 인식이 실패하는 그런 것으로, 특히 불안의 대상이다. 실재계는 '불가능한 것'으로 정의되는데, 이것은 실재계가 존재하지 않는다거나 어떤 초월적 실체를 가리킨다는 뜻이 아니다. 다만 어떤 식으로도 완전한 개념화나 상징화가 불가능한 것이 실재계의 본질이라는 말이다. 실재계는 우리 삶의 물질적 기반인 신체일 수도 있고, 프레드릭 제임슨이 말한 것처럼 역사 자체, 즉 개인의 경험을 넘어서는 시간과 죽음의 영역일 수도 있다. 프로이트가 환각이나 신경증의 증세를 통해 설명한 '억압된 것의 회귀'를 가능하게 만드는 근본 토대가 바로 실재계이다.

하지만 실재계는 끊임없이 상징계와 관계를 맺으며 상징계로 침투하는데, 상징계가 보이는 틈이 바로 실재계의 얼굴이다. 실재계란 상징계에 의해 설명되면서도 그것에서 벗어나는 절대적인 것이다. 언어가 욕망의 대상을 지시하지 못하고 끊임없이 겉도는 이유는 이처럼 상징계와 실재계의 대립관계로부터 설명될 수 있다. 실재계는 늘 제자리에 있지만 상징계의 의미화가 미치지 않는 바깥에 머문다. 인간이 언어와 사유를 통해 만나게 되는 것이 상징계이고 실재계가 아니라는 것은 삶의 근원적 모순이 된다.

문학은 인간이 안고 있는 여러 가지 부조리, 감정, 충동을 표현하면서 인간의 욕망과 불안을 그리고자 하는데, 그 중심에는 늘 근원적 대상에 대한 환상과 향수처럼 우리를 유혹하는 실재계에 대한 갈망이 있다고 할 수 있다. 라캉이 「정신분석의 윤리」라는 세미나에서 잃어버린 대상, 금지된 대상의 원형으로 부르는 물(物)[3] 은 바로 실재계에 속하는 것이다. 인간의 삶은 상징계의 지배를 받지만, 그것은 물과의 분리 위에서 가능하기에 인간은 욕망하는 존재일 수밖에 없다. 이 대상에 대한 갈망이 욕망에 지칠 줄 모르는 생명력을 주며, 끊임없이 그것에 다다르고 그것을 재현하고자 하는 예술적 승화의 원천을 이룬다. 이렇게 볼 때 문학의 근원에는 결여의 대상을 지시할 수 없는 언어의 한계와, 그것을 넘고자 하는 불가능한 향락에 대한 소망이 동시에 깔려 있다고 말할 수 있다.

2) 은유와 환유

라캉에게 은유와 환유는 수사법 이상의 의미를 지닌다. 문학이 펼쳐지는 공간인 상징계와 주체의 구성이 은유에 의해 이루어질 뿐 아니라, 상징계를 빠져나가는 욕망의 대상을 의미화의 사슬에 붙잡아두고자 시니피앙을 결합시키는 과정이 환유이기 때문이다. 상징계는 결여의 질서일 수밖에 없는데 실제 사물이 기호로 대체될 때만 언어의 구성이 가능해지기 때문이다. 은유는 모든 사유와 글쓰기의 출발점이고, 글쓰기의 원동력은 결여를 메우고자 하는 욕망이다. 그렇기에 라캉은 욕망의 작용에서의 형식과 비유에 관심을 기울이며, 정신분석에 대한 통찰력을 부여해주는 것이 문학적 형식이라고 본다.

---

[3] '물'은 사건, 일, 사물 등을 일컫는 독일어 '딩Ding'을 번역한 것이다. 라캉은 욕망이 갈구하지만 지시할 수 없는 잃어버린 대상을 지칭하기 위해 이 말을 쓴다.

은유

　은유의 사전적 정의는 사물의 본뜻을 숨기고 표현하려는 대상을 암시적으로 나타내는 수사법이다. 예를 들어 "사랑이란 태양 아래 미소 짓는 조약돌"이 그것이다. 은유는 필연적으로 비교되는 단어 간의 유사성과 대체를 전제한다. 위 문장에서 '사랑'이란 말은 반짝이는 '조약돌'로 대체되면서 조약돌이 가지는 여러 의미를 끌어안게 되고, 그럼으로써 독자의 상상력을 자극하게 된다. 그런데 라캉이 말하는 은유의 본질은 단순히 대상의 비유나 암시가 아니다. 은유에서 라캉이 주목하는 것은 하나의 시니피앙(단어)이 또 다른 시니피앙(단어)으로 대체되는 과정 자체이다. 그것이 언어의 출발점을 이루며, 이후의 발화와 의미의 생산을 가능하게 하기 때문이다. 갓난아이를 떠올려보자. 전혀 언어를 알지 못하는 아이는 뜻도 모르고 옹알대거나 울면서 무언가를 요구한다. 아직 언어라고 할 수 없는 아이의 소리는 어머니에 의해 "배고프구나" "쉬했구나" 등의 말로 대체될 때 비로소 의미가 부여된다. 그리고 어느 정도 언어적 소통에 익숙해지면 몸짓이나 옹알이를 통해 자신의 필요를 어머니에게 요구한다. 언어적 소통은 이렇듯 대체(몸짓 → 어머니의 말)에 의해 시작되고 의미화는 그것에 뒤따르는 결과이다. 이것이 언어의 습득 과정인데 문학의 서술과 독해도 같은 과정이라 말할 수 있다. 작가가 표현하고자 하는 감정이나 생각은 작가 자신의 언어로 서술되지만, 그것에 의미가 부여되는 것은 사회적으로 공유되는 언어의 그물망 속에서 독자들의 언어로 대체될 때이다. 작가의 언어는 독자의 언어에 의해 수용되고 의미가 부여되기 때문에 감동을 줄 수도 있고, 거부감을 줄 수도 있는 것이다. 이것은 해석의 문제가 아니라 시니피앙의 논리에 의해 이해되어야 한다. 의미는 고정된 것이 아니라 대체의 과정에서 새롭게 생산된다는 것이고, 그것은 다양한 맥락에서 상이한 의미화가 가능하다는 뜻이다. 해석을 강조한다면 텍스트에 대한 올바른 독해와 잘못된 독해를 구분할 수밖에 없는데, 문학작품이 주는 감동은 작가의 의도와는 무관하게 이루어진다. 텍스트는 작가의 손을 떠난 이상 독자의 감정과 상상에 맡겨지는 것이다. 문학 텍스트가 독자를 끌어당길 수 있는 매력은 그것이 독자에게 무한한 의미화를 허용하는 순수 시니피앙처럼 작용하기 때문이다.

은유에서 또 하나 주목할 것은 은유가 필연적으로 억압을 동반한다는 것이다. 인간이 일단 언어의 세계로 들어가면 원초적 만족의 기억은 반복될 수 없다. 상징계 자체가 사물의 대체, 즉 '말은 사물의 살해이다'라는 논리 위에서 구축되기 때문이다. 말을 배우기 시작하면 우리는 세계에 대한 직접적 접촉 대신 간접적인 표상과 의미를 통해 세상을 보게 된다. 언어화 과정에서 무언가를 잃어버린 느낌은 인간에게 최초의 만족과 대상을 상기시키고 그것을 좇게 만든다. 다시 아이의 예로 돌아가면, 아이는 성장하면서 모든 욕구가 충족될 수도 없을 뿐 아니라, 그것을 언어로 다 표현하는 것이 불가능하다는 것을 배운다. 욕망을 낳는 결여는 상징계의 속성이고 대상에 의해 채워지는 것이 아니기 때문이다. 은유는 결국 실재계가 불어넣는 욕망을 상징계로 대체하는 과정이다. 이제 욕망은 환유에 의해 끊임없이 지연되면서 지속된다.

환유

환유는 원래 인접관계에 있는 단어들 사이의 자리바꿈[4]과 의미 선택에 의해 단어의 어의가 다른 용도로 확대되거나 변환되는 것을 일컫는 수사

---

[4] 환유를 의미하는 그리스어 '메토누미아 *metonumia*'는 이름을 바꾼다는 뜻이다. 원인으로 결과를, 혹은 그 반대 과정을 지칭하거나 '한잔 마시다'처럼 용기로 내용물을 지칭하는 것, '검은 베레모들의 행진'처럼 부분으로 전체를 지칭하는 수사법이다.

법이다. 라캉은 환유의 본질을 시니피앙들의 연결을 가능하게 만드는 법칙, 즉 하나의 단어를 또 다른 단어로 연결하는 과정으로 정의한다. 환유가 이루어지는 것은 은유의 과정에서 의미가 지연되기 때문이다. 앞서 보았듯이 의미는 사물과 단어의 일대일대응에 고정된 것이 아니다. 의미가 생산되는 조건은 은유이지만 이어지는 환유의 과정이 없다면 단절이 생기게 마련이다. 이런 관점에서 은유가 언어의 최초 출발점이자 조건이라면, 환유는 그것을 욕망의 메커니즘 속에서 확장시킬 수 있는 토대가 된다. 인간의 욕망은 특정한 대상이 아니라 늘 다른 어떤 것을 추구하는 환유적 운동이다. 욕망을 불러일으키는 결여는 어떤 것에 의해서도 채워지지 않기 때문이다. 마치 빈칸 채우기 게임처럼 계속되는 순환에 의해 빈자리는 늘 남게 마련이고, 그것이 게임을 가능하게 한다.

  환유는 문학 텍스트를 욕망에 연결시킨다. 프로이트가 분석한 것과는 달리, 라캉에게 문학작품은 작가의 내면적 갈등과 무의식의 반영이 아니며, 주인공도 더 이상 작가의 분신이 아니다. 텍스트는 독자를 끊임없이 애매성과 모호성의 포로로 만들면서 재해석을 통해 욕망의 실체를 보여줄 것처럼 독자를 끌어당기는 미끼 역할을 한다. 의미가 지연되면서 언젠가 욕망의 실체에 다다를 것 같은 환상이 생기게 되고, 이를 위해 의미화 사슬의 환유적 연결이 계속해서 요구된다. 욕망의 불가능성은 실재계의 불가능성과 통한다. 그러므로 텍스트는 끊임없이 다시 쓰여질 수밖에 없는데,[5] 언어를 통하지 않고서는 결여를 알 수 없기 때문이다. 결여는 요구를 부르고 새로운 요구는 다시 결여를 낳는다는 것이 삶의 근원적 부조리이다.

---

5) 글쓰기를 작가의 집필 행위로만 한정할 필요는 없다. 독자가 작품을 읽으면서 나름의 해석을 하고 감동을 하는 것도 글쓰기라고 말할 수 있는데, 그것을 통해 새로운 의미가 생산되기 때문이다.

3) 텍스트의 지위

주체가 언어의 효과이고 시니피앙이 주체를 결정하는 요소라면, 문학에서 작가와 독자, 그리고 텍스트의 지위는 어떻게 될까? 프로이트에 의하면 작가의 창조성은 유아기에 기원을 둔 성적 충동을 예술적 에너지로 승화시킬 때 가능해진다. 결국 작가는 놀이를 즐기는 아이처럼 무의식적 소망을 작품 활동 속에서 구현하면서 고차적 방식으로 쾌감을 누리는 것이다. 작가가 꿈꾸는 사람 혹은 농담하는 사람이라면, 독자는 작가의 놀이와 농담을 구경하면서 함께 쾌락을 느끼는 관찰자, 공범자가 된다. 여기서 텍스트는 미적 감동을 불러일으키고 작가의 무의식적 심리와 체험을 전달하기 위해 고정되고 안정되어야 한다는 것이 전제된다. 이렇게 징후로서 텍스트의 해석 가능성을 중시하는 프로이트와 달리, 라캉은 텍스트의 독립성과 그것이 주체에 미치는 자율적 효과를 강조한다.

라캉에 의하면 텍스트는 외면적으로 드러나는 의미나 작가의 관점이 개입된 서술 밑에서 언제나 무의식적 담론을 운반한다. 우리의 언어가 자아의 지배를 받는 의식의 담론과, 그것에서 벗어나는 무의식의 담론으로 분열되면서 뒤섞이듯이 텍스트에도 동일한 분열이 존재한다. 그러므로 텍스트는 필연적으로 욕망을 생산할 수밖에 없다. 텍스트를 읽는 동안 독자는 의미와 이야기의 지배자가 되기보다는 텍스트가 불러일으키는 무의식적 효과에 지배를 받는다. 무의식적 담론은 독자의 생각과 감정에 대해 독자도 모르게 작용을 한다.

무의식은 나의 내밀한 소망이나 억제된 기억이 아니라, 시니피앙의 자율적 작용이 남기는 결과이고 주체를 벗어나는 알 수 없는 담론의 효과이다. 언어의 속성은 구조적으로 상호주체성과 시니피앙에 대한 주체의 의존을 전제로 하는데, 라캉은 그것의 절대적 지배력과 법을 '대타자'라고 부른다. 대타자는 시니피앙의 장소로 상징계의 구조를 떠받치는 언어적 토대를 말하는 것이지, 나와 대면하고 이야기를 나누는 인격적인 제3자[6]가 아니다. 결국 독자는 텍스트를 읽으면서 자신이 그것을 응시하고 즐긴다고 생각하지만, 어느새 텍스트를 매개로 대타자의 시선에 노출될 수밖에 없다. 이것은 언어의 본질적 속성이며 텍스트의 분열과 독자 의식의 분열에 의해 증폭된다. 결국 텍스트와 나의 위치는 독서 과정에서 능동적 입장에서 수동적 위치로, 즉 바라보는 입장에서 관찰당하는 입장으로 전환된다. 이러한 전환은 흔히 작품에 몰입하거나 감동을 느끼는 형태로 체험되지만 독자는 그 진정한 이유를 모를 수밖에 없는데, 의미를 잡으려 하는 순간 그것은 저 너머로 달아나기 때문이다.

이것은 작가에 대해서도 마찬가지이다. 서술의 특권을 주장하면서 작가의 초월성을 주장하는 것은 언어에 대한 잘못된 이해에서 비롯된다. 주체는 언어의 입법자이자 그의 욕망을 인정하는 대타자에 의해 호명될 때만 주체가 되기 때문이다. 물론 작가는 플롯을 구성하고 인물들의 심리를 묘사하며 자신의 문체로 텍스트를 서술한다. 하지만 서술된 텍스트의 의미 생산과 독자의 심리까지 지배할 수는 없다. 독서와 마찬가지로 글쓰기에도 작가와 텍스트의 위치 전환이 일어나고, 작가의 의도는 무의식적 담론의 침투를 받게 된다. 그리고 서술이 진행되면서 텍스트는 상호주체성의 구조로 끊임없이 편입되면서 순환하게 된다.

텍스트의 자립적 지위를 강조하다 보면 창작활동의 본질이 무엇인지에 대해 회의를 갖게 될 수도 있다. 그러나 텍스트가 자동적 글쓰기처럼 구

---

[6] 라캉은 이것을 '소타자'라고 부르는데, 흔히 대화의 상대로 가정되는 사람이라고 보면 된다. 주체와 주체의 만남은 불가능할 수밖에 없는데, 언어의 장벽이 주체 사이에 놓여 있기 때문이다. 주체가 대상을 마주할 때 이미 상상계가 작동하기 때문에, 주체의 상상적 등가물인 자아와 그것의 상대인 타자의 만남만이 가능해진다.

성된다고 라캉이 주장하는 것은 아니다. 중요한 것은 독백을 포함한 인간의 모든 말은 그것을 듣고 의미를 부여하는 대타자를 상정할 수밖에 없다는 사실이다. 이런 면에서 텍스트는 어느 누구에게 속하는 것이 아니라 끊임없이 순환되고 새로운 의미가 부여되는 운명을 지닐 수밖에 없는데 그것의 상징적 우화가 「「도둑맞은 편지」에 관한 세미나」이다.

4) 「「도둑맞은 편지」에 관한 세미나」

이 글은 라캉의 주저 『에크리 Ecrits』의 맨 첫 부분에 나오는 논문으로, 라캉이 자신의 시니피앙 이론을 에드거 앨런 포의 단편소설에 적용하여 해설한 시니피앙의 문학적 알레고리라 할 수 있다. 편지의 순환에 따라 이루어지는 인물의 역할과 배치, 두 장면의 반복 구조, 욕망과 시니피앙의 관계, 문자로도 번역되는 편지의 위상 등 여러 주제가 언급되어 있다. 라캉이 해설한 쟁점을 중심으로 「도둑맞은 편지」를 분석해보자.

전체 구성과 특징

제일 먼저 지적할 것은 소설[7]의 구성이 갖는 특이성과 그것의 효과이다. 짜임새 있는 구성은 소설의 재미를 더할 뿐 아니라 시니피앙과 주체의 삶에 대한 유비를 가능하게 만드는 장치가 된다. 소설의 플롯과 줄거리는 의외로 단순한데, 라캉이 주목하는 것은 첫번째 장면과 두번째 장면이 동일한 구조로 반복되면서 인물들의 자리바꿈을 통해 사건이 진행된다는 점이다. 그리고 소설의 구조와 인물들의 역할은 편지에 대한 시선들에 의해 규정된다.

라캉은 첫번째 장면은 원초적 장면, 즉 욕망의 최초 기원과 억압을 불

---

[7] 이하 '소설'은 에드거 앨런 포의 「도둑맞은 편지」를 말한다.

러일으키는 사건에 대한 은유이며, 두번째 장면은 그것의 무의식적 반복이자 해석이라 말한다. 편지의 순환에 따라 인물들의 역할은 바뀌지만 편지를 바라보는 세 가지 시선은 동일하게 구성된다. 장면의 반복은 문자의 속성인 반복과 순환이 거듭되면서 주체가 경험하는 사건의 의미가 사후적으로 부여되고 주체의 삶에 다시 침투하는 것을 비유한다. 다시 말해 최초의 욕망은 사후 의미화의 연쇄적 사슬에 의해 재편될 때 비로소 의미가 부여된다. 그리고 욕망은 주체의 현재 삶에서 반복되는데 이것은 억압의 회귀와 관련된다. 물론 억압되는 것은 시니피앙이다. 구성에서 중요한 것은, 소설 속 인물의 역할과 위치가 실제 지위가 아니라 편지의 소유 여부와 그것에 대한 태도에 의해 결정된다는 점이다. 왕이 가장 높은 위치에 있지만 사건의 진행에서 철저하게 소외되는 모습이 전형적 예이다. 그리고 구성에서 또 하나 중요한 것은 인물들의 대칭적 삼각형 구조로 소설이 반복되도록 만든 것이 다름 아닌 편지라는 점이다. 다시 말해 역사를 이끄는 실질적 주체가 상징계라는 사실이 중요하다.

소설의 구성에서 세 가지 시선의 역할이 어떻게 설명되는지 살펴보자. 라캉은 이를 편지에 대해 주체가 취하는 세 가지 시선이자, 상호주체성 구조에서의 주체의 자리로 본다. 첫째, 아무것도 보지 못하는 시선으로, 왕과 경찰의 시선이다. 다음으로, 영리한 척하지만 스스로 속는 시선으로, 편지를 눈앞에서 강탈당하는 왕비와 장관의 시선이다. 마지막으로 강탈자의 시선으로, 첫째 장면에서는 장관이, 둘째 장면에서는 뒤팽이 그 역할을 한다. 강탈자인 장관이 둘째 장면에서 처음의 왕비처럼 눈앞에서 편지를 도둑맞는 사람으로 바뀌는 것은 상호주체성의 구조에서 주체의 고정된 자리가 없다는 것을 보여주는 예시이다.

편지(문자)의 지배와 주체에게 미치는 영향

편지는 그것을 소유한 사람을 변화시키고 역할을 뒤바뀌게 만드는 신비한 힘을 지닌다. 장관이 왕비의 편지를 가로채고 변형시키면서 그것이 마치 여성에게 온 것처럼 보이게 만드는데, 이는 여성화를 의미한다고 볼 수 있다. 편지에 여성의 필체가 적혀 있다는 것과, 장관이 왕비와 똑같은 운명을 겪는다는 것은 편지가 여성의 시니피앙 역할을 한다는 암시이다. 애초 편지는 왕비의 사적인 비밀에 연루된 것인데 장관이 그것을 취하면서 왕비와 동일시된다는 것은 편지의 전능성을 잘 보여준다. 물론 실제로 장관이 여성화된다는 것이 아니라 편지에 대한 그의 위치와 시선이 그렇다는 말이다.

편지의 속성

소설 전체를 관통하여 편지는 의미로서 기능하는 게 아니라 순수 시니피앙으로 순환하고 상징계를 대표한다. 편지를 둘러싼 욕망의 갈등과 얽힘(왕비의 비밀, 장관의 탐욕, 비밀을 캐는 뒤팽의 호기심)이 작품의 플롯을 이룬다. 그러나 편지의 내용, 즉 의미는 전혀 밝혀지지 않은 채 편지가 계속해서 이동할수록 지연되면서 독자의 궁금증만 증폭시킨다. 내용이 밝혀지지 않은 편지와 그것의 순환이 몰고 오는 극적 상황과 반전은 욕망의 의미를 끝까지 알지 못하면서 쫓아다니는 인간의 운명에 대한 비유라 볼 수 있다. 더불어 편지의 내용이 소설의 전개에 중요하지 않다는 것은 확실하고도 고정적인 의미를 가진 문자, 편지, 문학은 어디에도 없다는 사실과 연관된다. 시니피앙은 의미의 전달자가 아니다. 소설에서 메시지의 기능이 전혀 부각되지 않는 편지가 그것을 생생하게 증언한다. 편지가 각 사람에게 상이한 의미를 생산해내듯이 문학작품은 그것을 받아 든 독자에게 다양한 해석과 의미를 부여할 수 있다. 심지어 그것은 작가의 의도와 전혀 다른 의미를 줄 수도 있는데, 이것은 언어가 발신인의 의도가 아니라 시니피앙의 자율성 법칙에 지배를 받기 때문이다.

또 하나 중요한 것은 편지가 누구에게도 속하지 않는다는 것이다. 편지의 수신인인 왕비도 그것의 완전한 소유를 보장받지 못하는데 '도둑맞은 편지'라는 제목이 역설적으로 그것을 암시한다. 강탈자인 장관이 편지의 소유자가 될 수 없는 것은 편지가 오로지 상징계에 속하는 것이기 때문이다. 주체가 상징계를 지배하는 게 아니라 상징계가 주체를 지배하고 가만히 내버려두지 않는다. 마찬가지로 문학작품을 읽으며 우리는 장관처럼 작품을 마음대로 다룰 수 있다고 착각하지만, 실제로 우리는 작품의 영향을 받게 된다. 텍스트의 순환에 따라 텍스트와 독자의 위치가 바뀌는 것이다.

욕망과 문자의 관계

편지의 순환은 욕망이 자신의 대상을 찾지 못하고 시선의 사이로 끝없이 미끄러지게 만드는 상징계의 속성을 잘 보여준다. 우리는 자신의 욕망을 잘 안다고 믿으면서 스스로 속게 된다. 결국 인간은 상징계의 그물망 속에서 자신의 영리함을 믿다가 속고 마는 여왕이나 장관의 자리에 머물 수밖에 없다. 욕망의 대상은 잠시 왔다가 사라지고, 그나마 그것의 일시적 향유도 금지된 편지와 같다. 장관이 편지를 취한 순간부터 그것을 감추고 마치 아무 일도 없었던 것처럼 가장해야 했던 모습은 욕망과 대상의 관계를 예시한다. 장관은 자신의 보물이 전혀 값어치 없는 물건인 것처럼 더럽히고 구겨서 눈에 잘 띄는 곳에 두었지만 거꾸로 자기 꾀에 자기가 넘어가고 만다.

욕망의 대상은 항상 상징계 속에서 찾아질 수밖에 없는데 상징계는 상호주체성의 관계를 전제로 한다. 상호주체성의 관계에서 너와 나의 말은 욕망의 진정한 대상을 지시할 수 없다. 욕망은 주체나 의미에 귀속되는 것이 아니라 문자 사이의 틈에서 언뜻언뜻 자신을 드러내기 때문이다. 편지는 스스로를 드러내면서 동시에 감춘다. 그것은 있어야 할 곳에 없고 없어야 할 곳에 있다. 경시총감이 편지를 찾을 수 없었던 것은 그가 지나치게 합리적인 판단만 믿었기 때문이다. 경시총감은 스스로의 판단과 경험만 믿다가 진실을 보지 못하는 눈먼 에고를 상징한다. 왕비의 고귀한 편지가 더럽혀지고 훼손되어 벽난로 옆에 보란 듯이 놓여 있다는 것이 총감의 합리적인 사고에는 납득되지 않았던 것이다. 욕망도 마찬가지이다. 우리가 그것을 찾는 곳에서 그것은 늘 우리의 시선을 피해 달아난다. 그리고 우리는 욕망의 대상이 무엇인지 제대로 언급조차 할 수 없다. 그러나 장관이 편지를 잊고 있어도 편지가 장관을 그냥 내버려두지 않듯이 욕망은 늘 우리를 괴롭힌다. 차라리 진리의 목소리에 몸을 맡기고 합리성을 내세우는 에고를 잠재울 수 있을 때가 진리를 만날 가능성이 가장 높은 때라고 할 수 있다.

5) 『햄릿』

셰익스피어의 대표작 중 하나인 『햄릿』은 그 명성만큼이나 많은 연구자들의 관심을 끌었고 프로이트도 예외는 아니었다. 특히 프로이트는 오이디푸스콤플렉스를 예술적으로 표현한 3대 작품[8]의 하나로 『햄릿』을 거론한다. 프로이트에 의하면 햄릿이 갈등하는 근원에는 오이디푸스콤플렉스, 즉 아버지를 경쟁자로 미워하고 어머니를 사랑하는 욕망이 자리 잡고 있다. 또한 햄릿이 죽은 아버지의 복수를 실행하지 못하는 것은 사악한 숙부의 범죄에서 자신의 무의식적 소망이 실현된 것과, 무의식적으로

---

[8] 프로이트가 언급한 나머지 작품은 소포클레스의 『오이디푸스 왕』과 도스토예프스키의 『까라마조프 씨네 형제들』이다.

숙부와 동일시되는 자신을 발견했기 때문이다. 그러나 라캉은 오이디푸스콤플렉스 도식만으로는 『햄릿』의 비극을 충분히 설명할 수 없다고 말한다. 만약 햄릿의 욕망이 어머니를 향해 있고 이 때문에 죄책감을 갖는다면 오히려 죄인을 벌하고 희생양으로 삼음으로써 그 죄책감을 덜 수 있기 때문이다. 라캉에 의하면 작품의 독해는 저자의 무의식을 분석함을 통해서가 아니라 작품 자체에 내재한 햄릿의 욕망을 분석 대상으로 삼을 때 가능해진다.

햄릿의 욕망과 대타자[9]

햄릿은 대타자인 어머니의 욕망에 지배를 받고 있다. 그러므로 햄릿은 자신의 욕망을 알 수 없다. 햄릿 자신의 욕망은 불가능한 욕망이며 죽음과 연관되어 있다. 자신이 사랑하는 오필리어에 대한 햄릿의 냉정한 태도는 자신의 욕망에 대한 거부를 보여주는 극명한 예이다. 햄릿의 욕망이 어머니의 욕망에 종속되었다는 것이 햄릿의 행동을 이해하는 핵심 열쇠가 된다. 어머니의 욕망이 향하는 대상은 부권을 나타내는 상징적 남근, 즉 팰러스[10]이다. 햄릿이 숙부인 클로디어스를 죽이지 못하는 것은 숙부가 남근의 대현자로 간주되기 때문이다. 자연히 햄릿의 행동은 유예될 수밖에 없다. 햄릿은 어머니의 욕망에 대한 순응과 복수를 요구하는 아버지 사이에서 계속해서 망설인다. 그러나 타자의 욕망은 햄릿을 구원할 수 없

---

9) 대타자는 언어의 장소이며 상징계의 법과 동일시되는 근본적 타자성을 말한다. 그러나 라캉은 욕망이 문제가 될 때 부모나 분석가에 의해 이 장소가 점유될 수 있다고 말한다. 대타자는 실제 어머니를 말하는 게 아니라 햄릿의 욕망을 끌어당기고 그것에 답을 줄 수 있다고 가정된 대타자 역할로서의 어머니를 말한다.
10) 라캉은 남성의 실제 성기인 페니스와 상징적 남근인 팰러스를 구별한다. 오이디푸스콤플렉스에서 아이가 아버지의 권위에 복종하는 것은 아버지가 팰러스를 가지고 있다고 믿기 때문이다. 그러나 남근은 보이지 않는 것이다. 그것은 상징계에 속하기 때문이다. 아이는 팰러스를 갖기 위해 아버지의 법(아버지의 이름)에 순응하면서 어머니에 대한 의존에서 벗어나는데, 이때 아버지는 상징계의 대현자로서 법을 대신하는 대타자가 된다.

다. 어머니는 아버지와의 고귀한 사랑을 배신하고, 왕이 죽자마자 탐욕스러운 숙부의 아내가 되었다. 어머니는 애도를 모르고 팰러스만 갈망하는 전능한 여성의 화신처럼 그려진다. 햄릿은 그 모든 것에 대해 어머니를 비난하지만 그것을 무기력하게 인정하는 자신을 발견한다.

햄릿은 자신의 욕망에 따라 행동할 수 없는 자아의 한계를 보여준다. 자아는 자신이 욕망의 주체라고 생각하지만 욕망은 자아에게 귀속되는 게 아니라 대타자로부터 나온다. 라캉에 의하면 인간의 욕망은 대타자의 욕망이며, 대타자로부터 인정받고자 하는 인정에 대한 욕망이다. 그러므로 욕망은 상징계에서 지체될 수밖에 없으며, 인간은 자신의 욕망을 알 수 없게 된다. 결국 상징계의 지배가 파열을 보이는 죽음의 순간에만 인간은 자기 욕망의 대상과 조우하게 된다. 그러나 그 순간은 파멸의 순간이기도 하다. 『햄릿』의 극적 구조는 불가능한 욕망 속에서 좌절하면서 죽음을 향해 나아가게 되는 욕망의 본질에서 이해되어야 한다.

욕망의 대상과 죽음

『햄릿』은 대타자의 욕망을 욕망할 수밖에 없는 욕망의 부조리함과 비극에 관한 연극으로, 필연적으로 죽음이 극 전체를 지배한다. 죽음과 욕망의 상관관계가 『햄릿』의 핵심 플롯을 이룬다. 드라마는 햄릿이 아버지의 유령(죽음)을 만나면서 시작되고 죽음과 더불어 끝이 난다. 유령의 명령인 클로디어스의 죽음도 햄릿의 죽음을 대가로 완수된다. 그러나 '죽음' 그 자체는 『햄릿』의 주된 테마가 아니며, 비극의 진정한 원인도 아니다. 정작 중요한 것은 욕망의 대상이 죽음과 연관되어 있다는 사실이고, 죽음의 순간에만 햄릿이 욕망의 대상이 어디에 있었는지 알게 된다는 점이다. 오필리어를 묻는 무덤에서 햄릿은 "오빠가 사만 명이나 되어 그 사랑을 몽땅 합친다 해도 내 사랑에는 미치지 못할 것이다"라고 절규한다.

라캉에 의하면 오필리어야말로 햄릿의 남근, 즉 그의 욕망의 진정한 대상이다.[11]

욕망의 대상은 항상 잃어버린 대상으로 간주되는데 죽음이야말로 잃어버린 대상의 본성을 극대화하는 상징계와 실재계의 경계라 할 수 있다. 욕망의 대상은 불가능한 대상이 되었을 경우에만 다시 욕망의 대상이 된다. 오필리어가 살아 있을 때 햄릿이 보인 비정상적인 냉대와 야유는 에고에 의한 대상의 거부와 파괴를 잘 보여준다. 오필리어는 햄릿이 거부하는 자기 욕망의 대상이고, 사라져야 할 대상이다. 그러나 그것이 사라지고 나면 비로소 남근의 가치를 얻는다. 햄릿은 애도와 죽음이라는 대가를 치르고 자신의 대상을 되찾는다. 라캉은 오필리어를 묻는 이 묘지 장면이 극의 반전에 중요한 역할을 한다고 평한다. 이 단계에서 햄릿이 자신의 임무를 완수할 가능성, 즉 죽음으로 돌진할 가능성이 비로소 열리기 때문이다. 그것은 자신의 대상을 되찾았고, 욕망과 죽음의 연관성을 햄릿이 인식했기 때문이다.

죽음은 상징계의 또 다른 얼굴이다. 그렇기에 욕망의 대상을 불가능한 것으로 만드는 것은 상징계의 본성이기도 하다. 상징계는 대상을 드러내면서 동시에 감춘다. 마치 포의 「도둑맞은 편지」의 편지처럼, 욕망의 대상은 늘 그 자리에 있으면서도 그것을 애타게 찾는 에고의 시선으로부터는 벗어난다. 에고는 상상계에 매여 있으며, 죽음의 본성을 알지 못하기 때문에 대상에 대해 눈이 멀 수밖에 없는 존재이다.

---

11) 라캉은 '오필리어Ophelia'가 '오 팰러스O Phallus'로 해석될 수 있다는 점을 「『햄릿』에 관한 세미나」에서 지적한다. 「『햄릿』에 관한 세미나」는 라캉의 미출간 『세미나 6권: 욕망과 그 해석 Le séminaire VI: Le désir et ses interprétations』에 들어 있다. 라캉 『세미나 6권』의 부분적인 번역은 『자크 라캉, 욕망이론』(권택영 엮음, 문예출판사, pp. 135~83)에서 볼 수 있다. 오필리어가 오 팰러스로 해석될 수 있다는 것에 관해서는 특히 p. 146을 참조하라.

욕망의 진리와 실재계

이제 죽음과 더불어 『햄릿』이 종결될 시간이다. 그 시간은 욕망의 진리가 드러나는 순간이며, 햄릿의 영혼이 안식을 얻는 순간이기도 하다. 햄릿의 구원은 대타자가 아니라 죽음에 의해 가능해지는데, 그것은 상징계의 한계를 보여주는 실재계의 출현과 관계된다. 『햄릿』을 지배하는 것은 대타자의 욕망에 대한 햄릿의 종속이라고 말했다. 그러나 대타자 역시 결여된 존재이기에 언제나 욕망을 미완으로 만들며, 욕망의 진실에 답을 줄 수 없다. 죽은 아버지의 운명이 그것을 상징한다. 아버지는 자신이 믿었던 순수한 사랑으로부터 배신을 당했으며, 수면 중에 죽임을 당했기에 갚을 수 없는 빚 때문에 영면을 얻지 못하고 떠도는 유령이 된다. 아버지는 햄릿을 지배하는 어머니의 욕망이 향하는 팰러스의 상징이었지만, 죽어서는 어머니의 정당한 애도조차 받지 못하는 유령으로 남는다. 아버지의 비극적 운명은 욕망의 진실에 답을 줄 수 있다고 가정된 대타자 속에 있는 결여를 암시한다. 대타자는 남근의 소유자가 아니다. 아니, 남근은 그 누구에게도 속하지 않는다는 것이 유령이 폭로하는 감당하기 힘든 진실이다.

『햄릿』을 통해 우리는 상징계를 뒤흔들고 파열시키며 그것의 한계를 드러내는 실재계의 모습을 보게 된다. 욕망의 대상이 현실에서 결코 찾아질 수 없고, 상징계의 틈새로 빠져나가는 잃어버린 대상일 수밖에 없는 것은 실재계 때문임을 『햄릿』은 잘 보여준다.

그러나 상징계에 침투하는 실재계를 느끼면서, 불가능한 향락을 좇아 죽음 너머까지 가보려고 하는 것이 문학적 상상력의 특권일 것이다.

3. 나오는 글: 실재계에 대한 갈망으로서의 문학

이상으로 간략하게나마 라캉의 이론적 입장과, 두 작품 분석을 통해 라캉의 문학론과 구체적 적용 가능성을 살펴보았다. 라캉은 정신분석가에게 문학적 소양이 필요함을 강조하는데, 이는 교양을 쌓으라는 권고가 아니라 언어의 작동 법칙과 구체적 양상을 잘 이해해야 한다는 말이다. 인간은 무엇보다 말하는 존재이고, 언어가 인간 존재의 근본 원인과 본질이기 때문이다. 인간은 언어 때문에 욕망의 대상으로부터 소외되기도 하지만 언어를 떠나서는 절대로 존재의 의미를 얻을 수 없다. 그러나 라캉은 상징계의 전능성을 찬양하면서 그것에 복종하는 것이 최선이라고 주장하지는 않는다. 『햄릿』에서 설명한 것처럼 상징계는 그것에서 배척되지만 끊임없이 되돌아오는 실재계를 드러내기 때문이다. 문학은 어떻게 보면 상징계가 실재계에 낸 구멍을 메우려는 시시포스적 시도라고 말할 수 있다. 정해진 수순을 알면서도 자신의 과업을 계속해서 감당해야만 하는 시시포스처럼 상징계의 한계를 느끼면서도 창조에 도전하는 것이 문학이기 때문이다. 그러나 문학은 절망적 과업도 아니며, 반드시 상징계를 넘어 향락의 피안에 도달해야 한다는 목적의식에 매일 필요는 없다. 창작 행위 자체가 그 자체로 향락의 대상이 될 수 있기 때문이다.

나중에 라캉은 이런 관점을 발전시켜 글쓰기를 일종의 새로운 징후로 파악하면서 제임스 조이스를 구체적 사례로 든다. 조이스의 사례는 문학이 갖는 새로운 힘과 가능성을 보여준다. 억압을 통한 상징계로의 정상적 진입에 실패해도 작가는 창조적 글쓰기를 통해 정신병으로부터 자신을 보호하면서 정체성을 유지할 수 있다는 것을 보여주었기 때문이다. 문학은 실재계에 대한 갈망이자 체험이다.

라캉의 문학 연구 관련 문헌

Ecrits, Paris: seuil, 1966.

: 『에크리』는 라캉이 1960년대 초까지 발표한 여러 원고를 공들여 다시 수정하고, 가필하여 직접 출판한 유일한 저서로 라캉의 사상을 이해하기 위한 핵심문헌이다. 특히 문학과 관련해서는 다음 논문을 읽는 것이 좋다. 괄호 안은 논문 발표연도이며, 순서는 발표연도를 따랐다.

"Le stade du miroir comme formateur de la fonction du Je," (1949) in *Ecrits*.
"Fonction et champ de la parole et du langage en psychanalyse," (1953) in *Ecrits*.
"Le séminaire sur l'lettre volée," (1955) in *Ecrits*.
"L'instance de la lettre dans l'inconscient ou la raison depuis Freud," (1957) in *Ecrits*.
"La signification du phallus," (1958) in *Ecrits*.
"Subversion du sujet et dialectique du désir dans l'inconscient freudien," (1960) in *Ecrits*.
"Position de l'inconscient," (1964) in *Ecrits*.
"La science et la vérité," (1965) in *Ecrits*.

Autres écrits, Paris: Seuil, 2002.

: 『에크리』에는 빠져 있지만 라캉이 직접 쓴 중요한 논문들을 밀레가 편집해서 출판한 책이 『또 다른 에크리』다. 라캉의 사위이자 공식 후계자인 자크 알랭 밀레는 『에크리』에 수록되지 못한 논문들을 자신이 편집하여 2002년 '또 다른 에크리'라는 제목으로 출간했다. 그 책에 수록된 다음 논문들도 '시니피앙 논리' '상징계' '문자와 말' 등을 주제로 삼았기 때문에 문학에 관한 연구에서 유용하게 활용할 수 있다.

"Discours de Rome," (1953) in *Autres écrits*.
"Radiophonie," (1970) in *Autres écrits*.

"Lituraterre," (1971) in *Autres écrits*.
"L'Etourdit," (1972) in *Autres écrits*.
"Joyce le Symptôme," (1975) in *Autres écrits*.

Le sinthome: Le séminaire XXIII, Paris: Seuil, 2005.
: 『세미나 *Séminaires*』는 1953년부터 라캉이 매주 개최한 구두강연 녹취록을 정리해서 출판한 책이다. 현장강연을 수정 없이 출판했을 뿐 아니라, 여러 녹취판본의 선택문제도 있기 때문에 정통성에 대한 논란의 여지가 없지는 않으나 여하튼 라캉이 강연한 내용을 직접 볼 수 있는 문헌으로 가치가 있다. 문학과 관련해서는 특히 『세미나 23권』을 볼 것을 권한다. 『세미나 23권: 생톰므』는 난해한 소설가 제임스 조이스의 삶과 작품을 주제로 삼아 문학, 글쓰기, 증상, 창작활동 등에 대해 설명한 것으로 제목이 함축하듯 실재를 향유하는 증상으로서의 글쓰기가 강조되고 있다.

사르트르의 문학론

『문학이란 무엇인가』에서 전개되고 있는 사르트르의 문학론은 흔히 '참여문학론'(또는 '앙가주망 문학론')으로 알려져 있다. 이 문학론에 따르면 작가의 글쓰기는 한 사회의 피지배자들을 위한 글쓰기여야 한다. 사르트르에게 작가의 글쓰기는 이처럼 한 사회가 가진 어두운 면의 '폭로' '고발,' '변화'와 동의어이다. 또한 작가는 그 자신의 글쓰기가 갖는 불온성으로 인해 항상 한 사회의 지배 세력과 적대관계에 있게 된다. 하지만 『구토』에서 볼 수 있는 바와 같이 사르트르의 문학에 대한 관심은 작가의 글쓰기를 통한 '자기 구원'으로부터 시작된다. 이것은 그대로 사르트르가 작가의 글쓰기에 종교적 성격을 부여했음을 의미한다. 하지만 제2차 세계대전의 종전과 더불어 사르트르의 문학에 대한 관심은 '이웃을 위한 구원,' 즉 참여적 성격의 문학으로 급격하게 경사된다.

그렇다면 이처럼 각각 '자기 구원'과 '이웃의 구원,' 문학의 '종교성'과 문학의 '참여성'을 내세운 두 문학론 가운데 사르트르에게는 어느 것이 더 근본적일까? 이 글의 주된 요점은 이 물음에 대한 일종의 시론적 대답이라고 할 수 있다. 비록 사르트르가 제2차 세계대전 이후 조국의 재건을 위한 정신적 토대를 마련하는 과정에서 글쓰기의 해방적 성격을 강조하긴 했지만, 그의 문학론의 본령은 '참여문학'이 아니라 '자기 구원을 위한 문학'에 있다는 것이 우리의 판단이다. 그러니까 문학을 통한 '자기 구원'의 측면이 참여문학론의 정립 과정에서 결코 사라지지도 않았고, 또 결코 약화되지도 않았다고 할 수 있다. 어느 편이냐 하면 오히려 '참여문학론'은 '자기 구원을 위한 문학론'의 정립 과정에서 나타나는 논리적 궁지에서 벗어나기 위해 어쩔 수 없이 정립된 부차적인 문학론으로 보인다. 물론 그 과정에서 사르트르가 '독자'의 중요성을 부각시킴으로써 그 이후에 등장한 독자의 역할을 중요시하는 여러 현대 문학이론의 선구자적 입장에 있다는 사실을 잊어서는 안 될 것이다.

사르트르의 참여문학론과 그 철학적 토대

변 광 배

1. 여는 글: 참여문학론의 허와 실

20세기 프랑스를 대표하며 세계적인 명성을 얻은 작가이자 철학자이며 지식인인 사르트르J.-P. Sartre(1905~1980)의 문학 세계는 대단히 광범위하다. 우선 그는 소설가이다. 그의 소설로는 문학 습작기에 쓴「병든 천사」「시골 예수, 멋쟁이 신사」「패배」등과 같은 단편소설, 『구토』, 미완의 장편소설 『자유의 길』, 단편집 『벽』, 자서전적 소설 『말』 등을 들 수 있다. 또한 그는 극작가이다. 그가 쓴 극작품으로는 제2차 세계대전이 한창일 때 포로생활을 하면서 썼던 『바리오나』를 위시해 『파리 떼』『무덤 없는 주검』『더러운 손』『악마와 선한 신』『네크라소프』『알토나의 유폐자』 등을 꼽을 수 있다. 뿐만 아니라 그는 시나리오 작가이다. 그가 쓴 시나리오로는 「톱니바퀴」「내기는 끝났다」「프로이트」 등을 들 수 있다.

또한 사르트르는 문학이론가이자 문학평론가이다. 그의 문학이론과 평론으로는 『문학이란 무엇인가』를 위시해 『상황』 제1권에서 볼 수 있는 포크너, 도스 파소스, 니장, 나보코프, 모리악, 지로두, 카뮈, 바타유, 퐁주, 르나르 등에 대한 평론, 『존재와 무』에서 전개되고 있는 '실존적 정신분석학psychanalyse existentielle'을 적용해 분석한 보들레르론, 실존적 정신분석학과 마르크시즘을 결합해 고안해낸, 이른바 '전진-후진적 방법' 또는 '분석-종합적 방법'을 적용해 분석한 말라르메론, 주네론, 플로베르론 등이 있다. 게다가 그는 예술평론가이기도 하다. 그의 예술평론으로는 틴토레토, 볼스 등의 그림과 자코메티, 칼더 등의 조각에 대한 평론 등을 꼽을 수 있다.

사르트르의 문학 세계는 이처럼 광범위하다. 따라서 이 세계에 접근하려는 그 어떤 시도도 처음부터 일정한 한계를 내포할 수밖에 없는 것으로 보인다. 우리가 알고 있는 범위 내에서 말하자면, 사르트르의 문학 세계 전체를 다룬 연구서는 아직 없다고 해도 과언이 아니다. 영어, 불어, 독어권에서 행해진 연구를 고려해도 그 사정은 마찬가지이다. 그 결과 사르트르의 문학론 연구는 광범위한 여러 영역 가운데 한두 부분을 선택해서 다루는 경우가 대부분이다.

여기에 더해 사르트르의 문학론에 접근하는 것을 어렵게 만드는 요소 또 한 가지가 있다. 우선 그의 문학론과 철학[1]이 긴밀한 연관관계를 가지고 있어 두 영역 사이에 분명하게 경계선을 긋는 것이 불가능하다는 점을 꼽을 수 있다. 따라서 그의 문학론에 접근하기 위해서는 그의 철학적 사유에 대해 일정 정도 이상의 지식을 가지고 있는 것이 유리하다고 할 수 있겠다. 아울러 그의 여러 주요 저작들이 미완의 상태로 남아 있다는 것도 그의 문학론에 접근하는 것을 어렵게 만드는 요소들 가운데 하나이

---

1) 사르트르의 철학서로는 『상상력』 『상상계』 『자아의 초월성』 『정서에 대한 시론』 『존재와 무』 『변증법적 이성비판』 『도덕을 위한 노트』 등이 있다.

다. 애초에 4부작으로 기획되었던 소설『자유의 길』, 말라르메론,『변증법적 이성비판』, 플로베르를 다룬『집안의 천치』『도덕을 위한 노트』등이 그 예이다. 더군다나 현재에도 그의 미간행 원고가 계속해서 발굴되고 있기 때문에 그의 문학론 — 그의 철학도 마찬가지이다 — 은 아직도 그 전체적인 윤곽을 드러내지 않고 있다고도 할 수 있다. 분명 이러한 이유에서일 것이다. 지금까지 사르트르 연구는 새로 발굴된, 또 앞으로 발굴될 원고들을 통해 다시 검증받아야 한다는 농담 아닌 농담이 나오고 있을 정도이다.[2]

이와 같은 사정을 고려하면서 이 글에서는 사르트르의 문학론 가운데 이른바 '참여문학론' (또는 '앙가주망engagement 문학론') 을 집중적으로 살펴보고자 한다. 여기서 참여문학론이란『상황』제2권[3]에 '문학이란 무엇인가'라는 제목 아래 한데 실려 있는 글들에서 전개되고 있는 사르트르의 문학론을 가리킨다. 우리가 이 글에서 이 참여문학론을 집중적으로 살펴보고자 하는 것은 크게 다음과 같은 두 가지 이유에서이다. 첫번째는 참여문학론에서 사르트르의 문학 전체를 관통하는 두 가지 주요 주제인 '문학을 통한 자기 구원'과 '문학을 통한 이웃의 구원'의 문제에 대한 심층적인 논의를 볼 수 있기 때문이다. 두번째는 이 참여문학론이 사르트르 문학론의 이름으로 국내에 수용되어 숱한 오해를 불러일으키면서도 우리 문학계에 많은 영향을 주었기 때문이다. 특히 민주화의 실현이 제1의 과

---

2) 이것은 2005년 프랑스의 스리지라살Cerisy-la-Salle에서 열흘 동안 개최된 사르트르 탄생 100주년 기념 콜로키엄에서 실제로 나왔던 이야기이다. 이 콜로키엄에서 다루어진 주된 주제 가운데 하나가 바로 '발생론적 비평 방법'을 통한 사르트르 연구였다. 즉 최근에 발굴된 사르트르의 미간행 원고를 중심으로 한 연구였다.
3) J.-P. Sartre, *Situations*, t. II, Paris: Gallimard, 1948. 이『상황』제2권에는 『현대』지의 창간사' '문학의 국유화'와 '문학이란 무엇인가'라는 제목 아래 「글을 쓴다는 것은 무엇인가」「왜 쓰는가」「누구를 위해 쓰는가」「1947년 작가의 상황」이 실려 있다. 「문학이란 무엇인가」에 포함된 네 편의 글은 같은 제목의 단행본으로 출간되기도 했다.

제였던 20세기 중후반에 그의 참여문학론은 우리 사회의 변화에서 문학의 기여 부분을 평가할 수 있는 이론적 토대를 제공했다고 할 수 있다.

우리는 이 글에서 이와 같은 두 가지 점을 염두에 두면서 사르트르의 참여문학론을 그의 철학적 사유를 통해 조망해보면서 그 허와 실을 살펴보고자 한다.

2. 작가와 독자의 협력의 필요성

1) 문학의 종교성: 존재정당화와 영생

사르트르의 본격적인 첫 장편소설 『구토』의 끝 부분에서 우리는 이 소설의 중심인물인 로캉탱Roquentin에게 일어나는 일종의 개종(改宗, conversion) 장면을 목도한다. 그는 롤르봉Rolebon 후작의 전기(傳記)를 쓸 목적으로 부빌Bouville이라는 도시에 머물다가 지금 기차를 타고 파리로 떠나려 하고 있다. 로캉탱은 역원(驛員)회관에서 기차를 기다리는 동안 「머지않은 어느 날Some of these days」이라는 노래를 마지막으로 듣게 된다. 그는 이 노래를 들으면서 마침내 개종을 하게 된다. 그가 새로이 선택한 종교는 '문학'이라는 종교이다. 그러니까 그는 문학 창작을 하기로 결심한 것이다. 그리고 문학이라는 종교를 통해 이른바 '구원(救援, salut)'을 받고자 한다. 「머지않은 어느 날」이라는 노래를 들으면서 그의 내부에서는 대체 무슨 일이 일어난 것일까? 이는 어떤 이유에서 그가 문학을 구원의 수단으로 삼게 되었을까와 같은 물음이다. 또한 그대로 사르트르가 문학에 대해 이른바 '종교성religiosité'을 부여한 이유는 무엇일까와도 긴밀하게 연결되어 있는 물음이다.

주지하다시피 '구원'은 기독교에서 쓰이는 개념이다. 기독교에서는 구원을 여러 차원에서 설명한다. 하지만 구원을 ① 하느님의 존재를 믿고, ② 교회에 나가면서 회개하고, ③ 남에게 좋은 일을 하고, ④ 살아서는 마음의 평화를 누리고 죽어서는 천국에서 영생을 누린다는 의미로 해석해도 커다란 무리는 없을 성싶다. 결국 기독교의 구원에서는 살아 있는 동안에 얻는다고 믿는 마음의 평화와 사후에 얻는다고 믿는 영생이라는 두 요소가 결정적인 중요성을 갖는다 하겠다. 특히 구원을 통해 보장되는 것으로 여겨지는 영생은 태어나면 반드시 한 번은 통과해야만 하는 '죽음'이라는 운명을 피하고자 하는 인간의 절망적인 소원의 다른 표현이라고도 할 수 있을 것이다. 또한 살아 있는 동안 누리게 되는 마음의 평화 역시 결코 등한시할 수 없는 요소이다. 기독교의 입장에서 본 구원의 의미가 이와 같다면, 『구토』의 말미에서 로캉탱이 문학이라는 종교로 개종할 때 이와 같은 두 가지 내용을 담고 있는 구원의 가능성을 염두에 두었다고 할 수 있을 것이다. 따라서 지금 이 단계에서 중요한 것은 로캉탱이 문학 창작을 통해 이 두 가지 구원을 획득할 수 있다고 믿게끔 한 메커니즘이 어떤 것인지를 밝혀내는 일일 것이다.

다시 로캉탱에게 개종이 일어나는 장면으로 돌아가 보자. 그는 역원회관에서 기차를 기다릴 때 문제의 노래를 들으면서 우선 이 노래를 작곡한 작곡가와 이 노래를 부른 흑인 여가수를 생각하게 된다. 물론 그는 이들 두 사람과 아무런 관련이 없다. 그들이 누구인지조차 모른다. 하지만 로캉탱은 이 노래를 들으면서 그 두 사람을 생각한다. 그들이 살아 있건 죽었건 문제 되지 않는다. 이 노래를 들으면서 로캉탱이 작곡가와 흑인 여가수의 존재를 생각한다는 것 자체가 의미심장하다. 물론 사르트르의 사유 체계 내에서 그러하다. 왜냐하면 바로 거기에 사르트르가 생각한 문학을 통한 구원을 결정하는 두 요소, 즉 기독교적 구원의 두 요소인 살아 있는 동안에 얻게 되는 마음의 평화와 사후 영생 보장의 비밀이 들어 있다고 할 수 있기 때문이다. 그러니까 바로 거기에 로캉탱의 문학이라는 종교로의 개종을 가능케 한 비밀이 들어 있는 것으로 보인다. 그 비밀의 문을 열어보자.

사르트르 철학의 출발점은 조물주의 존재 부정이다. 따라서 이 세계에 존재하는 모든 것들은 조물주와의 탯줄이 끊어진 상태에 있다. 그로부터 그 유명한 존재의 '우연성contingence'의 개념이 도출된다. 그러니까 이 세계의 모든 존재는 아무런 이유 없이 그냥 거기에 있다. '잉여존재l'être de trop', '남아도는 존재l'être surnuméraire' 등과 같은 표현은 모두 이러한 상태에 있는 존재를 지칭하는 표현들이다. 모든 존재의 출현에 따르는 '무상성gratuité'도 같은 의미를 가지고 있다. 인간도 예외가 아니다. 인간 역시 다른 존재들과 마찬가지로 아무런 존재이유 없이 그냥 거기에 있다. 하지만 사르트르의 철학 체계에서 인간은 다른 존재와 구별된다. 인간이 유일하게 자기와 자기 아닌 것들에 대해 질문을 던질 수 있고, 또한 이 질문에 대해 '아니오'라고 대답할 수 있는 존재이기 때문이다. 사르트르는 이러한 인간 존재를 '대자존재l'être-pour-soi'로 규정하고, 인간 이외의 다른 존재들을 '즉자존재l'être-en-soi'로 규정한다. 사르트르가 인간의 영역을 다시 '나'와 '타자'로 구분한다는 사실을 지적하고 넘어가자. 타자는 나의 '대타존재l'être-pour-autrui'를 형성하는 존재이다. 이 세 유형의 존재, 즉 '즉자존재' '대자존재' '대타존재'가 곧 사르트르가 파악하고 있는 존재의 세 영역이다.

그런데 인간은 다른 존재, 곧 사물 존재에 비해 존재론적으로 보아 우월하면서도 열등한 위치에 있는 것으로 간주된다는 것이 사르트르의 생각이다. 우선 인간은 사물에 비해 우월하다. 그 까닭은 인간의 '의식(意識, conscience)'에 있다. 사르트르는 인간을 의식을 통해 이해하며, 이 의식은 '지향성intentionnalité'을 가진 것으로 본다. 독일의 현상학자 후설E.

Husserl에게서 빌려온 이 개념은 "의식은 항상 무엇인가에 대한 의식이다"라는 내용을 담고 있다. 그리고 이 '무엇인가'의 자리에는 두 가지가 들어갈 수 있다. 하나는 의식 그 자체이다. 그러니까 의식은 자기 자신을 지향성의 대상으로 삼을 수 있다. 다른 하나는 이 의식을 제외한 나머지 모든 존재이다. 그리고 인간은 이 의식의 지향성의 구조를 채우면서 이 무엇인가에 '의미'를 부여한다. 이러한 관점에서 사르트르는 만물의 영장으로서의 인간의 특징, 그러니까 다른 존재에 대한 인간의 우월성을 포착한다.

그러나 사물 존재가 인간 존재에 비해 이른바 '존재론적 우월성primauté ontologique'을 갖는다는 것이 또한 사르트르의 생각이기도 하다. 왜 그럴까? 사르트르는 그 이유를 의식의 지향성에서 찾는다. 인간은 의식의 지향성 구조를 발휘하는 과정에서 매 순간 이 구조를 채우는 이 무엇인가를 자유로이 선택할 수 있다. 하지만 인간은 이 의식의 지향성 구조를 채우기 위해 언제라도 반드시 이 무엇인가를 확보해야만 한다. 그렇지 못하면 의식은 제 기능을 다 발휘하지 못하게 된다. 인간에게 그런 경우가 발생하는 것은 정신병, 기억상실, 졸음, 방심 등으로 인해 의식이 제대로 작동되지 않는 경우, 죽음으로 인해 의식의 기능 자체가 완전히 사라진 경우 등이다. 그러니까 인간은 살아서 활동할 경우에는 의식의 지향성을 발휘하는 대자존재의 지위를 가지고 있다가 죽는 순간 '주검'이 됨으로써 의식의 기능을 완전히 상실하고 사물과 같은 즉자존재의 지위를 부여받게 된다. 따라서 인간에게는 '대자-즉자존재'의 결합이 이루어지는 것이 불가능하다고 할 수 있다. 그런데 사르트르는 이 대자-즉자존재의 결합 상태를 '신'의 존재 방식으로 규정하고 있다. 어쨌든 한 가지 흥미로운 것은 인간이 의식의 지향성을 발휘하면서 다른 존재들과 관계를 맺는 과정에서 그것들에 의미를 부여하면서 자신의 우월성을 확인한다는 점이다. 그러나 이와 동시에 그는 그 자신의 의식을 위해 매 순간 그것들 가운데 하나를 반드시 선택해야만 하는 입장에 있다. 이것이 바로 인간의 '실존의 고뇌'이다. 이것은 그대로 사물 존재의 인간 존재에 대한 존재론적 우월성의 증거가 된다.

또한 사르트르의 사유 체계에서 인간은 유일하게 '실존하는' 존재이다. 여기에서 '실존existence'이라는 말은 '벗어나다'의 의미를 가진 'eks-'와 '거기에 있다'라는 의미를 가진 '-sistere'의 합성어이다. 따라서 예컨대 불어로 '실존하다exister'라는 말은 '있는 곳에서 벗어나다' '있는 곳에서 다른 곳으로 움직이다' 등의 의미를 갖는다고 할 수 있다. 그런데 이 세계에 있는 모든 존재들 가운데 이처럼 '실존할' 수 있는 존재는 '인간'밖에 없다. 이러한 의미에서 사르트르는 "인간 존재는 있는 것으로 존재하지 않으며, 있지 않은 것으로 존재한다"고 규정하고, 다른 존재들은 그저 "있는 것으로 존재한다"고 규정한다. 또한 이 규정은 그대로 인간 존재는 '투기(投企, projet)'의 존재라는 규정과도 같은 것으로 간주된다. 그러니까 인간은 매 순간 '자기를 앞으로 내던지는 se pro-jeter' 존재이다. 이 'se pro-jeter'라는 불어 동사에서 'se'는 '자기'를, 'pro-'는 '앞으로'를, 'jeter'는 '내던지다'를 의미한다. 이것을 바탕으로 사르트르에게서 그 유명한 "실존은 본질에 선행한다"라는 주장과 "인간은 자기 자신을 만들어가는 존재 이외의 다른 존재가 아니다"라는 주장이 정립된다.

바로 이 단계에서 하나의 중요한 질문이 제기된다. 이 질문은 다름 아닌 인간의 투기가 지향하는 최종 목표는 무엇인가 하는 것이다. 대체 인간은 무엇을 향해 자기 자신을 앞으로 내던지는 것일까? 사르트르에 의하면 인간은 '신'이 되고자 하는 욕망으로 정의된다. 그런데 신의 존재 방식은 '대자-즉자pour-soi-en-soi'이다. 따라서 인간은 '대자-즉자존재l'être-pour-soi-en-soi'가 되고자 한다. 사르트르는 이 결합에서 '즉자'에 해당하는 부분은 '존재이유' 또는 '존재근거'에 해당한다고 본다. 그러므로 인간은 결국 자신의 우연적인 상태, 곧 아무런 이유 없이 거기에 그냥 있는 존재에서 존재이유를 찾아 자신의 존재를 '정당화'하는 그런 존재라고 정의할 수 있다. 또한 인간은 항상 그 누구에게나 그 무엇에 '필요한' 존재가 되고자 한다. 그러니까 인간은 항상 그 무엇 또는 그 누구에 의해 필요한 존재로 '호출되기être appelé'를 원한다. 왜냐하면 인간은 자기를 필요로 하고, 자기를 호출하는 그 무엇이나 그 누구와의 관계에서 볼 때 일시적으로나마 자신의 존재이유를 확보할 수 있기 때문이다. 예컨대 나로 인해 이 세계에 새로이 존재하게 되는 어떤 대상과의 관계에서 보면 나의 존재는 절대로 없어서는 안 될 그런 존재가 되는 것이다. 왜냐하면 이 대상의 모든 것은 다름 아닌 나에 의해 뒷받침되고 있기 때문이다. 그러니까 나의 존재는 이 대상의 존재에 비춰 볼 때 '정당화'되고 있는 것이다. 우리의 판단으로는 이러한 '존재정당화'가 바로 작가가 글쓰기 행위를 선택하는 주요 동기에 해당한다고 할 수 있다. 사르트르는 다음의 인용문에서 작가의 존재정당화를 '본질적essentiel'이라는 용어를 통해 표현하고 있다.

예술적 창조의 주요 동기 중 하나는 분명히 세계에 대해서 우리 자신의 존재가 본질적이라고 느끼려는 욕망이다. 내가 드러낸 들이나 바다의 이 모습들을, 이 얼굴의 표정을 나는 화폭에 옮기면서 또는 글로 옮기면서 고정(固定)시킨다. 나는 이 모습들을 긴밀히 관련시키고, 질서가 없던 곳에 질서를 만들고, 사물의 다양성에 정신의 통일성을 박아 넣는다. 그러면 나는 이 모습을 만들어내는 것이라고 생각한다. 바꾸어 말하자면, 나는 나의 창조물에 대해서 스스로 본질적이라고 느낀다.[4]

하지만 문학이 종교성을 가지려면 이러한 작가의 존재정당화가 그의 사후에도 계속되어야 한다. 다시 말해 작가의 존재가 그의 작품을 통해 그의 사후에조차 계속해서 정당화되어야 한다. 만약 그렇지 않으면 문학의 종교성은 그만큼 약해질 수밖에 없을 것이다. 아니, 통째로 사라질지도 모를 일이다. 그렇다면 작가는 사후에도 계속해서 자신의 존재정당화를 확보할 수 있을까? 과연 자신의 작품을 통해 영생――뒤에서 살펴보겠지만 문학을 통한 영생의 확보란 결국 작가가 죽은 후에도 그가 쓴 작품을 통해 그의 이름, 그의 존재를 생각해주는 사람들이 있는 것의 동의어이다――을 얻을 수 있는가?

사르트르에 의하면 이 질문에 대한 답은 긍정적이다. 물론 작가가 얻게 되는 영생은 상대적이다. 이 점에 대해서는 뒤에서 다시 논의할 것이다. 하지만 사르트르에게서는 일단 작가의 문학을 통한 영생의 획득은 가능한 것으로 여겨진다. 다만 거기에는 다음과 같은 조건이 따른다. 작가의 작품을 읽어주는 '독자'가 있어야 한다는 조건이 그것이다. 바로 이러한 이유로 인해 우리는 『구토』에서 로캉탱의 문학에로의 개종이 일어나는 장면, 그리고 『문학이란 무엇인가』에서 작가의 글쓰기 행위의 선택 동기를 설명하는 대목에서 독자의 존재를 만날 수 있는 것으로 보인다. 따라서 중요한 것은 왜 작가의 글쓰기 행위가 '독자'의 존재를 필요로 하는지를 알아보는 일이 될 것이다.

우리는 뒤이어 문학의 목적이 무엇일 수 있을지 규정해보려고 한다. 그러나 지금 당장이라도 이렇게 말해둘 수는 있다. 즉 작가란 세계와 특히 인간을 다른 사람들에게 드러내 보이기를 선택한 자인데, 그 목적은 이렇게

---

4) 장-폴 사르트르, 『문학이란 무엇인가』, 정명환 옮김, 민음사, 1998, p. 59(필요에 따라 번역을 부분적으로 수정했으며, 이 원칙은 이하 모든 인용에 적용된다).

드러낸 대상 앞에서 그들이 전적인 책임을 지게 하기 위한 것이다.[5]

한 권의 책. 한 권의 소설. 이 소설을 읽고 이렇게 말하는 사람들이 있을 것이다. '이 책을 쓴 사람은 앙투안 로캉탱이다. 그는 카페에서 얼쩡거리던 붉은 머리의 사나이였다.' 그리고 이들은 마치 내가 이 흑인 여자의 삶에 대해 생각하듯 나의 삶에 대해 생각할 것이다. 귀하고 거의 전설 같은 어떤 것처럼. 한 권의 책.[6]

2) 문학 - 종교에서의 독자의 역할

주지하다시피 독자의 기본적인 역할은 작가가 쓴 작품을 읽는 것이다. 그 이상도 그 이하도 아니다. 하지만 사르트르는『문학이란 무엇인가』에서 이처럼 간단하게 규정되는 '읽기 행위' 그리고 이 행위의 주체인 '독자'의 존재에 대해 아주 중요한 의미를 부여한다. 사르트르가 주장하는 이와 같은 독자를 중시하는 문학이론은 후일 바르트R. Barthes, 에코U. Eco의 독자이론, 이저W. Iser와 야우스H. R. Jauss 등이 발전시킨 수용미학 등에 커다란 영향을 미친다. 어쨌든 사르트르의 의견에 의하면, 읽기 행위는 곧 작가의 문학이라는 종교로의 개종을 가능케 하는 두 축 가운데 하나이다. 물론 그 첫번째 축이 글쓰기 행위라는 것은 말할 나위가 없다. 그렇다면 왜 작가의 글쓰기 행위의 축은 독자의 읽기 행위 축에 의해 뒷받침되어야 하는가? 이 두 행위 사이에는 어떤 관계가 정립되는가? 그러니까 이 두 행위의 주체인 작가와 독자 사이에는 대체 어떤 비밀이 있는가? 이와 같은 물음들과 더불어 사르트르의 문학론의 한복판으로 들어가게 된다.

---

5) 같은 책, p. 33(이하 강조는 필자).
6) 장-폴 사르트르,『구토 La Nausée』, 김희영 옮김, 학원사, 1983, p. 236.

사르트르에 의하면 독자의 읽기 행위는 작가의 작품을 '객체화시키는 objectiver' 역할을 수행한다. 그리고 이 역할로 인해 독자는 작가의 구원에 필수불가결한 존재가 된다. 그 과정을 살펴보자. 실제로 이 과정을 밝히는 작업 자체는 곧 작가의 문학을 통한 구원의 메커니즘을 밝히는 작업이기도 하다. 앞에서 작가의 글쓰기 행위의 선택을 규제하는 최종 목표는 대자-즉자의 결합 상태, 즉 신의 존재 방식에 도달하는 것이라는 점을 살펴보았다. 그런데 다음과 같은 경우를 가정해보자. 작가가 직접 쓴 문학작품을 스스로 읽고 소유하는[7] 경우가 그것이다. 이 경우 작가에게는 과연 무슨 일이 발생하는가? 사르트르에 의하면 이 경우 작가는 '대자-즉자'의 결합 대신 '대자-대자'의 결합만을 실현할 뿐이라고 본다.

그 내력은 이렇다. 사르트르는 작가에 의해 창조된 작품은 이 작가의 분신(分身, alter ego)이라고 주장한다. 이것은 달리 될 수가 없다. 왜냐하면 작가는 작품을 창작하면서 자신의 사상, 정신, 혼(魂), 자유, 주체성 등을 포함한 모든 것을 거기에 쏟아 붓는 것으로 여겨지기 때문이다. 곧 작가의 작품은 작가 자신의 대자pour-soi적 측면을 간직하고 있는 것이다. 그 결과 작가가 자신의 작품을 읽게 되면 거기에서 그 자신만을 다시 발견할 뿐이다.

그러나 우리 자신이 제작의 규칙이나 척도나 규준을 만들고, 우리의 창

---

7) 사실 사르트르의 문학론에는 그가 『존재와 무L'Être et le néant: Essai d'ontologie phénoménologique』에서 주장하는 이른바 '이중의 환원'이 자리하고 있다. 이 '이중의 환원'은 인간 행동의 세 범주인 "함Faire" "가짐Avoir" "있음Être" 사이의 관계를 지칭하는 개념이다. 그러니까 인간이 무엇인가를 만들거나 하는 행동은 이 행동의 결과물을 소유하기 위함이고("함"의 범주에서 "가짐"의 범주로의 환원), 이 결과물을 소유하는 것은 이 소유물을 통해 그 자신의 존재이유를 확보하면서 "대자-즉자" 존재의 결합 상태로 존재하기 위함이다("가짐"의 범주에서 "있음"의 범주로의 환원). '이중의 환원'에 대해서는 필자의 책 『존재와 무―자유를 향한 실존적 탐색』(살림, 2005, pp. 250~63)을 참조.

조적 충동이 우리의 가장 깊은 가슴속으로부터 솟아오르는 경우에는 우리의 작품에서 찾아볼 수 있는 것은 우리 자신일 따름이다. 화폭이나 종이 위에서 얻은 결과는 우리의 눈에는 결코 '객체적'으로는 보이지 않는다. 그런 결과를 빚어낸 수법을 너무나 잘 알고 있기 때문이다. 그 수법은 끝끝내 주체적인 발견일 따름이다.[8]

그렇다면 작가가 자신의 작품을 읽는 행위에서 파생되는 이러한 결과가 갖는 의미는 무엇인가? 답을 미리 말하자면 이 결과는 작가의 문학에로의 개종 이유가 사라짐을 의미한다. 앞에서 지적한 대로 작가는 문학창작을 통해 존재이유를 찾으면서 자신의 존재를 정당화하기를 바랐다. 또한 먼 훗날―그의 사후 100년, 1,000년, 10,000년, 아니면 그보다 더 먼 미래를 상정해도 상관없다―그가 쓴 작품을 읽어주는 독자들의 도움을 받아 영생을 얻으면서 구원을 획득하고자 했다. 그런데 작가가 직접 자기 작품을 읽게 되면 이와 같은 꿈은 일거에 물거품이 되어버린다. 왜냐하면 그는 자기 작품을 통해 발견하고자 했던 존재이유를 결코 발견할 수 없기 때문이다. 그런데 다음과 같은 사실에 주목하자. 즉 작가가 자기 작품을 통해 얻고자 하는 존재이유는 다름 아닌 이 작품의 '객체적인 면,' 곧 이 작품의 '즉자존재'와 같다는 사실이다. 그러니까 작가는 이 작품이 갖는 즉자적 측면을 소유하면서 대자-즉자존재의 결합 상태에 이르고자 한다. 물론 이 결합에서 '대자적' 측면은 살아 있는 작가 자신이다. 따라서 그가 대자-즉자존재의 결합을 실현하기 위해서 절대적으로 필요로 하는 것은 자기 작품이 갖는 '즉자적' 측면이다. 그런데 바로 위에서 이 작가가 자기 작품을 읽고 소유할 때 이 작품의 즉자적 측면은 결

---

[8] 장-폴 사르트르, 『문학이란 무엇인가』, p. 60.

코 나타나지 않는다는 것을 보았다. 그렇다면 이 즉자적 측면은 어디에서 오는 것일까?

사르트르에 의하면 작가에 의해 창조된 작품의 즉자적 측면은 오로지 독자의 읽기 행위를 통해서만 나타날 뿐이다. 왜 그런가? 이 물음에 답하기 위해서 사르트르의 대타존재 사유에 적용되는 다음과 같은 하나의 원칙을 살펴보자. "자유는 자유에 의해서만 제한될 수 있다"는 원칙이 그것이다. 사르트르의 사유 체계에서 '자유'는 인간 존재의 다른 이름, 또는 그의 '주체성'의 다른 이름이다. 따라서 자유의 주체는 인간 존재뿐이며, 위의 원칙은 결국 "인간의 자유와 주체성은 다른 인간의 자유와 주체성에 의해서만 제한될 수 있다"는 것을 의미한다. 따라서 '제한된다'는 것은 인간이 자유를 상실하고 '주체성'의 상태에서 '객체성'의 상태, 곧 '사물' 존재와 같은 상태로 전락한다는 것과 같은 의미로 이해할 수 있다. 따라서 위의 원칙은 결국 "인간은 다른 인간에 의해서만 객체화를 경험할 뿐이다"라고 해석될 수 있는 것이다.

이 원칙을 가지고 사르트르의 문학론으로 다시 돌아가자. 일단 작가가 창작한 작품은 그 자신의 자유와 주체성을 그 안에 담고 있는 그의 분신이라는 사실을 염두에 두자. 바로 그렇기 때문에 작가는 자신의 작품을 읽고 소유하면서 그 안에서 그 자신의 주체성만을 발견했을 뿐이고, 그 결과 대자-즉자존재의 결합이라는 꿈의 실현에 실패할 수밖에 없었다. 그런데 이번에는 작가의 작품을 읽어주는 자가 작가 자신이 아니라 독자이다. 독자의 읽기 행위가 이루어질 때 과연 무슨 일이 발생할까? 우선 지적할 수 있는 것은, 작가의 작품이 독자의 읽기 행위를 통해 '객체화된다'는 것이다. 여기서 작가의 작품이 객체화된다는 것은 이 작품의 '의미' 파악과 동의어이다. 예컨대 불어를 모르는 독자는 불어로 된 작품을 읽을 때 아무것도 이해하지 못할 것이며, 따라서 그 작품으로부터 아무런 의미도 도출해낼 수 없을 것이다. 이러한 상태가 곧 그 작품을 객체화시키지 못하는 상태와 같은 것이다. 어쨌든 한 가지 분명한 것은 작가에 의해 창조된 작품은 독자라는 그와 전혀 다른 주체에 의해 객체화된다는 점이다. 이렇게 함으로써 작가는 그 자신의 꿈, 곧 대자-즉자존재의 결합 상태에 필요한 즉자존재를 확보할 수 있게 되는 것으로 이해된다.

이 단계에서 우리는 다음과 같은 의문을 품을 수 있다. 작가의 작품이 어떻게 해서 독자의 읽기 행위로부터 객체적인 면을 부여받게 되는가 하는 의문이다. 이 의문과 관련하여 사르트르의 대타이론에서 중요한 역할을 하고 있는 '시선(視線, regard)'이라는 개념의 의미를 살펴보자. 사르트르는 나와 타자의 존재론적 관계를 다루면서 '타자'를 "나를 바라보는 자"로 정의한다. 그러니까 시선은 나에게 타자가 직접적이고 구체적으로 현전(現前)한다는 사실을 설명해주는 개념인 것이다. 그런데 여기서 시선은 단지 눈동자의 집중만을 의미하지 않는다. 이와는 달리 이 시선은 그 끝에 와 닿는 모든 것을 객체로 사로잡고 '돌로 만들어버리는 pétrifier'—메두사의 신화를 생각하자—'힘 puissance'으로 이해된다. 또한 이 시선의 주체는 인간뿐이다. 게다가 인간은 언제, 어느 상황에서도 항상 주체성의 상태에 있어야 한다. 따라서 인간은 다른 인간을 만나게 되면 항상 먼저 주체성의 상태에 있기 위해 상대를 자신의 시선을 통해 바라보면서 객체화시키려는 관계를 맺게 된다. 이것이 그 유명한 사르트르의 '시선 투쟁'과 그로 인한 '갈등'이다. "타자는 나의 지옥"이라는 사르트르의 주장은 바로 이와 같은 내용을 담고 있다.

이와 마찬가지로 독자가 작가의 작품을 읽는 행위는 그저 단순히 책장을 넘기는 행위가 아니다. 이와는 달리 독자는 읽기 행위를 통해 그 자신의 자유와 주체성을 작가의 작품을 보는 자신의 시선을 매개로 이 작품 속으로 '흘려보내는 couler' 것이다. 예컨대 우리가 독자의 입장에서 정신을 집중하지 않은 상태로 작가의 작품을 읽는 경우 이 작품의 의미를 제대로 파악할 수 없다는 것, 즉 객체화시킬 수 없다는 것은 경험을 통해서도 알 수 있다. 어쨌든 작가의 작품은 다름 아닌 작가 그 자신의 대자적 측면이라는 사실을 상기하자. 따라서 독자의 읽기 행위를 통해, 보다 더 정확하게는 독자의 읽기 행위에 수반되는 시선의 힘을 통해 작품에 들어 있는 작가의 대자적 측면이 즉자화, 곧 객체화되는 것이다. 앞에서도 지적했듯이 결국 독자의 읽기 행위를 통해 작가가 창작한 작품의 의미가 파악된다. 이처럼 살아 있는 작가—그의 존재 방식은 '대자'이다—가 독자의 읽기 행위를 통해 나타나는 객체화된 면—이것의 존재 방식은 '즉자'이다—과 결합될 때, 그는 최소한 이론상으로는 대자-즉자존재의 결합을 실현할 수 있다. 다시 말해 작가는 독자에 의해 마련된 자기 작품의 즉자적 측면을 통해 그 자신의 존재이유를 발견하게 된다. 그러니까 독자의 눈에는 자신이 읽는 작품의 존재와 관련지어 볼 때 이 작품을 이 세계에 있게끔 한 자는 다름 아닌 작가 자신이다. 보다 더 구체적으로 말하자면 작가의 존재는 이 작품의 출현에 없어서는 안 될 필수불가결한 존재, 따라서 본질적인 존재로 간주된다. 또한 작가는 이 작품을 구성하고 있는 모든 것을 지금 있는 그대로의 상태, 지금 있는 그대로의 내적 질서 아래 있게끔 한 장본인이다. 이와 같은 작가의 지위는 바로 '조물주 démiurge'가 그 자신의 피조물에 대해 누리는 지위와 같은 것으로 이해된다. 한마디로 작가는 독자의 읽기 행위의 대상이 되는 작품의 존재근거이자 존재이유인 것이다. 곧 작가의 존재는 그의 작품을 통해, 보다 더 정확하게는 독자의 읽기 행위를 통해 정당화된다. 만약 작가가 살아 있다면 이러한 자신의 잉여존재의 정당화를 느낄 수 있을 것이다.

그렇다면 이 존재의 정당화는 작가의 사후에도 계속될 수 있는가? 그러니까 작가는 사후에도 독자의 읽기 행위를 통해 자신의 작품에 의지하여 대자-즉자존재의 결합 상태를 실현할 수 있는가? 이 물음은 이른바 작가의 영생이 가능한가 하는 물음과 같다. 이 물음에 대한 사르트르의 답은 일단은 긍정적이라고 할 수 있다. 왜냐하면 작가는 자기 작품을 통해 죽어서도 대자-즉자존재의 결합을 실현할 수 있는 것으로 여겨지기 때문이다. 그 구체적인 과정을 살펴보기 전에 다음과 같은 사실을 지적하자. 작가에 의해 창조된 작품은 반대되는 이중의 존재론적 지위를 가지고 있다는 사실이 그것이다. 이 반대되는 이중의 지위란 작품이 갖는 '대자적' 측면과 '즉자적' 측면에 해당된다. 작가의 작품이 갖는 대자적 측면에 대해서는 앞에서 지적한 대로이다. 그러니까 작품 속에는 작가의 주체성, 혼, 자유 등과 같은 모든 것이 들어 있는 것이다. 그런데 작품은 또한 '즉자적' 측면을 가진 이 세계에 존재하는 다른 '사물' 존재들과 하등의 다를 바가 없는 그런 존재이다. 작품이 갖는 이 두번째 측면을 이해하기 위해 다음과 같은 상상을 해보자. 예컨대 글을 모르는 사람이 길을 가다가 '소설' 책을 한 권 주웠다고 하자. 이 경우에 이 사람이 이 소설을 소설로 여기는 것은 거의 불가능할 것이다. 이와는 달리 이 사람에게 이 소설은 길가에 있는 조약돌 등과 하등의 다를 바가 없는 그러한 존재라는 것은 분명하다.

 이와 같은 사실들을 고려해보면, 독자가 작가의 작품을 읽기 시작할 경우, 그는 우선 이 작품과 더불어 이 세계에 있는 다른 존재들 가운데 하나와 하등의 차이가 없는 그러한 사물 존재와 관계를 맺는다고 할 수 있다. 또한 독자는 그렇게 하면서 작품에 의미를 부여하고 그것을 객체화시키는 것이다. 하지만 작가는 죽어서 이미 이 세계에 존재하지 않기 때문에, 그에게는 대자-즉자존재 결합의 실현에 참여할 한 항(項)인 대자존재가 없는 상황이 연출된다. 그렇다. 살과 뼈를 가진 작가는 이 세계에 존재하지 않는다는 사실은 분명하다. 하지만 작가에게는 자기 작품을 통해 죽어서도 이 대자-즉자존재의 결합을 실현할 수 있는 길이 열려 있는 것으로 보인다. 우선 이 대자-즉자존재의 결합을 결정하는 한 항인 즉자존재는 이미 이 세계에 존재한다. 왜냐하면 방금 지적한 대로 작가에 의해 창조된 작품은 그 자체로 이미 하나의 즉자존재이기도 하며, 독자가 이 즉자존재 형태로 존재하는 작품을 자기의식의 지향성 구조를 채우는 무엇인가로 선택하고 객체화시키면서 의미를 부여하기 때문이다. 또한 이 작품은 독자의 읽기 행위에 동반되는 시선에 의해 객체화되기 때문이기도 하다. 그렇다면 이 대자-즉자존재의 결합에 참여하는 또 하나의 항인 작가의 대자존재는 어디에 있는가?

사르트르에 의하면 이 대자존재는 독자의 읽기 행위를 통해 작가의 작품에서 부활하게 된다. 그러니까 독자의 읽기 행위를 통해 이 작품에 들어 있는 작가의 사상, 혼, 자유, 주체성 등이 부활하는 것이다. 다시 말해 대자존재의 방식으로 이 세계에 존재하는 독자의 읽기 행위를 통해 즉자존재로 물질화되어 있던 작품으로부터 작가의 대자존재가 다시 나타나게 된다. 이것은 달리 진행될 수 없다. 왜냐하면 앞에서 지적했듯이 작가의 작품은 그 안에 대자적 측면과 즉자적 측면을 동시에 가지고 있기 때문이다. 이처럼 독자의 읽기 행위를 통해 작가는 대자-즉자존재의 결합을 실현할 수 있는 것으로 이해된다.

하지만 이 단계에서 중요한 문제가 발생한다. 작가가 사후에 독자의 도움을 받아 완벽한 대자-즉자존재의 결합을 실현하기 위해서는 독자가 읽기 행위를 통해 작가의 작품에 들어 있는 그의 즉자적 측면을 대자적 측면으로 완벽하게 부활시킬 수 있어야만 한다는 것이다(물론 이것은 작가가 살아 있는 동안에도 그대로 적용된다). 그러니까 독자는 작가의 작품이 가진 의미를 완벽하게 파악해야만 한다. 이것은 독자에게 가해지는 절대적인 의무라고도 할 수 있다. 만약 독자가 이 의무를 잘 이행해준다면,

작가는 죽어서도 살아 있는 동안에 누렸던 완벽한 대자-즉자존재의 결합을 실현할 수 있게 된다. 그러니까 작가는 죽어서도 자신의 작품을 읽어주는 독자라는 존재에 의해 이 작품의 존재에서 절대 필요한 존재로 여겨질 수 있다. 이러한 의미에서 우리는 "예술은 타자를 위해서만, 타자에 의해서만 존재할 뿐이다"[9]라는 사르트르의 주장에서 왜 '예술' ― 물론 여기서는 '문학'을 가리킨다 ― 은 '타자에 의해서만' ― 문학론에서 '타자'는 '독자'를 가리킨다 ― 존재하게 되는지를 이해할 수 있게 된다.

  이것은 우리가 앞에서 살펴보았던 『구토』 말미의 로캉탱의 개종 장면에서, 로캉탱이 「머지않은 어느 날」을 들으면서 이 노래의 작곡가와 이 노래를 부른 흑인 여가수의 존재를 생각하는 것과 같은 메커니즘인 것이다. 그리고 같은 장면에서 로캉탱이 소설을 쓰기로 결심하면서 이 소설을 후일의 독자들이 읽고 또한 그 과정에서 그 자신의 존재를 생각해주기를 바라는 것과 동일한 메커니즘인 것이다. 그리고 작가가 창조한 작품을 읽어주는 독자가 이 지구상에 영원히 존재한다면, 그리고 독자에 의해 작가의 작품의 의미가 완전히 밝혀진다면, 바로 그때 작가가 원했던 영생, 곧 작가 자신의 존재 부활이라는 의미에서의 영생은 보장될 수도 있을 것이다.[10] 물론 사르트르는 후일 자서전적 글인 『말』에서 자신의 과거를 돌아보면서, 문학을 통한 구원은 곧 그 자신의 '신경증névrose'의 발로였다고 고백한다. 그러니까 이 지구상에 인간들은 영원히 존재할 것이고, 그들 가운데 몇 명이라도 사르트르 자신의 작품을 읽어주면 그의 존재는 그의

---

9) 같은 책, p. 64.
10) 이와 같은 의미에서 보면, 사르트르가 주장하는 문학을 통한 구원과 영생은 기독교에서와는 달리 절대적이지 못하고 상대적일 수밖에 없다고 할 수 있다. 왜냐하면 작가의 영생은 이 지구상에 작가의 작품을 읽어줄 독자가 존재하는 것을 반드시 전제로 하기 때문이다. 그런데 지구의 멸망으로 인한 인류 절멸의 가능성은 항상 유효하다. 따라서 사르트르가 원했고 또 주장했던 문학을 통한 구원은 기독교에서 말하는 구원의 '대용물ersatz'이라고 할 수 있을 것이다. 이와 관련하여 "예술은 길고 인생은 짧다"는 말의 의미를 생각해보자.

작품을 통해 부활한다고, 따라서 영생을 누린다고 여겼다는 것이다.

그러다가 1955년경이 되면 유충이 딱 쪼개져서 이절판의 나비 스물다섯 마리가 태어나리라. 그들은 페이지를 날개 삼아 날며 국립도서관의 서가에 가서 앉으리라. 그 나비들은 다른 나다. 나 자신이란 말이다. 스물다섯 권, 본문만 팔천 페이지, 판화 삼백 매. 그리고 그중에는 저자인 나의 사진도 끼어 있다. 내 뼈는 가죽과 딱딱한 표지로 되어 있고, 양피지가 된 내 살에서는 아교 냄새와 곰팡이 냄새가 난다. 60킬로의 종이에 걸쳐서 나는 흐뭇하게 어깨를 편다. 나는 다시 태어나고 마침내 완전한 인간이 된다. (……) 사람들이 나를 들고 연다. 나를 책상 위에 펼쳐놓고 손바닥으로 쓰다듬고 또 때로는 파닥거리게 한다. 나는 가만히 내버려둔다. (……) 나의 의식은 조각조각 갈라진다. 그게 좋은 것이다. 다른 의식들이 나를 나누어서 걸머지니까 말이다. (……) 수백만의 시선을 위해서 나 자신을 장래의 호기심의 대상으로 만들어놓는다. (……) 나는 아무 곳에도 존재하지 않는다. 나는 '있는' 것이다. 나는 모든 곳에 있다.[11]

3) 문학-종교에서 요구되는 작가-독자의 협력

작가가 이처럼 자기 작품을 통해, 보다 정확하게는 독자의 읽기 행위를 통해 구원을 얻었다고 하자. 그러면 이때 독자는 작가의 작품을 읽고 그의 구원에 기여하면서 무엇을 얻게 되는가? 이 물음은 중요하다. 왜냐하면 작가에게서 독자의 비위에 거슬리는 아주 미미한 징후라도 발견되면 독자는 언제든지 작가의 작품을 읽는 일을 그만둘 수 있기 때문이다. 그러면 과연 독자는 작가의 소망대로 행동해줄 것인가? 최소한 그렇지는

---

11) 장-폴 사르트르, 『말 Les Mots』, 김붕구·정명환 옮김, 지문각, 1964, pp. 187~88.

않을 것이라고 예측할 수 있다. 독자도 작가와 마찬가지로 한 명의 인간이며, 따라서 자유의 존재이다. 그러므로 독자가 작가의 작품을 읽고 안 읽고는 전적으로 그의 자유에 달려 있다고 할 수 있다. 작가에게 글쓰기 행위는 제1의 행위이지만, 독자에게는 읽는 행위가 제2, 제3의 행위일 가능성이 높다. 또한 살아 있는 독자가 죽은 작가의 영혼을 부활시킨다는 일종의 제의(祭儀)와 같은 독서 행위를 계속해줄지도 의문인 것이다. 여기에 더해 한 명의 인간으로서의 독자 역시 작가와 마찬가지로 대자-즉자 존재 결합 상태를 실현하려고 노력하게 될 것이다. 최소한 작가가 독자가 자기 작품을 읽어주기를 바란다면 이와 같은 독자의 협력에 상응하는 뭔가를 제공해주어야 할 필요성이 제기되는 것이다. 과연 작가는 독자의 자유를 묶어둘 만한 뭔가를 보여줄 수 있는가?

이 물음에 대한 사르트르의 대답은 여전히 긍정적으로 보인다. 뭔가 보여줄 것이 있다는 것이다. 우선 작가는 독자에게 '자유'와 '주체성'을 인정해주는 조치를 단행한다. 이 조치는 반드시 필요하다. 왜냐하면 만약 독자가 자유와 주체성의 상태에 있지 못하다면, 그가 작가의 작품을 객체화시키는 일 자체가 불가능하기 때문이다. 사르트르는 이러한 조치를 '호소appel'라는 개념을 통해 고찰한다. 그러니까 그에 의하면 "쓴다는 것은 내가 언어라는 수단으로 기도한 드러냄을 객체적 존재로 만들어주도록 독자에게 호소하는 것이다."[12] 그런데 중요한 것은 호소가 성립하기 위해서는 이 호소에 관계되는 두 당사자, 곧 호소하는 자와 호소를 받는 자 모두 자유와 주체성의 상태에 있어야 한다는 점이다. 또한 사르트르는 호소를 "누군가가 누군가에게 무엇인가의 이름으로 하는 요청demande"[13]

---

12) 장-폴 사르트르, 『문학이란 무엇인가』, p. 68.
13) J.-P. Sartre, *Cahiers pour une morale*, Paris: Gallimard, Bibliothèque de philosophie, 1983, p. 285

으로 규정하고 있다. 따라서 작가는 글쓰기 행위라는 호소를 통해 독자에게 자유의 이름으로 자기 작품에 객체성을 부여해줄 것을 요청하는 것이다. 하지만 문제는 여전히 작가의 호소를 독자가 들어줄 것인가 하는 것이다.

  이 문제에 대해 직접 답하기 전에, 작가가 독자의 자유와 주체성을 먼저 인정한다는 것 자체가 사르트르의 사유 체계에서 어떤 의미를 갖는지를 살펴보자. 그의 사유 체계에서 '나'는 결코 '타자'의 자유와 주체성을 먼저 인정해줄 수가 없는 것으로 이해된다. 그 까닭은 그것을 타자에게 인정해주는 경우 나 자신이 사물과 같은 상태로 전락하기 때문이다. 다만 한 가지 예외가 있다. 바로 '마조히즘 masochisme'의 경우가 그것이다. 사르트르는 마조히즘을, 내가 타자의 자유와 주체성을 먼저 인정하고 나 자신을 객체성의 상태로 떨어뜨리면서 거기에서 오는 씁쓸한 쾌락을 얻는 관계로 규정한다. 물론 이 관계를 맺음으로써 나는 앞에서 지적한 바 있는 '실존의 고뇌'로부터 일시적으로나마 벗어날 수 있다. 즉 나는 나 자신을 항상 미래를 향해 투기하면서 창조해나간다는 그런 실존의 힘든 과정에서 잠시나마 벗어날 수 있는 것이다. 왜냐하면 나 자신을 하나의 사물로 간주하게 되면 나는 즉자존재가 되어 실존의 고뇌에서 벗어날 수 있을 것이기 때문이다. 하지만 중요한 것은 이 마조히즘의 주인공은 자기 자신에 대해 죄책감을 느끼게 되고, 따라서 이 관계는 결국 실패로 끝날 수밖에 없다는 점이다. 나는 언제라도 나의 의식을 회복해서 타자를 다시 내 의식의 지향성을 채우는 한 사물과도 같은 존재로 출두시킬 수 있는 것이다. 마조히즘은 결국 자기가 자기를 속이는 것으로 정의되는 '자기기만 mauvaise foi'의 전형적인 관계인 것이다.

  하지만 사르트르의 문학론에서 작가는 독자의 자유를 먼저 인정한다. 그렇게 하고도 작가는 아무런 죄책감을 느끼지 않는다. 왜일까? 그 까닭은 독자와 관계를 맺으면서, 아니 보다 더 정확하게는 그의 읽기 행위에 동반되는 시선 아래 자신을 노출시키면서 자신의 신체가 아니라 그가 쓴 작품을 노출시키기 때문이다. 독자의 시선 아래 객체화되는 것은 뼈와 살로 된 작가 자신이 아니라 그의 대자적 측면을 담고 있는 작품이다. 따라서 작가는 독자의 자유를 먼저 인정하고, 그 결과 그 자신이 객체화되어도 아무런 죄책감을 느낄 이유가 없다. 아니 오히려 작가는 자기 작품을 더 많은 독자들의 시선 아래 노출시키려고 할 것이다. 그 좋은 예가 바로 베스트셀러이다. 또한 작가는 가능하다면 강한 힘을 가진 독자의 시선 아래 자기 작품을 노출시키려고 할 것이다. 왜냐하면 그렇게 해야만 작가가 원하는 자기 작품의 객체화, 그것도 아주 강한 객체화가 이루어질 수 있기 때문이다. 그러니까 작가의 작품의 의미가 더 분명하게 드러날 수 있기 때문이다. 가령 한 작가에 대한 저명한 연구가, 비평가 등의 의견, 글, 연구 등이 갖는 권위를 생각해보자.

하지만 독자는 작가의 인정을 받고 나서야 자유와 주체성을 얻는 그러한 존재가 아니다. 작가에게 적용되는 모든 것은 독자에게도 그대로 적용된다. 작가가 태어나면서부터 자유와 주체성을 발휘하는 것처럼 독자 역시 그와 같은 입장에 있는 것이다. 따라서 독자는 살아가면서 무슨 일을 하든 그 일을 통해 모든 인간의 소망인 대자-즉자존재의 결합을 실현하려고 한다. 사정이 이렇다면 독자가 자신의 작품을 읽어주기를 바라면서, 작가는 이 작품의 읽기 행위를 통해서 독자 역시 자기와 마찬가지로 대자-즉자존재의 결합 상태를 실현할 수 있음을 독자에게 증명해 보여야 할 필요가 있는 것이다. 다시 말해 작가의 구원만이 아니라 독자의 구원 역시 문제가 되는 것이다. 만약 작가의 작품을 읽으면서 독자가 대자-즉자존재에 도달한다는 것이 보장되지 않는다면, 독자는 그 순간 바로 작가의 작품을 읽는 행위를 그만둘 수도 있는 것이다.

그렇다면 과연 독자는 작가의 작품을 읽으면서 대자-즉자존재의 결합을 이룰 수 있는가? 이 물음에 대한 사르트르의 답은 긍정적이다. 독자는 대자존재이다. 따라서 이 결합에 필요한 한 항은 이제 마련되어 있다. 다만 문제는 다른 한 항이다. 독자가 작가의 작품을 읽으면서 이 작품에 즉자적 측면을 부여한다는 것, 즉 이 작품에 의미를 부여하게 된다는 것은 이미 지적한 대로이다. 또한 작품이 갖는 이 즉자적 측면과 의미는 다름 아닌 작가에 의해 보증되고 있으며, 그 존재근거가 분명한 것이기도 하다. 따라서 독자는 작가의 작품을 자기 의식의 지향성 구조를 채우는 무엇인가로 선택하면서 대자-즉자존재의 결합을 형성할 수 있는 것이다. 독자는 작가의 작품을 읽는 과정에서 다름 아닌 작가 자신에 의해 직접 그 존재가 보증된 즉자존재를 소유하면서 모든 인간의 꿈인 대자-즉자존재의 결합 상태를 실현할 수 있는 것으로 여겨진다. 이것은 또한 작가가 죽은 경우에도 마찬가지로 적용된다고 할 수 있다. 왜냐하면 앞에서 보았듯이 작가의 작품은 대자존재와 즉자존재의 이중의 상반된 측면을 가지고 있기 때문이다. 하지만 독자가 작가의 작품을 읽으면서 대자-즉자존재의 결합 상태를 완벽하게 실현할 수 있기 위해서는 다음과 같은 한 가지 조건이 부과된다. 독자가 작가의 작품의 의미를 완벽하게 파악해야만 한다는 조건이 그것이다. 즉 독자의 대자존재가 작가의 작품이 갖는 즉자존재, 따라서 작가의 대자존재와 일치해야만 한다. 바꿔 말해 작가가 작품에 쏟아 부은 그 자신의 사상, 혼, 자유, 주체성을 독자가 작품을 읽으면서 그대로 밝혀내야만 한다. 그러나 과연 그것이 가능한가? 이 물음은 앞에서 답을 하지 않고 남겨두었던 문제, 곧 독자가 작가의 호소를 받아 줄 것인가와 표리(表裏)를 이루는 물음이다.

이 물음에 대한 사르트르의 답은 부정적이다. 왜냐하면 독자가 작가의 작품의 의미를 완벽하게 파악한다는 것은 실제로 불가능하기 때문이다.

사르트르는 이 상황을 이렇게 설명한다. 독자가 자신의 읽기 행위에서 아무리 멀리 나아간다고 해도 작가는 항상 그보다 더 멀리 나아갈 수 있다고 말이다. 그러니까 작가는 항상 독자보다 자신의 작품에 대해 더 많이 알고 있다는 것이다. 다시 말해 독자가 작가의 작품을 읽는 과정에서 포착하게 되는 의미에 대한 최종 판단을 할 수 있는 기준을 작가 자신이 가지고 있다는 것이다. 물론 이와 같은 사르트르의 생각은 이른바 신비평에서 말하는 작가의 '의도의 오류intentional fallacy'를 보여주고 있다고 할 수 있다. 즉 독자-비평가의 읽기 작업은 항상 작가가 작품에 불어넣었다고 생각하는 '의도mens auctoris'를 확인하고 그것을 추적하면서 가능하면 그것에 더 가까이 가는 것을 목적으로 삼아야 한다는 것인데, 이것은 잘못된 읽기 또는 비평 방법이라는 주장이다. 하지만 인간, 나아가서는 그의 의식작용, 그의 자유와 주체성, 곧 그의 인격을 중심으로 하는 사유를 전개하고 있는 사르트르에게서 가장 중요한 것은 결국 인간 그 자체, 즉 그의 정신작용 그 자체인 것이다.

이러한 사르트르의 사유에서 보면, 결국 독자의 읽기 행위는 항상 작가가 작품을 창조하면서 거기에 쏟아 부었던 그 자신의 의도에 종속되는 결과를 낳고 만다. 그리고 이 종속 상태에서 작가는 독자로 하여금 무언의 '요구exigence'를 한다. 그러니까 자기 작품의 의미를 끝까지 추적해서 작가 자신이 의도한 바와 일치하는 그런 의미를 끌어내야 한다는 무언의 요구를 하는 것이다.

사실 우리는 강요나 매혹된 탄원을 통해서 남의 자유에 호소할 수는 없다. 그 자유에 도달하는 방법은 하나뿐이다. 그것은 우선 자유를 인정하고 다음으로 자유를 신뢰하고 마지막으로 자유의 이름으로, 다시 말해서 그것에 대한 신뢰의 이름으로 그 자유로부터 행위를 요구하는exiger 것이다.

따라서 책은 도구처럼 어떤 목적을 위한 수단이 아니라, 독자의 자유에 대해서 자신을 목적으로 제시하는 것이다.[14]

그런데 한 가지 흥미로운 것은 사르트르에게 '요구'는 '명령'과 같은 구조를 가진 행위로 여겨진다는 점이다. 이것은 그 구조상 요구는 요구하는 자가 요구를 받는 자에게 일종의 '명령'을 내리는 위치에 있게 된다는 것을 의미한다. 또한 명령은 명령을 내리는 자와 명령을 받는 자 사이에 생겨나는 '위계질서'를 전제로 이루어지는 행위로 간주된다. 이와 같은 사실들을 고려하면 결국 다음과 같은 결론에 이르게 된다. 즉 독자의 자유에 대한 작가의 인정은 그들의 자유 사이에 위계질서가 있다는 것을 전제로 하고 있다는 결론이다. 물론 독자가 이와 같은 요구를 받아들여 작가에 의해 창조된 작품을 읽으면서 작가의 의도와 완전히 일치하는 그런 의미를 각고의 노력 끝에 도출해내는 데 성공한다면, 이때는 사르트르가 바라는 대로 '작가-독자'의 '주체성'이 하나가 되는 그런 상태에 도달하게 될 것이다. 그리고 이때 작가와 독자는 각각 대자-즉자존재의 결합을 이루면서 자신들의 구원에 성공하게 될 것이다.

하지만 문제는 여전히 독자에게 있다. 독자가 작가에게서 오는, 이러한 위계질서가 전제되는 작가의 요구에 응해줄 리가 없다. 사르트르는 이 문제와 관련하여 독자가 작가의 작품을 읽고 안 읽고는 전적으로 그의 자유의 소관이라는 점을 인정하기는 한다. 다만 작가의 작품을 읽기 시작할 때부터 독자는 이러한 의무를 반드시 이행해야만 한다는 점을 덧붙이는 것을 잊지 않는다. 하지만 독자가 작가로부터 오는 명령의 이행을 거부할 것이라는 점은 말할 나위가 없다. 작가가 자신의 구원을 위한 노력에서

---

14) 장-폴 사르트르, 『문학이란 무엇인가』, p. 69.

협력자로 등장하는 독자에게 고마워하기는커녕 그에게 역으로 뭔가를 요구하면서 명령을 내린다는 것은 독자의 입장에서 보면 도저히 용납되지 않는다. 따라서 독자가 작가의 요구를 뿌리치고 그의 작품을 읽는 것을 그만둘 가능성은 여전히 있다. 그런데 이와 같은 가능성은 그대로 작가의 소원, 곧 작가의 구원의 실패로 이어진다. 작가는 이 단계에서 어떻게 행동할 것인가? 절망하고 절필할 것인가? 아니면 독자를 위해 또 다른 조치를 강구하면서 계속해서 자신의 구원이라는 소원을 실현하고자 할 것인가?

사르트르는 작가를 위해 후자의 결정을 내린다. 그러니까 그는 독자를 작가의 작품에 묶어두기 위해 또 다른 조치를 취한다. '증여don'가 그것이다. 사르트르는 글쓰기 행위를 일종의 증여 행위로 본다. 그뿐만이 아니다. 그는 모든 '창조 행위création'를 '증여의 의식(儀式)' 또는 '증여의 과정'으로 본다. 작가는 자기 작품을 독자에게 그냥 주는 것이다. 따라서 글쓰기는 '너그러움générosité'과도 밀접하게 연결되어 있다. 왜냐하면 이 너그러움 밑에는 증여 행위가 깔려 있기 때문이다. 게다가 사르트르는 '호소'가 '너그러움'이며 호소에는 '증여'가 포함되어 있다고 보기도 한다.[15] 과연 사르트르는 이와 같은 새로운 개념들을 자신의 문학론에 도입함으로써 독자에게서 생겨나는 불만족을 해소할 수 있을까?

결코 그렇지 못하다는 것이 우리의 생각이다. 왜냐하면 사르트르의 사유 체계에서 보자면 '증여' 행위는 '파괴' 행위를 담고 있기 때문이다. 증여자가 주는 무엇인가를 수증자가 받는다면 이때 수증자의 자유와 주체성은 증여자의 그것에 의해 파괴된다. 이에 걸맞게도 사르트르는 '주는 행위donner'를 타자의 자유와 주체성을 '홀리는 행위envoûter'의 동의어로,

---

15) J.-P. Sartre, *Cahiers pour une morale*, p. 293.

그 결과 타자 자신을 '굴종시키는 행위asservir'의 동의어로 본다.[16] 따라서 작가의 작품을 받는 순간 독자는 작가의 전략에 말려 그에게 홀리고 복종하는 결과를 초래한다. 하지만 이러한 상황의 발생은 작가에게는 전혀 바람직한 것이 못 된다. 왜냐하면 독자의 협력이 없다면 작가의 소원은 실패로 끝날 수밖에 없기 때문이다. 이러한 상황에서 사르트르는 독자를 작가의 곁에 묶어두기 위해 또 하나의 조치를 취한다. 이 조치가 바로 독자의 읽기 행위 역시 '증여' 행위로 간주하는 것이다. 즉 독자는 작가의 작품을 읽으면서 문자 그대로 이 작품에 객체적인 면을 '주는' 것이다. 이렇게 해서 작가와 독자 사이에는 일종의 '계약,' 그러니까 증여와 너그러움을 바탕으로 이루어지는 계약이 성립될 수도 있다. 하지만 이 계약의 이행은 불투명하다. 이번에는 그 이유가 작가에게서 발견된다. 왜냐하면 만약 작가가 독자에 의해 마련된 자기 작품의 객체적인 면을 받게 되면, 작가의 자유와 주체성이 독자의 자유와 주체성에 의해 파괴되기 때문이다.

하지만 만약 작가가 독자에게서 오는 이와 같은 자신의 자유와 주체성의 파괴를 견디고 참아낼 자세가 되어 있다면, 이들 사이에는 증여 또는 너그러움을 토대로 한 계약이 정립될 수 있다. 이 계약의 실행 과정에서 작가는 자신의 자유와 주체성이 훼손될 가능성을 인정하는 것이다. 아니, 작가는 그럴 수밖에 없는 입장에 있다고 할 수 있을 것이다. 그도 그럴 것이 작가에게는 그 자신의 작품의 객체적인 면을 확보하는 것, 그것도 독자에게 요구해서 그 자신의 의도와 일치하는 의미를 확보하는 것이 그의 구원에 필수불가결한 요소이기 때문이다. 하지만 이러한 계약의 실천에서 독자는 여전히 불만을 토로할 수 있다. 왜냐하면 작가의 작품을 읽

---

16) 장-폴 사르트르, 『존재와 무』, 손우성 옮김, 삼성출판사, 1982, pp. 416~17.

어주는 행위는 작가 자신의 구원에서는 결코 없어서는 안 될 요소이지만, 독자에게는 여전히 부차적인 요소이기 때문이다. 따라서 독자는 언제든지 작가와의 계약 실행을 거부할 수 있다. 이와 같은 입장에 있는 작가를 위해 사르트르는 최종의 조치를 취한다. 작가의 글쓰기 행위에 대한 독자의 '요구권'을 인정하는 것이다. 사르트르는 이제 독자에게 작가의 글쓰기에 개입할 수 있는 권리를 부여한다. 그러면서 작가의 글쓰기의 바탕을 이루는 자유와 주체성을 독자 역시 제한하는 권한을 확보하게 된다.

그리하여 여기에 독자가 개입하게 되고, 그와 더불어 풍습과 세계관, 사회관, 그 사회 내의 문학에 대한 개념 등이 개입되는 것이다. 이를테면 독자 대중은 작가를 포위 공격한다. 그 위압적인 또는 음흉한 요구며, 그 거부, 그 도피 등이 그가 발판으로 삼아 작품을 만들지 않으면 안 되는 '기존의 여건'이 되는 것이다.[17]

"정신의 모든 작품들은 그 자체 속에 이 작품들이 목표로 삼고 있는 독자의 모습을 포함하고 있다"[18]는 사르트르의 주장에 담긴 의미가 바로 작가의 글쓰기에 대한 독자의 개입 권리를 인정하는 것이다. 그러면 이처럼 작가의 글쓰기에 개입하게 되면 독자에게는 과연 어떤 이점이 주어질까? 앞에서 우리는 작가가 독자에게 요구하는 것은 두 가지라고 말했다. 하나는 작가의 작품을 읽으면서 작품에 객체적인 면을 주는 것이고, 다른 하나는 작품에 객체적인 면을 부여하면서 작가의 의도와 일치하는 작품의 의미를 도출해내는 것이다. 그런데 작가의 글쓰기에 독자가 개입하게 되면, 바로 이 두번째 요구에 응하면서 독자는 어렵지 않게 작가의 의도에

---

17) 장-폴 사르트르, 『문학이란 무엇인가』, p. 109.
18) 같은 책, p. 100.

일치하는 작품의 의미를 도출할 수 있게 되는 것이다. 왜냐하면 독자는 작가의 작품에서 독자 자신이 써달라고 요구한 내용을 읽을 수 있고, 따라서 이 작품에 대해 완벽한 객체적인 면을 부여할 수 있는 가능성이 그만큼 더 커지기 때문이다.

또한 독자는 작가와의 관계에서 이제 더 이상 존재론적으로 보아 열등한 위치에 있지 않아도 되는 이점을 가질 수 있게 된다. 이제 독자는 작가의 모든 요구에 응할 준비가 되어 있다. 왜냐하면 그는 모든 면에서 작가와 완전히 동등한 입장에 있기 때문이다. 물론 독자의 읽기 행위는 여전히 작가의 글쓰기 행위에 의해 제한을 받는다. 그러나 이번에는 독자가 작가의 글쓰기 행위를 제한한다. 왜냐하면 독자도 작가의 글쓰기에 관여하고, 그에게 무엇을 써달라고 요구할 수 있는 권리를 가지고 있기 때문이다. 이렇게 해서 작가와 독자는 이제 서로가 서로를 도와 자신들의 주체성의 발산을 통해 하나의 작품을 탄생시킬 준비를 끝낸 것이다.

이러한 논의를 통해 우리는 사르트르의 "예술은 타자를 위한 예술만이 있을 뿐이다"라는 주장을 이해할 수 있게 된다. 물론 이 주장이 문학론에 적용되면 "'문학'은 '독자를 위한 문학'만이 있을 뿐"이라는 말로 바뀌게 된다. 그리고 만약 독자가 한 사회에서 지배계급에 의해 지배를 받는 피지배계급에 속하는 자들로 구성되어 있다고 한다면, 이때 이 '독자를 위한 문학'은 참여문학의 진수(眞髓)에 해당한다고 할 수 있다. 피지배계급에 속하는 독자들 — 사르트르의 용어로 말하자면 이들은 아직까지 경제적 여유가 많지 않은 잠재적 독자들, 그러나 미래의 독자들이다 — 이 작가에게 자신들의 비인간적인 상황을 타개하는 데 도움이 되는 글쓰기를 해달라는 요구를 하게 되고, 또 작가가 그들의 이와 같은 요구에 응한다면, 이때 그의 작품은 곧 인간의 해방을 위한 내용을 담게 될 것이기 때문이다.

사르트르에 의하면 독자의 협력을 얻어 작가가 원하는 목표를 아무런 문제없이 실현하게 된다면, 작가와 독자는 공히 대자-즉자존재의 결합상태, 곧 구원을 맛보게 될 것이다. 최소한 사르트르의 참여문학론의 틀 안에서는 그렇게 될 것이다. 사르트르는 이 순간을 문학 창조가 완성되는 순간으로 본다. 그리고 이 순간이 실현되었다는 징후로 독자에게서는 '미적 희열joie d'esthétique'이 나타나고, 작가에게는 '안정감sentiment de sécurité'이 나타난다고 말한다.[19] 그리고 사르트르는 이 순간을 '미학과 도덕'이 결합되는 순간으로 보기도 한다. 왜냐하면 작가와 독자의 결합의 기저에는 이들 자유의 상호인정이 자리 잡고 있기 때문이다.[20]

3. 나오는 글: 이웃의 구원에 우선하는 자기의 구원

지금까지 사르트르의 『문학이란 무엇인가』를 중심으로 참여문학론의 이론적 근거와 그 내용을 간략하게 살펴보았다. 그 과정에서 '독자'의 존재가 이 문학론의 기저에 자리 잡고 있다는 사실을 살펴보았다. 보다 구체적으로 이 문학론은 크게 '독자에 의한' 문학과 '독자를 위한' 문학의 두 부분으로 구성되어 있음을 알 수 있었다. 하지만 사르트르의 '독자를 위한' 문학이라는 주장은 결국 작가의 글쓰기를 통한 자기 구원, 곧 문학작품의 창조를 통한 대자-즉자존재 결합의 실현을 위해 어쩔 수 없이 내세운 주장, 곧 '강요된' 주장으로 보인다. 사르트르에 따르면 작가가 "자기 자신을 위해 쓴다는 것은 사실이 아니다."[21] 그런데 우리는 엄밀한 의

---

19) 같은 책, pp. 83~84.
20) 같은 책, pp. 88~89.
21) 같은 책, p. 63.

미에서 작가가 "자기 자신을 위해 쓴다는 것은 사실이 아니다"라고 한 사르트르의 말을 오히려 부정해야만 하는 입장에 있게 된다. 사르트르가 주장하고 있는 작가의 글쓰기는 철저히 자기 구원에 그 최종적인 목적이 있다는 것이 우리의 판단이다. 그리고 이른바 참여문학론의 핵심을 이루는 '독자를 위한' 문학은 자기 구원의 메커니즘에 문제가 생겼을 때 그 문제의 해결에 소용되는 이차적이고도 보조적인 문학론이라는 것 역시 우리의 판단이다. 결국 이웃, 곧 독자를 구하고 위한다는 글쓰기를 근간으로 하는 사르트르의 참여문학론은 작가의 글쓰기를 통한 자기 구원의 축에 종속되는 입장에 있다는 것이 우리의 최종적인 판단이다.

후일 사르트르는 『말』에서 이와 같은 문학을 통한 작가의 구원의 가능성을 부인하고 있다. "나의 유일한 문제는 적수공권 무일푼으로 노력과 신념으로 나를 구하려는 것뿐이다. (……) 나는 장비도 연장도 없이 나 자신을 구하기 위하여 전심전력을 기울여 일을 시작했다. 만약 내가 그 불가능한 '구원'을 장신구 상점에라도 진열해놓는다면 대체 무엇이 남겠는가?"[22] 또한 『말』의 출간 이후 사르트르는 굶어 죽어가는 아프리카 아이들 앞에서 문학이 무슨 역할을 할 수 있는가에 대해 회의적인 답을 함으로써 이웃, 곧 독자를 위하고 구한다는 문학의 기능까지도 부인하고 있다. 그렇다면 사르트르의 문학론에서 남는 것은 무엇인가? 그는 완전히 문학을 포기하고 마는 것인가? 그렇지는 않은 것으로 보인다.

그렇기는커녕 사르트르는 오히려 그 이후의 행보에서 『문학이란 무엇인가』에서 주장하는 참여문학론의 한계를 지적하고, 이 문학론에서 참여의 영역 밖에 위치시켰던 '시'와 '시적 산문,' 곧 순수문학까지를 포함하는 이른바 '깊은 참여'의 문학론을 정립하는 방향으로 나아가게 된다. 물

---

22) 장-폴 사르트르, 『말』, p. 249.

론 이와 같은 방향으로의 행보는 시간적으로 보아 『문학이란 무엇인가』의 간행 직후에 시작되었던 것으로 보인다. 그 시작은 바로 1948년에 아프리카 시인인 에메 세제르Aimé Césaire의 시를 대상으로 한 분석과 그의 시에 대한 옹호이다. 그리고 그 이후 사르트르는 이 세계에 대한 부정과 이 세계와의 소통불가능성incommunicabilité을 지향하면서 결국 이 세계를 부정적인 방법으로 드러내려고 하는 참여의 방법, '깊은 참여'를 실천하는 것으로 간주되는 말라르메, 주네, 플로베르, 뷔토르 등에 대한 논의를 계속한다.[23] 그리고 이 변형된 참여문학론은 『지식인을 위한 변명』이 간행된 1968년에 이르면 '시' 역시 참여문학론에 포함되어야 한다는 새로운 참여문학론으로 편입된다. 이러한 사실은 그대로, 이 글은 당연히 그의 문학론에 관계된 여러 저작들, 가령 「검은 오르페」, 말라르메론, 주네론, 『지식인을 위한 변명』, 플로베르론 등에 의해 보충되어야 할 것이라는 점을 의미한다. 그 이후라야만 비로소 그의 문학론에 대한 전체적인 윤곽을 그릴 수 있을 것이다. 이 작업은 후일을 기약하기로 한다.

---

23) 사르트르는 이들 작가들에 대한 논의에서 '참여문학'이라는 말을 사용한다. 하지만 이때 '참여문학'이라는 말은 "세계 전체에 대해서 말하는 문학" "세계 전체를, 전체성을 스스로 걸머지는" 문학으로 규정된다. 따라서 사르트르에 의하면 '세계'와 '전체성'을 대상으로 하는 문학은 모두 '참여문학'의 범주에 들게 된다. 하지만 이들 작가들은 '세계'와 '전체성'을 부정하면서 그것들에 대해 표현하고 있다는 것, 그러니까 "패이승(敗而勝, Qui perd gagne)"의 방법으로 참여하고 있다는 것이 사르트르의 주장이다.

사르트르의 문학 연구 관련 문헌

L'Être et le néant: Essai d'ontologie phénoménologique, Paris: Gallimard, Bibliothèque des Idées, 1943.
(한국어판) 『존재와 무』, 손우성 옮김, 삼성출판사, 1982.
　　　　『존재와 무』, 양원달 옮김, 을유문화사, 1983.
L'Existentialisme est un humanisme, Paris: Nagel, 1947.
(한국어판) 『실존주의는 휴머니즘이다』, 방곤 옮김, 문예출판사, 1990.
　　　　『실존주의는 휴머니즘이다』, 왕사영 옮김, 청아출판사, 1993.
　　　　『실존주의는 휴머니즘이다』, 박정태 옮김, 이학사, 2008.
Situations, t. I, Paris: Gallimard, 1947.
Situations, t. II, Paris: Gallimard, 1948.
Qu'est-ce que la littérature?, Paris: Gallimard, Essais, 1948.
(한국어판) 『문학이란 무엇인가』, 배기열 옮김, 경희대학교 출판국, 1989.
　　　　『문학이란 무엇인가』, 김붕구 옮김, 문예출판사, 1989.
　　　　『문학이란 무엇인가』, 정명환 옮김, 민음사, 1998.
Saint Genet: Comédien et martyr, in Jean Genet, *Œuvres complètes*, t. I, Paris: Gallimard, 1952.
Les Mots, Paris: Gallimard, 1964.
(한국어판) 『말』, 김완숙 옮김, 송인출판사, 1970.
　　　　『말』, 김붕구·정명환 옮김, 민예사, 1992.
　　　　『말』, 이경석 옮김, 홍신문화사, 1993.
　　　　『말』, 정명환 옮김, 민음사, 2008.
La Nausée, in *Œuvres romanesques*, Paris: Gallimard, Pléiade, 1980.
(한국어판) 『구토』 외, 김희영 옮김, 주우, 1982.
　　　　『구토』, 최상규 옮김, 을지문화사, 1989.

『구토』, 이경석 옮김, 홍신문화사, 1993.
『구토』, 이종한 옮김, 교육문화연구회, 1994.
『구토』, 김재경 옮김, 혜원출판사, 1995.
『구토』, 강명희 옮김, 하서출판사, 1999.
『구토』, 방곤 옮김, 문예출판사, 1999.
『구토』, 이혜정 옮김, 소담출판사, 2002.
『구토』, 김미선 옮김, 청목사, 2003.
Cahiers pour une morale, Paris: Gallimard, Bibliothèque de philosophie, 1983.

레비나스의 문학론

레비나스의 문학비평은 한 가지 선입견 때문에 문학이 누려온 영광을 파괴하는 데서 출발한다. 그 선입견과 영광이란 문학은 인식 또는 진리에 관여한다는 것이다. 이에 반해 레비나스는 시가 지닌 감각적 측면인 리듬과 이미지를 강조한다. 이미지란 플라톤 이래로 진리가 아니라 진리의 그림자가 아니었던가? 시의 이미지와 리듬이 만들어내는 주술(呪術) 속에서 우리는 즐거움과 더불어 주체성이 사라진 '익명적 상태' 속에 빠지게 된다. 마치 광란의 춤 속에서 자아가 사라지고 즐거움을 만끽하는 익명의 율동만이 남듯이 말이다. 그런데 이렇게 시 속에서 주체성이 사라진다면, 타인에 대한 책임성의 가능성 역시 소멸하는 것이 아닌가? 책임의 주체가 사라지니 말이다. 레비나스는 첼란, 블랑쇼, 프루스트 등에 대한 '철학적 문학비평'을 통해 문학 안에 '타자에 대한 책임성'을 도입할 수 있는 길을 열어주고자 한다.

시와 타자

서동욱

세계는 더 이상 존재하지 않는다.
내가 너를 짊어져야 한다.
— 파울 첼란

1. 여는 글: 레비나스 문예비평의 성격

문예비평은 현대 철학자들이 취미나 용돈 때문에 한 부업이 아니라, 그들 업적 가운데서도 가장 공들인 작품 목록을 형성한다. 하이데거의 횔덜린론, 플로베르론을 위시한 사르트르의 수많은 작업들, 블랑쇼, 들뢰즈, 푸코, 데리다의 문학평론은 비평 분야의 가장 빛나는 성과들이 되었으며, 오늘날 전 세계 문예 연구와 현장 비평에 직간접적으로 영향력을 행사하고 있다. 레비나스의 작업 또한 예외는 아니다. 타자성의 발견자로, 현상학의 중심지를 프랑스로 옮기는 데 결정적인 역할을 한 선구자로, 데리다와 블랑쇼, 그리고 누보로망의 기수 미셸 뷔토르[1]의 영감의 원천으로 오

---

1) 뷔토르는 한 회고담에서 자신의 글쓰기가 레비나스의 『존재에서 존재자로 De l'existence à l'existant』에 나오는 '익명적 있음 il y a' 개념에서 영감을 얻었다고 증언한다(뷔토르, 「나는 거기서, 그 자명함의 신비 속에서 목소리를 들었다」『세계의 문학』[119호, 2006년 봄호, pp. 406~407]을 참조). 참고로 '익명적 있음'은 이 책의 첫 장에서 세번째 장에 이르기까지 주요하게 다루어진다 (에마뉘엘 레비나스, 『존재에서 존재자로』[서동욱 옮김, 민음사, 2003, pp. 27~107]를 참조. 이하

늘날 큰 영향력을 행사하고 있는 이 철학자가 일생을 거쳐 꾸준히 써나가며 중요성을 부여했던 글들도 문예비평이었다.

그런데 레비나스 비평의 독특한 본성에 접근하기 위해서는 현대 철학이 비평의 영역에 뛰어들어 만들어낸 성과, 즉 '철학적 문예비평'의 일반적 성격에 대한 탐구가 선행되어야 할 것이다. 현대 철학은 문학에 대해서 도대체 무엇을 이야기할 수 있는가? 그리고 이와 동시에 던져야 하는 질문이 있다. 철학은 어떤 의미에서 '현대contemporary'라는 꾸밈말로 단장하는가? 아마도 이 말이 '근대modern'와의 차별성 속에서 성립된다면 우리의 탐구는 근대성으로부터 철학의 탐구를 떼어놓으려 했던 하이데거의 저작들과 더불어 '현대 철학의 문예비평 일반'이 지닌 성격에 대한 규정을 시작해야 할 것이다.

하이데거는 근대를 규정하는 특성 가운데 하나를 "예술이 미학Ästhetik의 시야 안으로 편입되어버리는 과정"[2]이라고 말한다. 이 말은 미학이 예술에 접근하는 특권적 또는 독점적 지위를 가지는 학문이 아닐뿐더러 근대에 와서야 태어난 신생 학문, 따라서 어쩌면 근대성의 종말과 더불어 사라질 학문이라는 것을 함축하고 있다. 근대 예술론에서 미학의 등장은 근대 인식론에서 진리의 원천으로서, 인식하는 주체 '나'의 등장과 동전의 양면을 이룬다. 고대나 중세와 구별되는 모더니즘의 핵심을 한마디로 표현하자면, 바로 '나' 또는 '인간 주체'의 발견이라고 할 수 있다. 고대인들은 만물의 원천은 무엇인가라고 물었다. 이 물음에는 '나'가 없다. 나에 대한 탐구가 아니라, 만물의 본 자태를 출현시킨 원천으로서의 '퓌

본문 중 이 책 약호 EE). 이 글의 모든 인용에서 원저자의 강조는 ' '로, 필자의 강조는 고딕체로 표기한다. 〔 〕안의 말은 대체 가능한 번역어나 뜻을 잘 통하게 하기 위해 필자가 임의로 집어넣은 것이다.

[2] M. Heidegger, "Die Zeit des Weltbildes," in *Holzwege*(Gesamtausgabe, Bd. 5), Frankfurt a. M.: V. Klostermann, 1977, p. 75.

시스physis' —— 후에 유럽인들은 이 개념의 의미를 수리물리학적 법칙에 순응하는 '자연'으로 변질시켜 이해했다 —— 를 밝히는 것이 그들이 진리를 찾는 방식이었다. 중세인들은 성서를 통해 신에게서 진리의 원천을 발견했다. 그런데 근대인 데카르트는 '나는 무엇을 명석판명하게 아는가'라고 묻는다. 바로 진리의 척도로서 인간 주체 '나'가 등장하게 된 것이다. 예술의 영역에서도 인식론에서와 유사한 일이 일어났으니, 아름다움의 척도와 질서를 오로지 '주체의' 감성sensibilité에서 발견하고자 하게 된 것이다. 진리의 원천이 나인 것처럼 아름다움의 원천도 나이다. 따라서 예술은 감성의 질서를 다루는 학문인 '에스테틱(미학)'의 영역에 편입되었다. 이러한 근대적 기획으로부터 벗어나고자 하는 하이데거는 미학의 등장을 다음과 같이 비판한다. "미학은 예술작품을 하나의 대상으로, 아이스테시스aisthesis의 대상으로, 넓은 의미에서 감각적 지각의 대상으로 여겼다. 이 감각적 지각을 오늘날엔 경험이라 부른다. 그리고 인간이 예술을 경험하는 방식이 예술의 본질을 해명해줄 것으로 기대했었다. (……) 그러나 혹시 〔인간의 이〕 경험이란, 예술을 사멸시키는 요소가 아닐까? 그리고 이 죽음은 서서히 진행되는 것이기에 여러 세기에 걸쳐 이루어졌다."[3)]

그래서 하이데거는 예술작품을 에스테틱으로부터, 즉 주체의 감성적 경험의 질서를 해명하는 학문으로부터 해방시키고자 했다. 이제 그는 예술을, 인간이라는 척도와는 상관없이 '진리가 출현하는 장소'로 이해한다. "애초부터 예술의 본질은 진리의, 작품 가운데로의 정립으로서 규정되었다"(UK, p.59). 마치 퓌시스가 인간적 주체와 상관없이 사물들의 진리를 출현시키듯이, 예술작품도 인간적 질서와 상관없이 진리를 출현시킨다. 그리고 여기서 인간적 질서와 상관없다는 것은, 예술작품이 주

---

3) M. Heidegger, "Der Ursprung des Kunstwerkes," in *Holzwege*, p. 67(약호 UK).

체의 감성에 주어지는 대상, 또는 주체의 감성적 경험에서 미의 질서를 찾는 대상이 아니라는 것, 곧 감성적 경험의 질서를 연구하는 학문으로서의 에스테틱과는 상관이 없다는 것을 뜻한다.

이렇게 하이데거를 통해 예술은 미학과 결별하였으나, 이후 현대 철학은 예술과 관련하여 하이데거를 통해 평가절하된 감성의 중요성을 다시 복원시키고자 한다. 물론 이때 감성은 근대적인 미학의 탐구 대상으로서의 감성과는 전혀 다른 맥락에서 복원된다. 근대 철학이 예술을 감성의 질서에 입각해 해명하고자 한 것은 '주체의 경험이라는 척도'에 예술의 비밀을 종속시키기 위해서였으나, 이제 감성은 근대적 주체의 자발적 힘이 부재하는 '익명적' 장일 뿐이다. 가령 들뢰즈는 이렇게 말한다. "예술작품은 '감각들의 덩어리, 즉 지각들과 정서들의 복합체이다.'"[4] 여기서 감각들이란 당연하게도 감성과 상관적인 것이지만, 경험론자인 들뢰즈에게 감각이 주어지는 이 감성은 흄에게서와 마찬가지로, 주체에 귀속되는 것이 아니라 오로지 '익명적인 지평'일 뿐이다. "〔예술에 있어서〕 지각은 인간 이전의, 인간이 부재하는 풍경이다"(QP, p.159)라고 들뢰즈는 말한다. 그리고 레비나스에게서 또한 예술작품은 주체가 없는 익명인인 감성적 장에서 존립한다. "감각 속에서, 즉 아이스테시스 속에서의 이 길 잃어버림égarement은 미감적 효과를 일으킨다"(EE, p.85). 미감적 효과는 문자 그대로, 감각 속에서 길을 잃어버렸을 때, 즉 감각을 지성적 개념 아래 종속시키고 정리하는 주체가 그 힘을 상실했을 때 도래한다는 것이다. 그러므로 미감적 효과를 일으키는 예술은 모든 것을 주체성이 부재하는 익명의 상태로 이끌며, 그런 익명적 상태를 본질로 한다. "예술은 (······) 대상들이 세계로부터 벗어나게끔 해주며, 이를 통해 주체에 귀속

---

4) G. Deleuze & F. Guattari, *Qu'est-ce que la philosophie?*, Paris: Éd. de Minuit, 1991, p. 154(약호 QP).

되지 않고 떨어져 나오게 해준다"(EE, p.83).

예술이 선물하는 이런 주체 없는 상태는 주체성의 파괴로부터 해방을 엿보려고 하는 들뢰즈 같은 사람에게는 궁극적으로 달성해야 하는 바이지만, 익명의 상태를 악의 원천으로 이해하는 레비나스에게는 탈출해야만 하는 밑바닥이다. 왜 익명의 상태로부터 벗어나야 하는가? 이에 대해서는 수많은 답이 있지만, 간단히 한 가지 답만 소개하자면, 익명의 상태에 대해서는 '책임'을 물을 수 없기 때문이다. "본질적으로 해방되어 있는〔연루되어 있지 않은〕예술은 자발성과 책임성의 세계 속에서 도피할 수 있는 영역을 마련한다."[5] 책임성은 주체성을 전제로 한다. 그런데 예술은 아이스테시스 속에서 길 잃어버림이라는 방식으로 주체 없는 익명적 상태를 출현시킨다. 어떻게 이 익명성을 극복할 것인가? '바로 이 지점에서 비평이라는 장르가 필연성을 확보하게 된다.' 레비나스가 말하는 비평은 "비인간적인 작품을 인간〔주체〕세계 속에 통합시키는 비평"(RS, pp.146~47)으로, '철학적 비평' 또는 '철학적 주해' 혹은 '지성주의'라 불린다. 비평을 통해 익명적 세계인 예술작품 속에 주체성이, 그러므로 주체가 지반이 되었을 때에만 성립 가능한 책임성이 도래할 수 있게 하자는 것이 레비나스의 생각이다. "비평은 (……) 예술을 이미 예술의 비책임성으로부터 떼어놓고 있다"(RS, p.147). 그렇다면 비평은 주체성, 그리고 이 동전의 다른 면에 새겨진 책임성을 구체적으로 어떻게 예술 안에 끌어들일 수 있다는 것일까? 이에 대해 레비나스는 이렇게 답변한다. "우리는 이 자리에서 예술에 대한 철학적 주해의 '논리'〔를 밝히는 데〕착수할 수는 없다. (……)〔그러나〕결국 쟁점이 되는 바는 타인과의 관계라는 조망이 개입하도록 하는 것이다"(RS, p.148). 이 구절은 레비나스의 모든 문학

---

[5] E. Levinas, "La réalité et son ombre," in *Les imprévus de l'histoire*, Montpellier: Fata morgana, 1994, p. 145(약호 RS).

연구가 어디서 시작되었고 어디로 가고 있는지를 알려주는 열쇠 문장이라 해도 좋을 것이다. 문학비평가로서의 레비나스의 모든 작업은 바로 이러한 비평의 사명, 즉 익명적 작품 안에 '타자와의 관계'라는 주체성의 운명을 끌어들이라는 사명에 대한 응답이다. 그렇다면 그의 비평은 자신이 설정한 이러한 임무를 구체적으로 어떻게 작품 분석에서 실현하고 있는가?

2. 레비나스의 문학론

1) 하이데거와 사르트르를 넘어서

그런데 모든 비평은 경쟁자를 통해서만 자기정체성을 얻는다. 레비나스의 비평 역시 경쟁자들에 대한 비판과 거리두기 속에서 자기 자리를 확보하고 있다. 그러므로 레비나스 비평이 사상사에서 차지하는 정확한 위치와 파괴력을 가늠하기 위해서는, 레비나스의 비평 현장, 즉 구체적인 작품 분석을 들여다보기 전에 그의 비평이 누구에게 공격의 칼날을 겨누고 있는지부터 살펴보아야 할 것이다. 레비나스는 당대의 가장 영향력 있는 철학적 비평의 거장들과 맞서고 있는데, 바로 예술을 진리 사건이 일어나는 장으로 본 하이데거와 참여문학론을 내세운 사르트르가 그들이다.

하이데거에 반대해서: 예술과 진리

하이데거 예술론의 가장 특징적인 면모는 예술작품을 '진리 aletheia'의 장소로 이해하는 것이다. 이때 진리란 '일치 adaequatio'로서의 진리의 심층에 자리 잡고 있는 것이다. 일치로서의 진리란 무엇인가? 우리는 통상 마음 안에 가지고 있는 표상과 우리 바깥의 대상이 일치하면 그것을 진리라고 이야기한다. 예컨대 '사과는 붉다'라는 마음 안의 판단은 실재하는 붉은 사과와 일치할 때 참이다. 그러나 이러한 진리가 성립하기 위해서는 '먼저' 사물(붉은 사과)이 '존재해야' 한다. 이렇게 존재자가 존재하게 되는 것, 즉 베일을 벗고 하나의 존재자로 밝혀져 있게 되는 것을 바로 '비은폐로서의 진리aletheia'라고 부른다.

이런 비은폐로서의 진리는 오늘날 우리가 매우 좁고 세속화된 의미로 '기술(技術)'이라고 번역하는 그리스인들의 '테크네techne'의 도움을 필요로 한다. "테크네는 일종의 밖으로 끌어내어 앞에 내어놓음이다."[6] 가령 은장이가 제사(祭祀)에 쓰는 은잔을 존재하게 하는 것, 즉 이 존재자가 탈은폐되게 하는 것도 테크네이다. "기술은 탈은폐의 한 방식이다. (……) '테크네'는 수공적인 행위와 능력만이 아니라 고차적인 예술과 미술도 지칭하는 이름이다. 그것[테크네]은 (……) '포이에시스'에 속한다"(『기술』, p.35). 포이에시스란 무엇인가? "어떤 것을 그 자리에 없던 상태에서 그 자리에 있음으로 넘어가게 만드는 것을 야기하는 모든 것은 '포이에시스,' 즉 밖으로 끌어내어 앞에 내어놓음이다"(같은 책, p.31). 이 포이에시스는 그리스인들의 종말 이후 유럽인들의 언어 속에서 '포엠(시)'이라는 말의 어원이 되었다. 왜 존재자를 존재하게 하는 기술인 포이에시스를 오늘날 우리는 '시 짓기'를 가리키는 말로 사용하는가? 하이데거는 이렇게 말한다. "예술은 무엇이었는가? (……) 왜 '테크네'라는 소박한 이름을 지니고 있었나? 그 이유는 예술이 밖으로 끌어내어 앞에 내어놓는 탈은폐였고, 그래서 '포이에시스'에 속하는 것이었기 때문이다. 이 '포이에시스'라는 이름을 나중에는 모든 미의 예술들을 관장하고 있는 탈은폐가, 즉 시(詩)가, 시적인 것이 자기 고유의 이름으로 간직하게 되었다"(같은 책, p.97). 이렇게 하이데거에게서 시는 존재자를 존재하게 하는

---

6) 마르틴 하이데거, 『기술과 전향』, 이기상 옮김, 서광사, 1993, p. 37 (약호 『기술』).

Sein-lassen 근원적 기술이 되는 영예를 누리게 된다. "시는 예술의 영역에서 특권적인 위치를 차지한다. (……) 언어는 어떤 존재자를, 바로 그 존재자로서 처음으로 열린 곳 가운데로 가져온다. (……) 시란 존재자들의 비은폐성에 대해 말하는 것이다. (……) 예술의 본질은 시이다. 또 시의 본질은 진리의 건립이다"(UK, pp.61~63). 존재자를 그것의 존재 속에 놓게 하는 이러한 시의 사명은 『존재와 시간』에서는 다음과 같은 말로 표현되기도 한다. "실존을 열어 밝히는 것이 '시를 짓는' 말의 고유한 목표가 될 수 있다."[7]

이렇게 하이데거에게 언어의 근원적 사명은 시어(詩語)가 되는 일이며, 시어가 하는 일은 존재자를 그것의 '본래성Eigentlichkeit, authenticité' 가운데 존재하게 하는 일이다. 가령 근대인들이 발전시킨 하나의 타락한 기술로서 라인 강의 수력발전소는 라인 강을 그것의 본래성 가운데 존재하게 하는 것이 아니라, 수력발전소에 종속된 것으로서 존재하게 한다. 라인 강은 한낱 발전소에 필요한, 수학적으로 계산 가능한 수량으로서 비본래적 존재 양식을 가질 뿐이다. 반면 또 다른 기술인 횔덜린의 시 짓기에서 나온 시 예술 「라인 강」은 라인 강을 그것의 본래성 가운데 존재하게 한다. 이렇게 존재자를 본래성 가운데 존재하게 해주는 것이 시 짓기의 사명이며, 이런 의미에서 그것은 가장 근원적인 기술이라는 것이 하이데거의 생각이다. 그러므로 우리가 방향을 잃고 있을 때, '시인이 우리가 본래적으로 존재하는 자리를 제시해줄 수 있다'고 믿는 자는 하이데거를 읽을 필요도 없이, 이미 하이데거의 문학론을 익힌 자이다.

그런데 레비나스의 문학론은 바로 이러한, 진리의 장소로서의 시 언어를 의심에 부치는 데서 출발한다. 다음과 같은 레비나스의 말에서 출발해

---

7) 마르틴 하이데거, 『존재와 시간』, 이기상 옮김, 까치, 1998, p.224.

보자. "말라르메를 해석하는 일, 그것은 곧 말라르메를 배반하는 일이 아닌가? 말라르메를 충실히 해석하는 것, 그것은 곧 그를 소멸시키는 일이 아닌가? 말라르메가 불명료하게 말한 것을 분명하게 말하는 일, 그것은 말라르메의 불명료한 말이 공허하다는 것을 폭로하는 일이다. (……) 예술가가 자기 작품에 대해서, 그 작품 자체 외에는 다른 어떤 것도〔추가로〕이야기하기를 거부할 때, (……) 대중을 위해 무엇인가 말할 것이 있으리라는 사실은 비평가〔의 존재를〕변명해준다. 우리는 비평가를, 모든 것이 말해진 상황에서 여전히 무엇인가 말할 것을 가지고 있는 사람, 작품에 대해서 작품 외의 다른 어떤 것을 말할 수 있는 사람이라고 정의할 수 있다"(RS, p.124). 이 구절은 여러 가지 뜻을 압축적으로 담고 있다. 이 인용에서 비평의 존재가 정당화되는 까닭은 무엇인가? 그것은 비평이 '작품과는 다른 것'을 말하기 때문이다. 그런데 이때 비평의 말이 진리와 상관적인 것이 아니라면, 비평은 존립 근거를 잃을 것이다. 인식을 주지 않는 비평이란 없으며, 따라서 비평의 말은 반드시 진리와 상관적이어야만 한다(만일 우리 주위에서 흔치 않게 보듯 수사적 즐거움을 주는 데 그치는 비평이 있다면, 그것은 비평이라기보다 시라고 해야 옳으리라. 그럼에도 불구하고 어떤 비평가들은, 인식을 주는 데 골몰하기보다는 문체의 재미에 더 신경을 쓴다). 또한 비평은 예술작품에 대해 그 "작품 외의 다른 어떤 것"을 말하는 데서 존립하는 것이므로, 시 작품의 언어가 말하는 것은 비평의 언어와 달리 진리와는 상관이 없는 것이다. 요컨대 예술작품은 인식과는, 또는 진리와는 상관이 없다. "그러므로 우리는, 정말로 예술가가 인식을 하고 말을 하는지에 대해 의심을 품을 권리를 가진다. 확실히 예술가는 서문이나 무슨 선언서 등에서 말을 하고 인식을 한다. 그러나 이때 예술가는 그 자신 한 사람의 대중〔일 뿐〕이다. 만약 예술이 근본적으로 언어나 인식이 아니라면, 그러므로 만약 예술이 진리와 공외연적인 coextensif '세계

내 존재être au monde'의 외부에 자리잡아왔다면, 비평은 부흥할 수 있을 것이다. 비평은 인간의 삶과 정신에 예술의 비인간성inhumanité과 도치inversion를 통합하기 위해서는, 지성의 개입이 필수적이라는 점을 알려준다"(RS, p.124).

여기서 '예술가가 인식을 하지 않는다'는 말, '예술이 진리와 상관없다'는 말은 암암리에 하이데거의 문학론을 비판적으로 겨냥하고 있다. 하이데거에게 시어는 존재자를 진리의 자리에 있게 하는 것이다. 그러나 레비나스에게서, 언어가 예술이 될 때는, 즉 시어가 될 때는 인식이나 진리와는 아무런 상관이 없는 것이 된다. "문학에 있어서 말이 겪는 변형 자체"(RS, p.125)가 있으며, 바로 이 때문에 "예술은 인식과 대립한다"(RS, p.126). 우리는 언어를 인식을 위해서, 이해를 위해서 사용하지만, 예술 안에 언어가 들어설 때는 인식이나 이해와는 상관없는 것이 된다("예술의 기능은 이해를 하는 데 있는 것이 아니지 않은가?"[RS, p.126]). 예술 안에서 언어는 이론적 인식의 대상도, 실천의 대상도 알려오지 않는다. 따라서 주체가 세계 내 존재라면, 즉 다른 존재자들을 언어를 통해 '세계 내재적인' 이론적, 실천적 대상으로 이해할 수 있는 존재라면, 예술 안의 언어는 주체와, 또는 '세계 내 존재'와는 아무런 상관이 없다. 레비나스가 시작(詩作) 안에 언어가 들어섬으로써 근본적으로 낯설어진 변형을 "세계 없는 존재"(EE, p.83)라고 부르는 까닭이 여기에 있다.

하이데거에 대한 레비나스의 이러한 반발은 예술의 본질을 '이미지'로 이해하는 데서 더욱 분명해진다. 하이데거에게 비은폐로서의 진리란 존재자가 비로소 그 존재자로서 있게 되는 것, 곧 그 존재자의 본질을 획득하게 된다는 의미를 담고 있다. 이렇게 "존재자를 존재하는 그 존재자로서 존재하게 함"[8]을 가리켜 하이데거는 '존재하게 함Sein-lassen'이라는 특

---

[8] 마르틴 하이데거, 「진리의 본질에 관하여」『이정표』 2권, 이선일 옮김, 한길사, 2005, p. 107(약호「진리의 본질」).

별한 용어로 불렀다. 존재자는 자신의 본질 가운데 있게 된 연후에야 자신의 본질로부터 유래하는 힘을 발휘할 수 있게 된다. 정치가는 정치가의 본질을 얻었을 때 비로소 정치가의 힘을 발휘하고, 또 시인은 시인의 본질을 획득하고서 시인으로서 힘을 발휘하게 되는 것이다. 이런 뜻에서 비은폐, 즉 존재자가 존재하게 된다는 것은 자신의 본질을 구현할 수 있는 자유를 얻게 된다는 뜻이다. "자유는 우선은, 열려 있는 장에 드러나 있는 것을 향한 자유로서 규정되었다"(「진리의 본질」, p.106). 그리고 이 자유는 비은폐로서의 '존재하게 함'을 통해 달성된다. "자유는 이제 존재자를 존재–하게 함das Sein-lassen von Seiendem으로써 개현(開顯)된다"(같은 곳).

그런데 이러한 비은폐, 존재하게 함, 어떤 것을 자신의 본래성 가운데 있게 함을 달성하는 것이 바로 포이에시스로서의 시가 떠맡는 역할이다. 그러므로 우리는 '하이데거에게 예술은 어떤 존재자를 그것의 본래성 속에서 출현하게 함으로써 그것을 자유롭게 해준다'라고 정리할 수 있을 것이다.

그러나 레비나스에게서 예술은 우리를 근본적으로 수동적으로 만들며, 이런 의미에서 자발적인 힘으로서의 주체성을 무화시킨다. 이러한 수동성은 어디서 오는가? 바로 예술이 이미지라는 데서 온다. "예술의 가장 기본적인 과정은 대상을 그 대상의 이미지로 대체하는 데 있다. (……) 이미지는 하이데거의 '존재하게 함laisser être, Sein-lassen'을 포함하지 않는다"(RS, p.127). 예술은 하이데거가 말하는 존재하게 함, 즉 자유의 사건을 포함하지 않는다. 실재의 그림자로서 이미지의 본성은 무엇인가? 레비나스는 그것을 '음악성,' 곧 리듬에서 발견한다. "이미지는 음악적이다"(RS, p.128). 레비나스의 이런 생각은 일면 이해하기 어려운데, 이미지는 시각적인 것인 반면 리듬은 청각적인 것에 더 가깝기 때문이다. 그런데 플라톤적 의미에서 시어는 사물의 이미지이고 시어의 본성은 리듬이라는 점을 생각한다면, 우리는 왜 레비나스가 이미지와 리듬 사이에 필연적인 연결고리를 두는지 이해할 수 있게 된다. 리듬이란 무엇인가? "리듬은 시적 질서의 어떤 내적 법칙보다는 시적 질서가 우리에게 작용하는 방식을 가리킨다"(RS, p.128). 그런데 중요한 것은 리듬의 작용은 자유의 사건이 아니라, 자유와 자발성이 사라지는 수동성의 사건이라는 점이다. 이 수동성은 자발성의 원천인 주체성의 와해로 표현된다. "주체는 리듬의 고유한 표상의 일부가 된다. 그 자신을 거스르면서조차 그렇게 되는 것은 아니다. 왜냐하면 리듬 안에는 더 이상 '자아'가 없고, 자아로부터 익명으로의 이행 같은 것이 있기 때문이다. 이것이 시와 음악의 매혹 또는 주술이다"(RS, p.128). 리듬은 주체로부터 유래하는 것이 아니라, 주체에 대해 외재적인 것이다. 따라서 시를 향유하는 주체는 시를 자기에게 종속시키는 자가 아니라 시의 리듬에 흡수되는 자이다. 주체가 시어에 내재한 리듬에 흡수·동화되지 않고 자신의 자발성을 고집할 때 주체는 결코 시를 향유할 수 없을 것이다. 결국 시를 향유하는 것은 주체가 자기 고유의 자발성 내지 자유를 내버리고, 시 안에 들어 있는 리듬에 자신을 맡기는 수동성의 사건이다("수동성은 직접적으로 노래, 음악, 시 등의 마술 속에서 현시된다"〔RS, p.128〕). 주체가 가진 자발적 힘의 이런 와해를 레비나스는 "사유는 시가 지닌 음악성 속에서 길을 잃는다"(EE, p.87)라는 말로 표현하기도 했다. 그리고 바로 이렇기에 레비나스에게 비평이라는 장르는 특별한 중요성을 갖게 되는 것이다. 리듬 안에서 주체성이 사라지므로 시적 체험은 주인(주체)이 없는 익명성이 탄생하는 사건이다. 이러한 익명성의 장인 예술작품 안에, 다시 주체와 주체를 전제로 했을 때만 가능한 책임성을 끌어들이는 일은 오로지 비평에서만 기대해볼 수 있다는 것이다.

사르트르에 반대해서: 문학과 참여

문학이 진리, 그리고 인식과 무관하다는 레비나스의 사상은 하이데거에 대한 비판뿐 아니라 사르트르의 '참여문학'에 대한 비판 또한 배경으로 하고 있다. 레비나스는 다음과 같이 참여문학을 반박한다. "문학을 통해 미학적 현상을 포착하려는 경향은 (……) 아마도 예술을 통해 인식에 도달한다는 현대적 도그마를 설명해줄 것이다. 〔그러나〕 우리는 늘 문학에 있어서 말이 겪는 변형 자체를 고려하지 못한다. 예술-말, 예술-인식은 그러므로 참여예술 l'art engagé의 문제를 초래하며, 또 참여문학의 문제와 뒤섞인다. 사람들은 예술작품을 본질적으로 비참여적인 degagée 것으로 남게끔 하는 예술적 생산물의 불멸의 표식, 그 〔예술적〕 완성을 과소평가한다"(RS, p.125). 물론 여기서 레비나스가 '참여'라는 이름 아래 염두에 두고 있는 것은 사르트르의 시에 대한 견해가 아니라 산문에 대한 생각이다. 레비나스와 유사하게 사르트르도 시와 관련해서는 언어가 진리를 드러내는 '도구,' 즉 인식을 위한 도구가 아니라는 점을 다음과 같이 강조한다. "진리의 탐구가 이루어지는 것은 일종의 도구로 생각된 언어 속에서이며 또 그런 언어를 통해서이지만, 그렇다고 해서 시인들 역시 진실을 가려내고 그것을 피력하는 것을 목적으로 삼는다고 생각해서는 안 된다."[9] 레비나스와 사르트르 모두에게 시는 진리와는 상관이 없는 것이다.[10]

---

9) 장-폴 사르트르, 『문학이란 무엇인가』, 정명환 옮김, 민음사, 1998, p. 17(약호『문학』).
10) 그런데 레비나스와 달리 사르트르에게 있어서 시가 아예 '참여'를 하지 않는 것은 아니다. 사르트르에게 시는 산문보다 훨씬 심오한 방식으로 참여한다. 한마디로 '시는 참여하지 않음을 통해 참여하는 것이다.' "만일 구태여 시인의 참여를 들먹여야 한다면, 시인이란 패배를 향하여 참여하는 사람이라고 말해두자. (……) 인간 모두의 패배를 증언하기 위해서 자신의 삶이 좌절을 겪도록 처신하는 것이다. 따라서 그는 (……) 산문가와 마찬가지로 이의(異議)를 제기한다"(『문학』, p. 54). '패배를 통한 참여'라는 시의 이런 독특한 참여 방식을 구체적으로 보여주는 사르트르의 작품이 바로 『보들레르』(1947)이다. 패배를 통한 시의 참여라는 이 주제에 대해서는 필자의 글, 「천수천족수의 시」『세계의 문학』(128호, 2008년 여름호)을 참조.

사르트르에게 산문은 어떤가? 사르트르에게 산문가, "즉 작가란 세계와 특히 인간을 다른 사람들에게 드러내 보이기를 선택한 사람"(『문학』, p.33)이다. 세계를 모든 이들 앞에 드러내는 것, 이것이 참여문학, 세계에 연루된 문학의 기본적인 뜻일 것이다. 왜냐하면 세계에 대한 폭로는 세계의 변화를 초래하기 때문이다. "'참여한' 작가는 말이 행동임을 알고 있다. 그는 드러낸다는 것은 바꾼다는 것이며, 드러냄은 오직 바꾸기를 꾀함으로써만 가능하다는 것을 알고 있다"(같은 책, p.31). 이 작가는 무엇을 통해서 세계를 드러내는가? 물론 '언어'이다. 그러므로 작가에게 언어는 세계의 '의미'를 전달하는 '도구' 외에 다른 것이 아니다. "산문은 본질적으로 실용적인 것이다. 산문가란 말을 '사용하는' 사람이라고 나는 규정하려고 한다"(같은 책, p.27). 따라서 산문에서, 언어와 진리 사이에는 그 무엇도 개입해서는 안 된다. 밖을 바라보게 해주는 창문의 미덕은, 바라보는 이가 창문의 존재를 느낄 수 없을 때 가장 성공적으로 발현된다. 마찬가지로 언어의 성공은, 그것을 통해 우리가 진리를 들여다볼 때 그것이 한없이 투명해서 그 언어 자체가 '사물'로서 감지되지 않는 순간에 비로소 달성된다(반면 시인들은 언어 자체를 하나의 '사물'로 취급하는 자들이다[같은 책, p.18 참조]). "햇빛이 유리를 거쳐 통과하듯이, 말이 우리의 시선을 스쳐서 지나갈 때에 산문이 있는 것이다. (……) 말들은 투명하고, 시선이 말들을 뚫고 지나간다고 해서 그 사이에 흐리터분한 유리를 끼워 넣는 것은 어리석은 짓이 될 것이다"(같은 책, pp.28~35).

그러나 앞의 인용이 말해주듯 레비나스에게, 문학의 질료를 구성하고 있는 말은 변형된 말, 인식을 전달하기 위한 도구로서의 기호가 아니라, 그 자신 외에는 다른 무엇에도 봉사하지 않는, 자신만을 목적으로 삼는 사물이다. 그러므로 문학에서의 말은 어떤 인식에도 연루될engagé 수 없다. 달리 말하면 문학의 말은 진리와는 아무런 상관이 없다. 따라서 레비나스는 연루됨engagé과 정반대인 해방됨dégagé을 문학의 근본으로 이해한다. "작품이 해방되지dégagé[비연루적이 되지, 비참여적이 되지] 않는다면, 작품은 예술에 속하지 않을 것이다." "예술은 예술 고유의 덕목 덕분에, 연루되지 않는다"(RS, p.126, p.146).

그렇다면 이렇게 참여문학을 거부하는 레비나스는 암암리에 저 진부한 '예술을 위한 예술'을 긍정하고 있는 것은 아닌가? 그런데 사실 예술을 위한 예술만큼 레비나스에게 비판받는 것도 없다. "예술을 위한 예술이라는 정식이 예술가를 인간으로서의 의무로부터 자유롭게 하고, 예술가에게 겉치레에 불과한 경박한 귀족적 기품을 보장해주는 한, 이 정식은 비도덕적인 것이다"(RS, pp.125~26). 예술이 인간의 의무를 저버리는 것을 막아주는 것, 레비나스에게 이 사명을 짊어질 수 있는 것은 '비평'밖에 없다.

2) 레비나스 비평의 현장

예술 또는 문학이 초래할 수 있는, 주체성이 와해된 비인격적인 익명적 상태 안에 '타인과의 관계라는 조망이 개입하게 하는 것'이 레비나스가 생각하는 비평의 목표라고 우리는 이야기했다. 타인과의 관계라는 조망을 문학 안에 들여오는 것은 곧 문학 안에서 '주체성을 변호'하고자 하는 의도의 표현이다. 왜냐하면 타인과 관계를 갖는 자는 주체 외에 다른 자일 수 없기 때문이다. 주체가 없으면 타인이라는 개념 자체가 성립되지 않는다. 레비나스의 여러 비평적 작업은 바로 이런 타인과의 관계, 또는 주체성의 변호가 함축하는 여러 가지 의미를 확인하는 작업이다. 이 글에서는 레비나스 비평을 대표하는 세 가지 작품인 첼란론, 블랑쇼론, 프루스트론을 읽으면서, 작품 안에 '타인과의 관계 끌어들이기'가 산출하는 다양한 의미들을 살펴보겠다.[11]

파울 첼란론: 하이데거의 횔덜린론에 맞서서

레비나스의 『파울 첼란: 존재에서 타자로』[12]는 "나는 악수와 시 사이에 어떤 근본적인 차이가 있는지 모르겠다"(PC, p.15)라는 첼란의 말로 시작되는데, 이 구절을 통해 첼란은 '악수'로 표현되는 타인과의 관계가 문학 안에 들어설 여지를 열어주고 있다. 악수라는 비유로 표현된 이러한 타자와의 관계는 "시는 '단숨에 타자에게로 간다'"(PC, p.18; GW, p.197)라는 첼란의 말에서 보다 분명하게 표현된다.

레비나스가 첼란 문학의 근본으로 이해하는 이런 타인과의 관계는 무엇을 함축하는가? "시는 타인을 향해 간다. (……) 자아에 대해서 이야기하던 시는 '어떤 타자와, 완전한 어떤 타자와 관계된 것'(GW, p.197)에 대해 말한다"(PC, pp.19~21). 시 안에서 타자와의 관계란, 자기가 아니라 타자에 대해 이야기하는 것이다. 도대체 자기가 아니라 타자에 대해 이야기한다는 것은 무슨 의미인가? 그것은 시라는 언어를 부리는 일을 통해 자기와 단절하고 타자에 몰두하는 것을 뜻한다. "시는 어쩌면 자아가 그 자신으로부터 단절되게끔 해준다"(PC, p.24). 이 자기와의 단절을 첼란은 자기를 낯설게 대하는 것이라고 표현했다. "하나의 장소에서, 인간은 자아를 그 자신에 대해 낯설게 여긴다"(같은 곳; GW, p.195).

---

11) 첼란, 블랑쇼, 프루스트 외에도 레비나스의 문학비평에서 빠뜨릴 수 없는 작가가 셰익스피어다. 레비나스가 별도의 셰익스피어론을 남기지 않았음에도 불구하고 이렇게 말하는 것은, 그의 저작 전체에 걸쳐 셰익스피어에 대한 주요한 해석과 논평이 등장하기 때문이다. 레비나스의 셰익스피어론에 대해서는 필자의 글, 「셰익스피어의 유령학」 『일상의 모험—태어나 먹고 자고 말하고 연애하며, 죽는 것들의 구원』(민음사, 2005, pp.109~34)을 참조.

12) E. Levinas, *Paul Celan: de l'être à l'autre*, Montpellier: Fata morgana, 2004(약호 PC). 레비나스의 이 첼란론은 1972년에 처음 발표되었다가 『고유명사들 *Noms propres*』(1976)이라는 책에 수록되었으며, 2004년에야 비로소 단행본으로 출판되었다. 이 글에서는 이 마지막 판본을 인용한다. 이 책에서 레비나스가 인용한 첼란의 글들을 다시 인용할 경우, 이 책의 쪽수와 함께 첼란 전집(P. Celan, *Gesammelte Werke*, Frankfurt a. M.: Suhrkamp, 1983〔약호 GW〕)의 쪽수도 함께 써주기로 한다.

이렇게 시 안에서 타자에 몰두함으로써, 자아moi가 자기soi를 돌보지 않고 오히려 자기와 단절되는 첼란의 시적 모험을 레비나스는 "자아의 실체성의 와해"(PC, p.25)라고 평가한다.

자아의 실체성의 와해, 즉 자아가 자기인 관계의 파괴, 곧 자기동일성의 파괴가 뜻하는 바가 무엇일까? 자기동일성의 파괴는 '존재와 다르게 autrement qu'être' 되는 것, 즉 존재론과 결별하게 되는 것을 뜻한다. 존재함은 어떤 것이 바로 그 어떤 것 자신으로 머물러 있을 때 성립한다. 즉 자아가 자기로 머물러 있을 때, 곧 자아가 바로 자기일 때 '나'라는 존재자는 '존재'할 수 있다. 요컨대 동일성이란 바로 존재함의 표현인 것이다. 그렇다면 시 안에서, 자아가 타자에 대해 몰두함으로써 자기와는 단절한다면 그것은 존재론과 결별하는 일, '존재와 다르게' 되는 것이 아닌가? 그래서 레비나스는 이렇게 묻는다. "시 자체는 '존재와 다르게'의 들리지 않는 양상이라고 첼란은 제안하는 것이 아닌가?"(PC, p.35)

레비나스가 존재론과의 결별을 첼란에게서 읽어내는 것은 무엇보다도 첼란을 무기로 하이데거의 횔덜린론과 대결하겠다는 함축을 지니고 있다. 하이데거의 횔덜린은 근원적인 '존재의 의미'에 대해 묻는 시인이기 때문이다. 레비나스는 첼란과 더불어, 다음과 같이 횔덜린과 결별한다. "절대적인 시는 존재의 의미에 대해 말하지 않는다. 횔덜린은 "인간은 시적으로 대지 위에 거주한다dichterisch wohnet der Mensch auf dieser Erde"라고 말한다. 절대적인 시는 이러한 횔덜린 시 구절의 변주가 아니다"(PC, p.34). "인간은 시적으로 대지 위에 거주한다"라는 횔덜린의 시 구절은 하이데거의 횔덜린론 전체를 통틀어 가장 중요한 영감의 원천이라 해도 좋을 것이다. 이 시구가 뜻하는 바는 무엇인가? 하이데거는 이 시구를 해설하는 자리에서 다음과 같이 말한다. "거주함은, 즉 본래적으로 고향적-존재는 '시적'이다. (……) 이 송시에서 말해져야 하는 것은 (……)

'시적인 것'으로서 역사적 인간으로 하여금 자신의 본질 안에 거주하도록 이끄는 성스러운 것이다."[13] 시는 존재자를 본래적으로 있어야 할 자리, 즉 고향에 거주하게 한다는 것이, "인간은 시적으로 대지 위에 거주한다"는 구절의 의미이다. 시는 존재자를 그것의 본래성 속에 존재하게끔 한다는 것, 시를 통해 비로소 존재자는 자신의 본래 자리에, 즉 자신의 본성 가운데 존재하게 된다는 것이 횔덜린의 가르침이다. 앞서 언급했던 것처럼, 횔덜린의 「라인 강」의 시어가 비로소 라인 강을 그것의 본질 가운데 존재하게 하듯이 말이다.

그런데 레비나스의 첼란에서는, 횔덜린과 반대로 존재자를 본래적으로 존재하게 함이 문제가 아니라 존재자를 '존재와 다르게' 되게 하는 것이 관건이다. 존재하게 되는 것, 즉 자기동일성을 획득하는 것, '자아'가 '자기'가 되는 것이 관건이 아니라, 자아가 자기와 단절하고(즉 존재자의 존재자성을 상실하고) 타자에게 몰두하는 것이 문제이다. 이렇게 자기와의 일치가 아니라 타자에 대한 관계가 첼란에게서는 본래성을 얻는 길이다. "모든 뿌리내림과 거주함의 바깥, 고향 상실이 본래성이다!"(PC, p.29) 본래성은 내가 있어야 할 자리, 나의 본질이 구현되는 자리, 즉 고향에 있는 것이 아니라, 반대로 고향을 상실할 때, 즉 고향이 아닌 낯선 곳(타자)에 몰두할 때 달성되는 것이다. 주체는 그가 마땅히 거주해야 할 곳인 고향에서 자신을 자신으로 만들어주는 유한한 본질을 획득하고, 그 유한성 속에서 죽어갈 뿐이지만, 고향 바깥의 낯선 곳은 그 무엇을 통해서도 한정(규정)되지 않는 것—이렇게 규정 불능의 것이기 때문에 '낯선 곳'이라 불린다—이기에 한계 없음, 곧 '무한'이다. 유한한 존재자가 자신을 유한하게 만드는 거주지에 머물지 않고, 무한을 대면하고 무한에 전념하게

---

13) 마르틴 하이데거, 『횔덜린의 송가 〈이스터〉』, 최상욱 옮김, 동문선, 2005, pp. 215~17.

되는 것, 무한을 자신이 헌신할 사업으로 삼는 것이 바로 참된 본래성이 아니겠는가? '초월,' 즉 유한성을 넘어서고자 하는 고대 이래의 모든 시도가 여기고 있었던 바처럼 말이다.

여기서 하나의 심오한 문제가 생긴다. 시는 하나의 존재자가 아닌가? 존재자가 본래적으로 존재하게끔 하는 거주지를 열어주는 것(횔덜린)이 시의 사명이 아니라, '존재와 다르게' 해줌, 즉 '존재로부터 타자로' 가게 해줌(첼란)이 시의 사명이라면, 도대체 어떻게 시 자체는 '존재자'로 머물 수 있는가? 시가 존재자라면 시는 어떤 식으로든 '거주하고 있는 것'이며, 거주지로부터 본래적 본성을 획득하는 것이 아닌가? 도대체 어떻게 시가 '존재'할 수 있는가? 이에 대한 첼란의 답은 대담하다. "절대적 시—아니, 참으로 그것은 존재하지 않으며 존재할 수도 없다"(PC, p.34; GW, p.199). 시란 존재하는 것이 아니다. 그러면서도 이렇게 '본래 존재할 수 없는 시'는, 문학을 통해 상처를 달래 온 생명 가진 것들의 모든 역사가 알려주듯, 또 불가결하게 필요한 것이기도 하다. 그러므로 "시 짓기라는 활동은 불가결한 것인 동시에 불가능한 것"(PC, p.34)으로 정의된다.

모리스 블랑쇼론: 유목민 대 정주민

이제 다소 형식적으로 기술되었던 고향을 등지는 일, 자기와 일치하는 것이 아니라 자기와 다른 낯선 이에게 몰두하는 일이 구체적으로는 어떤 모습으로 나타나는지 살펴보아야 할 것이다. 그런데 이러한 문제를 다루기에 앞서, "인간은 시적으로 대지 위에 거주한다"라는 말로 대표되는 하이데거의 가르침에 대한 반박이 레비나스가 일시적으로 몰두한 주제가 아니라, 그의 문학론 전반에 걸친 특성이라는 점을 확인할 필요가 있다.

레비나스의 블랑쇼론 역시 '존재자가 본래적으로 존재하게끔 해주는 거주지'에 대한 비판을 핵심으로 하고 있다(우리는 이 글에서 제한적으로 이 비판만을 레비나스의 블랑쇼론과 관련지어 다루려 한다. 『모리스 블랑쇼에 대해서』(1976)는 레비나스의 문학론 가운데 양적으로 가장 크며 다양한 주제들을 다루고 있는 저작이므로, 블랑쇼론 전체에 대한 탐색은 별도로 마련된 논의의 장을 요구할 것이기 때문이다). 하이데거에게 예술작품은 근본적으로 존재자를 본래적으로 존재하게끔 해주는 장인데, 건축 예술에서는 바로 '그리스 신전'이 그런 장소의 역할을 한다. "신전을 통해서 신이 그 신전 안에 현전한다. (……) 작품으로서의 신전은 자신의 주위에 모든 길들과 관계들을 최초로 결합시키고 모은다. 이 길들과 관계들 속에서 탄생과 죽음, 재난과 축복, 승리와 치욕, 존속과 쇠망이 인간 존재를 위한 운명의 형태를 띠게 된다"(UK, pp. 27~28). 시「라인 강」에 쓰인 횔덜린의 시구를 통해 비로소 하나의 존재자 라인 강이 본래적으로 존재하게 되는 것처럼, 신전을 통해 그리스의 신들과 그리스인들은 자신의 본래성 속에서 존재하며, 자기에게 마땅한 운명 속에 들어서게 된다.

레비나스가 보기에 작품을 통해 존재자가 본래적으로 존재하게 되는 장소, 바로 존재자의 고향을 찾으려는 이러한 예술은 정주민의 예술이다. 레비나스는 블랑쇼의 작품 안에서 이러한 정주민의 것과 반대되는 유목민의 문학을 발견한다. "블랑쇼에게 있어서 문학은 유목생활nomadisme의 인간적 본질을 상기시킨다."[14] 인간적 본질은 "시적으로 대지 위에 거주하는" 정주민의 예술이 아니라 유목민의 예술 속에서 비로소 구현된다는 것이다. 다음 구절은 존재자들이 본래성 속에서 출현하는 장소로서의 하이데거적 신전에 대한 레비나스 비판의 핵심을 보여주는 동시에, 정주민의 것과 구별되는 유목민의 예술에서 나타나는 인간적 본질이 무엇인

---

14) E. Levinas, *Sur Maurice Blanchot*, Montpellier: Fata morgana, 1975, pp. 23~24(약호 MB).

지를 밝히고 있다. "저주받은 도시들에서 거주지는 건축물의 찬란함을 잃어버렸다. 이 저주받은 도시들에는 신들뿐만이 아니라 천국 자체도 존재하지 않는다. 그러나 배고픔에서 나오는 단음절의 신음과 비참함 가운데, 집들과 사물들이 물질적 기능을 되찾을 때, 인간의 얼굴은 끝없는 즐거움으로 빛난다. 블랑쇼는 하이데거적 우주를 뿌리 뽑아버릴 수 있는 기능을 예술에 부여한 것이 아닌가?"(MB, p.25) 여기서 '저주받은 도시의, 건축물의 찬란함을 잃어버린 거주지'에 대한 가혹한 야유가 하이데거의 '예술작품으로서의 신전'을 겨냥하고 있음은 두말 할 것도 없다. 신전은 레비나스에게는 인간의 헐벗음을 지켜주는 거주지로 쓰일 수 없는, 쓸모없는 우상에 불과한 것, 거주지로서 찬란함이 없는 가짜 건축물이다. 레비나스가 바라보는 블랑쇼의 문학, 즉 유목민의 예술에서는 이런 신전과 같은 '예술작품을 통해 본래적으로 존재하는 것'이 문제가 아니라, 타인의 얼굴을 즐거움으로 빛나게 하는 것, 즉 타인에게 몰두하는 것이 관건이다. 즉 첼란에게서와 마찬가지로 '존재에서 타자로'가 문제인 것이다.

마르셀 프루스트론: 타자의 죽음

그렇다면 타자와 관계를 갖는다는 것, 타자에게 몰두한다는 것은 구체적으로 무엇을 의미하는가? 이 물음과 더불어 우리가 마지막으로 다룰 레비나스의 문학비평은 프루스트론이다. 레비나스의 「프루스트에서의 타자」(1947)는 전적으로 『잃어버린 시간을 찾아서』의 여주인공인 알베르틴론에 관한 논의라 해도 과언이 아닌데, 왜냐하면 이 작품에서 알베르틴과의 연애만큼 타자와의 관계의 본성을 잘 드러내주는 것도 없기 때문이다. 프루스트 연구라는 측면에서 굳이 분류하자면, 알베르틴 연구를 통해 사회성(타자와의 관계)에 대한 숙고에 빠져드는 들뢰즈, 데콩브 등 주

목할 만한 많은 연구자들과 레비나스는 같은 범주에 속한다.[15]

타자의 이타성(異他性, altérité)은 인식이나 실천 등 어떤 방식을 통해서도 타자를 주체에게 귀속시킬 수 없다는 데서 생겨나는데, 바로 늘 주인공에게서 벗어나는 알베르틴이 이 이타성을 구현한다. "갇힌 여인이자 사라진 여인인 알베르틴의 이야기, (……) 그리고 '잃어버린 시간'으로 통하는 복잡하게 얽힌 길들에 대한 탐구는, 공허한 동시에 무궁무진한 타자의 이타성에 대한 탐욕스러운 호기심으로부터 출발하는 내재적 삶의 출현에 대한 이야기다."[16] 알베르틴의 이타성은 표면적으로는 그녀가 늘 거짓말과 부정(不貞)을 통해 주인공으로부터 달아나기 때문에 생겨나는 것처럼 보이지만, 근본적으로는 타자라는 그녀의 본성에서 기인하는 것이다. "가장 엄한 감시에도 불구하고 그녀는 비밀의 영역을 숨기고 있다"(AP, p.153). 그녀는 다른 어떤 이유에서가 아니라 화자인 '나'와 다른 자이기에 숙명적으로 비밀스러운 것이며, 이 타자성 때문에 결국 나로 환원될 수 없는 낯선 자이다.

그런데 나의 것으로 소유할 수 없고(즉 동일자로 환원되지 않고) 늘 낯선 것으로 남아 있을 수밖에 없는 알베르틴의 이타성 자체가 바로 사랑을 가능하게 한다. "만약 사랑이 타자와의 합일, 타자의 완전성 전에 있는 한 존재의 황홀 혹은 소유의 평화라면, 마르셀은 알베르틴을 사랑한 것이 아니다. 내일이면 그는 싫증난 젊은 여자에게서 떠날 것이다. 그는 오랫동안 계획해온 여행을 떠날 것이다"(AP, p.155). 요컨대 주체와의 합일을 불가능하게 만드는 타인의 이타성 때문에 타자에 대한 몰두가 생겨난다. 왜냐하면 욕망은 나에게 속하지 않는 것, 나의 세계에는 없는 낯선

---

15) 이런 분류에 대해서는 J. Dubois, *Pour Albertine: Proust et le sens du social*, Paris: Seuil, 1997, pp. 11~12 참조.
16) E. Levinas, "L'autre dans Proust," in *Noms propres*, Montpellier: Fata morgana, 1976, p. 153(약호 AP).

것, 즉 부재하는 것에 대해서 발생하기 때문이다. 그러므로 타자란 "자기를 내주기를 거부하는 가운데 자기를 주는 자"(AP, p.154)이다. 자기를 내주지 않는, 소유에 대한 저항, 곧 낯설게 머물려는 이타성 때문에 비로소 타자는 타자로서 우리에게 출현하는 것이다. 그런데 숨는 자, 낯선 자로서의 타자의 면모를 극단적으로 실현하는 것이 있으니 바로 타자의 '죽음'이다. 왜냐하면 죽음은 죽는 이의 모든 것을 숨겨버리기 때문이다. 아무리 부여잡으려 해도 죽은 자는 나의 손아귀에서 빠져나가버리고 결코 소유할 수 없다는 그의 이타성만을 확인시킨다. "알베르틴의 무〔죽음〕는 그녀의 전체 이타성을 발견한다. 〔여기서〕 죽음은 타인의 죽음이다. 이는 자아의 고독한 죽음과 결부된 현대 철학〔하이데거를 지칭함〕과는 상반되는 것이다. (……) 타자를 계속 숨게끔 하는 모든 순간들에 계속되는 타인의 죽음은 존재들을 소통 불능의 고독으로 던져 넣지 않는다. 〔왜냐하면〕 분명히 이 죽음은 사랑을 키워내기 때문이다"(AP, p.154). 타자의 이타성이 타자를 타자로서 대면할 수 있게 하는 조건이고, 죽음이 이타성을 극대화한다면, '타자의 죽을 수 있는 가능성'이야말로 우리가 타자에게 몰두하는 이유가 되는 것이다. 그 몰두의 정체는 무엇인가? 타자가 끊임없이 손아귀로부터 달아남으로써 주체의 소유하려는 욕망을 좌절시킴에도 불구하고 이 욕망이 근절되지 않는 것이라면, 타자에 대한 주체의 이 몰두는 소유라는 대가를 기대하지 않는 몰입, 바로 사랑이라는 말로밖에 불릴 수 없을 것이다. 이러한 윤리적 책임과 그 책임을 짊어지는 주체가, 비평을 통해 레비나스가 작품 안에 끌어들이고자 한 '타자와의 관계'라는 형식을 채우는 내용이다.

3. 나오는 글: 문학과 정치

그런데 레비나스의 비평이 윤리라는 타자와의 관계를 작품 안에 끌어들인다고 했을 때, 우리는 이를 문학을 당대의 풍속이 용인하는 도덕에 순응시키려는 시도, 즉 문학의 죽음을 획책하는 음모로 오해해서는 안 된다. 아울러 레비나스가 말하는 윤리가 정치적 제반 조건에 대해 눈감아버리고, 개개인의 양심을 쾌적하게 해주는 면죄부에 불과한, 개인의 고립된 행동 반경에 대한 규정에 그치는 것이라고 이해해서도 안 된다. 윤리적 차원에서만 고려된 타자에 대한 존중을 최종 개념으로 삼아 궁극적 해결책을 발견한 듯 처신하는 것은, 도덕적 명령에 개인적 차원에서 순응함으로써 자기 양심의 평화를 얻는 대신 자칫 전 지구를 저버리는 일을 초래할 수도 있다. 데리다가 말하듯 "'정치적' 책임의 비극적인 분쟁성을 (⋯⋯) 중립화하기 위해 너무도 쉬운 '윤리적'이라는 가정된 심급"[17]을 사용해서는 안 된다. "윤리를 사법과 정치를 무력화하는 '알리바이'로 만들어서는 안 된다"(ELM, p.33).

레비나스에 대한 창조적 해석자이자, 어떤 의미에서는 계승자라고 할 수도 있는 데리다의 독해를 통해 알게 되듯, 레비나스 비평이 문학에 도입하는 '타자와의 관계'는 근본적으로 정치적인 함의를 지닌 것으로 읽혀야 한다. 사상사적 맥락에서 보자면, 하이데거나 사르트르의 문예이론에서 핵심적 논점 가운데 하나는 '문학의 정치성'을 규명하는 것인데, 레비나스의 문학론은 이 둘과는 전혀 다른 방식으로 문학을 정치에 비끄러맬 수 있는 독특한 가능성을 보여준다. 하이데거에게 존재자들이 본래적으

---

[17] J. Derrida, "Entre lui et moi dans l'affection et la confiance partagée," in *magazine littéraire*, Avril 2003, p. 33(약호 ELM).

로 존재할 수 있게끔 참다운 존재의 목소리를 듣는 자는 시인과 정치가이다.[18] 즉 시인은 정치가와 근본적으로 동일한 역할을 떠맡고 있는 것이다. 사르트르에게 언어가 세계에 연루되는 방식은 바로 세계에 대한 폭로의 형태를 지니며, 이러한 폭로는 현실의 정치적 상황과 떼어서 생각될 수 없다. 어느 경우에나 정치는 이들 문학론의 중심에 놓여 있다.

그러면 레비나스의 경우, '타자와의 관계'는 어떤 의미에서 정치적인가? 그것은 바로 현실 정치가 방향을 찾기 위한 (칸트적인 의미에서) 초월적인 '초점'의 자격으로 정치적인 지위를 획득한다. 이를 데리다는 '정치의 공간과 개념을 윤리 사상과 평화에 대한 새로운 사상으로부터 한계 짓는 방식'(ELM, p.34 참조)이라고 불렀다. 요컨대 레비나스에게 '타자와의 관계'는 현실 정치가 마땅히 놓여야 할 좌표에 대한 지정이다. 그러므로 장래에 도래할 모든 현실 정치는, 비평의 노고를 통해 '타자와의 관계'라는 조망이 도입된 문학이 제시하는 밑그림에서 자신이 안착할 수 있는 지점을 발견하기를 희망할 수 있을 것이다. 이런 방식으로 레비나스가 고안한 '철학적 비평'이 개입한 문학은 인류의 미래를 책임지려 한다.

마지막으로 한마디만 덧붙이자. 종종 사람들은 레비나스 사상을 유대 종교의 '하위 영역'에 귀속시키고자 하는 유혹을 참지 못하지만, 정치의 초월적 조건으로서의 '타자와의 관계'는 어떤 종교보다도, 약속의 땅보다도 상위 심급이다. 레비나스는 말한다. "사람은 땅보다 더 성스럽다. (……) 개인에게 가해진 모욕 앞에서 이 성스러운 땅(이스라엘과 성지들)은 헐벗은 채 돌과 나무로 나타난다"(ELM, p.34에서 재인용). 타자를 떠받들지 않을 때, 그리하여 모든 핍박받는 팔레스타인인들을 모욕할 때, 시나이는 무한자의 영광이 출현한 곳이 아니라 한낱 헐벗은 돌산일 뿐이다.

---

18) 마르틴 하이데거, 『형이상학 입문』, 박휘근 옮김, 문예출판사, 1994, p. 108 참조.

레비나스의 문학 연구 관련 문헌

* 아래 문헌들은 최종 판본을 기준으로 했으며, 최초의 발표지면은 생략하고 최초 발표연도만을 괄호 안에 병기했다. 순서는 최초 발표연도를 따랐다.

예술론 일반

De l'existence á l'existant, Paris: J. Vrin, 1963(초판: 1947)의 3장 1절 "L'exotisme," pp. 83~92.
(한국어판) 『존재에서 존재자로』, 서동욱 옮김, 민음사, 2003의 3장 1절 「이국정서」, pp. 83~92.
"La réalité et son ombre," in *Les imprévus de l'histoire*, Montpellier: Fata morgana, 1994(초판: 1947), pp. 123~48.

개별 작가 및 작품에 대한 글

"L'autre dans Proust,"(초판: 1947) in *Noms propres*, Montpellier: Fata morgana, 1976, pp. 149~56.
"La transcendance des mot. A propos des Biffures de Michel Leiris,"(초판: 1949) in *Hors sujet*, Montpellier: Fata morgana, 1987, pp. 213~22.
"Personnes ou figures. A propos d'*Emmaüs* de Paul Claudel,"(초판: 1950) in *Difficile liberté*, Paris: Albin Michel, 1976(초판: 1963), pp. 160~64.
"De Sheylock à Swann," in *Les Nouveaux Cahiers*, n. 6, 1966, pp. 47~48.
"Roger Laporte et la voix de fin silence,"(초판: 1966) in *Noms propres*, pp. 133~37.
Paul Celan: de l'être à l'autre, Montpellier: Fata morgana, 2004(초판: 1972).
: 이 글은 레비나스의 작품집 *Noms propres*(1976)에도 수록되어 있음(pp. 59~77).
"Edmond Jabès aujourd'hui,"(초판: 1972) in *Noms propres*, pp. 93~95.
"Poésie et résurrection. Note sur Agnon,"(초판: 1973) in *Noms propres*, pp. 15~25.

Sur Maurice Blanchot, Montpellier: Fata morgana, 1975.
(한국어판) 『모리스 블랑쇼에 대하여』, 박규현 옮김, 동문선, 2003.
: 1956년부터 1975년 사이에 블랑쇼에 대해 쓴 글이나 대담 네 편을 묶은 책.

블랑쇼의 문학론

이 텍스트에서 우리는 블랑쇼의 언어와 문학에 대한 사유를, 몇몇 다른 사상가(말라르메, 메를로-퐁티, 하이데거)들을 참조해서 살펴본다. 그것은 시적인 형태로 전개되기 때문에 정식화하기가 쉽지 않다. 그러나 여러 다른 각도에서 그 역사적·철학적 맥락을 분명히 할 필요가 있다. 왜냐하면 블랑쇼의 문학적 성찰은 한 시인이 자신의 개인적 경험에 근거해 내놓은 상념들의 집적이 전혀 아니며, 말라르메로부터 내려오는 현대 시학의 중요한 문제들과 하이데거나—블랑쇼가 직접 참조하지 않는 사상가이지만—메를로-퐁티로부터 내려오는 현상학적 사유와 연계되어 진행되기 때문이다. 말라르메는 언어를 '거칠고 직접적인 말'과 '본질적인 말'로 구분하였다. 전자는 일반적 언어로서 사물들을 대리(재현)하며 사물들의 의미들을 밝히는 데에 봉사하는 언어이다. 후자는 단순한 도구적 언어가 아니며, 문학에 고유한 언어, 문학의 자율적 언어이다. 블랑쇼는 그 두번째 언어를 하이데거적 표현을 빌려 존재의 현전/부재를 표현하는 언어라고 보고 "본질적 언어"라고 부른다.

여기서 문제는 첫째, 어떻게 본질적 언어가 또한 '그'(또는 '그 누구')라는 익명적 탈존을 표현하는가라는 것이다(그 물음에 대해 생각해보기 위해 메를로-퐁티를 참조했다). 둘째, 어떻게 본질적 언어가 현실에 대한 단순한 모방을 넘어서서 주어지고 음악적 모방 또는 초-모방으로 나아가는가라는 것이다(본질적 언어와 모방의 문제).

침묵 또는 음악[1]

박준상

1. 여는 글: 글쓰기 또는 음악

모리스 블랑쇼Maurice Blanchot를 평가할 때 프랑스에서나 특히 여기에서 항상 따라다니는 수식어가 있다. '어렵다'는 것이다. 그러한 평가가 정당한지 아닌지 판단하기 이전에, 그와 다른 평가도 있다는 것을 우선 지적해둘 필요가 있다. 가령 블랑쇼와 철학적 관점에서나 문학적 입장에서 매우 가깝다고 알려진 시인 에드몽 자베스Edmond Jabès는 어디선가 "블랑쇼는 결코 어려운 작가가 아니다"라고 말한 적이 있다(자베스가 블랑쇼를 단순히 잘 알고 있기에 그러한 말을 한 것은 결코 아니다).

만일 블랑쇼가 어렵다면, 그것을 어렵지 않게 확인할 수 있는 이유는 문체 때문이다. 그의 문장들은 우선 대단히 길고 복잡하다. 그것들은 끊어질 듯하면서 계속 이어지고 어디에서 하나의 의미가 완성되는지 파악

---

[1] 이 글은 2006년 3월 한국프랑스철학회에서 발표되었으며, 이후 이 글의 논의는 필자의 책 『바깥에서』(인간사랑, 2006)에서 심화되었다.

하기가 쉽지 않다. 그리고 그것들은 지시된 사물들·사건들을 해석하고 판단하기 위해서라기보다는 그 앞에서의 어떤 내면의 움직임을 보여주고 들리게 하기 위해 주어지고 있는 것처럼 보인다. 이는 그의 글쓰기가 철학적 해석과 판단을 배제하고 있다는 것이 아니라, 그것을 넘어서는 어떤 시적(詩的)인 것으로, 어떤 문학소(文學素)로 향해 간다는 것을 의미한다. 그에 따라 독자의 입장에서는, 그의 글쓰기가 도달해야 할 곳으로 보이는 지점으로부터 오히려 끊임없이 우회해서 퇴각하고 있으며, 궁극적으로는 마치 한 폭의 그림을 보고 있거나 차라리 하나의 음악을 듣고 있는 듯한 느낌과 마주하게 된다.

분명 그의 글쓰기는 철학적이라기보다는 예술적(문학적·시적)이며, 나아가 굳이 구분해서 단정적으로 말하자면, 블랑쇼 자신은 철학자라기보다는 시인이다. 그리고 그의 문장들이 어렵다면, 이는 하나의 철학을 이해하는 데 따르는 어려움이라기보다는 어떤 음악을 알아듣는 과정에서 부딪히게 되는 어려움에 가깝다. 그러나 반대로 블랑쇼의 사상이 쉽다면, 철학적 관점에서가 아니라 예술적(문학적, 보다 정확히 말해 음악적) 관점에서 그럴 수 있다. 말하자면 그 사상은 언어로 표현되지만 언어를 넘어서, 언어 배후에서, 침묵을 통해 우리의 내면에 직접 진입해서 울려 퍼진다. 하지만 그 과정이 말해질 수 없는 것이 말해지고 표현될 수 없는 것이 표현되는 과정이 아닌가? 왜 어떤 음악은 철학적 언어가 보여줄 수 없는 것을 보여주는가?

블랑쇼의 작품(그것이 허구적인 소설화된 텍스트이든 이론적 텍스트이든)은 많은 사람들이 증거하고 있듯이, 다른 어떤 철학적·문학적 텍스트들이 줄 수 없는 매우 독특하고 잊을 수 없는 독서의 경험을 가져다준다. 그의 작품을 읽는다는 것은 말할 수 없는 것이 말해지고 쓰여질 수 없는 것이 쓰여지는 순간을 목도하는 체험이다. 그것은 침묵을 듣는 경험이고 보이지 않는 것을 보는 경험이지만, 그 침묵은 언어의 절대 타자인 순백 또는 진공의 침묵이 아니라 언어에 포획되지 않는 박동 소리이거나 숨결의 묵언(默言)이고, 그 보이지 않는 것은 절대적으로 가시성 너머에 있는 초월적인 것이 아니라, 보이는 것 내부 또는 외부에서 스며 나와서 보이는 것을 와해시키는 움직임이다. 그의 작품을 읽는다는 것은 분명 한 인간과 마주하는 경험이지만, 그 인간은 저 높은 곳에서 '나'를 가르치는 한 대가가 아니고 작가로서의 개인 블랑쇼는 더더욱 아니며, 기껏해야 독자인 '나'의 안에 깊숙이 감추어져왔던 또 다른 '나'에 불과하다. 그를 읽으면서 우리는 한 위대한 인간을 향해 밖으로 나가게 되는 것이 아니라, 다만 안으로, 또 다른 '나' 자신으로 되돌아가게 된다.

블랑쇼를 읽는다는 것은 단순히 문장들을 이해하고 그 의미들을 파악하는 행위가 아니며, 결국 그 너머에서 어떤 사건으로 들어가는 것이고, 어떤 얼굴과 대면하는 것, 어떤 눈물과 핏자국을 보는 것, 결국 어떤 발소리와 절규를 듣는 것이다. 그 결과, 블랑쇼를 한 번이라도 주의 깊게 들여다본 독자라면 누구나 느꼈겠지만, 그의 사유를 정식화한다는 것이 매우 어려워진다. 무언가 일어났지만 우리는 그것에 대해 '말할 수 없게' 되는 것이다(필자는 지금 과장 없이 그렇게 썼다). 따라서 그의 사유는 전통적 철학의 입장에서 볼 때는 결함이 있는 사유이거나 더 나아가 부적격한 사유이다. 차라리 그것은, 반복해서 말하지만, 하나의 그림이고, 보다 정확히, 하나의 음악에 불과하다. 다시 물어보자. 왜 그러한가? 그 이유는 그의 사유가 논증의 과정을 배제하고 있기 때문도 아니고 불충분하기 때문도 아니다(가령 질 들뢰즈Gilles Deleuze는 블랑쇼의 책이 단순히 시적인 토막말들이나 경구들을 모아놓은 것과는 거리가 멀며, 그가 리좀이라 부르는 열린 체계를, 즉 상황과 결부되어 작동하는 "개념들의 총체"를 이루고 있다고 지적한다[21]). 그 이유는 논리적 추론 배후에서 그리고 그 이후에 끊임없이 개입하고 있는 어떤 충격이 궁극적으로 블랑쇼의 사유를 이끌어가고 있기 때문이다―바로 그렇기 때문에 우리는 그의 글쓰기를 '지워지는 글쓰기' 또는 '침묵의 글쓰기'라고 부르는 것이다. 이에 대해 우리는 다시 전통의 입장에 서서 철학적으로 문제일 수밖에 없다고 반박할 수 있다. 그러나 우리를 둘러싸고 있는, 나아가 '우리' 자신인 사건('내'가 공간으로 열리는 탈존ex-sistance 그리고 타인으로 열리는 외존ex-position) 자체가 침묵에 의해 떠받쳐지고 있지 않은가? 만일 그렇지 않다면 사건은 역사의 어느 시점에서 동서고금의 철학이론에 의해 포섭당했어야 옳은 것이 아닌가? 사건이 이론 밖으로 이제는 더 이상 돌출되어서는 안 되는 것이 아닌가? 한마디로 철학이 끝났어야―완성되었어야―마땅한 것이 아닌가? 따라서 헤겔이 말한 대로, 예술도 끝났어야―더 이상 필요 없는 것이 되었어야―, "철지난 과거의 것"이 되었어야 당연한 것이 아닌가? 아니면 다시, 비트겐슈타인이 말한 것처럼, "말할 수 없는 것에 대해 침묵해야만" 하는 것인가? 그러나 어떤 예술은, 어떤 음악은 우리로 하여금 침묵과 마주하게 함으로써 우리를 사건 자체로 되돌려놓는다. 어떤 예술과 음악은 사건의 '순수성'을 보존한다.

그러나 만일 블랑쇼가 전해주는 음악이 있다면, 그것은 결코 블랑쇼라는 한 개인의 내면에서 나오는 것이 아니라 그가 들어가 있는 역사의 무대에서 울리는 것이다. 거기에 블랑쇼와 함께 플라톤·헤겔·니체·프로이트·하이데거·바타유·레비나스와 푸코 그리고 독일 낭만주의자들·말라르메·릴케·프루스트·아르토·베케트 등이 등장한다. 우리는 그 역사의 층들에서 몇몇 사상가들·작가들(여기서 모리스 메를로-퐁티Maurice Merleau-Ponty의 경우도 고려해볼 것인데, 그는 블랑쇼가 직접적으로 참조하

---

2) 질 들뢰즈, 『대담 1972~1990』, 김종호 옮김, 솔, 1993, p. 64.

는 사상가는 아니다)을 살펴봄으로써 블랑쇼의 사상을 원래대로 음악으로 남겨두지 않고 나름대로 정식화해보려고 한다. 이는 하나의 예술에 대한 배반일지는 모르겠지만, 맥락을 분명히 해서 불필요하고 과장된 신비의 요소를 제거하려는 시도일 수 있다.

2. 바깥과 본질적 언어

1) '그'

현대 사상에서 가장 진전된 성찰들 중의 하나는 언어철학의 영역에서 개진되었으며, 그것은 사유가 언어에 종속되어 있다는 것, 사유는 언어로 표현되는 데 따라 완성된다는 것, 언어를 넘어선 사유란 없다는 것으로 요약된다. 그러한 생각은 여러 사상가들에 의해 표명되었다. 가령 페르디낭 드 소쉬르Ferdinand de Saussure는 이렇게 말한다. "그 자체에 놓여 있는 사유란 아무것도 필연적으로 규정된 것이 없는 모호한 상태에 있는 것과 같다. 미리 정해진 관념들이란 있을 수 없으며, 언어의 출현 이전에는 아무것도 분명하지 않다."[3] 다시 말해 언어는 우리가 말하거나 글을 쓰기 이전에 미리 구성해 소유하고 있는 어떤 정해진 의미(관념과 존재의 일치)를 단순히 외적으로, 가시적으로 표현하고 번역하는 기호가 아니다. 우리가 말을 하고 글을 쓰는 데 따라서만, 언어의 틀 내에서만, 의미는 확정되고 사유는 완성된다──사실 언어 이전에 정해진 의미와 사유란 있을 수 없다. 사유가 의미 부여의 행위라면, 사유는 내면의 어떤 정신적 능력에 따라 자율적으로 전개되는 것이 아니라 외적이고 물질적인 언어

---

3) F. de Saussure, *Cours de linguistique générale*, Paris: Payot, 1976, p. 155.

의 옷을 입고 수행된다. 니체 역시 『비극의 탄생』을 쓰기 이전에, 언어와 수사학에 관한 한 단편에서 "각각의 의식적 사유는 언어의 도움으로 가능하다"[4]고 보았으며, 그러한 생각을 주저들을 쓰고 난 후 사상적 원숙기에 이르러 유고로 남긴 글에서 다음과 같이 확인했다. "이제 우리는 사물들 안에서 부조화와 문젯거리를 읽는데, 왜냐하면 우리는 언어의 형식 내에서만 사유하기 때문이다—그에 따라 '이성'의 '영원한 진리'를 믿게 되는 것이다(예를 들어 주어, 술어 등). **만일 우리가 언어의 구속 sprachlichen Zwange 내에서 사유하기를 원하지 않는다면, 우리는 사유하기를 그친다.** 우리는 그러한 한계를 한계로 봐야 하지 않을까라는 의문에 정확히 도달하였다."[5]

모리스 메를로-퐁티 역시 "(……) 단어는 대상들과 의미들을 나타내는 단순한 기호이기는커녕 사물들에 거주하고 의미들을 운반한다. 따라서 말하는 자에게 말은 이미 형성된 사유를 번역하는 것이 아니라 완성한다"[6]라고 말할 때 같은 생각을 전해주고 있다. 그러나 메를로-퐁티의 언어에 대한 성찰에는, 언어가 의미 구성(사유의 완성)에 필수적이라는 사실을 밝히는 것을 넘어서는 점이 있다. 거기서 주목해봐야 할 점은, 언어가 쓰여지고 말해지고 읽히고 전달되는 감각적·정서적 경험이 의미의 문제를 떠나 조명되고 있다는 데 있다(의미 너머 또는 의미 이하에서 이루어지는 언어의 정서적·감각적 경험에 대해 니체 역시 언어와 음악성의 관계를 말할 때 설명하고 있기는 하지만, 우리의 입장에서 본다면 메를로-퐁티가 더 명료해 보인다). 메를로-퐁티의 언어에 대한 성찰의 핵심은, 언어의 감

---

[4] "Vom Ursprung der Sprache," in *Nietzsche Werke*, Abt. 2, Bd. 2, Berlin: Walter de Gruyter, 1993, p. 185.
[5] *Nietzsche Werke*, Abt. 8, Bd. 1(*Nachgelassene Fragmente Herbst 1885 bis Herbst 1887*), Berlin: Walter de Gruyter, 1974, p. 197(이후 진한 명조는 원저자, 고딕체는 필자 강조).
[6] M. Merleau-Ponty, *Phénoménologie de la perception*, Paris: Gallimard, 1945, p. 207.

각적·'물질적' 작용 요소인 기표(記標, signifiant)의 측면을 새롭게 밝히는 데 있다. 언어에 의존하지 않는 사유가 없을 뿐만 아니라, 사유는 언어의 옷을 입고 전개될 수 있을뿐더러, 언어는 사유(의미 구성)를 넘어서서 사유에 종속되지 않는 감각적·감정적 차원에서의 작용을 갖고 있다. 언어는 의미를 만들어내기 위해 필연적으로 요청되지만, 그렇다고 의미를 만들어내는 것이 언어가 가져오는 효과의 전부는 아니다. 언어는 사유를 가동시키고 운반할 뿐만 아니라, 그 과정에서 사유의 내용(구성된 의미)과 분리될 수도 있는 감각적·감정적 효과를 가져온다. 왜냐하면 언어는 사유를 위해 전제되고 선행되어야만 하는, 또한 사유를 정식화하는 개념으로 단순히 번역될 수 없는 물질적·신체적 몸짓geste이기 때문이다. "따라서 말 또는 단어들은 그 자체에 들러붙어 있는, 그리고 사유를 개념적 진술으로라기보다는 스타일로, 감정적 가치로, 실존적 몸짓으로 제시하는, 의미의 최초의 층을 갖고 있다."[7]

메를로-퐁티에 의하면 언어는 다만 정식화된 의미를 위한 개념적 진술만이 아니다. 그 이전에, 언어가 언어공동체 내에서만, 타인과의 관계 내에서만 주어질 수 있다고 본다면, 언어는 언어를 사용하는 자(말하는 자와 글 쓰는 자)의 신체적 몸짓이자 신체의 음성적 표현이며 탈존(실존)의 표현이다. 그렇기 때문에 음성으로 전해지는 말을 듣거나 문학작품을 매개로 글을 읽는 입장에 섰을 때, 우리는 다만 말하는 자가 전하거나 작가가 전해주는, 개념적으로 정식화될 수 있는 의미만을 받아들이는 것이 아니라, 말하는 자나 작가의 '다가옴'을 감정적 수준에서 '느끼는' 것이다. 얼굴과 얼굴을 대면하고 음성으로 전해 듣는 말 가운데서는 말할 것도 없

---

7) 같은 책, p. 212. 또한 메를로-퐁티는 이렇게 말한다. "언어적 이미지는, 나의 신체의 총괄적 의식에, 많은 다른 것들과 함께 주어진, 나의 음성적 몸짓의 양상들 중의 하나일 뿐이다"(같은 책, pp. 210~11).

고, 더 나아가 문학작품에 주어진 단어들 사이에 '어떤 사람'이 있다. 주어진 단어들 사이에, 배면에 하나의 신체가, '어떤 사람'의 탈존의 양태가 그려진다(문학작품에 그려진 탈존의 양태, 단어들 사이로 내비치는 '어떤 사람'의 신체적 몸짓의 양태, 그것이 메를로-퐁티가 말하는 스타일이다). 또한 하나의 문학작품을 읽는다는 것은(친구가 보낸 편지를 읽을 때에도, 나아가 철학 책을 읽을 때에도 마찬가지이지만) 단순히 드러난 해석의 대상으로서의 '메마른' 의미만을 이해하는 것이 아니며, 그 이전에 어떤 타인의 몸짓과 탈존에 접촉되어 거기에 응답하는 것이다. 그렇지 않은가? 우리가 문학작품을 읽는 이유는 어떤 새로운 사상을 이해하고 납득하기 위해서라기보다는, 현실에서보다 어떻게 보면 더 뚜렷한 형태로 다가오는 '어떤 사람'의 몸짓을 보고 그와 접촉하고 그의 벌거벗은 탈존을 보기 위해서, 또는 우리의 내면에 파고드는 그의 '목소리'를 듣기 위해서가 아닌가? 또한 우리가 하나의 문학작품에 매혹되는 궁극적 이유는 거기에 주어져 있는 철학적 의미 때문이 아니라, 멋지고 화려한 수사학적 표현 때문이 아니라, '어떤 사람'의 탈존의 양태, '어떤 사람'의 몸짓과 목소리의 결 때문이 아닌가? 문학작품을 통한 글 쓰는 자와 글 읽는 자의 소통은 근본적으로 언어를 통한 함께-있음의 실현일 수밖에 없다.

   그러한 맥락에서 블랑쇼가 말하는 '그le'('il,' '그'는 블랑쇼에게서 '그 누구le on'와 동의어이다)에 대해 다시 생각해볼 수 있을 것이다. 문학 이전에 나와 타인의 얼굴과 얼굴을 마주하는 관계에서 '그'(타자, 나와 타인 모두의 타자)가 의식적 이해를 통해 포착되는 것이 아니라, 의식 너머 또는 이하에서 감수성에 울리는 신체적이자 정서적인 표현(예를 들어 얼굴·손·등·눈빛에 새겨지는 표현)을 통해 현전한다면, 문학작품에서 '그'는 해석의 대상이 되는 의미 너머 또는 이하에서 언어가 갖는 물질적·감각적 표현의 층위에서 나타난다. 사실 얼굴과 얼굴을 마주하는 나와 타인의 관계에서 드러나는 '그'와, 문학작품에서 언어의 효과 가운데 드러나는 '그'는 서로 완전히 다른 종류의 것이 아니다. 왜냐하면 메를로-퐁티가 지적한 바대로 언어는 얼굴의 표현과 마찬가지로 신체적 몸짓들 중의 하나이며, 신체의 음성적 표현이자 탈존의 표현이기 때문이다. 다만 '그'는 문학작품에서 직접적인 신체적 표현이 아니라 언어를 통한 간접적 신체적 표현 가운데 나타날 뿐이다. 얼굴과 얼굴을 마주하는 관계에서뿐만 아니라 문학작품에서 '그'는 특정 인물을 재현représentation(모방)하는 것이 아니라, 그 누구라도 들어갈 수 있는 비인칭적이고 동사적인 탈존을 현시(現示, présentation)한다. '그'는 작품이 전달하는 철학적·이념적 의미(기의)에 선행하며 또한 그것을 초월한다. '그'는 작품의 의미들 배후에서 그것들을 가능하게 하는 조건으로서의 물질적 기표, 의미들이 구성되기 위해 돌아가야만 하는 '의미들의 열림ouverture des significations' 자체, 또는 '의미들의 의의(意義, sens des significations),' 작품에 주어진 모든 의미의 최종 심급을 결정하는 개념 너머, 개념 이하의 감각적 의의sens sensible이다. '그'는 의미들을 여는 최초의 의의이자 의미들 배후에 남아 있는 의의, 의미들이 환원되고 있는 최후의 의의이다.[8]

블랑쇼에게 '그'는 작품을 통해——나와 타인 사이의, 보다 정확히 말해 작가와 독자 사이의——제3의 유형의 관계를 설정하는 타자, 즉 제3의 인물이며, 작품의 모든 단어가 수렴되고 있는 지점이다. 글쓰기의 궁극적인 과제는 '그'를 현시하는 데 있다. 글쓰기가 '그'를 현시할 때, 아무나 개입될 수 있는 비인칭적 탈존을 표현할 때, 글쓰기는 비인칭성을 향해

---

[8] "'그'는 야스퍼스Jaspers의 포괄자l'englobant가 아니며, 차라리 작품의 빈 곳과 같다. 마르그리트 뒤라스Marguerite Duras는 그녀의 소설들 중 하나에서 이 단어-부재ce mot-absence를 환기시킨다. '하나의 구멍으로, 모든 다른 단어들이 파묻혀 있어야만 했을 이 구멍으로, 그 중심에서 패어 들어간 이 단어-구멍ce mot-trou······'"(M. Blanchot, *L'Entretien infini*, Paris: Gallimard, 1969, p. 565[약호 EI]).

있다. 그러나 그 비인칭성에 감각적이거나 정서적인 계기들이 배제되어 있지 않다. 글쓰기가 향해 나아가는 비인칭성은 감정과 정념을 무시하는 객관적·과학적 지식이 갖는 특성인 중립성(中立性, neutralité)과 관계가 없다. '그'는 특정 개인의 자아가 아니다. '그'는 한 개인에게 고유한 자아의 통제를 벗어나는 비인칭적 탈존, 즉 자아의 항상성·동일성과 세계의 유의미성·친숙성을 박탈당해 유한성에 처한 자의 익명적 탈존이며, 작품이 표현하는 '그'는 정념의 에너지장처럼 다가온다. '그'가—가령 죽음에 접근하는 데 따라—한계에, 유한성에, 자아와 세계 바깥에 처한 익명의 인간의 탈존이라면, '그'는 작품에서 에너지장을 구성하는, 익명적 인간의 정념의 현시이다.

'그'는 작품에 주어진 의미들 내에 있지 않으며, 또한 작품 내에 가시적으로 주어진 어떤 이미지들 중의 하나도 아니다. 다시 말해 '그'는 해석의 대상도 아니며 재현(모방)의 대상도 아니다. 그렇다고 의미들과 이미지들 너머에 있지도 않으며, 의미들과 이미지들 배후에 간접적으로, 보이지 않게 현시된다. '간접적으로, 보이지 않게,' 왜냐하면 '그'는 작가가 조합해놓고 독자가 분석하는 단어들 내에 있지 않으며, 단어들 내에 드러나 있지 않은 쓰는 행위와 읽는 행위의 부딪힘을 통해, 즉 쓰는 자와 읽는 자 사이에서 이루어지는 "사이에서-말함entre-dire"을 통해 현전하기 때문이다. 블랑쇼가 카프카를 예로 들어 "'나'에 '그'를 대치시킬 수 있었을 때부터 놀라움과 황홀한 희열과 함께 문학에 들어갔다"[9]라고 말할 때, 또는 "문학은 해방을 가져다주는 능력으로, 모든 것을 자기 목에서 졸리는 것으로 느껴지게 하는 이 세계의 압력을 물리쳐주는 힘으로 알려지며,

---

9) M. Blanchot, *L'Espace littéraire*, Paris: Gallimard, 1955, p. 21/25(약호 EL). 블랑쇼의 작품 가운데 한국어 번역본이 있는 『문학의 공간 *L'Espace littéraire*』과 『미래의 책 *Le Livre à venir*』의 경우, 빗금 앞에 원서의 쪽수를, 빗금 뒤에 한국어 번역본의 쪽수를 함께 적었다.

문학은 '나'로부터 '그'로의 해방을 가져다주는 통로이다"(EL, p.86/94)라고 쓸 때, 그러한 바를 암시하고 있다. 문학작품은 근본적인 관점에서 본다면 작가의 자아나 작가에게 고유한 어떠한 속성도 표현하지 않으며, 작가뿐만 아니라 어느 누구라도 처할 수 있는 유한성(자아와 세계로부터의 추방)의 익명적·비인칭적 탈존의 움직임을, 말하자면 작가 자신의 타자화의 양상을 표현한다. 또한 "작가와 독자는 작품 앞에서 작품 안에서 동등하며,"(EL, p.302/312) "독자는 스스로 언제나 철저하게 익명적이다"(EL, p.254/264). 독서는 근본적으로 본다면 의미 해석의 행위도, 이미지 분석의 행위도 아니다. 독서는 작가를 따라야 할 1인칭의 모델로 설정해 찬미하는 데 있지 않으며, 단어들 배후에 주어진 어느 누구의 익명적 탈존을 알아듣는, 즉 독자 자신의 타자(또한 작가의 타자로서의 '그')로 건너가는 행위이다. '그'는 세계-내-존재가 아니고, 자아의 비동일성의 경험과 세계로부터의 추방의 경험이라는 시련에 노출된 자이다. '그'는 이 세계에서 통용되는 도구성 또는 유용성의 진리에 만족하지 못할뿐더러 보다 정신적이고 초월적인 어떤 세계에서 근본적 진리를 소유하지도 못한 자, 바깥에 처한 자, 바깥으로 내몰린 자이다. "그는 처음부터 구원의 밖에 있었으며, 유배의 땅에, 자신의 집이 아니라 자신 바깥 자체에 있을 수밖에 없는 장소에, 절대적으로 내밀성이 없으며 존재자들이 부재하고 우리가 움켜쥐었다고 생각하는 모든 것이 빠져 달아나버리는 지역에 속해 있다"(EL, p.92/100). 글쓰기는 '그'를, 유한성의 극단에, 바깥의 시련에 처한 인간을 그린다. '그'는 작가와 독자가 공동으로 증거하는 익명적 탈존의 극단이며, 그러한 한에서 '그'는 단어들 내에 있지 않고, 작가와 독자의 소통 자체를 통해, 즉 양자 사이의 '사이에서-말함'을 통해 현시된다.

2) 언어에 나타나는 '그'

블랑쇼가 말하는 '그'는 메를로-퐁티의 언어에 대한 현상학적 성찰의 관점에서 조명될 수 있을 것이다. 메를로-퐁티가 본 대로, 언어가 개념적 진술과 의미의 구성 그리고 구성적 사유를 가능하게 하는 근거이기 이전에 감정적 가치를 갖는 실존적 몸짓이라면, 언어는 근본적으로 신체적 몸짓이자 신체의 음성적 표현이고, 탈존의 표현이기 때문이다. '그'는 그러한 언어의 속성이 문학작품에서 극한에서 실현된 결과로 나타난다. '그'는 글쓰기가 드러내는 타자, 제3의 인물(타자화된 '나' 그리고 타자가 된 타인, "'그'는 그 누구도 아닌 자가 된 나 자신이며, 타자가 된 타인이다"〔EL, p.23/28〕)의 형상화이며, 작품에서 떠오르는 모든 기표 중의 기표로, 모든 기의(작품에 제시된 내용들·의미들)를 중성화neutralisation시켜 그 자체 내에 환원시킬 때까지 스스로를 긍정하는 기표로 나타난다. 다시 말해 작품에 나타나는 '그'는 단순히 세계-내-존재로서 세계와 조화 속에서 마주하고 있는 자가 아니라 바깥에, 즉 "모든 세계의 타자"에 놓인 자이다. 메를로-퐁티는 예술(문학뿐만 아니라 회화도)이 결코 일상적·평균적 세계를 모방하는 것이 아니며 "하나의 또 다른 세계un autre monde"를 보여준다고 말하고, 이어서 "어떻게 화가 또는 시인은 세계와의 만남과는 다른 것을 말하는가"[10]라고 물었다. 하지만 메를로-퐁티에게 예술이 "또 다른 세계"를 표현한다는 것은, 예술가 자신이 주관적으로 나아가 자의적으로 세계의 대상들을 왜곡해 자신의 고유한 주관성을 부각시킨다는 것을 의미하지 않는다. "대상들을 대체하는 것은 주체가 아니며 지각된 세계의 암시적인 논리이다."[11] 다시 말해 예술은 "또 다른 세계"를 보

---

10) M. Merleau-Ponty, *Signes*, Paris: Gallimard, 1960, p. 91.
11) 같은 책, p. 92.

여줌으로써 인간 존재의 근본 조건인 나 바깥ex에 섦sistere, 나 바깥과의 관계 아래 있음, 즉 탈존ex-sistance을 무시하고 관계 바깥의 어떤 주관성을 과장해 강조하는 것이 아니라, 여전히 세계와 인간의 관계 맺음을, 탈존을, 다만 일상적·획일적 탈존이 아닌 보다 심화된 탈존을, 나 바깥의 공간과 맺는 보다 깊이 있고 다양한 관계의 양상을 드러낸다. "「까마귀들Corbeaux」을 그릴 때 반 고흐는 '보다 멀리 나가서' 따라가야 할 어떤 현실성을 더 이상 가리키지 않고 시선과 시선을 요구하는 사물들의 만남이, 존재해야 하는 자와 존재하는 것의 만남이 다시 제대로 이루어지기 위해 해야만 하는 것을 가리킨다."[12]

블랑쇼에게 "하나의 또 다른 세계"가 아닌 "모든 세계의 타자"로서의 바깥은 문학의 기원이자 문학이 끊임없이 회귀하고 있는 장소이다. 그러나 '그'가 열려 있는 공간, "모든 세계의 타자"인 바깥은 문자 그대로 모든 세계가 지워진 진공의 공간, 거기서 아무것도 현상하지 않는 완전히 빈 공간이 아니다. 에마뉘엘 레비나스는 자신이 말하는 '**있음**l'il y a'이 블랑쇼에게서의 바깥(또는 중성적인 것le neutre)과 매우 유사하다고 지적한 바 있다. "거기에 내가 모리스 블랑쇼에게서 다시 발견하는 하나의 주제가 있다. 비록 그는 '있음'에 대해서가 아니라 '중성적인 것'과 '바깥'에 대해 말하고 있기는 하지만 말이다. 그는 존재의 '소요remue-ménage,' 존재의 '웅성거림rumeur,' '중얼거림murmure'에 대해 말한다. 어느 날 밤 한 호텔방에서 칸막이 뒤로 '그것이 소요를 일으키기를 멈추지 않는다.' '우리는 옆에서 그들이 무엇을 하고 있는지 알 수 없다.' 그것은 '있음'과 매우 가까운 것이다."[13] "모든 세계의 타자," 즉 바깥은 가시적으로 세계 바깥이 결코 아니다. 정확히 말해 바깥은 가시적으로 본다면 일상적인 이

---

12) 같은 곳.
13) E. Levinas, *Éthique et infini*, Paris: Fayard, 1982, p. 48.

세계, 가령 호텔방이라는 공간, 또는 자동차와 사람의 물결로 가득 찬 도시 한복판일 수 있다. 바깥은 존재자가 부재하는 진공의 공간도 아니고, 존재자들에 대한 일상적·과학적 또는 철학적 이해가 단순히 부정되는 장소도 아니다(다만 존재자들에 대한 그러한 이해에 '괄호가 쳐진다'). 바깥은 한계·유한성의 경험(가령 죽음으로의 접근, 타인의 죽음, 정치적 소요의 체험, 병의 체험, 나아가 치명적인 사랑의 체험[14])으로 인해 존재자들에 대한 이해를 위해 선행되고 전제되어야 할 탈존('나' 바깥과 관계 맺음의 사건) 그 자체가 불가능성에 다가가는 공간이다. 그러나 어떠한 경우라도 탈존 자체는, '바깥'에 '서는' 움직임은 취소될 수 없다. 오히려 바깥의 경험에서 탈존은, 즉 바깥dehors으로 향하는 움직임은 자아로부터 익명적 '그'로의 움직임, 즉 강한 탈중심화(탈주체화·타자화)의 움직임이다. 바깥의 경험은 존재자들에 대한 이해가 불가능해지는 경험이 아니라, 존재자들에 대한 이해에 앞서는 탈존 자체가 이해 불가능성('내'가 있음 자체의 이해 불가능성)에, 종지(終止)가 아닌 한계에 다가가는 경험이다. 메를로-퐁티가 예술이 이 일상적 세계를 단순히 모방(재현)하지 않고 "하나의 또 다른 세계"를 그린다고 지적한 것이 옳다면, 이는 예술이 인간과 세계의 도구적이고 획일적인 관계보다 더 심화되고 다양한 관계를 표현한다는 의미에서 그렇다. 같은 맥락에서, 블랑쇼가 문학은 "모든 세

---

14) 블랑쇼는 「클로델과 무한Claudel et infini」(M. Blanchot, *Le Livre à venir*, Paris: Gallimard, 1959[약호 LV])이라는 텍스트에서, 외교관으로서 굳건히 남성적으로 이 세계에 뿌리박고 있다는 사실에 자부심을 가졌던 폴 클로델Paul Claudel이 한 유부녀를 사랑하게 되면서 겪었던 밤의 체험(바깥의 경험)에 대해 말하고 있다. "그는 밤과 마주하였고 한계들을 깨뜨렸으며 다른 누군가를 만나기 위해 스스로를 상실할 것을 받아들이면서 스스로를 심연에 던졌다"(LV, p. 102/120). 또한 『밝힐 수 없는 공동체』(M. Blanchot, *La Communauté inavouable*, Éd. de Minuit, 1983[한국어 번역본: 모리스 블랑쇼·장-뤽 낭시, 『밝힐 수 없는 공동체│마주한 공동체』, 박준상 옮김, 문학과지성사, 2005]) 2부의, 마르그리트 뒤라스의 『죽음을 가져오는 병*La Maladie de la mort*』에 대한 블랑쇼의 논의는 한 남자가 사랑으로 인해 겪게 되는 바깥의 경험에 대한 분석이다.

계의 타자," 바깥을 드러내고 바깥으로 열려 있는 '그'를 형상화한다고 말할 때, 그는 문학이 모든 관계로부터 단절된 어떤 고립된 주관성을 부각시켜 드러낸다는 것을 의미하지 않는다. 문학은 "모든 세계의 타자," 바깥을 나타나게 한다. 이 말이 의미하는 바는 문학이 단순히 세계를, 세계와의 관계를 부정하는 것이 아니라 문학이, 인간과 세계가 맺는 독특한 관계를, 즉 세계와의 관계가 불가능해지는 한계시점에서의 관계를, 관계 맺음의 불가능성으로 인한 관계를 ― 무화(無化)된 세계 또는 세계의 무(無)와의 관계를, 관계의 불가능성으로 인해 역설적으로 더 명백한 것(부재의 현전)이 되는 관계를 ― 즉 유한성 내에서 세계의 한계와 마주하는 급진화된 탈존을 그린다는 것이다.

3) 바깥과 언어(언어의 이미지 또는 이미지적 언어)

지금까지 문제는 주로 '그'('그 누구,' 나와 타인 모두의 타자, 제3의 인물)가 어떻게 작품에서 글쓰기를 통해 현시될 수 있는가를 밝히는 데 있었다. 그러나 블랑쇼의 문학에 대한 성찰에서뿐만 아니라 그의 사상 전체에서 기본을 이루는 물음은 바깥에 대한 물음이다. 바깥이 문학의 기원이고 문학이 끊임없이 회귀하는 곳이라면, 어떻게 작품은 바깥을 말할 수 있는가? 그 이전에, 작품이 바깥을 말한다는 것은 무엇인가? 또한 작품이 바깥을 말한다는 것과 '그'를 현시한다는 것은 어떠한 맥락에서 동근원적인가? 이러한 물음에 대해 몇 가지 주제(본질적 언어·이미지·중성적인 것)를 살펴보자.

바깥은 작품에서 언어가 향해 나아가고 있는 장소이며 작품이 향해 있는 '작품 바깥'(작품에 주어져 있는 단어들·이미지들·의미들 바깥)이다. 블랑쇼는 작품과 작품의 언어, 나아가 문학에 개입하고 있는 그러한 바깥을 '중심점'이라고 부른다. "말라르메가 항상 되돌아오고 있는 중심점이란 이러한 것이다. 문학이라는 경험이 우리로 하여금 직면하게 하는 위험의 내밀성에 다가가듯 그는 항상 이 중심점으로 되돌아왔던 것이다. 이 지점은 바로 언어의 성취가 언어의 소멸과 일치하는 곳, 모든 것이 말하여지고(그가 '아무것도 말하여지지 않고는 남아 있을 수 없다'라고 말하듯) 모든 것이 말인 곳, 그러나 말이 사라져간 것의 외현(外現, apparence)일 뿐인 곳, 즉 말이 이미지적인 것l'imaginaire, 그치지 않는 것l'incessant, 끝날 수 없는 것l'interminable이 되는 곳이다"(EL, p. 46/53).

어떻게 바깥이 언어 내로 들어올 수 있는가? 이러한 물음이 제기될 수 있는데, 왜냐하면 바깥, 즉 문학의 중심점은 모든 중심의 부재를 통해서만 중심점일 수 있기에 언어를 통해 지정되고 확인·결정될 수 없기 때문이다. 바깥은 한 작품에서 중심이 된다고 여겨질 수 있는 말들 내에 포섭될 수 없다. 그렇다고 바깥이 작품에서 언어의 구성적 작용(대상들을 표상·재현하고 그것들에 의미를 부여하는 작용)과 무관하게 드러나는 것도 아니다. 바깥은 언어의 구성적 작용 한가운데서 빈 중심을 가리킨다. 따라서 물음은 보다 명확하게 이렇게 주어질 수 있다. 어떻게 언어는 바깥을, 이 포착될 수 없는 것, 언어(사물들을 표상하고 사물들의 의미를 지정하는 기호들 전체, 따라서 문학이 사용하지 않을 수 없는 기호들 전체)의 한계에 놓여 있는 것[15]을 표현할 수 있는가?

따라서 언어의 구성적 작용을 거치지 않고, 언어를 매개로 삼지 않고서는, 직접적으로 바깥에 도달할 수 없다. 바깥이 언어의 한계에 놓여 있

---

15) 블랑쇼는 바깥을 "언어가 그 자체 고유한 공백 내에서 한계로 수용하는 거리"(EI, p. 557)라고 말한다. 조르주 프렐리는 바깥을 지칭하기 위해 "언어의 타자autre du langage"라는 말을 제시한다(G. Préli, *La Force du dehors*, Paris: Encre, 1997, p. 134). 미셸 푸코의 표현에 따르면, 언어는 "언제나 바깥에 이르지 못해 생겨나는 형식"이다(M. Foucault, *La Pensée du dehors*, Montpellier: Fata Morgana, 1986, p. 60).

다는 것은 바깥이 언어와 단절되어 있다는 것을 의미하지 않는다. 언어가 어떤 초과의 움직임 가운데 말해질 때, 바깥은 언어의 여백에 나타난다. 바깥은 언어 바깥의 어떤 '형이상학적' 실체가 아니며, 언어가 표상해내고 의미를 지정할 수 있는 하나의 사물도 아니다 — 바깥은 언어의 구성적 작용을 통해 동일화될 수 있는 '어떤 것'이 아니다. 바깥은 언어의 구성적 작용을 거쳐 가지만 그 한계에서, 언어의 어떤 초과의 움직임에서, 즉 언어가 다만 고정된 사물(명사로 가리킬 수 있는 사물)을 재현·표상하는 작용을 넘어서서 사물의 주어짐 자체(사물의 역동성·동사성 자체)를 그리는 움직임("자기 파괴 행위acte d'autodestruction")에서 드러난다. 그러한 움직임("자기 파괴 행위")은 일반적인 언어의 구성적 작용의 반대, 말하자면 역(逆)언어작용이다. "그러나 단어들은 사물들의 부재 한가운데서 사물들을 '서게' 하는 힘을 가지고 있으며, 사물들의 부재를 주관하고 있기에 그 부재 한가운데서 마찬가지로 스스로 사라져갈 힘이 있다. 단어들이 실현하는 그 모든 것, 단어들이 사물들의 부재 가운데 스스로 폐기되면서 선언하는 그 모든 것, 단어들이 사물들의 부재 가운데 끊임없이 스스로 파괴되면서(자기 파괴 행위) 영원히 이루어내는 그 모든 것 한가운데서 단어들은 놀랍게도 스스로 부재가 된다"(EL, p.45/51~52).

인간과 사물들을 매개하는 언어를, 언어학에서 많은 경우 그렇게 하듯이, 구성적 작용(언어가 갖는 표상과 의미의 구성작용)을 통해서만 이해하는 데는 한계가 있다. 왜냐하면 오직 구성적 작용을 기준으로 해서만 이루어지는 언어에 대한 이해는 인간이 주체로 서서 사물들과 맺는 능동적 관계만을 전제로 하기 때문이다. 다시 말해 그러한 언어에 대한 이해는 인간이 능동적으로 언어를 수단으로 사물들을 하나의 표상 아래 일반화·단일화하고(예를 들어 서로 다른 살아 있는 '개들' 모두를 '개'라는 이름 아래 하나로 묶고) 사물들을 그 일반적 속성을 규정해 동일화(의미 부여에 따른 동일화)하는 데 따라 성립되는 주체·대상의 일방적인 관계만을 가정하기 때문이다. 반면 블랑쇼가 말하는 단어들의 "자기 파괴 행위"는 단어들이 따라가고 있는 언어의 구성적 작용이 한계에 이르렀을 때, 즉 언어의 구성적 작용이 이루어지는 말하는 인간(주체)과 사물들(대상들)의 주객관계가 역전되었을 때 실현된다. "자기 파괴 행위"는 단어들이 언어의 구성적 작용을 통해 발설되는 데 따라 이르게 되는 역전된 주객관계를, 즉 오히려 사물들이 말하는 인간을 '보고' 주관하는 역전된 관계를 전제로 한다. "자기 파괴 행위" 가운데 '나'는 단어들을 통해 사물들을 보는 것이 아니라 사물들에 의해 '보여진다.' 즉 그 가운데 단어들은 '나'를 보는 사물들의 시선이 된다. "(……) 단어들은 그의 눈 아래에서 변형되고 시선들이, 매혹적으로 이끄는 텅 빈 빛이 되기 위해 기호들이기를 그만둔다. 단어들은 더 이상 단어들이 아니라 단어들의 존재이다"(EL, p. 241/252).

언어를 구성적 작용의 지평에서만 이해하는 데는 한계가 있으며, 문학 작품이 문제가 될 경우에는 말할 것도 없다. 왜냐하면 언어는 인간이 주체로서 사물들을 이해·포착해 사유화·대상화하기 위해 의존해야 하는 도구이기 이전에, 인간과 사물들, 인간과 (사물들의) 공간 사이에 관계를 놓으며, 그 관계를 표현하기 때문이다. 그 관계를 주재하고 표현하는 언어는 단순히 사물들을 표상(재현·모방)하고 의미를 지정하는 기호들의 집합이 아니라, 사물들이 놓여 있는 공간과 인간 사이를 오고 가는 초과의 움직임이고 그 사이의 관계를 주관하는 힘[動力]이다. 그 언어의 초과의 움직임과 힘을 문학이 표현한다. 문학에서 언어는 고정된(명사적인) 사물들을 재현하는 것이 아니라 궁극적으로 사물들의 주어짐 자체, 사물들의 주어짐이라는 역동적·동사적 사건 자체, 즉 '존재'를 표현한다. 그 때 언어의 구성적 작용은 한계에 이르고, 그에 따라 단어들의 "자기 파괴 행위"가 이루어지며(이때 단어들은 단순히 기호들의 집합이 아니다), 단어들은 나로 하여금 사물들을 볼 수 있게 하는 도구가 아니라 사물들로 하여금 나를 보게 하는 시선이 된다. 이때 언어는 인간과 사물들 사이의 주객관계를 역전시키고, 아무것도 표상(재현)하지 않고 의미하지 않는 "시선," "텅 빈 빛"이 되며, 그에 따라 언어에 실려 오는 사물들은 주체의 위치에서 인간을 압도하는 — 매혹시키는 — 텅 빈 이미지가 된다. "글을 쓴다는 것, 그것은 매혹 가운데 언어를 준비하는 것이며, 언어에 의해, 언어 내에서 절대적 공간과의 접촉 가운데 머무르는 것이다. 그곳에서 사물은 이미지가 되고 이미지는 하나의 형상을 암시하지만, 나아가 형상 없는 것을 암시하게 되며, 그곳에서 이미지는 부재 위에 그려진 형태이지만, 나아가 이 부재의 형태 없는 현전이, 즉 더 이상 세계가 없을 때에, 아직 세계가 있지 않을 때에 있는 그것으로서의 불가해하고 텅 빈 열림이 되는 것이다"(EL, p.31/36).

작품에서 단어들의 "자기 파괴 행위"가 이루어질 때, 작품에서 형상화된 이미지는 세계 내에서 고정된 — 의미가 확정된 —, 고정될 수 있는 사물을 표상하지 않는다. 그때 이미지는 정확히 말해 사물의 이미지가 아니라, 사물의 동사적 주어짐·나타남의 이미지, 즉 사물의 현전(존재)의 이미지, 또는 사물의 세계 내에서 고정된 형상(표상)을 압도해 무화시키는 형상 없는 것(바깥)의 이미지이다. 이미지는 형상 없는 것, "부재의 형태 없는 현전," 즉 바깥의 상징이다. 작품에서 언어는 그 자체 내에서 언어의 구성적 작용에 따라 세계 내에 부여된 사물의 형상을 초과하고 무화시키는 바깥(사물의 동사적 주어짐 자체, 사물의 열림·현전 자체)의 이미지가 된다. 그러한 작품을 통한 언어의 경험은 우리가 실제로 현실에서 하나의 사물을 뚫어지게 응시할 때 발생하는 경험과 유사하다. 어떤 사람의 얼굴이나 어느 벽 한 구석을 뚫어지게 바라볼 때, 어느 순간 사물은 내가 일상적으로 세계 내에서 이해하고 받아들였던, 나의 시선에 종속된 존재로 남아 있기를 거부한다. 하나의 사물이 나의 지속적이고 능동적인 시선을 무력화시키고 오히려 나를 바라보는 주체적 시선으로 변하는 — 일상의 주객관계가 역전되는 — 순간이, 말하자면 사물이 거부할 수 없는 절대적 현전으로 나타나는, "사물이 이미지 속으로 무너져 내리는" 순간이 있다.[16] 그 순간에 사물을 삼키는 이미지의 현전을 통해 바깥이 드러난다. 그러나 그러한 이미지는 결코 가시적인 사물을 완전히 말소하는 것이 아니라 반대로 가시적인 사물을 더할 나위 없이 가시적인 것·선명한 것·강렬한 것으로 전환시키며, 따라서 그러한 이미지 가운데 나타나는 바깥은 보이는 세계에 대한 단순한 부정도 아니고, 어떤 초월적이고 형이상학적인 비가시적인 것도 아니다. 바깥은 보이는 일상의 세계가 일종의 위상 격차와 함께 전환되어 이르게 된 절대적으로 물질적인 요소(要素)의 공간espace élémentaire이다. 바깥, "모든 세계에 대한 타자"는 세계에 대한 단순한 부정négation이 아니라 세계가 한계에서 전환되어 드러나는 공간이다. 바깥이 무화된 세계, 또는 세계의 무라면, 바깥이 세계에 대한 단순한 부정이라는 의미에서가 아니라, 바깥이 인간 정신이 의미화를 통해 포섭할 수 없는 완전히 물질적인 것(이미지적인 것), 인간 정신이 긍정도 부정도 할 수 없는 '중성적인 것'이라는 의미에서 그렇다.

미술에서 흔히 블랑쇼와 가깝다고 여겨지곤 하는 알베르토 자코메티 Alberto Giacometti가 찾았던 순간이 바로 "사물이 이미지 속으로 무너져 내리는" 순간, 사물을 응시하는 시선이 한계에 이르러 무력화되고 역으

---

16) "그러나 우리가 사물들과 마주하고 있을 때, 어떤 얼굴이나 벽의 한 구석을 응시할 때, 우리가 보는 것에 빠져버리게 되는 일이, 갑자기 기이하게도 벙어리가 된 이 수동적인 현전 앞에서 무력하게 그 존재에 예속되는 일이 일어나지 않는가? 그렇게 될 수 있는 것이 사실이다. 우리가 응시하는 사물이 그 이미지 속으로 무너져 내리는 것이다. 이미지가 모든 것이 되돌아가게 되는 이 무력의 밑바닥과 만나게 되는 것이다"(EL, pp. 342~43/p. 351).

로 사물이 보는 자를 바라보게 되는 순간이었다. 또한 자코메티 작품의 감상자로서 블랑쇼가 궁극적으로 보게 된 것은 하나의 사물이 아니라 그러한 순간이다. "우리가 자코메티의 조각들을 바라볼 때, 그것들이 외현(外現)의 변이에도, 시각적 관점의 움직임에도 예속되지 않는 지점이 있다. 우리는 그것들을 절대적으로 보는 것이다. 그것들은 환원되지 않고 환원에서 벗어나 환원 불가능한 것이 되고, 공간을 어떻게도 할 수 없고 살아 있지 않은 깊이로, 이미지의 깊이로 대치하는 힘에 의해 공간에서 공간의 주인이 된다"(EL, p.52/pp.58~59).[17] 제임스 로드James Lord라는 모델을 앞에 두고 자코메티가 초상화를 그렸을 때 찾았던 것 또한 사물이 보는 자를 보는 시선-이미지가 되는 지점-순간이었다.[18] 따라서 그러한 지점-순간을 찾는 자코메티에게 작품이란 결코 예술가의 어떤 감정이나 주관성에 대한 표현이 될 수 없었고, 그의 작업이란 "아무리 들여다보아도 가끔밖에는 모습을 드러내지 않는 리얼리티를 시각적으로 표현해내기 위해 지치지도 않고 벌이는 끝없는 분투"였다.[19] 예술은 허구이지만 한 번도 허구 그 자체에 만족했던 적이 없고, 일상적 세계를 바탕으로 만들어진 사물의 표상보다도 더 큰 실재성(리얼리티)을 담고 있는 이미지를 창조하려는 탐색이었다. 자코메티의 작품은 자신의 주관성의 표현이 아니라, 사물을 응시하는 보는 자의 시선과 보는 자를 다시 응시하는 사물의 시선의 만남·접촉을 통해, 간단히 말해 관계 맺음을 통해 이루어진 것이다. 그가 찾았던 실재성은 사물의 측면에도, 보는 자의 내면에도 있

---

17) 이어서 블랑쇼는 그러한 지점 또는 그러한 순간과의 접촉을 통해 미술뿐만 아니라 문학이 시작 — "글쓰기가 시작" — 된다고 말한다(EL, p. 52/59).
18) 자코메티에게는 초상화를 그리는 작업과 조각 작업이 서로 다른 것이 아니었다(제임스 로드, 『작업실의 자코메티』, 오귀원 옮김, 눈빛, 2000, pp. 64~65).
19) 같은 책, p. 103. 또한 제임스 로드는 자코메티의 작품이 외양뿐만 아니라 내면을 그리고 있다는 한 여류시인의 지적에 자코메티가 "그렇지 않습니다. 겉모양을 보는 것만으로도 일이 많아서 내부는 들여다볼 겨를이 없습니다"라고 대답했던 것을 기억한다(같은 책, p. 132).

지 않으며, 바로 그 관계 맺음의 사건 가운데 있다. 그가 추구했던 실재성은 보이는 사물 내에 있다고 여겨지는 어떤 실체 — 만일 그러한 실체가 있을 수 있다면 — 에 근거를 두고 있지도 않고, 자유롭게 사물을 재구성할 수 있다고 여겨지는 상상력에 의해서도 보장되지 않는다. 자코메티는 작품을 만들어내기 위해 사물 그 자체에 속해 있다고 여겨지는 어떤 원형적 형상이나 객관적인 가시적인 것 일반이 있다고 믿지 않았을 뿐만아니라, 자신의 주관적·심리적 상상력에 의존하지도 않았다. 그의 작업은 가시적인 것에 대한 모방과 무관하지 않지만 — 즉 그가 그리고 조각하는 것은 어쨌든 신체이지만 — 궁극적으로 본다면 가시적인 것으로부터 돌아서서 모방을 거부하려는 움직임이며 가시적인 것을 무화시키려는 시도였다. "내가 지금 하는 일은 걷어내는 일입니다. 원상태로 돌려놓으면서 만들어가는 거예요. 모든 게 한 번 더 사라지게 되겠지요. 모든 것을 없어지게 하는 결정적인 붓질을 해야만 되는 거지요."[20]

사물에 대한 모방을 넘어서 있으며 작가의 자아가 상상력을 통해 투영되어 있지도 않은 자코메티의 작품, 그것을 블랑쇼는 사물을 대치하는 이미지 또는 사물을 무화시키는 이미지라고 본다. 그것은 사물을 지우는 이미지이며, 사물이 놓여 있는 공간을 이미지적인 것으로 만들어 공간의 주인이 된다. 문학작품은 선과 색, 조형적·회화적 형상이 아니라 언어가 그러한 이미지로 변할 때 생성된다. 문학작품에서 언어는 구성적 작용(표상과 의미 구성작용)에 따라 사물을 모방(재현)하지 않는 것은 아니지만, 모방을 가능하게 하는 주객관계를 역전시키고, 한순간 사물이 '나'를

---

20) 같은 책, p. 112. 같은 맥락에서 자코메티는 제임스 로드에게 이렇게 말했다. "'어찌 됐든 나도 소심하다는 소리를 듣지 않을 만큼 용감합니다. 모든 걸 단번에 없애버릴 결정적인 붓질을 한번 해보는 거지요.' '그런 건 왜 해야 되는 겁니까?' '여기서 빠져나갈 다른 길이 없으니까요.'"(같은 책, p. 140).

보는, 그러나 보이지는 않는 시선으로 변한다. 거기서 언어는 미술에서 선이나 색과 마찬가지로 가시적인 사물을 모방하지 않는 것은 아니지만, 모방을 넘어서 보는 자를 보는 시선이 되고, 사물의 형상이 아니라 사물의 다가옴 자체를 ─ 사물과의 관계 맺음 자체를 ─ 표현하는 이미지가 된다. 자코메티의 작품이 "모든 것을 없어지게 하는 결정적인 붓질"을 통해 이루어진다면, 문학작품은 사물을 이미지 속으로 사라지게 하는 글쓰기를 통해 이루어진다. 이 경우 언어는 사물들의 형상화를 초과해 ─ 모방을 초과해 ─ 사물들의 나타남 자체를 상징하는 ─ 즉 사물들을 사라지게 하는 ─ "자기 파괴 행위"에 들어간다. 거기서 언어는 단순히 은유나 직유 같은 수사를 통해 사물들의 이미지들을 만들어내는 것에 그치지 않고 사물들로 하여금 '나'(작가 또는 독자)를 보게 하는 이미지 자체, 주객관계의 역전으로서의 관계 맺음의 사건(존재) ─ **바깥의 힘** ─ 을 상징하는 이미지 자체가 된다. 블랑쇼는 그러한 언어를 이미지를 만들어내는, 사물들을 형상화하는 언어가 아닌 "언어의 이미지image de langage" 또는 "이미지적인 언어langage imaginaire"라고 부른다(EL, pp.31~32/36~37).

4) 문학적 언어 ─ 말라르메로부터

블랑쇼에게 문학적 언어는 단순히 사물들을 비유와 수사에 따라 시적으로 표현하는 언어가 아니라 ─ 보다 정확히 말해 시적 표현이 있거나 없거나에 상관없이 ─ 사물들과 주객관계 바깥에서 관계를 맺는 사건을, 바깥의 힘을 이미지로 드러내는 언어이다. 그러한 언어를 블랑쇼는 말라르메를 참조해 일반의 언어langage ordinaire와의 대비 아래 '본질적 언어 langage essentiel'라고 부른다.[21] 일반의 언어는 사물들을 이해하고 관리하

---

21) 여기서 문제가 되는 것은 말라르메가 정식화한 두 가지 언어의 구분이다. "말의 이중적 상태, 하나는 거칠고 직접적인 말, 다른 하나는 본질적인 말"(S. Mallarmé, *Œuvres complètes*, Paris:

려는 인간의 욕구를 만족시키기 위해 사용되고 사라지는 언어이다. 일반의 언어는 언어의 구성적 작용에 따라 이름을 붙여 사물들을 일반화하고 표상 가능한 것이 되게 하며, 나아가 사물들을 정의하고 그에 따라 인간의 필요에, 도구적 관심에 부응하는 것들로 만든다. 본질적 언어는 일반의 언어가 들어가 있는 문법 체계에 귀속되어 있고, 일반의 언어에 포함되는 단어들을 사용하며, 일반의 언어와 마찬가지로 주술 구조에 따라 구성되어 있다는 점에서 일반의 언어와 가시적으로 구별되지 않는다. 그러나 블랑쇼는 다음 두 가지 관점에서 말라르메로 거슬러 올라가 본질적 언어를 일반의 언어와 구별하고 있다.

① 본질적 언어는 추상적·총체적(철학적) 사유에 개입하며, 그에 따라 이상적(理想的)이고 정신적인 의미를 표현한다. 본질적 언어는 우리를 도구성의 세계로부터 보다 전체적인 관점으로, 다시 말해 사용가능성에 따른 사물들에 대한 이해가 부정되고 사물들이 본질적이고 근원적으로 포착되는 높이로 우리를 끌어올린다. "말라르메가 본질적 언어에 대해 말할 때, 때때로 그는 그것을 단지 관습적인 것에 불과한, 직접적인 것에 대한 환상과 확신을 주는 일반의 언어에만 대립시킨다. 따라서 그는 문학의 관점에 서서 사유의 말을, 즉 존재하지 않고 존재와 분리되려는 결단, 또는 이 분리를 실현시키면서 세계를 만들려는 결단을 단정적으로 보여주는 침묵의 움직임을, 의미 자체의 작용이자 의미 자체의 말인 침묵을 다시 붙잡는다"(EL, p.41/48). 본질적 언어는 사유와 결별하지 않는다.

Gallimard, 1945, p. 368)이다. 말라르메의 이러한 구분에 따라 블랑쇼는 "거친 말 또는 직접적인 말" "본질적인 말"(EL, pp. 38~40/44~47)이라는 표현을 사용하며, 각각을 의미의 변화 없이 "세계의 언어langage du monde"("일반의 언어")와 "본질적 언어"에 대응시키고 있다(EL, p. 41/pp. 47~48).

그 언어는 총체적인 의미(가령 인간의 의미, 존재의 의미)를 제시하면서 사물들을 전체적인 관점에서 파악하게 한다. 그 언어는 도구성의 세계로부터 이상적인 세계로, 사물들이 인간 존재의 궁극적 의미에 대해 말을 하는 근본적인 세계로 건너갈 수 있게 하는 길이다. 본질적 언어가 주어지는 높이에서 우리는 물론 도구성의 세계를 떠나게 되지만, "세계를 만들려는 결단"을 통해 존재할 수 있고 거주할 수 있는 보다 정신적인 세계를 추구하게 된다.

그러나 사유를 위해 '쓰이는' 한, 본질적 언어는 아직 언어적 자율성에 이르지 못하고 있다고 볼 수 있다. 의미를 나타내는 데 쓰이는 한, 본질적 언어는 인간을 보는 바깥의 존재의 시선이 되지 못하고 여전히 인간이 사물들을 관리하고 세계를 구축하는 데 필요한—인간으로 하여금 사물들을 보게 하는—도구로 남게 된다. 다시 말해 의미 구성에 개입하는 한, 본질적 언어는 사물들을 지우고—사물들에 대한 인간의 지배력을 무력화시키고—동시에 사물들의 주어짐이라는 사건 자체, 순수한 관계 자체를 상징하는 자율적 이미지·기표가 되지 못하고 여전히 기표와 기의의 종합의 형태에 속해 있게 된다. 본질적 언어는 도구성에 기초한 인간과 사물들 사이의 주객관계를 부정하고 인간으로 하여금 보다 정신적인 세계를 구성할 수 있게 하지만, 그러한 세계의 구성은 여전히 인간이 사물들을 규제하는 주객관계 위에서만 가능하다. 그러한 주객관계의 역전은 사물들에 대한 인간 지배의 무력화, 즉 중성화neutralisation를 통해 이루어지며, 그것은 곧 다시 살펴보겠지만, 중성적인 것의 말parole du neutre로 생성하는 본질적 언어에 의해 추진된다. 그러나 블랑쇼가 명확히 하고 있는 것처럼 "모든 언어는 (오늘날 우리가 정식화하고 있듯이) 기표와 기의에 의해, 양자의 관계에 의해 구성되며,"(EI, p. 586)[22] 그러한 사실은 본질적 언어의 경우에도 마찬가지이다. 말하자면 본질적 언어가 기표와 기의의 결합으로서 하나의 언어인 한, 그것은 사유를 표현하고 사유의 내용을 구성한다. 다만 사유와 결합된 본질적인 언어는—본질적인 언어가 설사 사유와 결합되었다 하더라도—작품 내 효과의 측면에서 볼 때 모든 의미를 다시 미결정 상태로 되돌리는 중성적인 언어로 생성될 수 있을 뿐이다.

② "시적인 말은 다만 일반적 언어에만 대립되는 것이 아니라 또한 마찬가지로 사유의 언어에 대립된다"(EL, p.42/48). 다른 한편 본질적 언어는 일반의 언어와 반대되는 지점을 향해 나아갈 뿐만 아니라, 정신적·이상적 세계를 구축하는 사유의 언어를 넘어서 그 자체로 자율성을 가진, 즉 사물들과 세계가 아니라 존재의 사건을 표현하는 언어로 전환된다. 이 경우 본질적 언어는 모든 의미의 결정으로부터 벗어나 순수한 기표로 변형된다. 그러나 그러한 사실은 의미가 완전히 배제된, 언제나 의미의 공백 상태에 있는 문학작품이 있을 수 있다는 것을 의미하지 않는다. 모든 문학작품은 언어인 한에서 기표들과 기의들의 결합체일 수밖에 없으며 무엇인가를 의미하지 않을 수 없다. 본질적 언어 역시 기표들과 기의들의 하나의 종합으로서, 이 세계(일상적 세계·도구성의 세계)에 주어진 의미들을 **부정**(否定, négation)하고 또 다른 세계에서의 근본적 의미들을 나타내는 언어이다. 그러나 그러한 본질적 언어는 글쓰기와 글 읽기의 행위에서 나타나는 효과의 측면에서 보면 모든 의미들을 초과해 중성화시키는 기표로 전환되어 문학작품이 모든 기의로부터 무한히 멀어져 가는 지점을 향해 나아간다. 본질적 언어는 형태상으로 보면 기표와 기의의 결합으로서 어떤 의미를 지정하는 부정의 언어이지만, 다른 한편 글쓰기와 글 읽기라는 행위가 가져오는 효과의 측면에서 보면 궁극적으로 모든 의미

---

22) 여기서 블랑쇼는 소쉬르의 용어들인 기표signifiant와 기의signifié를 쓰고 있으며, 양자 각각을 보다 전통적인 표현인 형식forme과 내용contenu에 대응시킨다(EI, p. 390, p. 589).

에 괄호를 치면서 모든 의미 규정으로부터 끊임없이 벗어나는 중성적인 것의 언어가 된다. "특별히 이렇게 말해야만 한다. 이 언어에서 기표와 기의 사이의, 또는 우리가 부당하게 형식이라 부르는 것과 내용이라 부르는 것 사이의 관계는 무한해지게 된다"(EI, p.586).

여기서 문제가 되는 것은 글쓰기와 글 읽기라는 행위 가운데, 또는 글쓰기라는 행위와 글 읽기라는 행위의 만남·부딪힘 가운데 실현되는 언어의 시적 효과이다. 모든 의미 규정으로부터 멀어져 가는 무한성의 기표를 증명하는, 언어의 궁극적 자율성을 반증하는 그러한 시적 효과에 대해 말라르메는 '꽃fleur'이라는 단어를 예로 들어 간결하게 말했다. "말의 놀이에 의해 하나의 자연적 사실을 떨림 속에서 거의 사라지게 하는 이 경이로운 전이는 무슨 소용이 있을 것인가, 그 전이로부터 유사하고 구체적인 것을 불러일으키는 환기에 개의치 않고 순수 개념이 산출되지 않는다면./ 나는 꽃이라고 말한다. 그러면 내 목소리가 어떠한 윤곽도 떨쳐내 버리는 망각 바깥에서, 알려진 모든 꽃들과 다른 것이, 모든 꽃다발의 부재인 그윽한 관념idée 자체가 음악적으로 떠오른다."[23] '꽃'이라는 단어는 하나의 관념을, 꽃의 관념을 불러 세운다. 그러나 여기서 꽃의 관념은 의식에 다시 나타난 꽃의 재현re-présentation이 아니다. 그것은 구체적인 보이는 꽃들을 환기시키지 않으며, 꽃 일반에 대해 사유할 수 있게 하기 위해—이해할 수 있게, 의미를 부여할 수 있게 하기 위해—요구되는 의식의 일반적 표상이 아니다. 꽃의 관념은 꽃 일반을 대신하지 않으며, 오히려 "알려진 모든 꽃과는 다른 것"이고, 모든 꽃의 "부재"로서의 꽃의 주어짐(존재) 자체이다. 다시 말해 그것은 꽃들을 지칭하고 그에 따라 꽃들을 유사하게 재현(모방)하는 표상représentation이 아니라, 오히려 모든 꽃

---

23) S. Mallarmé, "Crise de vers," in Œuvres complètes, p. 368.

들을 "떨림 속에서 거의 사라지게" 하는 꽃 자체의 역동적·동사적 현시 présentation이다. 말라르메가 '관념'이라는 말을 빌려 보여주고자 하는 것은, 하나의 단어가 쓰이는 맥락에 따라 지칭된 사물에 대한 재현을 초과하는(그 초과를 말라르메는 "모든 꽃의 부재"라고 말한다), 존재의 현시에까지 이를 수 있다는 것이다.

말라르메가 꽃의 관념을 들어 밝혀낸 언어의 시적 효과를, 즉 기표와 기의의 종합을 넘어서서 어떤 사물에 대한 재현을 초과하는 동시에 의미 규정을 비켜 가면서 무한성의 기표로서 존재를 현시하는 언어의 움직임을 블랑쇼는 이렇게 다시 확인하고 있다. "이 두 가지 표현 방식에 대해 생각해보자. '하늘은 푸르다.' '하늘은 푸른가? 그래.' 이 두 표현을 구분 짓는 것을 알아차리기 위해 대단한 식자(識者)가 될 필요는 없다. 여기서 '그래'는 결코 단순히 밋밋한 긍정을 기정사실화하고 있지 않다. 말하자면 하늘의 푸르름은 의문문에서 공허에 자리를 내어준다. 하지만 푸르름은 사라지지 않고 오히려 반대로 그 존재 너머에서 그 자체로 가능성에 이르기까지 극적으로 강렬해지며, 동시에 푸르름은 한 번도 그렇게 될 수 없었던, 분명 보다 푸르른 새로운 공간의 강렬함 가운데, 하늘과의 보다 내밀한 관계 가운데 순간 — 모든 것이 걸려 있는 물음의 순간 — 펼쳐진다"(EI, p.14).

"하늘은 푸르다." "하늘은 푸른가? 그래." 이 두 문장 사이에서 문제가 되는 것은 다만 하나의 사물(하늘)과 그 상태(푸르름)에 대한 확인만이 아니다. 거기에서는 "공허"가, 긍정도 부정도 될 수 없는 강렬한 미결정적인 것·중성적인 것이, 존재를 결정하는 대답에 따라 사라져버릴 수 없는 것(바깥, 존재의 바깥 또는 바깥의 존재)이 두 문장 사이에서 스스로를 긍정하면서 주어진 단어들로 재현할 수 없는 초과의 푸르름으로 나타난다. 하나의 표현이 한 번은 평서문으로, 다음에는 의문문으로 반복되면서 사물의 존재가 "그래"라는 대답과 함께 결정되는 것처럼 보이지만, 사실 그 "존재는 선회하며 자신의 선회 가운데 존재의 불안정성으로 나타난다"(EI, p.15). 한 문장이 반복되는 가운데 언어는 다만 사물을 표상하고 사물의 양태를 지정해 우리에게 친숙한 것·이해 가능한 것으로 전환시키는 의미 부여 작용에 머무르지 않고 존재를, 바깥의 존재를, 사물의 강렬한 현전(부재의 현전, 현전의 부재가 두 문장 사이에서 가장 강렬한 하늘의 푸르름이 나타난다)을, 말하자면 사물이 아니라, 사물이 나타나 주어지고 있는 사건의 '시간(순간)'을 표현한다. 궁극적으로 본질적 언어는 표상에 고정될 수 있는 사물을 모방하는 것이 아니라 "존재의 불안정"을, 부재로 즉시 전환되는 존재의 현전을 — 현전으로 즉시 전환되는 존재의 부재를, 즉 바깥을—, 달리 말해 극적인 유한성의 시간을, 불규칙적이고 단속적인 시간성 내에서 생성하고 회귀하는 시간을 모방한다.[24] 글 쓰는 자는 작품을 위해 존재의 현전/부재를 찾아 나아가며, 그러한 사실은 그가 단속적으로 드러나는 강렬한 시간을 언어에 각인시키려 하는 것과 같다(그러한 시간을, 즉 붙잡을 수 없는 것을 붙잡으려는 데 글쓰기의 모순과 불가능성이 있다). "하늘은 푸르다." "하늘은 푸른가? 그래." 이러한 단순한 문장에서 다만 푸른 하늘이 우리 눈앞에 떠오를 뿐만 아니라, 더 나아가 단어들 사이에서, 단어들을 넘어서 사물이 나타나고 있는 사건을, 또는 사물과 맺는 순수한 관계 자체를, 보이지 않는 존재를 감지할 수 있게 해주는 '기표들 중의 기표'(블랑쇼가 앞에서 "언어의 이미지" "이미지적 언어"라고 부른 것, 그는 그것을 이어서 "바깥의 의의sens du dehors"라고 부르게 될 것이다)가 출몰한다. 문학의 과제는 현실을 모방하는 것도, 어떤

---

24) 문학이, 나아가 예술이 어떻게 완전히 모방으로부터 벗어날 수 있는가? 문제 삼아야 할 것은 예술이 다만 현실에 대한 반영이라는 의미에서의 모방일 뿐이다. 예술이 완전히 모방을 거부한다는 것은 예술이 삶을 떠난다는 것과 같다.

철학적 사상을 전달하는 것도 아니고, 궁극적으로 이 '기표들 중의 기표'가 솟아오르게 하는 일이며, 그에 따라 보이지 않는 것·부재하는 것을 감지될 수 있는 것·현전하는 것으로 드러내는 일이다(현실에 대한 모방이 아닌 초모방hyper-mimesis, 즉 공간적 사물에 대한 모방이 아닌 시간에 대한 모방 또는 시간의 시간성의 현시).

5) 음악으로서의 언어

언어는 사물(존재자)과 다른 존재를 표현한다. 언어와 문학의 문제와 관련해 블랑쇼가 다른 누구보다도 말라르메를 이어가고 있다는 것은 분명한 사실이며, 덧붙여 우리는 블랑쇼의 언어와 문학에 대한 성찰의 핵심이 말라르메를 하이데거적으로 해석하는 데 있다고 말할 수 있다. 하이데거와 마찬가지로 블랑쇼가 문학에서의 언어의 과제가, 일상적으로 또는 구축된 여러 지식의 체계들을 따라서 '인간적'으로 이해된 사물들 배후에서 모든 것을 떠받치고 있는 보이지 않는 존재를 표현하는 데 있다고 본 것은 사실이다. 그러나 하이데거의 경우 언어가 사물들과 이 세계를 떠나 중심 없는 중심인 존재를 향해 있다고 보았다면, 그 이유는 언어가 보다 본질적인 세계가 열리게 하고 사물들을 보다 근원적인 관점에서 비추는 '존재의 빛'을 드러낸다고 생각했기 때문이다. 하이데거는 블랑쇼와는 달리 언어가 세계 바깥에서 전개되는 사물들과의 '순수한' 관계를, 사물들이 부재에 이르기까지 긍정되는 관계를 표현한다기보다는, 보다 본래적인 세계에서 사물들을 사물들로서 드러내는 것으로 본다. 따라서 하이데거는 횔덜린의 「언어Wort」를 분석한 같은 제목의 글에서 "언어가 스러지는 곳에 사물은 있지 않으리라Kein ding sei wo das wort gebricht"라는 시인의 말을 반복하면서, 사물을 사물로서 현전하게 하는 언어의 힘을 강조한다. "**풍부하다는 것**은 주고 수여하는 데 있어서, 이를 수 있는 데 있어서, 얻을 수 있는 데—도달할 수 있는 데 있어서 힘이 있다는 것을 말한다. 이것이 언어의 본질적인 풍부함이며 언어는 말함 가운데, 즉 보여줌 가운데 빛나는 사물로서의 사물을 가리킨다."[25] 하이데거는 여기서 분명 사물을 나타나게 하고 보이게 하는 존재를 드러내는 "언어의 숨어 있는 (동사적) 본질verborgene Wesen (verbal) des Wortes"을[26] 강조하고 있다. 그러나 하이데거에게 언어는 언제나 세계와의 관련 속에서 사물들과 결합되는 존재를, 사물들을 새롭게 근본적으로 이해하고 사유할 수 있게 하는 조건으로서의 존재를 드러낸다고 여겨진다. 언어가 존재를 나타나게 한다면, 그 결과 인간에게 주어지는 과제는 언어를 통해 세계 내에서 사물들의 본질적인 의미들을 밝히는 것, 즉 사물들에 대해 본래적인 관점에서 사유하는 것이다. "우리는 시(詩)를 들으면서 시 이후에 사유한다. 그러한 방식 가운데 시작(詩作)과 사유가 있다."[27]

시에 주어진 언어는 사유와 연결되어야 하며 시작과 사유는 동근원적이다. 따라서 하이데거의 경우, 철학에 주어진 과제가 존재의 의미와 사물들의 숨겨진 의미를 밝히고 세계 내에서 인간의 본래적 거주 방식을 규명하는 데 있다면, 문학 역시 같은 과제와 마주하고 있는 것으로 간주된다. 결국 그가 문학의 언어의 문제와 관련해 주목하고 있는 것은 사유로부터 끊임없이 벗어나는 언어의 시적 움직임(사물들 그리고 사물들이 놓여 있는 공간과 인간 사이를 오가는 초과의 움직임)이 아니라, 어떤 해석학적 높이에서 언어를 매개로 이루어지는 존재·사물들·인간에 대한 사유가능성, 의미 구축의 가능성이다. 그러한 사실은 횔덜린의 시를 논하는 이 텍스트「언어」에서도 마찬가지이지만, 더 나아가 하이데거 후기 철학 전체

---

25) M. Heidegger, *Unterwegs zur Sprache*, Frankfurt a. M.: V. Klostermann, 1985, p. 223.
26) 같은 곳.
27) 같은 책, p. 224.

에서 단어 분석과 어원 분석이 중요한 방법으로 나타난다는 맥락에서 설명된다. 하이데거의 단어 분석과 어원 분석이 하나의 단어가 정의될 수 있는 여러 의미를 다각도에서 찾는 작업이고, 역사의 층위 속에서 담고 있는 의미들을 탐사하는 작업이며, 보다 오래된 의미를 찾아 사물의 존재를 규정하는 작업이라면, 그것은 '언어의 지배'를 통해 사물에 대한 '사유의 지배'를 정당화하는 방법이다. 하이데거의 문학의 언어에 대한 이해는 그러한 방법에 따라 이루어지고 있다. 하지만 해석학적 지평을 역사적 관점에서 심화·확장시켜 사물들의 근본적 의미층들을 추적하는 하이데거의 방법이 문학과 시의 언어의 본질을 밝혀줄 수 있는가? 말라르메가 '꽃'이라는 단어를 들어 말하고 있듯이, 시의 언어의 핵심은 사물을 의미를 밝혀 '고정시키는 데,' 규정하는 데 있지 않고, 단어의 발화와 더불어 생성하는 사물의 '존재'와 인간의 탈존이 접촉하는 지점, 사물이 지워지고 ("모든 꽃다발의 부재") 탈존이 익명적인 것이 되는 역동적인 지점, 역사가 아닌 순간에 드러나기에 현재하는 동시에 부재하는 지점을 그리는 데 있다.

말라르메는 한 지인에게 보낸 편지에서 이렇게 말한 적이 있다. "**사물을 그리지 말고 사물이 만들어내는 효과를 그릴 것.**/ 거기서 시는 단어들로 구성되어서는 안 되고 지향들로 구성되어야 하며, 모든 말들은 감각 sensation 앞에서 지워져야만 하네."[28] 시가 사물을 그려서는 안 된다는 말라르메의 언급은 시가 가져오는 효과가 쓰인 단어들을 기준으로 측정될 수 없으며 언어가 갖는 표상 형성의 작용과 의미 구성의 작용을 초과해 나타난다는 생각에 바탕을 두고 있다. 말라르메가 말하는 "사물이 만들어내는 효과"를 그리는 시, 단어들이 아닌 "지향들로 구성"된 시는, 그

---

28) 1864년 10월 30일에 앙리 카잘리스Henri Cazalis에게 쓴 편지. S. Mallarmé, *Correspondance*, Paris: Gallimard, 1995, p. 206.

러나 단순히 처음부터 아무것도 표상하지 않는 시 또는 아무것도 의미하지 않는 시가 아니다. 시(문학작품)가 언어를 통해 이루어질 수밖에 없는 한, 문자 그대로 아무것도 표상(재현·모방)하지 않고 아무것도 의미하지 않는 '백지'로 돌아간다는 것은 불가능하다. 스스로 지워지는 시, 스스로 말소되는 시, 침묵의 시는 단순한 백지 상태를 가리키지 않는다. 다만 그러한 시는 하나의 사물을 가리키고 그 사물의 의미를 드러내는 작용을 넘어서서 사물과 인간의 보이지 않고 표상될 수 없는 접촉점을 지시하는 언어의 움직임을 그린다. 그러한 언어의 움직임에 대해 말라르메는 언어에 그려지는 꽃을 예로 들고 '관념'이라는 말로 표현했다. 꽃이라는 단어는 단순히 눈에 보이는 꽃을 재현하는 것을 넘어서, 꽃이 말하는 자에게 주어지는 사건(존재)과 그에 대한 말하는 자의 응답의 사건(탈존)을 개시하며, 보이는 사물인 꽃을 보이지는 않지만 감지되는 울림으로, 내면의 규정될 수 없는 흔적으로, 즉 '관념'으로 전환시킨다. 그때 비로소 언어는 사물을 단순히 가리키지 않게 되고 그 스스로 "감각 앞에서 지워"지게 된다. 그때 비로소 언어는 "단어 없는 시"로 생성된다.[29]

말라르메는 이렇게 말했다. "현악기와 금관악기가 고조된 가운데 울려 퍼지는 높이에서 시는 영혼에 직접적으로 접근해 도달한다."[30] 시의 핵심은 철학의 경우와는 달리 세계의 사물들의 본질적 의미들을 규정하는 데 있지 않다. 시의 정점은 오히려 모든 구성된 의미들이 부차적이 되는 지점 — 현상학적으로 말한다면 '괄호가 쳐지는' 지점 — 이며 시가 음악으로 전환되는 지점이다(말라르메의 시는 울려 퍼졌다가 사라지는 음악이 되려는 시도, 그러한 의미에서 침묵으로 돌아가려는 시도이며, 그의 시학은 음악으로서의 시를 정당화하려는 전형적인 예이다). 언어가, 보다 정확히 말

---

29) S. Mallarmé, "Plaisir sacré," in *Œuvres complètes*, p. 389.
30) 같은 곳.

해 언어를 통해 흔적으로 그려지는, 울리는 '관념' 자체가 음악적이다. 시는 그 안에 운율과 각운이 들어 있기 때문에 음악적인 것이 아니라, '관념'을 창조하기 때문에 음악적이다. 모든 문학은 산문이든 시이든 '관념'의 성좌(星座)를 이루는 한에서 음악적이다.[31] 언어는 다만 사물들을 재현하고 사물들에 의미를 부여해 규정할 뿐만 아니라, 발설됨으로, 말하여짐으로, 쓰임으로 존재를 개시하고 규정된 사물들을 역으로 규정될 수 없는—무규정적인, 개념화될 수 없는—내면의 울림으로, 감정의 잔상·흔적으로, '관념'으로 되돌아가게 한다. 그 과정에 글 쓰는 자가 개입되어 있으며, 작곡자나 연주자 역시 보이는 사물들이 보이지 않는 존재에 기입되어 사라져가는 길을 언어가 아니라 음표나 악기를 통해 지시하며 그에 따라 '관념'을 창조한다. 사물들에 대해 인간이 설정하는 주객관계(사물들에 대한 이해를 위해 전제되는 관계)가 역전되었을 때 그 자체로 드러나기에 규정될 수 없는 존재를, 음악가는 마찬가지로 아무것도 표상하지 않고 의미하지 않는 무규정적인 음과 리듬을 통해 보존한다. 음과 리듬은 규정될 수 없는 무규정적인 것(존재, 블랑쇼의 표현에 의하면 '바깥' '중성적인 것')을 그 자체로 보존함으로써 사물들과의 '순수한' 관계 또는 인간중심적이지 않은 관계를 보존한다. 이와 마찬가지로 시인은 '관념'에 개입되어 무규정적인 것과 마주하고 마주하게 한다. 말라르메는 다시 이렇게 쓴다. "그 〔시의〕 결합은, 내가 아는 대로, 낯선 것의, 즉 콘서트에서 들리는 음악의 영향 아래에서 완성된다."[32]

---

31) 말라르메에게 시적 언어는 언어의 어떠한 특정 형태가 아니며, 관습적으로 산문과 대비된다고 여겨지는 시에서만 찾을 수 있는 언어가 아니다. 말라르메는 시라는 장르와 산문이라는 장르의 구분을 인정하지 않았으며(같은 책, p. 867), 블랑쇼도 마찬가지다(M. Blanchot, *Faux pas*, Paris: Gallimard, 1943, 1971, p. 190). 블랑쇼는 장르의 구분 너머에 문학이 있다고 본다(LV, p. 273/321). 그가 말하는 본질적 언어는 언어에 대한 어떤 독특한 경험을 가져오는 언어일 뿐이다.
32) S. Mallarmé, Préface d'"Un Coup de dés," in *Œuvres complètes*, p. 456.

궁극적으로 문학은 하이데거가 생각한 대로 단어들의 의미층들을 추적해 본질적인 관점에서 사물들을 규정하는 데 있지 않고, 단어들이 만들어내는 효과를 통해, 즉 단어들 사이의 관계를 통해 인간이 사물들과 맺는 관계 자체를 표현하는 데 있다. 그 점에 대해 블랑쇼는 말라르메를 하이데거와 비교해 이렇게 말한다. "하이데거가 언어에 기울인 극도로 집요한 주의가 각각 따로따로 고찰되어 그 자체 내에 응집된 단어들에 대한, 그 형성의 역사에 있어서 존재의 역사를 듣게 할 정도로 기복을 겪었고 근본적으로 여겨지는 그러한 단어들에 대한 주의라는 것을 우리는 여기서 지적할 수 있을 것이다. 그러나 하이데거는 결코 단어들의 관계에 대해 주의를 기울이지 않을 뿐 아니라, 그 관계들의 전제가 되는 이전에 미리 형성되어 근원적 움직임 가운데 펼쳐짐으로써 홀로 언어를 가능하게 하는 공간에 대해서는 더더욱 아니다. 말라르메에게 언어는 설사 순수한 것들이라 하더라도 단어들로 구성되지 않는다. 다시 말해 언어는 언제나 단어들이 사라져간 곳이며 나타남과 사라짐 가운데 유동하고 있는 공간이다"(LV, p.320/377). 문학에서 언어의 궁극적 과제는 세계 내 사물들의 의미들을 역사적 관점의 높이에서 새롭게 규정해 철학적 사유를 촉발하는 데 있지 않다. 문학은, 보다 정확히 말해 본질적 언어(문학적 언어)는 무규정적인 것(바깥)을 규정하는 철학의 시도가 무위로 돌아갈 때, 무규정적인 것에 이르러 그것을 무규정적인 것으로 보존해야만 한다. 본질적 언어는 존재와 인간이 만나는 지점-순간(말라르메가 '관념'이라 부른 것)을, 다시 말해 사물들의 나타남과 사라짐(현전과 부재)이 음악처럼 울리며 그와 동시에 모든 의식적 의미 부여가 한계에 이르고 인간이 침묵으로 되돌아갈 수밖에 없는 공간을 가리켜야 한다.

3. 나오는 글: 언어의 침묵

그러나 왜 문학에서 언어는 침묵으로 되돌아가야 하는가? 왜 사물들을 지우는 동시에 스스로 지워져야 하는가? 그러한 요구, 말라르메와 블랑쇼의 요구에 일종의 언어 '허무주의'가 있지 않은가? 그러나 본질적 언어(말라르메가 '본질적인 말'이라고 부르는 것)는 앞에서 본 대로 어떠한 의미도 가져오지 않고 어떠한 철학적 사유도 촉발시킬 수 없는 언어가 아니다. 본질적 언어는 철학에 차용된 많은 언어와 마찬가지로—가령 하이데거의 존재론적 언어와 마찬가지로—일상적·관습적으로 또 과학적으로 규정된 사물들의 의미들을 부정하고 그것들을 보다 근원적인 관점에서 조망할 수 있게 하는 언어이다. 그러나 본질적 언어는 그러한 부정의 작용을 또다시 부정하는 중성화의 작용에 들어갈 수 있는 언어이다. 다시 말해 본질적 언어는 사물들을 형상화하고 의미화하는 작용에서 벗어나서, 작품에 주어진 보이는 이미지들과 확인·해석될 수 있는 의미들을 구성하는 작용을 넘어서서, 보이지 않는 존재와 탈존의 접촉의 흔적·이미지(말라르메가 말하는 "관념," 그것을 블랑쇼는 "언어의 이미지" 또는 "이미지적 언어"라고 부른다)로 생성되는 언어이다. 그때 본질적 언어는 작품 내에 주어진 모든 의미를 지우는 관계 맺음의 사건, 열림의 사건, 현전과 부재의 사건의 상징이 된다. 그러한 과정은 결과적으로 작품에서 더할 나위 없이 푸른 푸르름이, 더할 나위 없이 붉은 붉음이, 더할 나위 없이 검은 검음이 나타남으로써 구체화된다. 본질적 언어는 작품 내에 초과의 가시성(존재를 드러내는 사물의 가시성)을 실현시켜 그 자체로 이미지의 음악 또는 음악적 이미지가, 이미지의 침묵 또는 침묵의 이미지가 된다. "시는 따라서 침묵이라는 본질로 되돌아간 음악이, 즉 순수한 관계들이 펼쳐지는 도정(道程)이, 또는 순수한 유동성이 되어야 한다"(LV, p.305/360).[33] "침묵의 부름." "분명 하나의 부름이 있지만, 그것은 작품 자체로부터 온다. 침묵의 부름······"(EL, p.259/269). 본질적 언어가 작품에 개입될 때, 작품에서 단어들이 부정의 작용을 넘어서서 중성화의 작용으로 넘어가는 지점이, 단어들이 사물들을 초과의 가시성 가운데 보여주고 사물들의 사라짐을 침묵 가운데 울리는 공간이 발견된다. 본질적 언어는 설명하지 않고 가르치지 않고 다만 보여주고 듣게 한다. 본질적 언어는 시적인 말이다. 본질적 언어는 철학적 언어들과는 달리 '진리'라는 명목 아래 사물들을 어떤 의미의 틀에 따라 고정시켜 해석하지 않는다. 본질적 언어는 철학적 언어들과는 다르게 '진리'를 명시적으로 규명할 수 없는 무력(無力)한 말, 침묵의 말이지만, 말하는 인간이 아무리 의식적으로 '진리'를 규명한다 할지라도 결국 부딪힐 수밖에 없는 바깥의 자연(바깥으로서의 자연, 자연으로서의 바깥)을 가리킨다. 바깥의 자연에서, 말하는 인간이 구성적 작용(언어가 갖는 표상과 의미의 구성작용)에 따르는 언어를 통해 사물들에 설정해놓았던 주객관계가 역전된다. 언어에 의존해 이루어지는 그러한 주객관계가 인간이 도구성에 대한 관심과 '진리'에 대한 관심 아래 사물들과 세계를 통제하고 관리하는 데―인간 자신의 힘을 발휘하는 데―가장 필수적이고 중요한 전제조건이라면, 그 주객관계의 역전에 따라 인간은 자신의 최고 한계에, 최고 유한성에, 무력에 이르게 된다. 그 무력의 지점을, 자연으로서의 바깥을 향해 있는 본질적 언어는 따라서 세계와 사물들의 사라짐을 감지하면서 죽음에 접근하고 있는 인간의 모습을 암시한다. 그러한 사실을 블랑쇼는 『이지튀르 Igitur』를 쓰고 있는 말

---

33) 블랑쇼는 말라르메를 따라 언어와 음악의 밀접한 관계를 강조한다. "언어는 관계들의 침묵의 움직임, 다시 말해 존재의 리듬의 분절이다"(LV, p. 320/377). 나아가 그는 바깥을 "음악의 모체가 되는 지역 région-mère de la musique"(LV, p. 10/13)이라고 정의한다.

라르메를 예로 들어 "『이지튀르』는 모든 힘의 부재, 무력만이 존재하는 지점에서 작품을 포착함으로써 작품을 가능하게 하려는 시도이다"(EL, p.135/144)라고 말할 때, 또한 카프카를 예로 들어 "작가는 그러므로 죽을 수 있기 위해 쓰는 자이며 예상된 죽음과의 관계로부터 쓸 수 있는 힘을 얻는 자이다"(EL, p.114/122)라고 말할 때 확인하고 있다.

본질적 언어가 음악이 되면서 침묵으로 돌아가야 하는 이유는, 오직 그렇게 함으로써 언어 일반이 결코 말할 수 없고 증명할 수 없는 것에 대해, 즉 말하는 인간이 부딪힐 수밖에 없는 극단적인 무력의 상황과 죽음의 상황과 죽음으로의 접근에 대해—결국 바깥 그리고 바깥과 마주하는 급진적 탈존에 대해, 부재하는 최초 또는 최후의 '실재'와 그 '실재'를 향해 있는 인간에 대해— '증거'해야 하기 때문이다. 간단히 말해 말할 수 없는 것에 대해 '말'해야 하고, 언어가 도달할 수 없는 곳에 도달해야 하기 때문이다. 그러나 본질적 언어는 죽음을 최후의 확고한 사실로 허무주의적으로 선포하지도 않고, 더욱이 죽음을 찬양하지도 않는다. 다만 그 언어는 죽음까지 파고드는 삶, 또는 죽음을 영위하는 삶의 찬란함을 말한다. 그 언어는 삶이 죽음과, 죽음이 삶과 만나는 순간의 강렬함을, 강렬함의 순간을, 즉 보이지 않는 것을 말한다. 마치 하늘의 푸르름이 이 세계의 어떠한 푸르름보다도 더 강렬한 푸르름으로 나타날 때는 죽음에 다가가 그 푸르름을 보는 순간이라고 말하는 것처럼······.

블랑쇼의 문학 연구 관련 문헌

La Part du feu, Paris: Gallimard, 1949.
: 헤겔의 언어철학을 바탕으로 형성된 블랑쇼의 언어론과 문학론의 핵심을 가장 잘 보여주는 텍스트인 「문학과 죽음에의 권리La Littérature et le droit à la mort」가 수록되어 있다.

L'Espace littéraire, Paris: Gallimard, 1955.
(한국어판)『문학의 공간』, 박혜영 옮김, 책세상, 1990.

Le Livre à venir, Paris: Gallimard, 1959.
(한국어판)『미래의 책』, 최윤정 옮김, 세계사, 1993.
: 블랑쇼가 자신의 고유한 관점에 따라 중요한 작가들(말라르메·횔덜린·릴케 등)의 경험과 사상을 추적하면서 여러 주제(바깥·언어·문학·예술·죽음·이미지 등)를 집약적으로 제시해놓은 두 책.

L'Attente l'oubli, Paris: Gallimard, 1962.
(한국어판)『기다림 망각』, 박준상 옮김, 그린비, 2008.
: 블랑쇼가 허구의 형식을 빌려 쓴 마지막 작품이자 이야기와 철학적 성찰들을 결합해서 단상 형식으로 쓴 최초의 작품. 한 남자와 한 여자가 등장해 몇 가지 주제(기다림·망각·현전·부재·시간·죽음·무심함)와 자신들의 관계에 대해 기나긴 대화를 나눈다.

L'Entretien infini, Paris: Gallimard, 1969.
: 블랑쇼의 가장 철학적이자 그의 사상을 가장 전체적으로 보여주는 텍스트. 레비나스·니체·바타유와 프로이트 등의 사상가들에 대한 에세이와 더불어 독일 낭만주의·베케트·카뮈·랭보·아르토 등의 작가들에 대한 비평들이 실려 있다.

Ecrits politiques: 1953-1993, Paris: Gallimard, 2008.
(한국어판)『정치 논평 1953-1993』, 고재정 옮김, 그린비, 2008.
: 알제리에서의 불복종 운동을 지지하기 위한 121인의 선언과 68혁명 등의 중요한 정치적 사건들에 블랑쇼가 직접 개입하면서 현실에 밀착해서 쓴 여러 선언과 논평을 모은 텍스트. 블랑쇼의 정치적 관점과 입장이 잘 드러나 있다.

메를로-퐁티의 문학론

 메를로-퐁티의 철학사상에 따른 아방가르드 문학은 그것이 지닌 창조적 역량 속에 애매성의 사유를 가동시키고 있다. 지각의 원초적 차원에서 발생된 이 애매성의 구조는 다음과 같은 섬세하고 미묘한 담론 패러다임과 더불어 이 철학자 고유의 유비쿼터스 현상학을 구축하게 된다. 곧 도처에 뒤얽힘intertwinement 현상을 생성시키는 존재론적 교착(交着) 능력으로서 이른바 키아슴chiasme 구도가 바로 그것인데, 이는 가시적인 것과 비가시적인 것 사이, 감각과 의미 사이, 실재와 몽상 사이, 현실과 상상 사이, 살과 관념성 사이에서 상호침투하는 역동적 애매성으로 지탱되고 있는 것이다. 그러므로 이런 유형의 에크리튀르écriture(글쓰기 방식)로 물꼬를 트는 소설 이야기의 강독이란, 한마디로 모험이 된다고 하겠으며, 그 '내재된 의미' 차원에 제대로 입장하는 것은 상당히 어려운 문제가 되고 만다. 바로 이러한 맥락에서 클로드 시몽의 누보로망Nouveau Roman도 인간적인 것과 선(先)인간적인 것 또는 인간적인 것과 비(非)인간적인 것 사이의 순환성에 참여한다는 이유로 말미암아 당연히 모리스 메를로-퐁티의 해석학적 전략 속에 채택되고 있는 것이다.

메를로-퐁티의 현상학과 클로드 시몽의 누보로망

신 인 섭

1. 여는 글: 철학자와 소설의 세계

1985년 노벨문학상을 수상한 클로드 시몽에 대한 메를로-퐁티의 연구 기록은 스테파니 메나제에 의해 1958~1959년 및 1960~1961년 학기 콜레주 드 프랑스[1] 강의록에 다시 옮겨졌으며, 1994년에는 『제네시스 Genesis』 제6권에 분리, 출간되기도 했다. 이 『강의록』을 위한 머리말에서 클로드 르포르는 "메를로-퐁티가 『바람』『풀』『플랑드르로 가는 길』을 읽자마자, 프루스트에게서 발견할 수 있었던 바에 견줄 만한 인상"[2] 을 받았음을 자신에게 전해주었다고 술회한다. 이로 미루어 보건대 프루스트의 문학작품에 대한 메를로-퐁티의 친숙성이란 "그토록 오래 묵고,

---

1) 메를로-퐁티가 1961년 돌연사하기 전까지 재직했던 콜레주 드 프랑스Collège de France는 프랑수아 1세가 세운 공개강좌제의 최고 교육기관으로, 맞은편에 위치한 소르본 대학과 더불어 프랑스 전체 아카데미를 대표하며, 소르본 대학과 달리 학위diplôme는 수여하지 않는다.
2) M. Merleau-Ponty, *Notes des Cours au Collège de France 1958-1959 et 1960-1961*, Paris: Gallimard, 1996, p. 20.

너무도 항구적이어서 우리는 당연히, 그가 그 사상적 흔적을 추적한 철학자들의 영감 속에서만큼이나 지대한 부분을 저 프루스트의 작품에서 끄집어내지 않았을 것인가라고 자문해볼 수 있을 것이다."[3]

더 나아가 메를로-퐁티는 폴 세잔의 그림에서 찾은 그 무언가와 마찬가지로, 미증유의 소설 기법을 발휘한 클로드 시몽[4]의 작품 속에서도 자신의 현상학적 사유와의 깊은 협화음[5]을 발견하고 있다. 말하자면 회화와 문학의 영역에서조차 결국은 철학적 사유가 관건이 되고 있다는 말인데, 이 사유란 '신체를 통한' '실재성의 구조화'에 필연적으로 첨부되어 있는 것이다. 시몽에 대한 메를로-퐁티의 평론은 그 자신의 저작 속에 타원처럼 등장했다 사라지기에 얼핏 찾기 힘들어 보이기도 했지만, 우리는 이것을 근자에 발간되고 있는 그의 강의록과 유작을 통해 새롭게 이해할 수 있는 기회를 갖게 되었다. 그 가운데 『가시적인 것과 비가시적인 것』이 특별히 저러한 주제를 취급하고 있는데, 이른바 '살의 세계'에 내재한 순환적 골조로 영위되는 메를로-퐁티의 메타포란 인간과 세계에 공

---

3) 같은 곳.
4) Claude Eugène Henri Simon, 1913~2005. 알베르 카뮈를 떠올리게 하는 소설 『사기꾼』(1945)을 발표한 뒤, 프랑스의 혁명적 작가들인 마르셀 프루스트와 스테판 말라르메 및 지각의 철학자 모리스 메를로-퐁티와 미국 소설가 윌리엄 C. 포크너의 결정적 영향으로 작풍(作風)을 바꾸면서, 『바람』(1957), 『풀』(1958), 『플랑드르로 가는 길』(1960)을 통해 누보로망의 대표 작가 중 하나가 된다. 이 글의 주제와 관련된 『플랑드르로 가는 길』에서는 제2차 세계대전 후 어느 날 밤, 화자(話者)의 의식에 불현듯 되살아난 1940년 5월 참사의 기억이 시간적 질서를 무시하고 감각과 영상이 혼돈되는 소용돌이 형태로 떠오르는 가운데, ① 자살로 보이는 죽음을 맞는 라이자크 대위, ② 그의 아내 코린의 농염한 모습, ③ 불행한 과거를 짊어진 라이자크 집안의 역사, ④ 부하인 화자의 포로 체험 등을 뚜렷하게 부각시켜, 이해할 수 없고 부조리한 '삶과 죽음'의 상극이 요동치는 내적 현실을 훌륭하게 표현했다. 『역사』(1967), 『도체(導體)』(1971)는 연상작용에 의한 다성적(多聲的) 혼융생성의 방법을 사용한 실험적 작품이고, 『농경시(農耕詩)』(1981)는 그의 집대성적 대작이다.
5) 우리가 메를로-퐁티 철학의 성격을 현상학의 현상학이라 규정할 수 있다면, 누보로망에 대해서도 동일한 의미 투사를 할 수 있겠다. 누보로망이 문학에 대한 문학 자체의 반성이라는 차원에서 개진되는 한, 이는 소설의 소설이라 명명될 수 있을 것이다.

통되는 조직tissu을 그 근간으로 하고 있다는 차원에서 필경 선험성이 구비된 '은유 그 이상의 은유'가 된다고 할 수 있겠다. 이제 우리는 메를로-퐁티가 『플랑드르로 가는 길』에서 만난 클로드 시몽의 '누보로망'[6]의 새로운 에크리튀르écriture의 궤적을 지각-현상학적으로 요해하고자 한다.

---

[6] 전혀 다른 유형의 에크리튀르(글쓰기)를 창출하므로, 1947년 발표된 나탈리 사로트의 『미지인의 초상』서문에서 사르트르는 이 새로운 형식의 소설을 앙티로망, 즉 반소설이라 칭하게 되고 그 이후 이것은 누보로망이라는 말로 정착된다. 알랭 로브-그리예는 기존의 소설 양식을 벗어나는 새로운 형식의 에크리튀르를 선보인 이런 소설가들을 "인간과 세계 사이의 새로운 관계를 창조할 수 있도록 신(新)소설 양식을 추구하는 모든 작가들"로 정의한다. 누보로망이란 하나의 고착된 소설 개념이 아니라 작가들 각자 및 개개의 소설이 자신들의 고유한 표현 양식을 추구하는 것이며, 여기서 작가는 극히 부분적인 인식밖에 할 수 없다는 전제 아래 작중인물의 내면적 사유와 그 상태로 섬세히 침투하여 기술함으로써 그것을 이미지화하는 작품을 구성해간다.
알랭 로브-그리예는 「누보로망과 새로운 인간」이라는 글에서 다음과 같은 입장을 밝히고 있다.
첫째, 누보로망은 이론이 아니라 하나의 탐구이다. 말하자면 소설에 정형화된 양식이 있다는 일반 통념을 부정한다.
둘째, 누보로망은 소설 장르의 항구적 발전을 계속하게 만든다.
셋째, 누보로망은 인간에 대한 관심, 곧 세계 속에 처한 인간의 상황에 관심이 있을 뿐이다.
넷째, 누보로망은 '온전한 의미'의 주관성을 지향한다. 발자크의 소설에서 누가 세계를 묘사하고 있는가? 동시에 그리고 어디서나 자리를 잡고, 사물의 표면과 이면을 한꺼번에 보고 있으며, 얼굴의 움직임와 의식의 움직임을 동시에 쫓고 있으며, 모험 전체의 현재·과거·미래를 동시에 알고 있는 전지적(全知的) 나레이터, 어디서나 등장하는 화자란 도대체 누구인가? 바로 여기에 신적(神的) 객관성의 의미가 놓여 있다 하겠다. 반면 누보로망에서 보고 느끼며 상상하는 것은 그야말로 하나의 인간, 말하자면 주어진 시간과 공간 속에서 자신의 열정으로 규정되는 어떤 인간, 그래서 결국 작가는 독자와 같은 인간이 된다. 누보로망은 그런 인간의 체험, 제한되고 불확실한 경험 이외의 그 어떤 것도 이야기하지 않는 것이다. 여기 있는 사람, 그리고 지금 존재하는 사람이 소설 속 화자인 것이다.
다섯째, 누보로망은 성실한 모든 이에게 호소하고 있다. 여기서 문제가 되는 것은 살아 있는 체험인데, 소설에서 우리는 무엇 때문에 시계의 시간을 원상태로 재구성하려고만 애쓰는가? 우리 자신의 고유한 기억력, 결코 연대순이 아닌 우리 고유의 회상력을 드러내는 것이 보다 현명하지 않을까? 성실한 모든 이가 매일 만나는 이름 모를 사람들을 소설에서도 만나는 것이다.
여섯째, 누보로망은 이미 형성된 의미를 제안하지 않는다.
마지막으로, 작가가 할 수 있는 유일한 참여는 오직 문학을 통해서라고 로브-그리예는 천명하고 있다. A. Robbe-Grillet, *Pour un nouveau roman*, Paris: Éd. de Minuit, 1963, p. 113 이하 참조.

2. 20세기 문학과 감각성 차원

1) 마르셀 프루스트에서 클로드 시몽으로 이어지는 질문
문학이란 무엇인가?

먼저 문학에 대한 우리의 질문이란 현상학적 퍼스펙티브perspective[7]를 통해 '감각성의 존재론ontologie du sensible'으로 열리는 철학적 개방성을 만나게 된다. 그래서 이 문제는 다음처럼 구체화될 수 있다. 즉 어떻게 문학작품은 "문화 세계의 결정적 수정을 통한 창조, 다시 말해 하나의 '절대적 새로움'이 될 수 있으며" 그럼에도 불구하고 "독자에게 선재하고 있는 필치touches를 상정하는 것으로도 이해될 수 있단 말인가?"[8] 새로움의 내재성, 이것이 좀 이상하지 않은가? "문학작품, 그것은 (작가에 의해) 창조됨에도 불구하고 (독자에 의해) 이해되고 있다. 왜냐하면 작품이란 그것이 소위 사물(事物)인 한, 사물로부터 창조되는 것일 뿐 결단코 무(無)로부터 창조되는 것은 아니기 때문이다. 여기서 말하는 의미의 사물은 다름 아니라 '작가가 보는 것'을 말함이다. 그런데 본다 함은 생각함이 아니며, 따라서 본 것을 쓴다 함은 실제로 그것을 가공, 처리함이다."[9] 앙드레 말로에 따르면, 작가의 창작이란 하나의 일관성 있는 변형이 된다. 독자는 그것을 자신의 지평 속에 간직하고는 있었지만 그것을 말해보리라고는 생각하지 못했던 것이다. 그런데 여기서 '자신의 지평 속'에 간직함이란 무슨 의미인가? 메를로-퐁티는 다음과 같이 이해하게 되는데, 그것은 작가가 독자에게 말할 경우 독자는 자기 삶의 지평에서 '작가의

---

7) 이러한 철학적 관점은 '현상 선차성primat des phénomènes'을 표방한다.
8) M. Merleau-Ponty, 앞의 책, p. 217.
9) 같은 책, p. 218.

보는 바'인 창작을 이해한다는 것으로, 이는 마치 그림 애호가가 그림을 보면서 그것을 그릴 수는 없지만 적어도 볼 수 있는 수단을 찾음과 같은 이치일 것이다. 그리고 작가의 '일관성 있는' 변형이란 그 무엇도 온전히 만들어지지는 않았음에도 결국 완성되는 창작이며, 이 '변형' 역시 모두가 할 수도 있는 것이지만 모순 없이 수행하는 것이다.

저자란 자신의 신체도식에 속한 몸짓들로 '가시적인 것'을 취급하는 독특한 방식을 통해 가장 적절한 의미의 그 자신이 된다. 그래서 저자와 신체도식schéma corporel은 '생산적 변형'을 위해 불가분리의 관계에 들어선다. 소설 속 어떤 인물도 "불변의 상징모형들"[10]에 따라 위와 같은 관계로 가시적인 것을 취급하는 일종의 '양식'이거나 "지속되어온 은유 '능력'"[11]인 것이다. 여기서 말하는 가시성은 감각성 일반과 마찬가지로 질감qualités sensibles 조직 자체의 소유가 아니라 건축물에 비교하자면 격자와 물매 그리고 유형별 입체감의 소유, 이른바 "차원들"[12]의 구축이다. 가시성의 이런 메커니즘을 파롤parole에 적용해보면, 이것 역시 순수 고안물이 아니라 저러한 '시각 구조'가 '구술된 것'과 같으며, "의미 형성을 그대로 베끼지 않은 간접적 언어, 즉 그것의 구조화이다."[13] 게다가 작가écrivain가 아닌 사람, 곧 독자는 "항상 아무것도 말할 것이 없는 듯한 인상을 주지만 그럼에도 불구하고 무언가는 표현되고 있으며 그는 그것을 이해"[14]하는 것이다.

---

10) 같은 곳.
11) 같은 책, p. 219.
12) 같은 곳. 가시성의 가능성을 건축 양식의 틀에 유비적으로 설명하고 있는데, 같은 간격으로 규칙적으로 반복된 구조인 '창살grille'과 요철식 '부조relief typique' 그리고 지붕 등의 각도인 '비탈gradient'을 통해 건물이 축조되듯, 가시성도 이런 유형의 틀(차원)로서 작용하고 있다는 말이 된다.
13) 같은 곳.
14) 같은 책, p. 220.

이렇게 가시적인 것들의 다양성뿐만 아니라 그들 사이의 공통점에 대해서도 '예술적 목차에 따른 변형'은 일관되고 무모순적인 특성을 지니게 된다. 가시적인 것들은 동일 질서 속의 다양한 돌출, 즉 요철 입체감을 내포하면서 동일 본질에 참여하고, 유사한 차이들을 서로에게 증언하는 메타포가 되기도 한다. 그래서 세계는 보고 밀한 것에 의해서가 아니라 보지 않고 말하지 않은 것으로 규정되는 것이다. 이것이 무슨 말인가? 이 세계란 본 것과 보지 않은 것 및 말한 것과 말하지 않은 것의 '차이'에 따라 명확해진다는 말이므로 결국 보지 않은 것과 말하지 않은 것이 바로 '양자 사이'의 차이를 지칭하게 된다. 요컨대 '저자 됨'이란 다름 아니라 본 것과 보지 않은 것 사이 및 말한 것과 말하지 않은 것 사이에 내재한 '차이 자체'라 해도 무방할 것이다. 그러므로 저자의 문체는 바로 이러한 은유적 시각이요, 이 균열écart 자체이며, "전부가 아닌 양식이며, 따라서 하나부터 열까지 그 어느 것도 완전하게 만들어지지는 않았을지라도 창작은 가능한 것이다."[15]

클로드 시몽과 마그마 효과

메를로-퐁티는 마르셀 프루스트를 읽으면서 "지성이 스며들 수 없는 암흑으로 뒤덮인 음악적 관념들"[16] 속에서, 구별되나 분리되지 않는 이념들을 식별해내고 있다. 즉,

— 영혼의 긴 밤 가운데서도 그 생명을, 감각적 공간 속에서도 한 줄기 빛을

---

15) 같은 책, p. 218.
16) 마르셀 프루스트의 『잃어버린 시간을 찾아서 À la recherche du temps perdu』에 등장하는 음악가 Vinteuil의 소나타에 대한 구절 중에서.

― '현재-비전, 과거-회상'이라는 통상적 개념에 도전장을 내밀면서 우리 안에 상존하는 '과거-현전présence du passé'을
― 우리 자신의 내면세계로의 접근을 열어주는 글쓰기 작업을

그가 프루스트 속에서 분간하고 있다는 것이다. 요컨대 메를로-퐁티는 저 음악적 관념들 뒤로 가시성의 신비를 드리우는 관념 이전의 차원을 간파하고 있다. 그런데 이러한 감각적 선험 영역이란 지성적 개념 영역의 표현들이 결핍된 '빛, 소리, 입체감, 관능'과 같이 존재의 시초를 개방해 주는 차원들dimensions initiatiques로서 우리로 하여금 세계로 들어가게 해 주는 것, 다시 말해 우리에게 세계를 열어주는 바의 것들이다.[17] 지성적 관념들이란 바로 그들 이전의 저러한 선험 세계에서 유래하는 것이다. 이렇듯 문예는 "고전철학이 비켜간 대문자 E의 큰 존재Être 경험,"[18] 다시 말해 풍부한 '사유 생식력'으로 우리를 인도하는 것이다.

한편 메를로-퐁티는 클로드 시몽의 소설을 통해서도 새로운 문학의 길이 열리는 것을 목도하게 된다. 이른바 "비구상적(非具象的) 글쓰기écriture non figurative[19]로의 접근이 그것인데, 이는 우리의 존재 현장으로부터 지각과 인식 그리고 회상의 대상이 되는 사물들, 인물들, 현장들, 계기들을 횡단하여 이것들과 우리 자신이 혼융된 마그마[20]를 의사(疑似)-감각화하

---

17) M. Merleau-Ponty, 앞의 책, pp. 20~21.
18) 같은 책, p. 20.
19) 사고작용을 통해 기획된 글쓰기가 아니라 여러 종류의 감각적 이미지를 얽어 짜면서, 자유로운 예술작품의 구성을 노리는 소설 기법.
20) 작품 전체를 지탱하는 물리적 시간은 불과 두세 시간, 길어봤자 하룻밤에 지나지 않는다. 게다가 이 소설이 구성한 소세계 전체가 둥지를 튼 무대도 조르주라는 한 인간의 의식 공간이며, 거기서 조르주는 어떤 때는 스스로를 주체로 내세우기도 하고 또 어떤 때는 자기 자신을 객관화하여 사유의 강물을 흐르게 하는. 그래서 소위 '의미의 게슈탈트'가 형성되고 있다. 이 공간에서 전개되는 경마장 광경도, 코린과의 정사 장면도, 그칠 줄 모르고 내리는 전쟁터의 빗줄기도, 모두가 '현실 전체'라는 박스에 끼워 넣어진 하나하나의 '내부 현실의 토막들'에 지나지 않는 것이

는 시도인 것이다. 이러한 융합성이야말로 시몽이 노리는 새로운 문학의 개척지가 된다."[21] 클로드 시몽이 가져다준 가장 큰 신선함은 "외부 존재자와 공간 및 시간 그리고 사람들을 더 이상 그것들의 형상figures에 따라 외적 형체나 외부 윤곽 그리고 원근법으로 구성하지 않는 대신, 뚜렷한 윤곽선을 필요로 하지 않는 게슈탈트forme[22]로 조성하고 우리가 겪은 각각의 경험이 채취되는 모토와 같이 온전하게 존재하는 그 무엇, 다시 말해 일종의 융·복합형 마그마로 항상 드러나는 전체적 역동성으로 만들어 버린 것이다."[23]

물론 프루스트도 고전적 이야기 모델과의 관계를 끊었다. 그는 시간의 출현에 길을 터주게 되는데 그것도 원초적이고 야생적인 시간성, 그래서 지금 막 '발생중인 시간'으로 통로를 예비하였던 것이다. 그는 연속적인 계승질서succession에 저항하면서 돌발적인 창조질서création를 우선으로 여겼다. 그럼에도 불구하고 여전히 프루스트는 인물 묘사인 포르트레portrait를 작성하게 되며, 시간과 공간 속에 존재하는 나레이터의 입장에 따라 그 의미가 종속되는 상황들을 묘사하고 마는 것이다. 그리고 단장들fragments, 즉 파편 원고들이 문제가 될 경우에도 이것들은 궁극적으로 등장인물 속에서 서로 연결되고 만다. 게다가 그는 기억의 탐구를 추구하고 있는데, 스스로를 반성하는 이러한 탐구란 사실상 작품의 발생 내막을 드

다. 이야기의 공간은 본시 바깥을 향해 열려 있는 동시에 자족적이기도 해서 때로는 한 문장이 완결될 필요조차 없을뿐더러, 라이자크나 이글레지아 그리고 조르주의 부친 등이 한 사람으로서의 구체적 인격이기 전에 먼저 '그'나 '그자'가 되어버리고, 또 어떤 물체가 말의 시체이기 전에 '그것'으로 지칭될 수도 있는 것이다. 한 술 더 떠서 라이자크 대위가 부지불식간에 그의 선조 라이자크의 이미지로 둔갑해 있다 한들, 누벨 에크리튀르가 추구하는 '융합 이미지' 지평에서는 불가항력적 현상이 된다.
21) M. Merleau-Ponty, 앞의 책, p. 21.
22) 게슈탈트Gestalt란 전경fore ground과 배경back ground이 상호의존적으로 어우러지는 한 폭의 전체형태(全體形態)를 지칭한다.
23) M. Merleau-Ponty, 앞의 책, p. 22.

러나게 할 것이다. 이는 결국 저술을 통해 기억의 의미를 되찾는다는 말이 되며, 그에게 작품이란 한마디로 기억의 추적이 된다. 그런데 프루스트 작품에서 오성에 대한 거부로 획득된 시간과 공간의 재편성에 이바지하던 '유기적 결합들'[24)]이란 클로드 시몽에게 와서는 희미해지고 만다. 즉 세월은 서로서로의 위에 겹쳐지고, 장면은 서로서로의 안에 끼어들어 박히며, 신체들은 서로서로의 위에서 '이중 인화,' 다시 말해 동시 지각된다고 메를로-퐁티는 판단하고 있는 것이다. 그는 '세계의 살'의 지각에 대한 자신의 이론의 집요한 주제인 신체들의 상호잠식empiétement과 상호신체성을 통한 상호주관적 변형들을 시몽의 작품에서 발견하게 된 것에 만족하게 되는데, 어떤 신체와 그의 삶에서 일어난 이러한 변형이란 필경 타인의 생명과 그 지속 그리고 그의 죽음까지 변화시키는 것이다.

그런데 클로드 시몽의 소설에서 분출된 마그마란 "무질서, 우연성, 비이성만이 아니라 의미의 범람이기도 하다. 다시 말해 이것은 인간의 언어와 행동에 흘러넘치는 일종의 '의미 잉여'로서 저 언어와 행동들로서는 불가항력적인 것이다. (……) 예컨대 어떤 얼굴이란 이미 의미들로 가득 찬 어마어마한 상징emblème이 되고 있다.『플랑드르로 가는 길』에서 영면중인 이글레지아는 아즈텍 또는 잉카의 '데스마스크' 유형인데 이는 시간의 표층이 열려 있어 불가해하면서도 불변하는 안정된 모습이다. (……) 모든 얼굴들, 어쩌면 모든 정열과 모든 액션들도 그들이 배치되는 형식인 '시간의 시선'에 스스로 노출되었을 경우 기념비적 국면을 갖게 되는 것이다. 휴먼 마그마, 곧 인간 상호간의 융합성은 우리의 합리적 사고와 공유되는 어떤 기준에도 구애받지 않으면서 저 불후의 형국들을 그려주고 있는 것이며, 그 결과 세계라는 양식은 부조리하지 않게 된다."[25)]

---

24) 같은 곳.
25) 같은 책, pp. 212~13.

클로드 시몽은 그래서 다음과 같이 천명하고 있다. "부조리l'absurde는 스스로 붕괴된다. 이 세계가 부조리하다고 말하는 것은 여전히 하나의 이성만을 맹신하려 고집함과 같은 것이다."[26)]

아울러 전쟁도 "'모든 것이 허용되었다'는 명제로 인해 겪게 되는 희열, 공포, 혐오와 같은 인간 속에 있는 선인간적(先人間的) 관념과 잘 어울리고 있다. (……) 모든 것을 빼앗기고 몰골이 말이 아닌 채 조롱당한 이 세계를 보면서, 책임을 회피하기도 하며 즐거워하거나 당황하게 되는 감각이 그런 관념이다. (……) 거기서 모든 인간적 척도를 넘어서고 모든 인간적 의지를 비껴가는 피와 불과 굉음이 발생하고 있으니, 곧 하나의 불가사의인 것이다."[27)] 이렇듯 역사란 모종의 어드벤처와 프로젝트를 보장해주는 동시에 이것들로 통합된 전개 과정이 아니라 그 어떤 명백한 질서나 미리 고착된 방향도 없이 이루어지는 바의 것이다. 모든 객체, 모든 가시적인 것, 모든 인물이 서로에게 공개되고, 서로가 서로 안에 거하는 것이며, 그래서 이 전부는 식물의 호흡과 같이 총체적이면서도 감지되지 않는 호흡을 시작하게 된다. 이처럼 "그 누구도 역사를 만들지는 못하며, 풀잎이 돋아나는 것을 보지 못함과 같이 아무도 역사의 생성을 보지 못하는 것이다."[28)]

그런데 존재자들과 사물들의 '기이한 구성'이라 할 존재사건événement은 바야흐로 현상학이 자신에게 부여한 의미를 보유하게 된다. '나는 그것을 전혀 생각해보지 못했다'(의외성)와 '나는 언제나 그것을 알고 있었다'(필연성)라는 두 양상은 이제 사건을 아리스토텔레스의 튀케Tuchè 식

---

26) 같은 곳. 메를로-퐁티는 클로드 시몽의 다른 소설 『거친 밧줄La corde raide』에서 이 문장을 옮겨 왔다.
27) 같은 책, p. 214.
28) 같은 책, pp. 214~15. 메를로-퐁티는 『닥터 지바고』에 묘사된 보리스 파스테르나크Boris Pasternak의 명문을 인용하고 있다.

(式) 우연hasard[29]으로 그 성격을 규정하게 된다. '튀케'란 행운과 불운, 행복과 불행, 요행과 치명[30]과 같이 '인간에 대한 의미'를 지니고 있는 우연이다. 그러므로 이것은 현실적 원인 연쇄로서의 우연인 아우토마톤 automaton만이 사건 배후에 숨겨진 단순 징후가 아니다. 말하자면 튀케는 현상들에 대한 외부 원리가 아니라 인간처럼 목적이 내재하는 존재를 '위한,' 그리고 이 존재에 '의한' 불가항력으로 해석된 운명적 원인이다. 어쩌면 사태들이 달리 돌아갈 수 있었고 돌아가야만 했을 거라고 상상할 수 있는 어떤 존재를 위해서만 저 운명의 실상은 존재할 수 있는 것이다. 요컨대 오직 인간을 위해서 의미를 지니는 것이 저 우연의 사건이라는 것이며, 여기서 인간 존재는 사건 속에서 자신의 삶의 의미를 변형시킬 무언가를 찾을 것이고, 따라서 이 존재는 자신의 삶에 의미를 부여하거나 아니면 적어도 자신이 그렇게 부여할 능력과 의무를 알고 있으며, 필경 그 자신이 실제 상황 내부의 합목적들로 정향된 주체가 되는 것이다.

그리스 비극 속에 편재하는 주요 개념들, 곧 '포착된 기회'라는 의미의 카이로스Kairos와 인간에게 '의미를 흘리는' 튀케는 정념과 의지, 허약성과 결단력, 육체의 유한성과 역사의 영원성이 혼합된 영역과 관계를 맺고 있다. 전쟁도 바로 이러한 차원으로부터 유출되고 있으며, 인간들이란 이 전쟁에서 자신들을 초월하고 있는 저 비극의 책임자들인 것이다. 그래서 클로드 시몽은 프루스트와는 전혀 다른 방식으로 자신의 이야기를 변환시키고 있는데, 마르셀 프루스트에게 이야기를 만드는 사람은 "삶터에서 저술 속으로 옮겨 가는 살아 있는 작가"[31]이고, 그의 이야기란 생활에서 작품으로의 '이행의 담화'인 것이며, 결국 이것이 『잃어버린 시간을

---

29) 프로이트의 몽중의식을 특수화하는 두 가지 양식을 구비하고 있는 우연이다.
30) 아리스토텔레스의 『물리학 II Physique II』를 참조할 것. 튀케-우연(偶然)은 인간을 향해 의미를 간직하고 있는 운명(運命)과 진배없다.
31) M. Merleau-Ponty, 앞의 책, p. 215.

찾아서』라는 탐구적 작품 내용을 구성하는 것이다. 반면 클로드 시몽의 이야기란, 모든 것을 다 보지 않은 채 누군가가 이야기해준 것을 믿은 사람이 '지어낸 이야기'인 것이다. 따라서 이것은 세계와 그 삶이 다단식 실재들réalités gigognes[32]로, 이야기의 배합들로, 상이한 골조들로 증폭됨과 마찬가지로, 그의 이야기도 다단식 이야기récits gigognes를 지향하고 있다는 증거이다. 작중인물들은 내면적 삶 또는 개인적 기획에 의해 설정된 캐릭터들이라기보다 "그들도 모르는 사이 그들 속에 하강한 이념의 소지자가 되고 마는데 마치 교회 제단 벽 장식 부조 속 인물들 같은"[33] 분위기이다. 이 인물들은 시간과 관계없이 공시적으로 공간을 공유하는데 차제에 클로드 시몽의 소설들 중 하나의 부제가 '장식벽화에 대한 기술 Description d'un retable'이라는 것을 염두에 둘 필요가 있겠다.

2) 『풀』과 『플랑드르로 가는 길』

소설 『플랑드르로 가는 길 La route des Flandres』(1960)은 『풀 L'Herbe』(1958)의 후속작인데, 후자는 부분적으로 여전히 전통적 소설의 경향을 가진 반면, 전자는 겉으로 보기와는 다르게 심리학적 소설에서 탈피해 있다. 비록 이 소설의 골조가 이야기 진행 과정에서 가족의 파란만장한 영웅담으로 전개될 수 있을지라도 말이다. 여기서 루이즈는 피에르의 누나로서 피에르를 위해 희생한 마리의 열정과 희생 그리고 그녀가 기꺼이 받아들인 가난에 대한 감동적 증언[34]인 회계수첩을 읽은 뒤, 자신의 정부(情夫)를 위해 피에르와 사빈의 아들인 남편 조르주를 떠나려는 계획을 포기

---

32) 지각과 회상 그리고 몽상과 실재가 여러 가지 규모와 다양한 장르로 순서 없이 엮인 모습들을 이르는 말이다.
33) M. Merleau-Ponty, 앞의 책, p. 216.
34) J.-L. Seylaz, entrée "L'Herbe," in R. Laffont & V. Bompiani, *Le nouveau dictionnaire des œuvres*, Paris: Robert Laffont, 1994, p. 3194 참조.

한다. 게다가 루이즈는 세 노파에게 매료되면서, 존재들의 노쇠의 계기가 도처에 산재하고 있음도 깨닫게 되는 것이다.

시간 형태의 번식과 확장

그러나 여기서 독자의 눈길을 끄는 것은 에크리튀르, 곧 작가의 글투인데 그 이유는 빛줄기와 식물 그리고 향기 등 지각에 속하는 것들이 화자의 정확한 환기évocation를 통해 매우 강렬한 인상을 남기기 때문이다. 이때 본질적인 것은 시몽의 소설이 '사건의 연속'보다는 '이미지 계승'을 제안하기 때문에 나레이션이 스스로 애매해진다는 점이다. 말하자면 현실은 끊임없이 상상과 기억에 사로잡히고 마는데, 예컨대 루이즈의 체험도, 나중에 그녀가 환기할 것이지만, 미래에 발생할 회상을 위한 어떤 가능성으로 나타난다. 결국 "등장인물들의 체험 속에서 볼 때, 실재란 추억이 만들어낸 것에 지나지 않는다."[35] 클로드 시몽 유(流)의 세계에서 우선적인 것은 소설 스토리가 아니라 바로 지각에 있으며, 시간이 점령하고 있는 영상들에 그 선차적 국면이 있다고 볼 수 있다. 거기서는 사건 전개가 경직될 경향이 있을 뿐만 아니라 이야기를 탄생시키기 위해 사진이나 우편엽서가 말하게끔 하는 등, 부동자에게 생기 부여까지 하고 있는 실정이어서 우리의 독서는 모험이 될 수밖에 없는 것이다. 시몽은 "글쓰기의 번식력과 더불어 대조, 유비, 추이를 통한 그것의 증폭 및 확장의 잠재력에 자유로운 혈액 순환을 공급하고 있는 것이다. 물론 끼워 맞춘 다량의 삽입과 휘황찬란한 일탈의 모든 게임을 동원하면서이다."[36]

---

35) J.-L. Seylaz, entrée "Simon, Claude," in R. Laffont & V. Bompiani, *Le nouveau dictionnaire des auteurs*, Paris: Robert Laffont, 1994, p. 2984.

36) J.-L. Seylaz, entrée "L'Herbe," in *Le nouveau dictionnaire des œuvres*, p. 3193. 이 소설의 어떤 문장은 대충 헤아려 스물다섯 쪽을 차지하고 있는 실정이다.

이와 같은 번식 능력과 증폭 방식이 『플랑드르로 가는 길』[37]에 그대로 적용되고 있다. 독자가 실재적 회상과 상상적 회상을 구별해내도록 하기 위해, 이 작가는 이제껏 지적해온 에크리튀르 방식을 마냥 적용하거나 무차별적으로 번식시키지는 않는다. 그러나 그가 상상해낸 현실이란, 그것이 비록 설득력이 있더라도, 애매한 화자narrateur의 위상과 더불어 여전히 문제점을 낳고 있는 것이 사실이다. 즉 누가 말하고 있으며 어떤 유형의 화법으로 서술되고 있는가가 관건이 된다는 말이다. 지각은 물론이고, 회상 속에서도 모든 것은 동시발생적이지만 파편처럼 흩어져 있고, 혼돈같이 무질서하다. 이제 에크리튀르는 자신의 핸디캡인 연대기적 서술성을 극복하기 위해 사건-기록적이고 선형적인 linéaire 크로놀로지를 모자이크식 상감세공 marqueterie[38]으로 대체하게 된다. 바로 이러한 인레이 inlay 형(型) 구성을 통해 한 시대에서 다른 시대로, 작중의 어떤 인물에서 다른 인물로, 이런 계기에서 저런 계기로 맥락이 이어지는 유기적 구성이란 결국 어떤 낱말의 분기나 연상 및 유비를 통하여 집행되는 것이다. 상상계에 의한 실재계의 오염, 조율되는 번식, 파편적 계기들, 서체(書體)의 연속성 등이 예의 에크리튀르 봉합 현상에 속하는 것이다. 아울러 현재형과 현재분사형이 사용됨으로써 나레이션이 말하고 있는 사건들은 명증성과 현전성 그리고 직접성을 확보하게 된다. 이러한 에크리튀르야말로 현상학적 태도에 해당된다고 볼 수 있다. 말하자면 의식이란 실재(實在)로 개방되어 있지만, 이 실재란 끊임없이 불확실하고 모험적인 해석의 대상이 되고 있는 것이다.

---

37) C. Simon, *La route des Flandres*, Paris: Éd. de Minuit, 1960.
38) 성당 제단 벽 장식벽화와 같이 다단식 실재들의 조합을 가리키는 메타포라 하겠다.

내적 파탄으로서의 시간

한편 우리는 저자 클로드 시몽에게서 자주 반복되는 죽음, 늙음, 전사 (戰死) 등의 테마를 발견하게 되는데, 전쟁에서 겪는 시간이란 부동의 답보 상태로서 궁극적으로는 그 시간에 내재했던 파탄의 경험으로 다시 살아나고 있는 것이다. 그러면 이제 이러한 체험의 주체인 작중인물들을 다음처럼 되새겨보자.

조르주는 1940년 5월, 독일 낙하산 부대원에게 사살된 자신의 사촌 라이자크 대위의 죽음에 대한 진실을 찾으려고 노력한다. 같은 수용소 포로인 에드 드 블룀은 라이자크 대위가 소속되어 있던 마차부대의 전직 기수이자 그들의 동료인 이글레지아를 심문한다. 블룀은 라이자크의 부인이었고 지금은 젊은 과부가 된 코린을 전쟁 후에 수소문하게 되는데, 그녀는 전쟁 전에 이글레지아로 하여금 몇 필의 말을 사게 했고 그를 기수로 가담케 했을 가능성이 크다. 이윽고 이글레지아는 그녀의 당번병이 되면서 급기야 그녀의 정부 노릇을 하게 되었을 것인데, 마침내 소설은 조르주와 블룀의 몽상으로 구두점을 찍게 된다. 여기서 문제의 초점은 어찌하여 라이자크가 보란 듯이 스스로를 백주에 드러내면서 길로 뛰쳐나가 피살되었는가에 있다. 도대체 왜인가? 여기서 우리는 그가 코린의 불미스러운 행위를 알아버렸는지에 대해 궁금증을 떨쳐버릴 수 없게 된다.

전쟁은 1939년과 1940년 사이, 기나긴 겨울의 움츠린 시절을 보내고 있었으며, 이윽고 이듬해인 1940년 봄의 해빙이 찾아왔다. 북부 독일을 향한 포로들의 여정이 시작되었고, 캠프는 야간행군과 숙영의 쓰디쓴 밤 그리고 야속하게 내리는 비로 얼룩지고 있었다. 게다가 화창한 봄날이 되었을 때조차 도로는 패전의 행렬로 이어졌으니, 표현컨대 말들이 죽어 나뒹굴고 마을과 마을은 황폐해지고 있었으며 수많은 자동차는 불타버리고 말았던 것이다. 조르주는 진실을 캐기 위하여 코린의 연인이 된다. 하지만 라이자크가 칼을 휘두르다가 쓰러진 것을 그가 실제로 본 것인지 아니면 나중에 그것을 꿈꾸거나 상상한 것인지는 알 수 없는 일이다. 역사는 이렇게 영원히 다시 시작되므로 사건에 대한 두 가지 해석가능성은 지탱될 수밖에 없는 것이다. 게다가 현실과 몽상의 경계가 불분명할 뿐 아니라 여러 다른 사건 및 서로 다른 인물들이 이 망상 조직 같은 소설 골조 속에서 기괴하게 서로 얽히기도 한다. 일례로 라이자크의 조상 중 하나가 예전에 스페인군에 참패한 이유로 자결했는데 이것이 마치 이 소설 구조의 복선이나 선례라도 되듯, 대위 라이자크가 부지불식간에 그의 조상 라이자크의 이미지로 둔갑해 있는 것이다. 하지만 그렇다 한들 이런 '이미지 혼융'의 지평에서는 어쩔 수가 없는 것이다. 아니, 오히려 그렇게 진행되는 것이 소위 '인간적으로 친숙한' 세계(世界)가 아니라 원초적 체험을 통해 인간 중심의 윤리에 저항하는 '음산하고 불투명한' 기층(基層)의 근간이 된다 하겠다.

감각적 비등에 의한 문체 형성과 살의 교착 구조

클로드 시몽의 모든 소설들은 상당히 정교하게 다듬어진 구어체로 작성되었다. 이야기의 구술적인 황급함과 피부로 만나는 독자 그리고 무엇보다 소설의 자연스러운 호흡을 위하여, 비록 전부는 아니더라도, 구두점들도 자주 생략된다. 여기서 메를로-퐁티는 클로드 시몽이 "사유된 바 le pensé와 언표된 바 le dit 사이의 미분화에 결코 뒤지지 않을뿐더러 당연히 이해하도록 애써야만 할 언표된 바 le dit와 소여된 바 le donné 사이의 비분리에 대한 관심까지 우리가 식별하도록"[39] 유도한다고 생각한다. 어쩌면 우리는 미분화가 조성하는 이러한 불투명하고 생생한 조직 tissu을 못

---

39) M. Merleau-Ponty, 앞의 책, p. 22.

견딜 수도 있지만, 『플랑드르로 가는 길』의 매력과 이 소설이 독자들에게 행사하고 있는 기묘한 지배력만은 기꺼이 인정하고 있는 것이다. 그러므로 우리는 우리 앞에 맞닥뜨린 모종의 '소설 경기' 규칙을 충실히 따라야 하며, 충분한 시간적 여유를 가지고 이 소설 이미지 속으로 입장해야 하고, 따라서 일종의 비밀스러운 이야기에 사로잡혀야 하는 것이다.

이렇듯 새로운 유형의 문학 메시지가 탐구되기 때문에 관례적 구두법으로 표시해가는 고전적인 문학수사학은 이제 기각되고 만다. 즉 문학 세계에서 공유된 근거를 통해 독자에게 던져진 일반적 소설 문체에 앞서, 전혀 다른 방식으로 그들에게 충격을 주는 것이 관건이고, 모종의 신경-충동적 "언어 소통"[40]을 통해 담론 양식의 정체성을 재검토하는 것이 문제의 핵심이 된다. 그런데 여기서 말하는 언어 소통이란 객관적인 연대기 차원을 뒤흔들어버리고, 그 대신 다중영상 surimpression[41]의 효과나 장르의 절충 hybridations[42]을 지향하거나, 숲의 신 사티로스 satyre[43]와 같은 유비 analogies, 그리고 개가 된 인간이나 돼지로서의 인간을 보여주는 변형 métamorphoses의 생산을 목표로 하고 있는 것이다.

만약 메를로-퐁티가 "발아와 번식 그리고 끝없는 가지치기로 자신들의 문체가 두드러지는" 작가들에게 매료되었다면, 이는 결코 우연한 일이 아닌 것이다. "마르셀 프루스트, 클로드 시몽처럼 그 문학적 언어가 예의 문체들같이 고도로 안정된 '어조 변화' 가운데서의 감각적 비등 effervescence을 내포하는"[44] 작가들이야말로 메를로-퐁티를 만족시키는

---

40) L. Dällenbach, "Le tissu de mémoire," in postface à *La Route des Flandres*, Paris: Éd. de Minuit, 1993, p. 315.
41) 그렇다고 예를 들어 "뿌리는 비를 배경으로 부상하는 말"과 같은 황당한 이미지의 창출은 아니다.
42) 하이브리드 문학 유형, 곧 혼합형 장르의 형성을 목표로 한다.
43) 그리스 신화에서 반인반양(半人半羊, chèvre-pied)이나 반인반마(半人半馬, homme-cheval)와 같은 반인반수(半人半獸)로 숲에 거하는 신(神)을 지칭하며, 로마 신화의 목신 faune에 해당하는 유비이다.

것이다. 이 지각의 철학자는,

— 스스로 뒤얽히고〔自己交錯〕
— 스스로 유도되어 나선형으로 감기며〔自己感應〕
— 스스로 생장점의 눈을 밝히는〔自己增殖〕

다중-병합적 세계monde englobant에 대한 자신의 고유한 시각을 마르셀 프루스트와 클로드 시몽을 가로지름으로써 되찾게 된다. "신체들이 서로의 위에 겹쳐져 이중 인화되고(즉 타자와 동시에 지각되어 다중-영상화되고), 극중의 현장들이 서로서로의' 안에 끼워 맞춰지는 동시-편재적인 유비쿼터스 공간espace d'ubiquité"이야말로 저 아방가르드 문학을 횡단함으로써 발견되며 "각각의 감각소여는 다단형 잠재성(多段型 潛在性, latence en gigogne)[45]을 열어주고 있는 것이다."[46]

살의 현상학자는 "은유le métaphorique와 사유le spéculatif 사이에 존재하는 종래의 확고한 이분법을 흔들어버린 자신의 모든 실존적 기재 사항들을 바로 저러한 유비쿼터스 공간 개념에 부여함으로, 이것들을 섞어버리고〔合倂〕, 말아 넣으며〔誘導〕, 급기야 현상적 발생의 한가운데서 움켜쥐려는〔把握〕 야심을 지니고 있는 것"[47]이 아니겠는가? 바로 여기서 우리는 이 철학자의 글쓰기가 점차 그의 특수 문체인 살chair의 개념을 분비해나가고 있음을 목도하게 된다. 메를로-퐁티의 이 궁극적 개념은 사유를 그

---

44) A. Simon & N. Castin, Avant-propos à *Merleau-Ponty et le littéraire*, Paris: Presses de l'École normale supérieure, 1997, p. 14.
45) gigogne라는 말은 '다단식 조립 구조'를 가리키는데, 이는 '같은 꼴을 여러 크기'로 차례대로 겹쳐 넣어 만든 모양을 말한다.
46) M. Merleau-Ponty, "Notes de Cours sur Claude Simon," in *Genesis*, n. 6, 1994, pp. 148~51 참조.
47) 같은 책, p. 149.

것의 체현 상태, 즉 지각하고 발화하는 주체의 '세계로 열린 존재être-au-monde' 상태로 보다 적절히 위탁하게 되는 것이다. 요컨대 존재의 역동적 양식으로서의 '살'은 "개념적 추상성보다는 현실 상황들을 훨씬 더 명확히 규명"[48]하고 있는 것이다.

3) 불가사의에 대한 의미론적 규정: 비구상적 글쓰기
생략 구조의 에크리튀르: 개념 탑재된 감각성의 생산

미셸 뷔토르의 『변모 La Modification』나 나탈리 사로트의 저작 같은 당대의 프랑스 누보로망 작품 대부분과 더불어 시몽 소설이 보유한 구조적 복합성은 메를로-퐁티의 '세계로 열린 존재' 개념에 제대로 들어맞는다. 후자의 현상학 지평에서 살 자체의 반성력과 순환성은 현전화(現前化)로서의 직접현시présentation를 가능케 하는 간접현시적 기술description apprésentative로 우리를 초대하고 있는 것이다. 이것이 바로 누보로망 속에서, 에크리튀르를 통한 일종의 무언극 mime이 되며 사유를 위해 간접현시된 실재 le réel가 된다고 해도 무방하다. 이런 차원에서 볼 때, 은유란 공통 요소를 밝히는 것이지만 표면상의 명시적 비교보다 더욱 심층적인 수준에서 진행된다. 말하자면 숨어서 몰래 일러준다는 의미에서 암유(暗喩)이기도 한 이 은유는 이른바 생략된 비교이며, 이러한 생략 ellipse은 그 자체로 '표현적 가치'를 드높이고 있는 실정이다. 그런데 신체야말로 생략된 형태로 에크리튀르에 잠재되어 있기 때문에 '글쓰기,' 곧 에크리튀르를 통해 의사소통하는 주체란 다름 아닌 지각하고 반성하는 réfléchissant 저 신체이다. 그러므로 은유의 가치는 신체의 태도들에 의존하게 된다. 즉 모든 은유 놀이는 불확정적인, 그래서 다양한 형태로 개방

---
48) 같은 책, p. 15.

되어 있는 신체 주위를 맴돌고 있다는 말이 된다. '글쓰는 신체'인 에크리튀르는 언어가 은유적 특성을 구사해야 하는 어려움을 끊임없이 가늠하지만, 그렇다고 거기서 개념적인 무언가를 말하는 것을 포기하지도 않는다. 그렇다면 이제 우리 의문의 주파수는 어디에 맞춰져야 하는 것일까? 바로 다음과 같은 채널로 조정되고 있다. 도대체 "나의 신체는 사물인가, 관념인가? 비록 이것을 사물들처럼 측정할 수 있음에도 불구하고, 이 신체란 관념도 사물도 아닌 것이다."[49)]

은유란 "다각적 유사성을 스케치하므로 정신적 실재를 심화하고, 도덕적이고 지성적이며 미학적인 가치의 반향을 촉발하므로 비교하려는 것과 비교될 것에 공통되는 요소들을 밝혀주고 있다."[50)] 그리하여 클로드 시몽은 다음처럼 주장할 수 있을 것이다. "내가 원했던 바란, 현실에서 서로 포개져 겹쳐진 요소들이 차례로 펼쳐지도록 해주고, 순수감각적 구성[51)]을 회복시키는 모종의 '구조'를 공들여 만드는 것이다."[52)] 연이어 그는 "화가들이야말로 행운아들이다. 그들이 캔버스의 다양한 구성요소들을 의식하기 위해서는 단 한 번만의 통행으로도 충분한 것이다. (……) 이와 관련된 두 가지 항목이 나를 사로잡고 있었는데 하나는 우리가 항상 경험하는 것이지만 그것끼리는 결코 서로 연결되지 않는 감정의 단편적 국면인 불연속성discontinuité이며 그러나 동시에 의식 내에서 감정들의 인접관계contiguïté라는 또 다른 하나였다."[53)]

---

49) M. Merleau-Ponty, *Le visible et l'invisible*, Paris: Gallimard, 1964, p. 199.
50) H. Morier, *Dictionnaire de poétique et de rhétorique*, Paris: PUF, 1998, p. 677.
51) Architecture purement sensorielle, 곧 문예 차원의 '순수감각적 구축'이라 할 수 있겠다.
52) "Interview avec Claude Sarraute," in *Le Monde*, 8 octobre 1960.
53) 같은 곳.

균질성을 깨는 시공간의 혼신(混信): 교란되는 언표 상황

분명 이런 행렬 속에는 시간적인 것을 공간화하기 위한 수단으로 에크리튀르를 사용하려는 욕망이 놓여 있는바, 이러한 전략적 방편을 우리는 하나의 '복합적 정신 지속Complexe durée psychique'이라 부를 수 있으며, 정녕 이 매체란 시간에 대한 기계적인 서술로부터 해방되려는 목표를 지니게 된다. 다시 말해 기억 이미지의 구성 단위들이 그러하듯, 통시성으로부터 해방된 서술적 통사론[54]을 "파편화되고, 이질-구성적이며, 불연속적으로 묘사된"[55] 구성 단위들의 합성물로 취급하려는 것이다. 시몽이 환기하는 대로, 제2차 세계대전 후 어느 날 밤의 몇 시간 동안 "조르주의 기억 속에는 모든 것이 밀려들기 시작했다. 1940년 5월의 참사와 용기병 무리 선두에서의 그의 상관 대위의 죽음 및 자신의 포로 시절과 그를 포로수용소로 끌고 간 기차 등이다. 기억 속에서는 모든 것이 동일 지평 위에 자리 잡고 있는데 말하자면 대화와 감정과 영상이 공존하는 것이다."[56] 작가는 사물에 대한 자신의 시선과 부합하는 구조를 만들기 위해 "필연적으로 연속되는 언어작용과 더불어 저술하여야 하지만, 균형을 잡기 위해서는, 병치[57]와 단절[58]에 유리한 다른 구조를 통해 저러한 언어작용을 방해하기도 해야 한다."[59] 바로 기억의 개입이야말로 이야기 묘사 속에 불

---

54) 통사론syntaxe: 문장의 구조나 기능 및 그것의 구성요소 따위를 연구하는 언어학의 한 분야이며, 구문론이라고도 한다. 차제에 병렬parataxe과 종위hypotaxe를 비교할 필요가 있는데 종위(縱位)는 복문에 있어서의 절 상호간의 종속관계를 지칭하는 것이 되며, 병렬은 아래 각주 57)을 참조할 것.
55) L. Dällenbach, 앞의 책, p. 301.
56) "Interview avec Claude Sarraute," in Le monde.
57) 병렬 또는 병치(竝置, juxta-position): 여러 가지 연대기적 사건을 동시에 병렬(竝列, parataxe)로 배치하는 기법을 말한다. 여기서 '시간순 배치,' 다시 말해 연대기적 기술은 붕괴되고 만다.
58) 병치의 결과로 정상적인 시간, 공간의 프로세스가 파괴되고 중단된 상태를 말한다.
59) L. Dällenbach, 앞의 책, p. 301.

연속과 이질성 및 파편화를 서서히 주입시키는 구조를 허락하는 것이다.

그러나 여기에 다시 기억의 미묘한 기능이 존재하고 있다. 즉 "회상하는 시간과 회상된 시간 사이에는 항구적 상호작용이 존재하기에, 다소 멀거나 가깝더라도 모든 회상souvenirs의 현전에는 비슷한 하중이 걸려 있다는 것이다. 즉 회상 장면들이 기억 속에 서로 포개져 있으므로 연대기적 시간과 관계없이 회상 능력은 엇비슷하며 동일한 현전성을 보유하는 것이다. 게다가 저 회상들이 이야기 구성을 목표로 삼을 경우, 그 다원성과 파급 효과 역시 나레이터로부터 중첩되기 시작한다. 다만 우리는 점진적으로 그리고 항상 사후에 가서 이런 다중적인 확대 효력을 검토하는 것이다."[60] 그런데 시-공간 속으로 이동시키는 유일한 효력은 아니지만 뭔가 뚜렷하게 균질성을 깨주는 그 어떤 이물질(異物質) 효과[61]는 도대체 어디서 발생하는 것일까?

"우리가 『플랑드르로 가는 길』의 모두에서 순수회고적 이야기로 간주하도록 유도된 내용은 차후에 어느 이야기에 대한 나레이터의 회상이 되어 자신의 친구 블륌에게 나타나게 된다. 보다 나중에 그것은 '블륌에게 말한 이야기'에 대해 '코린에게 전한 이야기'를 회상하는 것으로 둔갑한다. 그런데 이 두번째 이야기의 나레이터는 확실히 지정하기가 어려운 어느 시점에서 회상하는데, 이는 서술 입장 자체가 문제를 야기한 것이다. 궁극적으로 우리는 회상 이야기récits de souvenirs와 관계하고 있는 동시에 이야기의 회상souvenirs de récits에도 직면하고 있는 것이다."[62] 『플랑드르로 가는 길』은 "기억 덩어리들"이 짜놓은 조직이 되며, 그래서 "진위 결정이 불가능한 양상 속에서 텍스트이자 동시에 기억이 됨을 자인하고

---

60) 같은 책, p. 302.
61) 종교가 다른 사람들 사이의 혼사인 혼신결혼(混信結婚)과 같은 이종교배의 효과를 말하고 있다.
62) L. Dällenbach, 앞의 책, p. 302.

있다."[63]

난해한 텍스트와 독자의 장애: 유랑 속에서 보존되는 정체성

그런데 독자가 소설의 내적 흐름으로 충분히 이끌리지 못한다면, 그의 이런 장애는 어디서 오는 것일까? "반복되는 끼워 넣기enchâssement로 상당히 꼬여버린 서술 기법은 텍스트를 이해하는 데 치명적인 타격을 줄 수 있으며"[64] 독자로 하여금 당황하여 어찌 할 바를 모르게 하며, 기억의 한계 및 더딘 이해 때문에 상당수의 '끼워 맞춰진 의존관계'를 파악하는 데 무기력하게 만들지만, 역설적이게도 이러한 지체 현상 덕택에 독자는 복잡한 의존관계, 즉 '내부 인과율'을 알아차리게 되는 것이다. 즉 "소설이 독자를 방황 속에 붙잡아두기 위해 다른 계략을 계속 사용하는 통에"[65] 독자는 자신이 휩쓸리게 될 넘치는 언어 물살flux verbal로 인해 마침내 이해에 도달하게 된다. 우리는 여기서 클로드 시몽이 전형적인 미결정 시제인 현재분사를 지배적으로 사용하고 있음을 주시할 필요가 있으며, 또 그의 텍스트에서는 사건들이 서로에게 의존하여 생성되는 서사학적 격자grille narratologique가 사용된다는, 상당히 주목할 만한 기술 방식 역시 눈여겨볼 필요가 있다. 그에게서 이러한 양식은 시학과 구별되는 모든 카테고리에 무차별적으로 적용된다. 그런데 이렇게 함으로써 그는 정확히 무엇을 이야기하려는 것일까? 그것은 조르주가 경험한 역사인가, 아니면 후자의 목전에서 전사한 대위 라이자크의 파란만장한 인생인가? 그리고 도대체 누가 나레이터인지도 뚜렷하지 않다. 1인칭으로 말하는 조르주[66]는 블룸에게 이야기하고 있는가, 아니면 코린에게 말하고 있는가? 여기

---

63) 같은 책, p. 303.
64) 같은 책, p. 302.
65) 같은 책, p. 303.
66) 이 소설에서는 1인칭 화자가 갑자기 3인칭 전지적 서술자가 되는 급작스러운 반전이 일어난다.

서는 서술 발생의 시점을 시간 속에 자리매김하는 것도 역시 어려운 사안이 되고 있다.

게다가 지금 우리가 어떤 문학 장르에 직면해 있는지도 관건이 된다. 소설인지 회상록인지도 불분명하고 영웅담론이나 서사시라 하기에도 석연찮으며 한 줌 더 끌어당겨 서정적 초혼시라 부르기에도 부담스러운 것이다. 다른 한편, 도대체 이 소설의 담론 양식이 무엇인지도 새삼 궁금해진다. 구두점의 사용이나 그 부재를 통해 어떤 양식을 통각하게 해주는 구승성oralité인가, 아니면 통상적 에크리튀르인가? 그것이 아니라면 내면의 독백이 되거나 독자에게 바치는 속내 이야기confidence가 될 것인지 애매한 상태이다.

이렇듯 늘 미결 상태로 유지되는 누보로망의 '언어 회로' 속에서 독자 고유의 정체성을 문제 삼는 새로운 '소설 영토'에 매혹된 채, 과연 독자는 저 난해한 텍스트를 제대로 극복할 수 있는 것일까? 클로드 시몽이 기술하듯, 새 국경 내에서 "나는 타자가 된다. 다른 사물들, 다른 향기, 다른 소리, 다른 인물, 다른 장소, 다른 시간으로……."[67]

해석학적 시각과 소설 의미의 강박증

만약 소설 『플랑드르로 가는 길』이 공간의 문제, '나는 어디에 있는가?'와 시간의 문제, '지금 몇 시인가?'라는 질문을 영원히 풀 수 없도록 산정한 텍스트 전략 때문에 분류 불가능한 것임에도 이 텍스트가 독자에게 인상적이고, 그를 감동시키며, 설득까지 한다면, 이는 필시 '미학적 앙상블'의 효과로 인한 것이며, 이것 없이 '텍스트 효과'란 기대할 수 없는 것이 된다. 그래서 모든 시간층과 기억층을 횡단하여 복귀하므로 조르

---

[67] 『거친 밧줄』 중에서. L. Dällenbach, 앞의 책, p. 299에서 재인용.

주 회상의 핵심 목표로 필수불가결해진 저 '재귀적 장면'에 특별한 어떤 통합의 효력이 둥지를 틀게 된다. 여기서의 목표란 라이자크 대위의 죽음을 어떻게 해석할 것인가로 촉발된 이야기의 강박관념적 중심축이다. 하지만 어떤 죽음에 대한 누군가의 기억 속에서 저렇게 '반복되는 장면'이 연출한 '통합 능력,' 곧 집요하게 질문 제기의 역할을 하면서 "이야기 전체를 해석학적 소설로 변화시키는"[68] 이 잠재력은 중심 잡기centrage와 대칭구도symétrie를 유도하는 다른 요소들을 따라 상종가를 치고 있다. 예를 든다면 첫째 소설의 3부작 구조, 둘째 거꾸로 된 작품 구성,[69] 셋째 되풀이되는 에피소드, 넷째 '코린과 보낸 밤'과 같이 시간순으로 서술된 시퀀스, 마지막으로 전환-접속어mots-charnières의 사용이 그것들이다. 이 모든 것은 소설이 "흩어져 무너짐을 막도록 그 운명이 부과된 도구들이며, 이것들이 없었다면 아마도 분산(分散)이 텍스트의 운명이 되었을 것이다."[70]

이렇듯 갈피를 못 잡아 곤혹스럽기도 하지만 또 한편으로는 그래서 더욱 궁금증이 유발된 독자는 작품 속 모든 행위의 '의미'와 모든 정체성에 대한 '질문' 및 사태에 대한 해석학적 '시각'을 조장하고 거기에 혜택을 주는 '어떤 구조' 속으로 자연스럽게 주입되고 지탱된다. 그래서 만약 『플랑드르로 가는 길』이 우리에게 결말 없는 듯이 남게 된다면, 그것은 아마도 상상적 사유 경험과 픽션에 광범위하게 호소하는 탐구 방법 때문이리라. 조르주와 블륌은 가족 전설, 회상 단편, 험담 그리고 잔인하게 강요된 준(準)고백과 같은 하자 있는 정보들을 이용하고 있다. 그것은 한 사람의 죽음의 동기에 대하여 기억과 상상을 통한 재편성 및 복원의 기획에 몰두하기 위한 것이다.

---

[68] L. Dällenbach, 앞의 책, p. 305.
[69] 클로드 시몽이 채택한 '분출식 우물puits artésien'의 이미지를 기억할 것.
[70] L. Dällenbach, 앞의 책, p. 305.

징후를 나타내는 모든 것과 또 그것들의 폭로로 말미암아 강박신경증에 걸린 듯한 이 소설에서는 항상 비가시적 파편이 가시적인 것의 유보사항이 되며 가시적인 것에 비축된 역할을 하고 있는 것이다. 시각의 철학자인 메를로-퐁티는 자신이 기술하고자 하는 대로의 가시적인 것을 바로 소설 속의 저 "유랑하는 가시성"에서 간파해내고 있는 것이다. 그가 원하는바 '가시적인 것'이란 소위 천연적이요, 선(先)지각적이며, 융합적인 '미분화 불가사의(未分化 不可思議)'의 경험 현장이 된다. 이는 폴 세잔과 같은 후기인상주의 화가가 그림을 통하여 표현하려 했던 그러한 체험 자체인 것이다. 여기서 드러나는 저 가시적인 것의 독특성이란 "인간을 통해 실현됨에도 불구하고 결코 인간-중심주의적anthropologique이 아닌 그 무엇이라는 것이며"[71] 필경 '언어'로 말미암아 굳어지고 '표상' 때문에 왜곡된 실재(實在)에 연연해하거나 그 어떤 실증적 기술(記述)에도 얽매이지 않는 하나의 '신비'라 하겠다. 왜냐하면 언어야말로, 불투명한 연원originaire 속에 가시적인 것이 뿌리박고 있다는 진리를 은폐시키기 때문이다. 요컨대 메를로-퐁티의 가시적인 것은 선(先)언어적이며 선(先)지각적인 동시에 고갈되지 않는 선험성en deçà 그것이다.

본다는 것은 무엇인가?: 환각에 사로잡힌 듯한 역사 체험

지각 이전의 지평인 살chair의 철학자, 메를로-퐁티는 '지각, 회상, 영상, 관념'들이 뿌리내리고 있는 전대미문의 태고층(太古層)이 모험으로 가득 찬 시몽의 실험적 소설 이념 속에 존재하고 있음을 간파하게 되는데, 이곳이야말로 우리의 모든 경험이 발생하는 태반이요, 사상 자체chose même를 탐색중인 미증유의 불투명성이다. 그런데 우리는 과연 무엇을

---

71) M. Merleau-Ponty, 앞의 책, p. 328.

보고 있는 것일까? 또 한 술 더 떠서 본다는 것은 무엇인가? 클로드 시몽의 소설은, 시선의 담보가 되는 '지식과 명증'에 관한 분명한 확신을 그것이 시험하는 한, 분명 실험적인 그 무엇을 지니게 된다. 이제 주체는 희미해지고, 애초부터 뒤섞여 존재하는 숱많은 자기동일성 이전에 이미 세계는 웅성거리기 시작했으며, 꿈과 기억은 몽유병처럼 현실로 스며들고 있는 것이다. 20세기, 비극적 역사의 바탕 위에서 이 소설의 독창적인 문학 표현으로 묘사된 전쟁 덕분에 우리는 일종의 정신착란délire과도 유사한 환각을 경험하게 되는데, "꿈이 일어날 것만 같은 절박한 진리들[72]로 가득 차 있듯이, 정신착란도 (스스로) 소유하지는 못하나 (이미) 연루되어 있는 실제관계에 상응하는 관계망 속으로 뻗어 있다."[73]

메를로-퐁티는 자신이 종종 예술 및 문학적 현상에 접목시키기도 한 몽상과 정신착란의 절박한 진리들을 우리에게 소개하고, 철학자와 소설가가 공유할 수 있는 신비의 영역으로 우리를 안내했다는 점 때문에 프로이트를 찬양한다. 예컨대 1954년 가을 학기부터 1955년 여름 학기까지 콜레주 드 프랑스에서 했던 '수동성passivité'에 대한 강좌에서, 졸음은 수면의식으로서의 어떤 '활동'이 아니라 "불명료한 상태로의 귀환, 기존의 분화가 소실되는 탈분화dédifférenciation[74] 그리고 잠정적 퇴화를 암시하는 '지각적 흐름'의 한 양상"[75]으로 기술되었던 것이다. 메를로-퐁티의 『지각의 현상학』의 근간이 되는 이 수동성 양식은 "포괄적이고 전(前)개인적인 '세계와의 관계' 위에 접힌 '주름pli'의 역할인바, 이는 결코 부재가 아니라 일정 거리를 유지하고 있는"[76] '생산적 후퇴'의 양상이다. 그의

---

72) 실재같이 보이나 결코 일어나지 않는 사태를 '절박한 진리vérités imminentes'라고 한다.
73) M. Merleau-Ponty, *Résumés de cours(Collège de France 1952-1960)*, Paris: Gallimard, 1968, p. 71.
74) 복잡 상태에서 이전의 단순 상태로의 귀환을 이르는 개념이다.
75) M. Merleau-Ponty, 앞의 책, p. 68.

관심을 끄는 프로이트적 개념은 "태생적 '원초 상징주의'"[77]인데, 이는 감각들로 채워진 의식과 고유의 진공으로 환원된 의식 사이 및 몽환적 양태와 현실적 양태 사이의 상호잠식 empiètement,"[78] 즉 두 차원이 서로에게 침투되는 일종의 '연속성' 개념이다.

후설과 사르트르의 무의식 이론에 반대하는 메를로-퐁티는 몽환의식이 현실의식과는 구별되는 어떤 특수지향적 의식이 아니라 현실과 여전히 접속 중인 의식이라 주장한다. 무의식이란 사르트르처럼 자기기만 mauvaise foi의 특수한 경우가 아니라, 그것 역시 지각적 의식이라는 것이다. 즉 "지각의식처럼 무의식도, 혼융 내지 연루의 논리로 진전되며, 그 전체 도면을 알 수 없는 여정을 차츰차츰 따라가고, 객체들 및 존재자들로부터 억류하고 있는 '부정성'[79]을 통해 다시금 저들을 지향하게 된다. 이는 무의식으로 하여금 객체 및 존재자들을 '그들 자신의 이름으로' 명명할 수 있도록 할 필요도 없이 그 스스로 전개되도록 명령하기에 충분한 것이다."[80]

우리는 여기서 메를로-퐁티에게 독특하게 현전하는 "메타포의 신비스런 이면공작"[81]을 간파해내고 있는데, 이 내밀한 불가사의는 지각적 가역성 또는 감각의 순환성에게로 메아리치게 되며 필경 "메를로-퐁티주

---

76) 같은 곳.
77) 프로이트에게는 현실réalité과 몽상rêve의 두 차원이 존재하는데, 실제성(實際性, du réel)으로서의 전자는 신체corps와 관련되고, 몽환성(夢幻性, du onirique)으로서의 후자는 전자의 상징symbole 노릇을 한다. 이 현상을 우리는 '태생적 원초 상징주의symbolisme primordial originaire'라고 지칭하고자 한다. 그런데 메를로-퐁티에게 프로이트의 이러한 두 차원은 '지각적 연속성'이라는 동일 지평으로 흡수되고 있다.
78) M. Merleau-Ponty, 앞의 책, p. 68.
79) 무의식은 실재가 온전히 보이는 투명성은 아니지만, 현상되기 이전의 암실 속 사진 필름 pellicule같이 희미하게나마 보인다는 의미에서 '부정성'이라 명명될 수 있다.
80) M. Merleau-Ponty, 앞의 책, p. 71.
81) M. Merleau-Ponty, "Sur Claudel," in Signes, Paris: Gallimard, 1960, p. 395.

의적 개념 장치"[82] 속을 흐르는 수사학적 전문 용어들의 역할을 설명하게 된다. 이것이 바로 모든 종류의 뒤얽힘 현상을 지시하기 위한 '존재론적 교착 구조'로서의 편재적 키아스마chiasma를 일컬음이니, 이는 다음과 같은 은유적 언어 차원에서 은밀한 뒷거래로 구현되고 있다고 하겠다. 곧,

— 유사모음반복법assonances[83]
— 자음두운법allitérations[84]
— 유음중첩법paronomases[85]

과의 게임을 통해서 저 밀교적 키아스마의 탄생은 가능할 것이며, 바로 여기서부터 동시-다재적 통섭론[86]인 '유비쿼터스 현상학'은 태동하기 시

---

82) 같은 책, p. 71.
83) 유사한 모음의 압운을 가리키는 것으로 '유운'이라고도 한다. 즉 동일 모음 또는 유사 모음의 반복으로 이것이 시적 '운율'에서는 '반해음'으로 나타나는바, belle과 rêve와 같이 시행에서 동일/유사 모음이 반복된다.
84) M. Merleau-Ponty, *Le visible et l'invisible*, p. 177.
두운법은 두운, 모운, 각운이 주축이 된 수사학, 즉 음운적 문채(文彩, figure)의 하나로서 글귀의 첫머리, 끄트머리, 한가운데에 동일한 음운을 규칙적으로 달므로 운율을 나타내는 음위율 현상이다. 즉 자음두운법이란 문장 내에서 하나 또는 그 이상의 자음이 단어들 사이에 반복되는 현상을 말하는데 "Le vieux Pané, *B*on comme du *b*on pain"에서처럼 bon의 반복으로 자음 b가 연속되며 "*T*out visible est *t*aillé dans le *t*angible"에서도 t가 반복되고 있다. 그러나 번역할 경우 이 운율은 파괴되고 만다.
85) 유음중첩법은 문장 중에서 "상이한 의미"와 더불어 "유사한 음질sonorité"을 제공하는 단어에 우리가 자연스레 다가서게 하는 수사figure의 한 종류이다. 프랑스어 문장에서 자주 볼 수 있는 현상으로, 특히 기억을 증진시킬 수 있는 수사학적 방법이다. 예컨대 "Bridel, débridez vos instincts"과 같은 광고 문구에서 제품명의 한 부분과 음운적으로 유사한 단어를 골라 표어slogan 내에 중첩 배열시킴으로써 리듬의 활성화와 동시에 흥미유발형 의미까지 도출하는 효과를 보고 있다. 제품명 Bridel과 유사음인 프랑스어 동사 brider는 '속박하다'라는 뜻인데 접두사 dé를 첨가하여 그 속박을 벗어나라는 '어의 변화'를 유도한다. 그래서 본래 의미인 '브리델, 그대의 본능을 자유롭게 하시죠'라는 꽤나 선정적인 문구로 독자를 혼란스럽게 하는 동시에 "치즈 브리델로 브레이크 타임을 즐기시죠"라는 중첩된 의미의 광고 효과까지 얻게 된다. 보다 고전적인 예들로 "Qui terre a, guerre a." 즉 '토지를 소유한 자, 전쟁 또한 겪어야 하리니'와 클로델이 대조/연관시킨 'connaissance(인식)와 co-naissance(공동탄생)'을 들 수 있겠다.

작한다. 요컨대 랑그 게임 jeu de langue으로서 이러한 메타포는 '세계로 열린 존재'의 두 차원, 곧 신체들의 타자성으로 개방된 '육화된 의식'과 자기반성력으로 운명 지워진 '의식하는 신체'를 일치시키려는 강박증에 따른 당연한 사유 현장이 되는 것이다.

4) 결말 없는 해석학과 생기로서 '의미'

델런바흐의 주석에 따르자면, 우리는 "발자크 및 고전적 추리소설들과 어우러져 증폭된, 일종의 다층-구조적 프루스트와 직면하고 있는 고로 (……) 소설 의미의 회복이란 원천적 미수에 그치게 되며 결코 거기에 도달하지 못하게 된다."[87] 그렇다면 이 독특한 소설가, 시몽은 어떻게 제대로 된 탐정 역을 수행할 수 있는 것일까? 말하자면 마르셀 프루스트처럼 그가 과연 하나의 찻잔으로부터 그 어떤 세계를 해방시킬 수 있을 것이며, 퀴비에Cuvier처럼 어떤 유적(遺跡)으로부터 하나의 완전한 생물종을 소생시킬 수 있을 것인가? "클로드 시몽이 소설 의미에 대한 설명적이고 인과율적인 모든 개념들을 거부한 이상 말이다."[88] 결국 여기서 그의 소설과 메를로-퐁티의 살의 현상학의 동질성은 분명해지며 그중에서도 시몽 자신이 기초한 근대 예술 이념과의 공통점이 두드러지는데, 바로 이 점이 장 뒤뷔페의 다음 편지가 묘사하는 바이며, 우리가 메를로-퐁티의

---

86) 교섭과 친숙을 함축하는 통섭론은 메를로-퐁티에게 나타나는 두 가지 장르의 감각성에 적용된 메타포 이론이라 해도 무방할 것이다. 이 지각의 철학자에게는 언어langage와 실재le réel라는 두 종류의 감각적 장르가 있다. 우선 '언어 장르'에는 시적 언어, 색깔 언어, 사물 언어를 포함하는 순수감각성sensible pur 분야와 수학 기호나 단순 기호 및 낱말 등과 같이 궁극적으로 '순수관계'로 세공될 인지감각성sensible intelligible 분야가 망라되며, 다음 '실재 장르'에는 순수지성적intelligible pur 차원을 애초부터 잉태하고 있는 현실감각성sensible réel 분야가 포함되는데, 통섭의 개념에 걸맞게 당연히 메를로-퐁티의 두 장르 사이에는 응분의 연속성이 흐르고 있음은 더 말할 나위도 없을 것이다.
87) L. Dällenbach, 앞의 책, p. 306.
88) 같은 곳.

지각 이론에 조회시킬 수 있는 것이다. "내 그림들 각각은, 마치 우리의 생각 속에서 이런 일이 발생하듯이, 상이한 장소에 위치하고 있는 환기 내용évocations들을 동일 화폭 속에 결집시키고 있는 것이다. 우리의 사유는 매 순간 '많은' 사태들을 '동시에' 보고 있는데, 말하자면 이 사유의 목전에 존재하는 사태만이 아니라 그 이면과 그 주변에 있는 것까지 포함되며 심지어는 그 이전 순간의 사태조차 하나의 사유 캔버스 속에 구성된다는 것이다."[89] 뒤뷔페의 이러한 천명이야말로 메를로-퐁티가 구축한 '유비쿼터스 현상학'의 흔적을 드러내는 증거가 된다.

이러한 유비론 게임, 다시 말해 누보로망 유형의 소설들이 지닌 용두사미식 결말을 누차에 걸쳐 조장하고 두둔하는 이 결말 없는 해석학은, 탐구를 멈추게 만드는 '인위적인' 설명과 '조작되는' 의미signification보다는 '창출되는' 의미, 즉 지금 막 발생중인 의미존재로서의 생기(生起, sens)에 우선권을 주고 있다. 지각을 통해 탄생한 '생기로서의 의미'란 과학적 설명의 차원에서 발생하지 않으므로 결코 설명적일 수 없다. "설명이란 기껏해야 우리를 에워싸고 있는 저 싱싱한 야생성을 길들이고 억제하기에 유리할 뿐이다. 반면 '살아 있는' 의미는 실재를 전문 용어들의 목록 속에서 변형시켜버리는 '보편화 횡령'의 공범일 수 없는 것이다. 오히려 이 생기로서의 의미[90]란, 우리 스스로가 사물들의 주인이 되는 것을 금하

---

89) J. Dubuffet, *Théâtres de mémoire*, in L. Dällenbach, 앞의 책, p. 303에서 재인용.
90) 이런 차원에서 우리는 sens의 사전적 의미를 분석해볼 필요가 있다. 프랑스어 sens에는 ① 감각(지각기능), ② 관능(성욕), ③ 직감(센스), ④ 사고(인지기능), ⑤ 의미(언어기능), ⑥ 존재 이유(가치) 등의 뜻이 나열되어 있는데, 재미있는 것은 이 배열 순서상에서 상당히 '의미 있는' '의미 진화'가 발견된다는 점이다. 즉 sensible에서 sensuel을 지나 intuitive로, 그다음에는 intellectuel 및 signifiant을 횡단하여 급기야 axiologique에 이르기까지 메를로-퐁티의 현상학이 추구하는 소위 "연속성"의 이념이 젖어 있다는 점이다. 사전의 의미 배열과 메를로-퐁티의 '지각-역사-문화'로의 침전적 승화 사이의 유비를 우연으로 보기에는 너무도 질서정연한 연결논리가 우리 시선을 앗아가고 있는 것이다. 가장 감각적인 지각 차원에서 발원하여 인지적 기능을 횡단하면서 이윽고 가치론적 차원으로까지 발전되는 이 양상이 정녕 sens일진대, 이제 우

도록 하는데, 그 이유는 이 의미에게 끝이란 무의미하기 때문이다. 이제 의미란 그 자신을 산출해주는 어떤 '관계 자체'이며, 따라서 이것은 고착된 결정성이 아니라 개방된 생명성인 것이다. 당연히 이 의미는 변모하면서 구현된다. 그런데 이러한 변형은 어디까지 이끌려 가는 것일까? 그것은 무한하여 끝날 줄 모르는 여정이 된다."[91] 의미에 대한 인과율적이고 과학-지상주의적인 모든 해석을 거부하면서 메를로-퐁티는 어떤 목적에 근거한 해석을 되찾으려 하지만, 목적과 지각 주체의 이 관계를 세계의 지각 속에 등록시키게 된다. 이러한 '내재성 속의 초월성'이야말로 궁극적으로는 구성적 방식을 통해 타자들과 이타성(異他性, altérité)으로 개방된 '자아의 위상'이 된다. 바로 이 지각 속에 유비쿼터스 현상학의 이념이 심층적으로 침윤되어 있다고 하겠다. 그것은 영혼과 육체 사이 및 주체와 객체 사이에 고전적 이원론이 구축해놓은 이론적 애매성이 아니라 이제까지 시몽 소설에서 우리가 보아온 본원적 비결정성이라 하겠다. 즉 동일한 사유의 화폭 속에 동시에 구성되는 다단식 실재들의 유기적 봉합으로서의 유비쿼터스 현상학은 이제 메를로-퐁티의 고착되지 않은 '유목적 의식'을 통해 누보로망 속에 퍼지고 있는 것이다.

3. 나오는 글: 소설 주체의 포기와 독자의 자기동일성

상호부합하는 일치관계와 유비관계, 그리고 늘 따라다니며 가시적인 것을 사로잡고 있는 비가시적인 것, 이 모든 것들이 지각하고 발화하는

리는 여기서 이 의미sens가 철학에 대해 지닌 어떤 궁극적 본질을 마주하는 느낌을 갖게 된다. 요컨대 메를로-퐁티의 의미(意味)란 결국 내재주의적 파노라마를 각인시키는 '생기(生起)하는 생기(生氣)'에 다름 아닐 것이다.
91) B. Noël, *Magritte*, in L. Dällenbach, 앞의 책, p. 306에서 재인용.

parlant 주체의 존재 환경이며, 체험 한가운데서 숨 쉬고 있는 '의미'에 대한 질문이 된다. 그러므로 의미는 표상적 진리의 질서에 속하지도 않을뿐더러, 사물들에 의해 확증된, 기의와 기표 사이의 의미 조작 차원에서 발생하지도 않는다. 결국 의미는 기호들과 언어작용langage에 내재적인 것으로 남는다. 시몽은 모리스 블랑쇼가 『무한의 대화』에서 다음과 같이 인용한 노발리스의 '모놀로그'를 반복하고 있다. "사람들의 우스꽝스럽고 놀라운 실수는 그들이 사물들과 관련하여 말한다고 믿고 있는 것이다. 모두가 사물들에 따라 말한다고 확신하고 있다. 그러나 그들 모두는 랑가주의 본질을 모르고 있는 것이다. 말하자면 언어란 그 자신으로부터만 고용되고 있는바, (……) 오직 랑그에 의해 점령되고 파롤을 통해서 영감을 받는 작가로부터만 그 존재가 분유되는 것이다."[92] 이런 연유로 소설은 스스로를 부인하게 되고, 작가적 소명이나 취향이 불가능한 것으로 막을 내리게 된다.

그 대신 언어를 상대로 한 소송이 제기되고 이 언어는 거기서 진실의 증언과 현실의 표상을 주장하게 된다. 그 결과, 의미를 창출하고 의미를 생산하는, 그래서 의미를 추구하는 내내 메아리치게 되는 저 언어가 누보로망에서 능력을 발휘하게 되는 것이다. 물론 라이자크의 사망에 대한 최적의 판본을 찾기란 쉽지 않다. 하지만 그것은 코린이 진술을 거부하면서 조르주의 상상에서 담보를 찬탈하는 한편, "이 소설이 지닌 허구적 자율성을 인정하고 축성하므로, 급기야 소설 주역의 붕괴를 유도했기 때문이다."[93] 독자가 이러한 소설의 강독에서 자신의 고유한 가족소설, 다시 말해 독자 자신의 '가족관계에 대한 무의식적 환상'을 활성화시킬 수 있는 한, 시몽이 공들였던 '소설 주체의 포기'는 독자의 변신을 지향하게 되고

---

92) M. Blanchot, *L'Entretien infini*, Paris: Gallimard, 1969, p. 523.
93) L. Dällenbach, 앞의 책, pp. 307~308.

독자 자신의 '자기동일성의 변형'을 목표로 하게 된다. 급기야 시몽은 다음과 같이 말하게 된다. "나는 나 자신에 대해서만 말할 수 있다. 내가 솔직하게 쓸 수 있는 유일한 그것은 나 자신, 오직 나 스스로에 대해서이다."[94] 그리고 한 가지 덧붙이기를, "그것이 무엇이든 간에 나는 꾸며낼 수는 없는 것이다."[95]

동시에 우리는 이러한 소설 읽기를 통해 자기 이야기로서의 가족소설을 거리를 두고 객관적으로 바라보게 되며, 따라서 난해한 이 강독의 초기 단계로부터는 해방되는 것이다. 혹 그것이 아니더라도 가족소설을 읽다가 동류의 소설을 쓰게도 되며, 이러한 에크리튀르의 후광 아래에서 그것을 사유하게 되는 것이다. 이것이 바로 신경충동 현상과 흡사한 '언어소통,' 이른바 언어를 통한 '자기동일성 소통'이며, 필경 『플랑드르로 가는 길』의 쟁점이자 클로드 시몽 소설의 특수 기법으로 부상하는 것이다. 메를로-퐁티는 시몽에 대한 두번째 연구에서 다음과 같이 기록하고 있다.

"클로드 시몽과 미셸 뷔토르의 언어라 할 수 있는 현재분사와 비연속적 단절문, 격변화 없는 호격vocatif 등은 결국 자기soi에 대한 어떤 관계를 의미하고 있다. 우리는 소설을 더 이상 1인칭 je 또는 3인칭il으로 읽지 않는다. 시몽의 언어는 매개적 인칭, 곧 1인칭과 2인칭의 '사이 인칭'에서 탄생하며, 동시성의 가치를 지닌 현재분사와 같은 동사의 매개적인 법과 시제로부터 분비되고 있다. (……) 이러한 언어 용법은 언어 자체가 하나의 존재요 하나의 세계가 될 경우에만 이해되며, 파롤parole이 코기토cogito나 자기성ipséité이 아니라 순환회로cercle가 될 때라야만 파악될 수 있는 것이다."[96]

---

94) *Les nouvelles littéraires*, 3 mai 1962.
95) *Le Monde*, 8 octobre 1960.
96) M. Merleau-Ponty, *Entretiens sur Claude Simon*, in *Quinze Entretiens*, publiées par Madeleine Chapsal, Paris: Julliard, 1963, p. 43.

메를로-퐁티의 문학 연구 관련 문헌

"Jean-Paul Sartre, *L'imagination,*" compte rendu, in *Journal de psychologie normale et pathologie* XXXIII, 9-10, 1936, pp. 756~61.
"*Les Mouches* par J.-P. Sartre," compte rendu, in *Confluences* III, n. 25, 1943, pp. 514~16.
"Faut-il brûler Kafka?," in *Action,* n. 97, 1946, pp. 14~15.
Sens et non-sens, Paris: Nagel, 1948.
(한국어판) 『의미와 무의미』, 권혁면 옮김, 서광사, 1990.
"Roman et métaphysique" "Jean-Paul Sartre ou un auteur scandaleux," in *Sens et non-sens.*
"Claudel était-il un génie?," in *L'Express,* n. 71, 1954, p. 4.
"Le langage indirect et les voix du silence I,"(1951~1952) in *Signes,* Paris: Gallimard, 1960.
"Le langage indirect et les voix du silence II,"(1952~1953) in *Signes.*
(한국어판) 「간접적인 언어와 침묵의 목소리」 『현상학과 예술』, 오병남 옮김, 서광사, 1989.
『간접적인 언어와 침묵의 목소리』, 김화자 옮김, 책세상, 2005.
"Lecture de Montaigne,"(pp. 250~66) "Sur Claudel,"(pp. 391~97) in *Signes.*
"Cinq notes sur Claude Simon," in *Médiations,* 1961.
Le visible et l'invisible, texte établi par C. Lefort, Paris: Gallimard, 1964.
(한국어판) 『보이는 것과 보이지 않는 것』, 남수인 외 옮김, 동문선, 2004.
L'œil et l'esprit, Paris: Gallimard, 1964.
(한국어판) 「눈과 마음」 『현상학과 예술』.
Résumés de cours (Collège de France 1952-1960), Paris: Gallimard, 1968.
La prose du monde, texte établi par C. Lefort, Paris: Gallimard, 1969.
"Lettre à Claude Simon du 23 mars 1961," in *Critique,* n. 414, 1981, pp. 1147~48.
Notes de Cours sur Claude Simon, in *Genesis,* n. 6, 1994.
Notes des Cours au Collège de France 1958-1959 et 1960-1961, Paris: Gallimard, 1996.

리쾨르의 문학론

리쾨르의 문학론을 다루기 위해 필자는 두 가지 가설적 관점에 입각했다. 첫째, 리쾨르의 문학에 대한 관심은 철학과 문학을 아우르고 초월하는 '언어(langage)'라고 하는 보다 보편적인 매개에 대한 관심과 분리되지 않는다는 것이다. 둘째, 언어에 대한 리쾨르의 관심은 그 언어가 말하고자 하고 관계 맺고자 하는 현실(現實) 또는 실재(實在)에 대한 탐구와 분리될 수 없다. 리쾨르 문학론의 주요 알맹이인 상징 언어, 은유적 문장, 이야기를 담고 있는 텍스트 등은 모두 언어라고 하는 전체적인 현상을 이루는 중요한 요소이다. 이런 중요한 언어의 알맹이들에 대한 리쾨르의 논의를 통해 우리는 리쾨르가 언어에 대해 갖는 근본적인 통찰을 엿보게 된다. 그 통찰은 다름 아닌 언어가 세계와 관계 맺으려 하고, 부단히 (세계)지향적이라는 것이다. 여기서 분명히 짚고 넘어가야 할 것이 있다. 언어가 세계를 지시하되 그 지시하는 방식과 수준의 문제다. 아마도 가장 덜 지시적인 시(詩)의 언어조차도 일차적 의미의 지시 대상을 넘어서 다른 무엇인가를 가리키지 않는다고 말하는 사람은 없을 것이다. 그렇다면 상징이나 은유, 이야기가 가리키는 세계가 직접적인 지시 대상으로서의 세계가 아니라면, 더 정확히 말해 직접적으로 지시 가능하며 오감(五感)으로 확인 가능한 세계가 아니라면 과연 어떤 세계일까? 그것은 우리가 눈으로나 손으로 조작하거나 촉지할 수 있는 대상들과 사물들의 총체로서의 세계가 아니다. 오히려 텍스트를 통해서 그리고 그것에 의해서 열리고 발견되는 세계가 아닐까? 우리가 그 안에서 우리 삶과 관련된 다양한 기획과 제안을 시사받고 자극받는 세계가 아닐까? 나의 가장 고유하고도 본래적인 존재 가능성들 중 하나를 선택하도록 내가 살도록 제안하는 그런 세계가 아닐까?

언어와 실재에 대한 탐구

윤성우

1. 여는 글: 왜 철학이 문학에 관심을 가지는가?

철학이 왜 문학에 관심을 갖게 되는 것일까? 철학적 담론과 문학적 담론은 어떤 식으로 관계를 맺게 되는 것일까? 플라톤의 철학 작품을 우리가 "대화편"이라 부르고, 플라톤 이전 철학자들의 글을 "단편"이라 부르는 이유를 한번 생각해보면 어떨까? 오늘날의 소위 철학적 글쓰기, 다시 말해 주장과 (그) 논거를 중심으로 삼고 글의 전체를 서론, 본론, 결론의 형태로 꾸며온 글쓰기는 플라톤의 제자 아리스토텔레스가 만들어낸 위업이자 동시에 철학적 글쓰기에 가한 중대한 제한일지도 모른다. "단편"은 한 편의 시(詩)나 경구(警句)에 가깝고, "대화편"은 세상을 성찰토록 하는 의미심장한 대화록이지 결코 한 편의 논문 같은 형태를 띤 것도 아니고 연구서와 같은 형태는 더더욱 아니다. 분명 아리스토텔레스 이래로 문학적 글쓰기와 철학적 글쓰기가 나뉘어 내려온 것이 사실이다. 하지만 비록 그 형식과 형태의 면에서 문학과 철학의 담론이 그 유형을 달리한다 하더라도, '일종의 사유'를 담고 있으며, 우리에게 생각하도록 권유하며, 심지어는 강제한다는 점에서는 적어도 공통점을 지닌 것으로 봐야 할 것이다. 더구나 현대에 들어서는 철학적 담론이 '문학적'이며 문학적 글쓰기가 '철학적'인 것을 두고 시비를 거는 사람은 이제 더 이상 없는 듯하다. 사실 우리가 사유해야 하고 사유하도록 자극받아야 할 담론이 철학의 그것과 문학의 그것만은 아닐 것이다. 그런 점에서 푸코는 자신의 저서 『말과 글 Dits et Ecrits』[1]에서 "오늘날 철학은 (……) 아주 다양한 인간 활동 영역들 속으로 산재(散在)하게 되었다"고 말한 바 있으며, 철학 속에서는 물론이지만 "소설과 판례와 법률, 심지어는 행정 시스템 그리고 감옥 속에서도 어떤 사유"[2]가 엄존한다고 말한 바 있다. 넓은 의미의 사유가 철학의 전유물만이 아니라면 그림과 음악 속에서도 그것이 없을 수 없을 것이다.[3]

적어도 우리는 문학과 철학 사이에서 '사유'라는 고리가 매개되어 있음을 확인할 수 있었다. 초점을 좀더 좁혀 철학자 폴 리쾨르에게서 철학과 문학이 보다 구체적으로 '어떤 사유'의 고리로 매개되고 연관되는지를 살펴보는 것이 지금 이 글의 핵심적 관건이자 목표이다. 그런데 필자가 보기에 이런 문제 설정은 대략 두 가지 정도의 철학적 전제를 가정한다. 첫째는 리쾨르의 문학에 대한 관심은 — 철학과 문학을 아우르고 초월하는 — '언어 langage'라고 하는 보다 보편적인 매개에 대한 관심과 분리되지 않는다는 것이다. 따라서 리쾨르의 문학론은 언어에 대해 리쾨르가 가졌던 관심의 발전 양상과 그 깊이에 대한 이해라는 큰 틀 안에서 규정된

---
1) M. Foucault, *Dits et Ecrits*, t. I, Paris: Gallimard, 1994, p. 597.
2) 같은 책, p. 504.
3) 현대 철학자들 중에서 음악에 관해서는 아도르노 정도가 저술을 남겼지만, 회화에 관해서는 거의 모두가 빠짐없이 언급하고 있는 것이 현대 철학의 큰 특징이다.

다. 둘째, 언어에 대한 리쾨르의 관심은 그 언어가 말하고자 하고 관계 맺고자 하는 현실(現實) 또는 실재(實在)[4]에 대한 탐구와 천착과 분리될 수 없다. 따라서 언어를 통한 실재 탐구라는 큰 틀이 문학을 통한 실재 탐구라는 보다 작은 틀을 규정할 것이다. 다시 말해 가장 넓은 의미에서 말하는 것의 한 범주가 이야기하는 것이라면, 이야기가 언급하는 세계는 인간의 말함이 가리키는 세계의 한 범주로 파악되어야 할 것이다. 이 글은 리쾨르의 문학론을 밝히되 언어와 실재에 대한 관심과 탐구라는 관점에서 접근하게 될 것이다.

보다 구체적으로는 리쾨르의 언어에 대한 관심은 '상징' '은유' '이야기'라는 언어적 요소들에 대한 관심으로 드러난다. 리쾨르의 문학론도 이런 언어적 요소에 대한 천착과 더불어 보다 분명하게 그려지게 될 것이다. 따라서 실재와 세계에 대한 관심도 '상징' '은유' '이야기'라는 이 세 요소에 대한 이해와 규명에 의존적이다.

2. 언어의 요소들과 실재에 대한 접근

1) 신화와 상징: 상징이 사유를 불러일으킨다

철학자 리쾨르는 사르트르가 소설과 희곡을 쓰고 또 문학비평을 하듯 문학을 하지는 않았다. 또 베르그송의 『창조적 진화』와도 같이 노벨문학상에 빛나는 뛰어난 묘사와 특출한 글쓰기를 보여준 것도 아니다. 하지만 소설과 시를 직접 창작하거나 발표하지 않았다고 해서 문학론적 요소를 발견할 수 없는 것은 아닐 것이다. 문학을 무엇으로 정의하고 그 범주에

---
4) 흔히 "세계monde"라고도 부른다.

어떤 것을 포함할 수 있느냐에 따라 서로 다른 문학론이 형성될 수 있다는 점은 분명하다. 하지만 그 문제는 우리의 주제를 벗어나는 일이므로 넘어가자. 다만 분명한 것은 리쾨르에게서 찾을 수 있는 문학론적 요소 중 가장 대표적인 것이라고 할 수 있는 첫 요소는 신화(神話)이며, 보다 구체적으로는 상징이라는 점이다. 상징은 따로 등장하지 않고 늘 신화 속에서 그리고 신화와 더불어 등장하는 법이다. 모던을 거쳐 포스트모던을 살고 있다고 자처하는 그 누구도 신화를 이제는 허황된 이야기나 근거 없이 꾸며낸 날조된 이야기라고 보지 않는다. 마찬가지로 실증주의나 과학적 인식론의 세례를 받은 사람들조차 더 이상 신화가 갖는 철학적 지위나 의미에 대해 함부로 말하지 않는 분위기가 되었다. 신화야말로 서구 사유가 19세기 말과 20세기 초를 거치며 발견한 타자들의 이야기이자, 서구가 자신의 역사 안에서조차 자기를 새롭게 발견한 미지의 영역이기도 했다. 이런 신화 속에 등장해서 알 듯 모를 듯 그 철학적 깊이와 의미를 더해주는 것이 바로 상징이며 상징적 언어이다.[5]

리쾨르는 신화가 문학뿐만 아니라 철학적 사유의 가장 초기 형태를 간직하고 있다는 점을 주목한다. 따라서 신화를 핵심적으로 구성하는 상징적 언어에 대한 관심은 너무나 당연한 것이다. 1960년에 출간된 리쾨르의 『악의 상징』은 인간 '이야기'의 가장 원초적 모습인 신화와 그 상징 언어에 대한 리쾨르의 입장이 무엇인지를 극명하게 보여주는 저서이다. 리쾨르는 플라톤이 모종의 신화를 창작하거나 지어냄으로써 신화에 개입했

---

5) 필자는 리쾨르의 저서 『해석의 갈등』(양명수 옮김, 아카넷, 2001)에 대한 일종의 해설서인 『해석의 갈등—인간 실존과 의미의 낙원』(살림, 2005)에서 리쾨르의 상징(언어)에 대한 정의를 길게 다룬 적이 있다. 보다 상세한 내용은 pp. 94~98을 참조하기를 바라고, 다만 여기서는 독자의 이해를 돕기 위해 간략히 그 일부만을 다음과 같이 옮긴다. "일종의 언어적 기호인 상징은 기본적으로 일차적이고 문자적이며 명백한 의미나 뜻을 가진 언어로서, 이 일차적 의미 안에 거주하는 이차적 의미를 가진 언어 기호, 이 일차적 의미를 통해 이차적 의미가 관련되는 언어 기호를 리쾨르는 상징 개념으로 제안한다"(p. 95).

던 방식대로 신화를 언급하지는 않았다. 오히려 이미 전승되어온 신화들이 우리가 처한 현실과 우리 자신의 존재 조건에 대해 부단히 말해왔다는 사실을 먼저 주목한다. 그러므로 우리가 인간과 그 난해한 삶의 문제를 묻고 또 따져 물어야 하고 고민할 때, 우리는 아무런 선이해(先理解)나 관점의 전제 없이 출발해서는 안 된다. 『악의 상징』의 맥락에서 다시 말해보자면, 리쾨르가 주목한 것은 우리가 때로는 저지르기도 하고 때로는 당하고 겪는 악의 문제와 물음이 이미 신화들 속에서 제기되고 나름의 답변을 찾아간다는 점이다.

신화가 이미 과학적 의미의 원인을 찾는 설명(說明, explanation)적 담론을 택하지 않기 때문에, 신화란 엄밀한 의미의 인과관계를 발견하거나 예측하는 담론이 아니라 오히려 무엇을 밝혀 드러내고 발견하고 말해주는 기능을 수행하는 담론이라고 보는 것이 옳다. 그렇다면 악의 기원과 그 종말을 다루는 신화들과 상징들이 말하고 들춰내는 인간의 현실 또는 인간적 실재란 무엇일까? 악의 문제를 사변적 형이상학이나 교리적 입장에서 찾는 노력을 리쾨르는 더 이상 하지 않는다. 그러므로 악의 문제에 대한 접근은 철저하게 비교신화론적 관점이라 불릴 만한 입장에서 이루어진다. 리쾨르는 성서에 등장하는 아담 신화와 욥기의 비극적 이야기를, 다른 고대 근동의 수메르-아카드 (신발생)신화, 그리스 비극, 오르페우스 신화 등이 제기하는 악의 문제를 수용하는 보다 더 큰 틀로서 파악한다.[6] 어떻게 그런 결론에 이르렀을까? 성서는 악의 문제를 인간내재적 기원을 가진 것으로만 보지 않는다는 점이 중요하다. 다시 말해 리쾨르는 성서가 내재적인 기원을 찾아가는 경로를 탐색하는 동시에 인간외재적인 기원도 가지고 있는, 다시 말해 다중적인 구조를 가진 것으로 파악하기

---

6) 필자는 『폴 리쾨르의 철학』(철학과현실사, 2004)에서 각 신화의 내용을 아주 간략하게 정리하며 이 점을 논한 바 있다 (pp. 179~80 참조).

때문이다. 이런 성서의 다중성은 나중에 리쾨르가 텍스트 해석학을 발전시킬 때도 중요한 논거가 된다. 성서가 사용하는 다양한 문학적 장르와 양식에 따라 초월자의 존재 의미와 개입 방식이 달라진다고 보기 때문이다. 어쨌든 수메르-아카드 (신발생)신화와 그리스 비극 그리고 오르페우스 신화는 악의 선재성과 악의 전(前)/비(非)인간적 근거를 강조하는 신화이다. 그 반면 아담 신화는 선악과에 대한 하나님의 금기를 통해 유한한 피조물의(로서의) 인간적 조건과 윤리적 유한성을 보여준다는 점에서 본질적으로 악을 인간의 잘못과 죄로 인해 이 세상에 유입된 것으로 이야기하는 신화이다. 그러면서도 동시에 「창세기」에 그 모습을 드러내는 뱀의 홀연한 현존과 그 유혹적 본성은 인간의 연약한 윤리적 본성을 외재적인 악의 출처로 보여주는 단적인 흔적을 가진 이중적 요소를 지닌 신화이다. 더 나아가 성서가 앞서 언급한 여러 비극 신화들의 이면을 담고 있다고 여겨지는 때는 우리가 「욥기」에 나오는 욥이 겪는 비극의 비(非)인간적 기원을 접할 때이다. 욥처럼 내가 저지르지 않았는데 내게 생기는 불운과 비극을 나는 어떻게 받아들여야 할까? 인과응보의 조밀한 윤리적 잣대로 이해되지 않는 비극을 당하자 욥은 처절하게 자기 자신이 악의 이유이자 주인공이라는 내면적 점검을 하기에 이르고 드디어 그런 고백을 하고서야 "이미 존재하는 악의 문제, 시험하는 타자의 문제"[7]를 만나고 발견하게 된다.

과연 신화와 상징은 우리로 하여금 무엇을 사유하도록 강제하는 걸까? 그것들이 어우러져 만들어낸 인류 최초의 이야기들은 인간의 어떤 현실과 실재를 주목하게 하는 걸까? (악이) 존재의 결핍, 온전한 존재의 결여로서 이해되어온 것이 악을 이해하는 통상적인 길이었다면, 리쾨르의

---

7) 폴 리쾨르, 『악의 상징』, 양명수 옮김, 문학과지성사, 1994, p. 302.

시도는 어떤 다른 이해의 길을 열어주는 걸까? 결국 악이란 우주 안에, 인간의 책임과 능력 밖에 존재하는 혼돈chaos의 측면이며 하나의 수수께끼 같은 것으로서 더 많은 비밀을 파헤쳐 나아가려는 인간적 노력에 저항하고 그것을 좌절시키는 무엇이 아닐까? 바꾸어 말해 완결되고 빈틈없는 방식으로 인간과 역사의 의미를 파악하려는 노력에 저항하는 수수께끼가 아닐까? 이런 의미에서 분명 악은 신학뿐만 아니라 철학에도 심각한 도전이 될지도 모른다.

2) 은유와 지시관계

리쾨르의 문학론은 언어가 의미를 전달하는 것에 머문다고 보지 않는다. 그 의미를 넘어서서 언어가 실재와 세계를 품어낸다고 보고 있기에 그의 문학론은 이런 언어적 요소에 대한 천착과 항상 함께 간다. 따라서 상징이나 은유만을 문학적 관점에서 연구한 것은 찾아보기 힘들다. 상징이 제아무리 심오한 의미를 농축시킬 수 있다 하더라도, 상징은 그 언어학적 단위의 입장에서 보자면 여전히 형태소(形態素), 즉 단어 차원에 머무는 의미론적 요소에 지나지 않는다. 다만 상징은 의미론적 맥락과 배경으로서 신화와 같이 보다 상위의 언어학적 길이를 가진 단위에 의존적일 수밖에 없다.[8] 그런데 상징이 우리가 읽어내야 할 유일한 의미의 담지자의 총체가 아니라면, 상징의 뒤를 이은 의미 단위에 대한 연구가 등장할 것이 틀림없다. 리쾨르에게는 은유(隱喩, métaphore)가 바로 그것이다.

아마도 리쾨르 문학론의 핵심적 주제는 이야기récit 개념과 더불어 은유일 것이다. 상징 언어에 대한 연구에서도 카시러Cassirer의 상징 개념이나 전통적인 유비analogy 개념의 비판을 통해 독자적인 상징 개념을 구축했

---

8) 신화가 아니라면, 다양한 방식과 다양한 때에 거행되고 축복되는 제의(祭儀) — 탄생식, 성인식, 결혼식, 장례식, 신년 등등 — 에서 상징적 언어가 선포되거나 반복되었다.

듯이, 은유에 대한 리쾨르의 접근도 전통적인 은유론을 비판하면서 시작된다. 『살아 있는 메타포』[9]에 등장하는 리쾨르의 논의에 따르면, 전통수사학은 우선 은유를 하나의 명사를 다르게 이름 붙이는, 다시 말해 색다른 "명명(命名, dénomination)"[10]을 하는 작업으로 보고 있다. 하지만 예를 들어 "슬픔의 망토"[11]에서처럼 슬픔을 "망토"에 비유하고 슬픔을 망도로 색다르게 "명명"하는 것을 은유의 본질로 보아서는 안 된다. 왜냐하면 "슬픔의 망토"는 '슬픔이 망토처럼 그를 감싸 안았다'와 같이 전제적으로 완결된 하나의 문장 내에서 이해되고 발언될 때 그 은유가 제대로 파악될 수 있는 것이다. 그렇다면 은유의 본질은 명명 현상이 아니라 "술어 현상 prédication," 다시 말해 A를 그것과는 다른 B로 파악하거나 규정하거나 또는 발견하거나 드러내는 현상인 것이다. 은유가 정말 그러한 것이라면 아직 발견되지 않았던 현실과 실재의 어떤 측면을 강조하거나 부각시키는 존재론적 역할을 그것에 부여할 수 있지 않을까?

또 전통수사학은 은유에서 색다르게 명명되는 측면만을 강조하다 보니, 단어의 문자적이고 일차적인 의미sens를 일탈시킴으로써 그 명명된 단어의 의미를 확장하는 것에만 은유를 국한시킨다. 하지만 슬픔과 망토라는 두 개의 명칭이나 이름 사이에서만 의미론적 변화나 일탈이 일어난다고

---

9) P. Ricœur, La métaphore vive, Paris: Seuil, 1975.
10) 같은 책, p. 30. 필자는 『해석의 갈등—인간 실존과 의미의 낙원』에서 은유와 명명 사이를 다음과 같이 풀이한 바 있다. "주로 고전주의 수사학의 한계는 은유라는 의미 생산적 메커니즘의 결과를 단 하나의 단어(명사 또는 이름)를 바꾸고 변경하는 데서 유래한다고 생각한다. '한강은 서울의 동맥'이라는 은유에서 '대동강은 평양의 동맥'이라는 또 다른 은유를 복사해내면서 명사들의 교환으로 은유의 메커니즘을 이해할 수 있을 것이다. 리쾨르는 이런 접근은 은유를 단어나 명사에서 일어나는 의미론적인 우발적 사건으로 규정하고, 실재에 대한 모종의 어떤 인지적 위상을 부여하는 것과는 거리가 먼, 단순히 언어를 보기 좋게 치장하는 결과를 낳게 한다고 비판한다"(pp. 179~80).
11) P. Ricœur, Interpretation theory: Discourse and the Surplus of Meaning, Texas Christian University Press, 1976, p. 50(우리나라에서는 1996년에 『해석이론』(김윤성·조현범 옮김)으로 서광사에서 출간되었다).

보기는 어렵다. 왜냐하면 망토를 특정한 옷감들로 만든 옷으로 받아들이는 일차적이고 문자적인 해석과, 슬픔이 한 현존재를 덮어 감싸듯이, 망토를 현존재 전체를 덮어 감싸는 것과 같은 것으로 파악하는 은유적인 또 다른 해석 사이에서 발생하는 긴장, 일탈, 심지어는 모순이야말로 은유의 본질이기 때문이다. 따라서 단어 차원의 두 개념이나 이름 사이의 의미적 일탈이 문제가 아니라, 문장 차원에서 술어적으로 기술될 수 있는 두 가지 해석 사이의 의미 파괴나 변환이 은유의 본질인 것이다.

더 나아가 전통수사학은 은유를 문자적 의미와 비유적 의미 사이의 대체나 교환을 가능케 하는 유사성(類似性, ressemblance)에 근거한 것이라고 성급하게 간주해버린다. 하지만 사정은 좀더 복잡하다. 은유 현상에 유사성이 존재한다는 것을 부인하는 것이 아니라, 두 명사나 두 이름 또는 두 개념 사이에서 유사성이 처음부터 눈에 띄게 드러난 것을 단순하게 결합시키거나 연합시키는 것은 아니라는 점이다. 오히려 논리학에서 말하는 "범주 오류"와 같은 것을 의도적으로 발생시켜 그동안 아무런 관계없이 존재하거나 또는 어울리는 것이 허용되지 않았던 범주들 사이에서 새로운 의미관계가 발생하는 것이 은유의 본질인 것이다.

예를 들어 셰익스피어가 "시간을 거지 time as a beggar"[12]라고 말했을 때와 같은 현상이 바로 유사성의 새로운 발견으로서의 은유의 현상을 말한다는 것이다. 다시 말해 명사나 이름을 통해 의미들이나 관념들의 대체 또는 교환이 문제가 되는 것을 훨씬 넘어서서 의미들 사이의 긴장과 역전(逆轉), 심지어는 기존 의미의 파괴와 같은 것을 동반하는 것이 은유라는 것이다. 리쾨르는 이를 두고 은유는 "의미론적 불협화음의 해결 résolution d'une dissonance sémantique"[13]에 기반을 두고 있다고 말한다. 의미들 간

---

12) 같은 곳.

의 언뜻 보이는 부조화와 긴장을 넘어서 새로운 유사성을 발견하는 것이야말로 은유를 새로운 의미 창조의 언어적 단위나 매체로 보는 궁극적 이유일 것이다.[14]

전통수사학에 대한 이런 비판적 언급을 통해 새롭게 이해된 은유는—상징이 그랬듯이—과연 우리로 하여금 무엇을 사유토록 하는 걸까? 적어도 두 가지 결론적인 사실이 강조되어야 할 것이다. 먼저 더 이상 은유를 단어(명사/이름) 차원의 언어적 대체 현상이 아니라 문장 차원의 의미 창조 현상으로 본다면, 은유를 직역 mot-à-mot 하는 것은 불가능할 것이다. 왜냐하면 은유는 단순히 명사들 간의 교환이 아니기 때문이다. 따라서 문자적 의미만을 복원하여 다른 명명을 부여하는 방식으로 은유를 번역하는 것은 불가능할 것이다. 이 말은 은유를 다르게 바꾸어 표현하는 것이 불가능하다는 것이 아니라 그 과정이 무한하고 끝이 없다는 것이다.

두번째로 전통적 문학론이나 수사학에서 은유는 타인의 마음에 정서적인 감동을 주어 설득을 보다 수월하게 하는 언어적 장식물로 이해되어온 것이 사실이지만, 이제는 더 이상 은유를 그렇게만 보아서는 안 된다. 달리 말하면 전통수사학에서는 은유가 현실에 대한 새로운 정보를 전달하는 가치를 지니지 않았다고 파악해왔다. 하지만 은유가 근본적으로 새로운 의미 확장과 의미 생산을 통한 술어 현상으로 이해된다면, 은유는 현실과 실재에 대한 새로운 무엇을 이야기해준다고 봐야만 한다. 왜냐하면 은유를 명명 현상으로 보고 단순하게 이름이나 명사가 말하고 가리키는

---

13) P. Ricœur, "Parole et symbole," in *Reuve des Sciences Religieuses*, n. 49, 1975, p. 148.
14) 리쾨르는 "의자 다리the foot of chair" 같은 은유는 죽은 은유라고 일컫는다. 살아 있는 은유는 유사성을 새롭게 발견하여 의미를 발명하므로 새로운 의미 확장이 일어나는 반면, 죽은 은유는 그렇지 못하기 때문이다. 그는 너무 흔해져서 어휘 사전에까지 실리는 은유가 바로 죽은 은유라고 말하면서 사전에 실리는 살아 있는 은유는 없다고 말한다(P. Ricœur, *Interpretation theory: Discourse and the Surplus of Meaning*, p. 52 참조).

것에 국한하여 설명한다면 은유는 단순한 '대상objet'을 가리키고 지시하는 것에 국한될 것이기 때문이다. 반면 은유를 새로운 술어 현상으로 본다면 은유적 발언이나 은유적 언표가 뜻하는 바와 지시관계는 훨씬 복잡해진다. 단적으로 말해 은유의 지시체나 지시 대상은 단순한 대상이 아니라 "사태l'état des choses"[15] 전체라고 봐야만 한다는 것이다. 이때 사태란 단순한 사물이 아니라 그 사물들과 인간들의 어울림과 관계 맺음에서 형성되는 그 무엇이다. 그렇다면 진정한 은유는 실재를 그려내고 발견하고 또 새로이 형성해나가는 언어적 단위와 매체라고 불러야 하지 않을까?

그래서 리쾨르는 은유를 "미니어처 시poème en miniature"[16]로 규정하기에 이른다. 만약 은유가 한 편의 축소된 시와 같다면 시가 나름의 진리와 세계를 갖듯이, 은유 또한 나름의 진리와 세계를 갖게 될 것이다. '시간은 거지' 또는 '거지와 같은 시간'이라는 은유는 우리에게, 시간의 무심함과 망각을 겪어내는 인간들에게 자신이 처한 현실과 실재에 대해 무엇인가를 말하는 하나의 시(詩)적 작품이 아닐까? 리쾨르는 더 나아가 과학적 발견과 그 절차에서 "모델modèle"이 수행하는 유사한 역할과 기능을 은유가 문학적 언어와 그 묘사에서 수행한다고까지 말한다.[17] 왜냐하면 현실에 대해 설명력을 상실한 부적절한 과학적 현실 해석을 파괴하고 새로운 상상의 허구적 발상을 통해 보다 적합한 과학적 현실 해석과 기술을 가능케 하는 것이 바로 과학에서의 모델의 임무이듯이, 은유도 부단히 인간 현실에 대해 그동안 유통되어온 낡은 형용과 서술을 뛰어넘어 새로운 재(再)기술과 발견을 선사하는 역할을 하기 때문이다.

결국 이와 같은 맥락에서 우리는 은유를, 이미 상징과 더불어, 또 다른

---

15) P. Ricœur, La métaphore vive, p. 276.
16) 같은 책, p. 279.
17) 같은 책, p. 302.

세계를 의미하고 세계를 말하는 하나의 탁월한 언어적 매체로 간주해야 할지도 모른다.

3) 이야기와 세계

리쾨르는 그 어디에서도 자신의 문학론을 체계적으로 그리고 주제적으로 탐구한 적은 없다. 일찍부터 신화와 상징에 대한 의미론적 탐구를 통해, 더 깊숙이는 은유에 대한 해석학적 성찰을 통해, 보다 결정적으로는 『시간과 이야기 I, II, III』에서 전개된 이야기론(論)을 통해 자신만의 문학론의 핵심을 구성했다고 볼 수 있다. 논의 전개에 예민한 독자들은 리쾨르 문학론의 알맹이를 구성하는 언어의 단위들이 점차 확대되고 있다는 느낌과 인상을 가질지도 모른다. 적어도 리쾨르는 1950~60년대에 본격적으로 시작된 프랑스 언어학의 연구 경향과 성과를 일정하게 주목하며 자신의 언어에 대한 관심과 성찰을 진행시켜온 것이 사실이다. 다시 말해 리쾨르는 언어의 구성요소들의 언어학 연구 대상으로의 변동과 그 층위를 적극 고려하는 구조언어학을 참조하면서 '음소→ 형태소→ 어휘소'로의 발전에 상응하는 '단어 → 담화(문장) → 텍스트(복수문장의 결합)' 순서로 연구해왔으며, 본격적인 철학의 영역에서는 '상징→ 은유→ 이야기'의 발전 양상을 거치면서 문학론을 전개시켜왔다고 볼 수 있을 것이다.

리쾨르를 1980년대 현대 (프랑스) 철학의 무대에 전면적으로 복원시켰던 저작인 『시간과 이야기 I, II, III』[18]에서 이루어지는 주제들의 깊이와 폭에 비해 여기서 우리가 이 저작에 접근하는 방식은 아주 제한적일 것이다. 철학적 저작들을 빛나게 하는 아우라가 있다면, 분명 그것은 철

---

18) 우리나라에서는 각각 1999년(김한식·이경래 옮김), 2000년(김한식·이경래 옮김), 2004년(김한식 옮김)에 문학과지성사에서 번역·출간되었다.

학자들의 사태와 실재를 말하고 지칭하기 위해 빚어내는 개념들의 아우라일 것이다. 개괄의 오류를 무릅쓰고 이 저작을 빛나게 하는 개념들을 몇 개만 뽑아본다면 아마도 이런 것들이 아닐까? '미메시스 I (전[前]형상화)' '미메시스 II (형상화)' '미메시스 III (재형상화)' '이야기적 동일성 identité narrative' 등등. 리쾨르 문학론의 핵심을 구성하는 몇 가지 개념군(群)들을 여기서 만난다고 해도 과언은 아니다. 여기서도 우리는 언어에 대한 리쾨르 본연의 관심, 또 언어가 실재와 관계 맺는 방식과 그 효과를 중시해온 지금까지의 입장과 관점에 입각해서 위에 제시한 개념 목록들을 통해 리쾨르 문학론의 정수(精髓)를 개관해보고자 한다.

미메시스

리쾨르의 문학론을 다루는 맥락에서는 물론이고 그의 철학을 다루는 데서도 별 주목을 받지 못한 측면이 하나 있다면, 그것은 『살아 있는 메타포』(1975)와 『시간과 이야기 I, II, III』[19]이 동시에 구상되어 앞서거니 뒤서거니 하며 출간된 "쌍둥이 저작들"[20]이라는 점이다. 이 두 저작 사이를 쌍둥이처럼 탯줄로 연결하고 있는 것은 과연 어떤 내용의 끈일까? 리쾨르는 어디선가 이렇게 말한 적이 있다. "언어가 전부라고 말할 순 없다 하더라도 인간 체험의 모든 것은 그것이 언어에로 다가갈 수 있다는 전제 하에서만 의미의 영역에로 들어온다. 여기서 체험을 언어에로 다가가게 한다는 것은 인간의 말함이 인간의 전부를 뜻하지는 않는다 하더라도 인간됨의 첫번째 조건이 됨을 뜻한다."[21] 인간 삶에서 언어의 중요성을

---

19) P. Ricœur, *Temps et récit*, t. I, II, III, Paris: Seuil. 이 원전이 프랑스에서 출간된 순서는 1983, 1984, 1985년이다.
20) P. Ricœur, *Temps et récit*, t. I, p. 11.
21) P. Ricœur, "Approches de la personne," in *Esprit*, mars-avril 1990, p. 120(강조는 필자); "Poétique et symbolique," in *L'initiation à la théologie*, Paris: Cerf, 1994, p. 37.

새삼 강조하는 맥락으로도 이해할 수 있지만 앞서 언급한 두 저작 사이의 상관성의 관점에서 말해본다면, 은유와 이야기는 인간의 체험을 언어로 가져오는 문학적 작업물로 간주될 수 있다는 것이다. 더 중요한 사실은 다음과 같은 것이다. 은유와 이야기를 포함하는 문학작품은 의미만을 지니는 것이 아니라, 이 의미를 통해, 그것이 무엇인가를 지시한다는 것, 다시 말해 지시관계 référence를 갖는다는 것이다. 이때 그 작품이 지시하는 것, 가리키는 것은 "언어에로 가져갈 수 있는 인간의 체험이며, 그 작품을 전개시키는 (작품) 세계와 그 세계의 시간성"[22]이라는 점이다.

상징 언어가 그러했듯이 리쾨르에게서 은유와 이야기는 결코 그 스스로만을 위해 어떤 세계를 구축하는 법이 없다. 언어란 자기 자신만을 가리키거나 지시하는 것이 아니라 자신을 넘어서서 다른 어떤 것에 대해, 자신의 타자에 대해, 다시 말해 그 언어가 품는 세계에 대해, 이야기해야 할 어떤 것에 대해, 그리고 다른 이들과 공유하고자 하는 체험에 대해 항상 말하는 어떤 것이다. 결국 언어는 (자신 아닌 다른 것) 지향적이다. 무엇에 대해 말하지 않는 언어는 없다. 따라서 은유는 은유의 세계를 담고 있고, 이야기는 이야기의 세계를 말하고, 텍스트는 텍스트의 세계를 갖는 법이다.

『시간과 이야기』를 이루는 근본적인 출발점 같은 것이 있다면 다음과 같은 두 가지이다. 첫째, 만약 인간의 체험이 언어화될 수 없다면, 다시 말해 이야기될 수 없다면, 그 인간적 체험이란 불투명하고 맹목적이며 지리멸렬할 정도로 혼란스러울 뿐 아니라 소통이 불가능하기까지 하다는 점이다. 둘째, 인간이 시간을 체험하는 방식은 여러 가지일 수 있지만 가장 인간적인 방식은 그 혼란스러운 시간 체험이 이야기의 방식과 형태로

---

22) P. Ricœur, *Temps et récit*, t. I, p. 119(원전을 참조해 번역을 수정했다).

분절되고 표현되는 것이며, 그리고 이야기 또한 그 자신의 온전한 의미를 획득하게 되는 때가 바로 이야기가 인간의 시간적 실존의 조건이 될 때이다. 그래서 리쾨르는 이야기를 '시간의 가르디앙(관리자, gardien du temps)'이라고 말한다. 과연 어떤 의미에서, 이야기의 어떤 장치를 통해, 또한 어떤 현존하는 이야기를 통해, "시간(성)과 이야기(성)"(서사성, narrativité)의 이런 긍정적인 순환성을 보여줄 것인가가 리쾨르 문학론을 논하는 마지막 우리의 작업이다.

시간과 이야기의 이런 긍정적인 상호성은 아무런 과정과 장치 없이 저절로 획득되거나 확보되는 것이 아니다. '바로 삼중의 미메시스triple mimésis' 이론이 이런 역할을 맡는다.

1927년 『존재와 시간』에서 존재의 의미에 대해 형이상학적 질문이 제기된 적이 없다고 본 하이데거는 존재 의미가 시간의 지평에서 해명되어야 한다고 보았다. 여기서 리쾨르는 한발 더 나아간다. 그 자체로는 혼란스럽고 어두운 시간 체험은 이야기récit의 지평에서 해명되어야 한다는 것이 리쾨르의 주장이다. 따라서 그에게 진정한 시간은 사물들의 물리적 시간이 아니라 느끼고, 체험하며, 행위하고, 그 행위를 되받는 인간의 시간이되 동시에 '이야기된 시간temps raconté'이라는 것이다. 인간은 다행히 자신의 시간적 경험 및 체험에 인간적 의미를 부여할 수 있는 풍부한 언어적 자원들, 특히 이야기는 삼중적 미메시스라는 장치와 과정을 통해 인간 삶과 체험을 조율(調律)하고 조형(造形)해나간다고 볼 수 있다.

본래 미메시스 개념은 플라톤에게는 단순한 모방에 지나지 않지만, 아리스토텔레스에게는 소설이나 허구의 줄거리(또는 줄거리 짜기, la mise en intrigue)로서 문학성 또는 서사성 자체를 만들어내는 특권적인 장치와 과정으로 등장한다. 삼중적 미메시스들 중에서 문학작품을 구성하는 내재적인 요소들(인물, 줄거리, 배경 등등)과 이것들이 결합하는 고유한 원리와 법칙들을 통해 하나의 그럴듯한 세계를 만들어내는 작업이 바로 '미메시스 II'이다. 리쾨르는 이것을 "마치 ~ 같은 것으로 이루어진 왕국"[23]의 등장으로 부르기도 한다. 또한 '미메시스 II' 단계를 리쾨르는 형상화(形象化, configuration)의 단계라고 부른다. 이는 시간과 관련하여 보자면, 문학적 허구가 가능케 하는 시간과의 다양한 상상적 놀이들을 거치며 일상의 주체가 체험하거나 행위를 하면서 갖는 시간의 차원들과 동일한 수준에 있지 않은 다른 시간적 지평들을 누리게 되는 단계이다. 문학적 허구의 본질적인 요소인 이런 시간과 놀이는 그것만이 줄 수 있는 자유와 해방의 공간을 제공하는 것이 아닐까?

형상화 단계가 아리스토텔레스의 시학 이론에 가깝기 때문에 리쾨르의 미메시스론을 아리스토텔레스 미메시스론의 확장으로 볼 수도 있겠지만, 리쾨르의 삼중적 미메시스의 특색은 정작 다른 곳에 있다. 그러한 '미메시스 II'가 전제하지 않을 수 없는 토대(미메시스 I) 또는 형상화를 가능케 하는 것에 대한 논의가 이루어지고 있다는 점, 그리고 '미메시스 II'의 궁극적 목적(미메시스 III) 또는 그것의 효과까지 성찰하고 있다는 점이다.

'미메시스 II'가 문학적 형상화의 단계라면 '미메시스 I'은 전(前)형상화préfiguration라 불리는 반면, '미메시스 III'은 재(再)형상화refiguration의 단계라 불린다. 문학적 형상화나 철학적 개념화가 이루어지기 전 일상적 행위의 실천적 경험이나 체험의 단계가 바로 전(前)형상화의 단계이다. 형상화는 한마디로 인간 행위를 문학적으로 재현하는 것일 텐데, 이것은 인간 행위를 선이해하지 않고는 불가능하다. 독자와 저자가 모두 공히 준거하고 있는 의미지평으로서의 삶의 세계가 '미메시스 I'이다. 비록 그것이 문학적 형상화가 되기 이전의 인간의 행위 영역과 시간 경험으로서는

---

23) 같은 책, p. 101.

덜 조직화되어 있고 산발적일 수 있지만,[24] 이 인간 행위들은 이야기되기를 요구하고 이야기될 준비 단계의 행위와 경험들이다.[25] 문학적 재현과 그 작품이 읽힐 수 있고, 정도는 다르지만 우리 모두에게 이해될 수 있는 것은 바로 이 선이해의 차원 때문일 것이다.

이런 점에서 리쾨르의 삼중적 미메시스론은 아리스토텔레스의 문학이론적 차원을 포함할 뿐만 아니라, 해석학적 접목을 실현하고 있다고 말해야 옳을 것이다. 따라서 그의 미메시스론의 완결과 완성은 형상화 단계, 다시 말해 텍스트 내부의 고유한 텍스트성이나 문학성의 구성과 창안에서 멈추지 않는다고 말해야만 한다. 전형상화가 문학적 재현과 문학성의 해석학적 가능 조건이라면 미메시스의 마지막 단계인 '미메시스 III(재형상화)'는 형상화 단계의 해석학적 효과로서 등장한다. 한때의 구조주의적 관점은 텍스트 또는 이야기를 그 자체에 갇혀 있는 것으로 보았고 독자와의 만남과는 무관하게 존재하는 것으로 파악했다는 점에서 그들에게 텍스트의 철학적(또는 존재론적) 지위는 "내재적 초월성"에 머무는 것으로 파악할 수밖에 없었다. 만약 텍스트를 그렇게만 본다면 독자의 지평과 텍스트 지평, 보다 구체적으로 말하자면 독자의 세계와 텍스트 세계[26]의 만남 또는 융합을 이론적으로 해명할 길이 없다. 이런 구조주의적 관점만을 고집한다면 우리는 정작 소설을 매일 읽으면서 자신의 삶과 지평에서 그

---

24) 이때의 시간 경험은 형상화되기 이전의 경험으로서 무형태적이고 덜 조형적일 텐데, 비록 '미메시스 II'의 이야기하는 활동 la fonction narrative이 개입되기 이전이라 해도 이 행위지평에 아무런 구조도, 형태도, 의미도 없다고 말해서는 안 된다. 선(先)이해의 지평이라고 해서 무(無)나 비(非) 이해의 지평이 아닌 것이다. 리쾨르는 인간 행위의 "구조적, 상징적, 시간적"(같은 책, p. 88) 특성을 제시함으로써 '미메시스 I'의 단계를 전개한 바 있다.
25) 이미 한나 아렌트는 『인간의 조건』(이진우·태정호 옮김, 한길사, 1996, pp. 235~49 참조)에서 인간 행위의 이런 이야기적이거나 전(前) 이야기적인 특성을, 인간의 또 다른 조건들인 "작업과 노동"으로부터 인간의 행위를 분리시키는 결정적이고도 중요한 특성으로 논한 바 있다.
26) 여기서 주목할 것은 텍스트의 세계이지 작가의 세계가 아니라는 점이다. 독자와 작가가 만나는 것이 아니라 독자(의 세계)와 텍스트(의 세계)가 만난다는 것이다.

허구적 체험을 교차시키는 역할을 떠맡은 독자의 지위와 역할을 제대로 설명해내기 어렵다. 하지만 구조적 분석과 유형화는 독자가 텍스트를 직관적 그리고 주관적으로만 이해하는 경로를 객관적으로 잘 매개하여 보다 근거 있는 읽기와 해석을 유도하는 역할을 하게 될지도 모른다.

어쨌든 문학이 갖는 재형상화의 단계는 독자의 문학 수용 단계를 지칭하는 것으로 이해할 수 있다. 문제는 독자 자신의 고유한 읽기를 통해서만 문학작품과 텍스트의 의미가 완결된다는 것이다. 문학은 독자에 의해 읽힐 때, 마찬가지로 그 문학 읽기를 통해 독자가 자신의 삶을 다시 조형할 수 있을 때, 재형상화가 완결된다고 볼 수 있다.

이야기적 동일성

리쾨르의 문학론에서 삼중적 미메시스 개념만큼이나 철학적 의미를 갖는 개념이 있다면 바로 '이야기적 동일성identité narrative' 개념이다. 허구 이야기에 고유한 '상상적 변주들variations imaginatives'이 일으키는 효과들 중에는 인간의 시간 체험이 갖는 혼란을 정리할 수 있는 가능성이 내포되어 있다. 다시 말해 사라져버렸지만 그렇다고 없다고 말할 수 없는 과거를 재구성해내고, 아직 오지 않았지만 그렇다고 결코 지금-여기와 무관할 수 없는 미래의 도래를 기획해내는 이 작업이 이야기의 형상화와 재형상화 작업에 주어져 있다. 따라서 이야기 속에서 과거는 더 이상 조작 불가능한 벽이 아니며, 미래는 그 어떤 형체도 짐작할 수 없는 미궁이나 미로가 아니다. 시간 체험의 형성 및 해명에 중요하게 기여하는 개념인 '이야기적 동일성'을 둘러싼 다양한 의미들[27] 가운데 가장 중요한 것은 이야기를 통한 (독자의 자기)동일성일 것이다. 본래 개인(의 자기) 동일성 identité personnlle/personal identity 문제를 시간 t1과 t2 사이, 즉 이런 시간의 경과에도 불구하고 하나의 개체(인격)가 동일한 인격으로 남게 하는 것은 무엇이냐의 문제라고 파악하는 것은 시간성을 배제할 수 없는 인간 실존에 관한 물음에 걸맞지 않다. 여기서 문제는 이야기의 개입[28]을 통해 동일성 문제에 어떤 변화가 생기느냐를 묻고 답해보는 것이다. 이미 한나 아렌트는 누구의 이야기가 바로 그가 누구임을 드러내는 유일한 매체임을 주장한 바 있다. 소크라테스의 철학적 견해에 대해서는 그의 유고(遺稿)가 없기에 우리가 플라톤이나 아리스토텔레스보다 잘 알지 못하는 것이 사실이다. 하지만 우리는 "소크라테스가 누구인가를 더 잘 그리고 자세히 알고 있다"[29]라고 말할 수 있는데, 그것은 우리가 그가 주인공으로 등장하는 이야기를 알고 있기 때문이라는 것이다. 누구임을 묻는 질문이 시간을 배제한 채 무엇임을 묻는 본질주의적이고 실체중심적 물음이 아니라면, 시간의 변화와 경과를 통하면서 한 사람의 삶을 이야기하는 것이야말로 그가 누구임을 밝히는 것이 아닐까?

울프, 만, 프루스트

아주 구체적인 문학작품 분석을 위해 긴 우회로를 마련하는 것이 마땅하지만 시간에 대한 허구적 체험을 담은 이 세 작가에 대한 중요한 소설들(『댈러웨이 부인』『마의 산』『잃어버린 시간을 찾아서』)을 통해 리쾨르가 『시간과 이야기 II』에서 지향하고자 하는 철학적 핵심으로 가보자. 리쾨르는 아우구스티누스의 현상학적 내면적 시간론을 "화음적 불협화음 discordance concordante," 다시 말해 현재에 대한 긴장과 집중을 통해 지나간 과거와 도래할 미래를 다소 불안하게 통합하는 모델로 보고 있다.

---

27) 특히 『폴 리쾨르의 철학』(철학과현실사, 2004) 가운데 pp. 214~22의 논의를 집중적으로 참조할 것. 필자는 이 저서에서 이 개념에 대한 세 가지 의미론적 분석을 다음과 같이 시도했다. ①이야기 (자체)의 동일성, ②이야기 속 (인물의) 동일성, ③이야기를 통한 (독자의 자기)동일성.
28) 그런 이유에서 "이야기적 동일성identité narrative"이라는 독특한 리쾨르 개념이 등장한다.
29) 한나 아렌트, 『인간의 조건』, p. 247.

반면 이런 시간의 이론적 아포리아에 대해서는 문학적 응수와 대응의 길을 아리스토텔레스의 이른바 "줄거리 짜기mise en intrigue"에서 찾는다. 그 이유는 리쾨르가 줄거리 안에서 다양한 시간적 체험의 변화와 변수, 그리고 급변, 사건 등등 통합할 수 있는 "불협화음적 화음concordance discordante"의 능력을 보았기 때문이다. 과연 허구적 시간 체험을 다양한 방식으로 기술하는 토마스 만, 버지니아 울프, 프루스트의 작품들에서 인간의 이야기하는 활동fonction narrative은 어떻게 시간의 아포리아를 감당해낼까?

이 세 소설의 공통점은 여러 각도에서 볼 수 있지만, 역사적 시간, 연대기적 시간을 배경으로 허구적 시간 체험을 전개해나간다는 것이다. 『댈러웨이 부인』『마의 산』『잃어버린 시간을 찾아서』는 앞서거니 뒤서거니 하면서 제1차 세계대전을 전후한 시간 지표를 사용한다. 분명 세 소설은 이 분명한 역사적 시간의 지표를 다르게 사용하지만, 허구의 시간이 연대기적 시간에 눌린다든지 그 아래에 종속된다든지 하는 방식은 절대 아니다. 역사적 시간은 분명하고도 일의적인 지칭 대상을 갖는 시간이지만 세 소설의 제1차 대전은 역사학에서 말하는 연대기적 구속이나 질서를 따르지 않으면서 마치 중립적으로 등장해서 다른 이질적 시간 체험들을 위한 매개체로 활용된다.

이제는 허구적 시간 체험을 세 소설이 어떻게 서로 다른 방식으로 전개하는지에 주목하면서 한 발짝만 더 작품들 안으로 다가가 보자. 『댈러웨이 부인』의 경우, 허구적인 시간 체험은 빅벤의 주기적인 종소리─역사적 시간의 한 모습─와 각 인물들의 숙명적이고 내면적인 시간의 불협화음적 구조로 대별된다. 하지만 하나의 대표되는 시간 경험이 등장하는 것은 아니라는 점이 중요하다. 왜냐하면 대표적인 인물인 클라리사, 피터 등등의 시간 체험이 서로 인접하여 통로를 만들면서 결코 동일하지 않

으면서 상호적으로 공명하고 울려주는 시간 체험을 만들기 때문이다.[30]

『마의 산』의 경우, 리쾨르가 가졌던 시간과 이야기 사이의 근본적인 입장을 다시금 확인케 하고 있다. 아우구스티누스는 시간 양태들 사이의 부조화를 현재를 통해 통합하려는 노력을 통해 시간의 화음concordance을 불협화음보다 우위에 두지만, 『마의 산』은 시간의 아포리아를 한 단계 업그레이드해버리기 때문이다. 다시 말해 신의 영원성 안에 한 개인의 죽음을 포섭시키는 중세의 거장인 아우구스티누스의 방식을 택하는 것이 아니라, 주인공이 죽음의 반복적이고 동일자적인 영원성과 화해하지 못한 채 오히려 아이러니를 통해 무관심해져버리는 작전을 구사하기 때문이다.[31] 물론 스토아적인 해결책을 닮은 그런 무관심은 시간의 난제에 대한 승리일지는 몰라도 늘 불안정할 수밖에 없는 승리에 불과한 것이다.

『잃어버린 시간을 찾아서』는 리쾨르가 『시간과 이야기 II』에서 가장 많은 지면을 할애하고 있는 작품이다. 이미 들뢰즈가 『프루스트와 기호들』[32]에서 이 작품을 시간에 관한 이야기로 다루기보다는 기호 체득과 진리 추구에 관한 작품으로 다룬 적이 있다. 하지만 리쾨르는 이 중요한 소설이 시간에 관한 이야기라는 점을 별 어려움 없이 논증하고 있다. 그는 이 시간 이야기를 읽는 두 가지 초점을 제공하는데, 그 첫번째가 바로 흔히 '추억들의 덩어리'라 불리는 잃어버리는 시간이다. 바로 이 시간 안에서 감각적인 기호들의 체득과 해석 그리고 번역이 이루어진다. 두번째 초점은 이른바 되찾은 시간이다. 비의지적인 기억과 우연들에 의해 불러일으켜진 행복한 순간들의 영원성을 작품 속에 고정시킴으로써 잃어버렸다가 되찾는 시간을 뜻한다. 그런데 리쾨르에 따르면 되찾은 시간의 최종적

---

30) P. Ricœur, *Temps et récit*, t. II, p. 167.
31) 같은 책, pp. 192~93.
32) G. Deleuze, *Proust et les signes*, Paris: PUF, 1964.

의미는 삶의 편린들이 흩어놓았던 잃어버린 시간들을 바로 글쓰기―문학이라고 바꾸어도 무방하다―를 통해 되찾는 것에 있다고 한다.[33] 따라서 되찾은 시간은 문학의 초시간적―허구적 및 상상적―성격을 통해 잃어버린 시간의 복원과 재현을 표현하는 것이다. 만약 그렇다면 『잃어버린 시간을 찾아서』는 여러 층위의 시간 체험이 갖는 불협화음적 요소를 넘어서 글쓰기와 이야기함을 통해 새로운 화음의 가능성을 시도한다는 점에서 앞의 작품들과의 차이를 주목하게 하는 작품으로 평가할 만할 것이다.

3. 나오는 글: 문학 읽기와 독자의 문제

우리는 앞에서 언어와 실재에 대한 관심과 천착이라는 보다 상위의 관점에서 리쾨르의 문학론을 살핀다면 더 잘 이해할 수 있다는 하나의 작업 가설을 제시한 바 있다. 상징 언어나 은유적 문장, 이야기를 담고 있는 텍스트 등, 이 모두는 언어라고 하는 전체적인 현상을 이루는 중요한 요소와 같은 것이다. 이런 중요한 언어의 알맹이들에 대한 리쾨르의 분석을 가로지르다 보면 리쾨르가 언어에 대해 갖는 근본적인 통찰을 엿보게 된다. 그 통찰은 다름 아니라 언어가 세계[34]와 관계 맺으려 하고, 부단히 (세계)지향적이라는 것이다. 여기서 분명히 짚고 넘어가야 할 것이 있다. 언어가 세계를 지시하되 그 지시하는 방식과 수준이 문제라는 것이다. 아마도 가장 덜 지시적인 시(詩)의 언어조차 일차적 의미―다시 말해 사물과 대상을 직접 가리킨다는 의미에서―의 지시 대상을 넘어서 다른 무

---
33) P. Ricœur, 앞의 책, p. 223.
34) '현실' 또는 '실재'라고 바꾸어 이해해도 좋다.

엇인가를 가리키지 않는다고 말하는 사람은 없을 것이다. 우리가 흔히 '플라톤의 세계' '아리스토텔레스의 세계'라고 말할 때 그 말이 가리키는 바는 플라톤 작품의 세계, 아리스토텔레스 텍스트의 세계일 것이다. 실상 플라톤의 대화편에 등장하는 인물들 중 그 누구도 현존하지 않았다는 점에서 그 대화편은 직접적인 지시 대상을 가진 텍스트라고 보기 어렵다. 그렇다면 문학작품에 등장하여 허구적인 시간 체험을 공유하는 모든 인물과 주인공, 화자 들 그리고 허구적 시간 체험도 마찬가지 운명이다. 그렇다면 상징이나 은유, 이야기가 가리키는 세계가 직접적인 지시 대상으로서의 세계가 아니라면, 더 정확히 말해 직접적으로 지시 가능하며 오감(五感)으로 확인 가능한 세계가 아니라면 과연 어떤 세계일까? 그것은 우리가 눈으로나 손으로 조작하거나 촉지할 수 있는 대상들과 사물들의 총체로서의 세계가 아니다. 오히려 텍스트를 통해서 그리고 그것에 의해서 열리고 발견되는 세계가 아닐까? 우리가 그 안에서 우리 삶과 관련된 다양한 기획과 제안을 시사받고 자극받는 세계가 아닐까? 하이데거의 표현 방식대로 말해본다면, 나의 가장 고유하고도 본래적인 존재 가능성들 중 하나를 선택하도록, 내가 그렇게 살도록 제안하는 그런 세계가 아닐까?

여기서 '나'는 누구인가? 그런 텍스트의 세계에 초대받고 그렇게 살도록 권유받은 '나'는 누구인가? 텍스트의 세계를 잠재적 상태에서 끌어내어 현재화하는 사람들은 누구인가? 사실 그동안의 논의에서 상징 언어, 은유, 이야기는 하나의 문화적 산물로서 이미 우리에게 전통을 이루고 있는 "쓰인 것" "글쓰기" 영역에 속하는 것이었다. 남은 문제는 그 "글쓰기"를 누가 그리고 어떤 방식으로 각자의 삶에 가져가느냐이다. 이런 점에서 리쾨르가 문학작품의 온전한 의미는 "텍스트에 의하여 투사된 세계와 독자의 삶의 세계가 교차하는 지점"[35]에서 획득된다고 말하는 것은 대단히 시사적이다. 여기서 두 세계의 교차와 만남이 일어난다. 이 교차는 어떤 의미일까? 상징 언어, 은유, 이야기에 등장하는 언어들이 단순히 사물이나 사태의 기술(記述)이나 묘사를 지향하는 언어가 아니면서, 그렇다고 해서 분명 이러저러한 삶이 더 나은 삶이라는 기준과 원칙 그리고 규범을 제시하는 윤리학적 담론의 언어들도 (아직) 아니라는 점에서 그 문제는 분명히 제기되어야 한다. 또한 그런 활발한 교차를 가능하게 하는 것은 무엇일까? 독자의 (텍스트) 읽기라고 아주 간명하게 말할 수 있을지도 모른다. 하지만 이것은 문제에 대한 정답이라기보다는 또 하나의 새로운 물음의 지평의 시작과 출발에 가깝다.

---

35) P. Ricœur, 앞의 책, p. 234.

리쾨르의 문학 연구 관련 문헌

Philosophie de la volonté 2: Livre II. La Symbolique du Mal, Paris: Seuil, 1965.
(한국어판) 『악의 상징』, 양명수 옮김, 문학과지성사, 1994.
De l'interprétation: essai sur Freud, t. I, Paris: Seuil, 1965.
(영역판) *Freud and Philosophy*, Yale University Press, 1970.
: 이 저서는 이미 한국어로 번역된 『악의 상징』(1960)과 더불어 해석학자로서의 리쾨르의 진면목을 한눈에 알아볼 수 있게 한다.
Le conflit des interprétation: essai d'herméneutique, Paris: Seuil, 1969.
(한국어판) 『해석의 갈등』, 양명수 옮김, 아카넷, 2001.
La métaphore vive, Paris: Seuil, 1975.
(영역판) *The Rule of Metaphor: Multi-disciplinary studies of the creation of meaning in language*, University of Toronto Press, 1977.
: 이 저서는 『시간과 이야기 I, II, III』 시리즈와 더불어 문학과 철학의 주제가 가장 많이 만나는 저서이다. 영역판의 부제가 그야말로 의미심장하다.
Interpretation theory: Discourse and the Surplus of Meaning, Texas Christian University Press, 1976.
(한국어판) 『해석이론』, 김윤성·조현범 옮김, 서광사, 1996.
Hermeneutics and the Human Sciences: Essays on Language, Action and Interpretation, Cambridge University Press, 1981.
(한국어판) 『해석학과 인문사회과학』, 윤철호 옮김, 서광사, 2003.
Temps et récit, t. I, Paris: Seuil, 1983.
(한국어판) 『시간과 이야기 I: 줄거리와 역사 이야기』, 김한식·이경래 옮김, 문학과지성사, 1999.
Temps et récit, t. II, Paris: Seuil, 1984.
(한국어판) 『시간과 이야기 II: 허구 이야기에서의 형상화』, 김한식·이경래 옮김, 문학

과지성사, 2000.
Temps et récit, t. III, Paris: Seuil, 1985.
(한국어판)『시간과 이야기 III: 이야기된 시간』, 김한식 옮김, 문학과지성사, 2004.
Du texte à l'action: essais d'herméneutique, t. II, Paris: Seuil, 1986.
(한국어판)『텍스트에서 행동으로』, 박병수·남기영 편역, 아카넷, 2002.
Soi-même comme un autre, Paris: Seuil, 1990.
(한국어판)『타자로서 자기 자신』, 김웅권 옮김, 동문선, 2006.
(영역판) *Oneself as another*, The University of Chicago Press, 1992.
: 이 책은 리쾨르 스스로 자신의 모든 철학적 작업의 결산 내지 종합이라고 규정한 저작으로, 우리말 번역서를 제외한 리쾨르의 저작들 중에 꼭 한 권을 읽어야 한다면 이 책을 권한다.

독자들은 물론 우리말로 번역된 책을 읽고 싶을 것이다. 당연히『해석의 갈등』을 읽어야겠지만 먼저『악의 상징』을 진지하게 일독하고 또 다독하기를 권한다. 리쾨르의 이해를 위해 후설과 하이데거의 책들과 엘리아데와 프로이트의 저서들도 빼놓을 수 없다. 그리고 보다 큰 흐름을 잡기 위해서는『텍스트에서 행동으로』를 읽고, 숲을 지나 나무를 보려면『시간과 이야기 I, II, III』시리즈와 대결한다. 이 시리즈가 하이데거의『존재와 시간』에 대한 응답이라고도 볼 수 있다.

2부

후기구조주의, 해체주의, 그 주변

들뢰즈의 문학론

들뢰즈 문학비평의 핵심적 작업을 꼽자면, 프루스트론과 카프카론이다. 이 두 가지는 들뢰즈가 평생 해온 작업의 구현으로서 각각 사유의 해방과 욕망의 해방을 노린다. 사유는 '진리를 알고자 하는 자발적 의지' 같은 임의적 전제에 매개되지 않고, '기호'와의 마주침 같은 외부 자극으로부터만 필연적으로 시작된다는 것이 사유의 해방이라는 과제가 그려내고자 하는 것이다. 욕망의 해방은 오이디푸스적인 시니피앙에 매개되는 과정을 욕망의 억압으로 이해하고, 이 매개 대신 욕망의 직접적 '표현'가능성을 모색하는 작업이다. 그런데 들뢰즈의 바탕에 놓인 스피노자적 배경에 따르면 '기호'는 비진리의 영역에, '표현'은 진리의 영역에 속한다. 그렇다면 프루스트의 기호론과 카프카의 표현론은 서로 모순된 것인가? 들뢰즈 문학론은 이 대립 속에 두 동강 나 있는가? 이러한 우려 섞인 질문에 맞서, 이 글은 들뢰즈 문학론 전반을 하나의 일관적 구도 속에 집어넣어보려는 기획이다.

기호와 표현

서동욱

1. 여는 글: 경험론적 작가들

문학은 시대를 앞서 가는 바람개비이다. 시계가 종종 그렇듯, 예술은 앞서 가는 거울이다. 카프카가 남긴 이 두 문장은 들뢰즈 문학 연구의 진실을 요약하고 있다. 앞서 가는 자의 운명이란 무엇인가? 그것은 경험론자의 운명이기도 한데, 기존의 — 이 말을 '선험적 a priori'이라 바꾸어 써도 좋으리라 — 모든 조건들로부터 벗어나, 감성에 주어지는 낯선 파편들만을 가지고 사유를 시작한다는 것이다. 철학이란 것이 경험으로부터는 얻을 수 없는 것들 — 그것이 존재이든 또는 선험적 요소들이나 조건들이든 — 에 대한 사유라면, 경험에 주어지는 한 줌의 파편들만을 만지작거리는 일은 '비철학적'이라 일컬을 만하다. 이 비철학적인 것은 얼마나 중요한가? "강의에서 나는 얼마나 철학이 (……) 비철학적 이해, 지각들 percepts과 정서들 affects을 통해 작동하는 이해를 필요로 하는지 파악했다."[1] 비철학적인 것이란, 들뢰즈 사상에서 그것의 최소한의 의미만을 추려보자면, 특정 계열의 고전철학 일반이 공유하는 "주관적이며 암묵적인 전제"[2]를 벗어나는 길을 가리킨다. 이런 비철학적인 길에서 만나는 '지각과 정서'가 우리가 철학을 가지고 몰두해왔던 문제들에 대한 해답을 준다는 것이다.

이러한 점은 들뢰즈 사상의 정체에 대해서뿐만 아니라, 왜 그가 특정한 작가들에 대해 그토록 몰두하며 이들 문학의 도움 없이는 어째서 절뚝거리게 되는지 알게 해준다. 어떤 뜻에서 그런가? "주관적이며 암묵적인 전제" 없는 사유의 정체란, 이 전제에 각종 본유 관념들 및 선험적 원리들이 포함되는 한에서 '경험론'이 될 수밖에 없다. 그리고 경험론에 남겨지는 것은 경험에 앞서는 전제들에 매개되지 않는 '지각과 정서'밖에 없는 것이다. 그렇다면 누가 이런 지각과 정서만을 가지고, 철학이 몰두했던 문제들이 해결될 수 있는 길로 안내해주는가? 그들이 바로 들뢰즈가 자기 책의 수많은 페이지들을 할애한 프루스트와 카프카 같은 예술가들이다. 프루스트는 이렇게 이야기한다. "이제 나는 진리의 이성적이고 분석적인 표현이 아닌 표식들만을 중요시하게 되었다. 나는 말을 해석할 때도, 당황했을 때 얼굴이 벌겋게 달아오르는 것을 해석하거나 혹은 갑작스레 밀려온 침묵을 해석할 때와 마찬가지로 접근하였다. 그렇게 하지 않으면 말 자체는 나에게 아무것도 가르쳐주지 않았다."[3] 여기서 프루스트는 '진리의 이성적 표현'과 '표식들 témoignages'을 구별하고 표식들만을 인식의 원천으로 삼는다. 물론 이성적인 것과 다른 표식들이란 '내 눈으로

---

1) G. Deleuze, *Pourparlers*, Paris: Éd. de Minuit, 1990, p. 191(약호 P). 이 글의 모든 인용문에서 원저자의 강조는 ' '로, 필자의 강조는 고딕체로 표기한다. 〔 〕 안의 말은 대체 가능한 번역어나 뜻을 잘 통하게 하기 위해 필자가 임의로 집어넣은 것이다. 인용은 본문 중 인용문 뒤 괄호 안에 약호 표시와 쪽수를 써주는 방식으로 했다.
2) G. Deleuze, *Différence et répétition*, Paris: PUF, 1968, p. 170(약호 DR).
3) M. Proust, *À la recherche du temps perdu*, t. III, Paris: Gallimard, Pléiade, 1954, p. 88(약호 RTP).

확인한 바에 의하면 si j'en crois le témoignage de mes yeux' 같은 표현에서 보듯, 그리고 프루스트가 예로 든 "당황했을 때 얼굴이 벌겋게 달아오르는 것" 같은 경우에서 보듯 감성적 원천을 갖는 것이다. 이러한 '감성적 원천'의 중요성을 들뢰즈는 (좀 다른 맥락에서이긴 하지만) 카프카에게서 역시 발견한다. 카프카의 관심을 끄는 것은 "형태 자체를 붕괴시키는 '표현 기계,'"[4] "언어 안에 이방인처럼 존재하는 것,"(K, p.48) 예컨대 '형태 없는 음성적 질료'로서, 말 그대로 '감성적 원천'을 갖는 것이다. "카프카의 관심을 끈 것은 순수한 음성적 질료이다"(K, p.11). 가령 다음과 같은 구절을 보라. "그레고르는 자기의 대답 소리를 듣고 깜짝 놀랐다. 그 대답 소리는 틀림없이 자기 목소리였는데, 거기엔 저음 같기도 한 어떤 억제할 수 없는 고통스러운 찍찍하는 소리가 섞여 있었다. 그 찍찍거리는 소리는 하고 있는 말을 다만 처음 순간에만 명료하게 할 뿐, 그 여운은 분명치 않아서 상대방이 똑바로 알아들었는지 알 수 없었다."[5]

이 글은 들뢰즈 문학 연구의 핵심에 놓여 있는 이러한 경험론적 면모가 갖는 의의를 규명하는 것을 목적으로 한다. 이러한 작업은 들뢰즈 문학론의 기둥을 이루는 두 작가에 대한 연구, 『프루스트와 기호들』(1963)[6]과 『카프카: 소수문학을 위하여』(1975)를 중심으로 이루어져야 할 것이다. 이 두 작품을 살펴보는 과정에서 물론 우리는 이 두 작품과 떼어서 생각할 수 없는 들뢰즈의 주요 저작들(가령 『차이와 반복』[1968]이나 『앙티오

---

4) G. Deleuze & F. Guattari, *Kafka: Pour une littérature mineure*, Paris: Éd. de Minuit, 1975, p. 51 (약호 K).
5) 프란츠 카프카, 『단편전집: 변신』, 이주동 옮김, 솔, 1997, p. 112.
6) 질 들뢰즈, 『프루스트와 기호들 *Proust et les signes*』, 서동욱 외 옮김, 민음사, 2004(개정판) (약호 PS). 이 작품은 1963년에 하나의 논문 형태로 발표되었고, 다음 해에 가필·보완되어 책으로 출간되었다. 이후 1976년까지 여러 차례 증보되었다. 이 기간은 『니체와 철학』(1962), 『칸트의 비판철학』(1963) 등의 초기 저작부터 후기의 『천 개의 고원』(1981)의 몇 부분이 발표되던 시기 (1973) 전체와 포개어진다. 그만큼 이 저작은 여러 시기에 걸쳐 형성된 들뢰즈 사상의 전모를 반영하고 있다고 해도 과언이 아니다.

이디푸스』(1972))의 주제와 만나지 않을 수 없다. 그것은 어떤 의미에서 들뢰즈 철학 전체를 문학론의 관점에서 일별하는 작업에 다름없는데, 당황스럽게도 우리는 이러한 작업을 시작하는 최초의 지점부터 난관에 부딪치게 된다. 왜냐하면 프루스트론과 카프카론은 서로 대립적으로 보이는 개념에 각각 기반을 두고 있기 때문이다. 왜 이 두 개념이 대립적이며, 이 대립은 해소될 수 있는 전망이 있는 것인지를 살펴보기에 앞서, 우선 이 두 개념에 의존해 프루스트론과 카프카론 각각에서 복잡스러운 문학 이야기의 방향을 찾아주어야 할 것이다. 그 두 개념이란 프루스트의 작품에서 빙글거리는 나침반 '기호signe'와 카프카의 진동을 기록하는 지진계 '표현expression'이다.

2. 기호와 표현의 문학론

1) 프루스트의 '기호': 공명 효과

프루스트에게서는 비이성적인 지각과 정서를 주는 감성적인 것이 출현하는 방식 가운데 하나로, 그의 문장들 속에서 '표식'이란 단어로 기록되기도 한 '징후' 또는 '기호'가 탐구 대상이 된다. 어떤 의미에서 들뢰즈에게 예술 일반이란 이 징후에 대한 연구라고 해도 과언이 아닐 것이다. "징후학symptomatologie이란 언제나 예술의 일거리다."[7] 누가 징후학으로서 예술의 모범을 보여주는가? 물론 프루스트이다. "프루스트의 경우 그가 탐구한 것은 기억이 아니라 기호의 종류들이다. 그는 기호들의 환경적 본성과 방사 방식, 질료, 체제 등을 발견해야 했다. 『잃어버린 시간을 찾

---

7) G. Deleuze, *Présentation de Sacher-Masoch*, Paris: Éd. de Minuit, 1967, p. 11.

아서』는 일반기호학, 세계의 징후학이다"(P, p.195). 지성의 암묵적 전제를 고발하는 철학은 그 전제들의 임의성을 밝혀야 하며, 그 전제들에 매개되지 않은 정서와의 만남을 기술하는 경험론일 것이다. 그런 정서의 도래는 기호와의 마주침에서 이루어진다. 그리고 기호와의 마주침이라는 것은, '암묵적 전제들'에 기반을 둔 철학 일반과 경쟁하며, 철학의 오래된 문제들에 나름의 답을 내놓으려고 하는데, 그 가운데 중심이 되는 한 가지는 앞의 프루스트의 구절("나에게 아무것도 가르쳐주지 않았다")이 암시하듯 '앎의 문제'이다. 즉 경험을 구성하는 개념들의 출현 문제이다. 누가 이 문제에 맞닥뜨려, 본유적 그리고 선험적 원리들에 빚지지 않고 감성적 기원으로부터 경험구성적 개념의 출현을 설명하는가? 다음과 같이 경험에서 배움의 원천을 찾는 이가 그렇다. "순수 지성이 만들어낸 관념들은 논리적 진리, 가능한 진리밖에 가지지 못한다. 이 관념들은 임의적으로 선택된 것이다. '우리 지성에 의해 쓰여진 문자caractères tracés par nous가 아니라' 사물의 형상이라는 문자caractères figurés로 된 책이 우리의 유일한 책이다. 우리가 만들어낸 관념들이 논리적으로 옳지 않다는 뜻이 아니다. 다만 그 관념들이 참인지 아닌지는 모르겠다는 것이다"(RTP, III, pp.878~80). 이 구절은 경험을 독해 가능하게 해주는 문법으로서 지성 개념을 내세우는 칸트의 다음 구절에 맞서고 있다. "지성의 순수 개념은 현상들을 말하자면 문자로 철자화해서 경험으로 읽을 수 있도록 하고자 사용될 뿐이다"(『형이상학 서론』, IV, p.312). 지성에 의해 쓰여진 문자가 아니라, 사물의 형상으로 쓰여진 문자, 즉 경험적 원천을 지니는 문자로부터 어떻게 앎의 문제는 해답을 얻어내는지 알기 위해서는 들뢰즈가 그렇듯 프루스트가 만든 길을 따라가야 하지 않을까? 이렇게 도출된 과제와 더불어 들뢰즈의 프루스트론은 주제로서 필연성과 제한성을 얻게 된다. 그런데 이 문학론이 주제로서 필연성을 얻는다는 것은, 들뢰즈가 다루는 문학이 필연적으로 갖고 있는 어떤 형태, 가령 '서사 narration'가 모종의 필연성을 얻는다는 것을 뜻할 것이다. 그리고 이 필연성의 규명은 문학이 가질 수 있는 지위에 대한 해명이기도 하다. 프루스트의 기호론에 대한 우리의 탐구는 문학(더 정확히는 서사)의 이 지위를 규명하는 데서 마치게 될 것이다.

사유의 임의적 공리들

들뢰즈가 사유의 임의적 전제라고 비판하는 사유의 이미지란 사유가 가능하기 위한 조건으로서의 공리들postulats로 이루어진 사유의 지평을 가리킨다. 그것은 사유 안에 "항상 미리 전제되어 있는 [사유의] 좌표들"(P. p.202)이라고 할 수 있다. 앞서 우리가 들뢰즈의 말을 빌려 '주관적이며 암묵적인 전제'라 일컬은 고전철학이 지닌 사유의 이미지의 공리는 가령 이런 것이다. "사유자는 사유자로서 참을 원하고 사랑한다."[8] 사유자가 참을 사랑하고 원하는 이 의지를 가리켜 들뢰즈는 사유의 '선의지bonne volonté' 또는 '사유의 선한 본성'이라 부르며, 또 사유하는 자아라면 누구나 지닌 것이라는 뜻에서 '코기토의 보편적 본성'이라 일컫기도 한다(DR, p.216 참조). 인식론적 문제(참에 관한 문제)를 제기하면서, 마치 도덕적 문제가 내재해 있다는 듯 이 공리를 '선의지'라 이름 한 까닭은 무엇인가? 참에 대한 선의지는 내가 속이기를 원하지 않는다는 것, 어떤 형태건 거짓은 배제하려는 의지, 그리고 거짓된 것은 나쁘다는 가치평가를 함축하고 있기 때문이다(NP, p.109 참조). 고전철학이 사유와 진리 사이의 친화성 또는 진리 인식의 가능성을 보장하기 위해 호소하는 것은 '사유자는 거짓이 아니라 진리를 원한다'는 사유의 '선의지'뿐이다.

---

8) G. Deleuze, *Nietzsche et la philosophie*, Paris: PUF, 1962, p. 118(약호 NP).

고전철학이 이러한 전제를 암암리에 가정하고 있었다는 것은 양식(良識, bon sens)에 대한 데카르트의 다음과 같은 기술에서 잘 드러나고 있다. "양식은 세상에서 가장 공평하게 분배되어 있는 것이다. 누구나 그것을 충분히 지니고 있다고 생각하므로, 다른 모든 일에 있어서는 만족할 줄 모르는 사람들도 자기가 가지고 있는 이상으로 양식을 가지고 싶어하지 않으니 말이다. (……) 이것은 잘 판단하고, 참된 것을 거짓된 것으로부터 가려내는 능력, 바로 양식 혹은 이성이라 일컬어지는 것이 모든 사람에게 있어서 나면서부터 평등함을 보여주는 것이다."[9] 여기서 데카르트는 진리 인식이 가능하기 위한 근본 전제로서, 모든 사람이 참된 것을 거짓으로부터 가려내는 능력인 양식을 보편적으로 가지고 있다는 것, 즉 들뢰즈가 '선의지'라 일컫는 것을 내세운다. 그러나 철학이 가능하기 위한 이 근본적인 전제 자체의 정당성은 철학 안에서 주어지지 않는 것이다. 그리고 이 선의지의 공리가 정당성을 확보하지 못한다면, 진리와 선의지 사이의 친화성이란 것도 임의적인 것이 되어버린다(철학사적 연원을 살펴자면, 사유가 '자연적으로' 진리와 친화적이라는 사유의 선의지에 대한 들뢰즈의 비판은 분명 니체에 뿌리를 두고 있다. 니체는 『힘에의 의지』에서 '자발적으로' 진리를 원하는 사유의 선의지에 대해 이렇게 의혹을 표명한다. "우리 안의 누가 진리를 발견하고자 원하는가? 사실 우리는 [진리를 발견하고자 하는] 이 욕구의 기원의 문제를 앞두고 오랫동안 늑장을 부렸다. (……) 우리가 참을 원하고 있다고 인정한다면, 왜 참 아닌 것을 원하고 있다고는 말 못 하는가? 불확실성은 어떤가? 또 우리가 원하고 있는 것이 무지여서는 안 되는 법이라도 있는가? (……) 결국 이 문제는 지금까지 결코 제기된 바 없는 것으로 보인다. 우리가 그것을 살펴보고, 검토하고, 감히 건드려보는 최

---

[9] R. Descartes, C. Adam & P. Tannery(éds.), Œuvre de Descartes, t. VI, Paris: Léopold Cerf, 1897~1913, p. 2.

초의 사람들이다"〔NP, p. 109에서 재인용〕).

임의성의 협의에 노출되어 있는 사유의 선의지에 맞서, 사유의 필연성을 가능케 해주는 것으로 들뢰즈가 내세우는 것이 '기호와의 맞닥뜨림'이다. "우리에게 사유하도록 강요하는 또 다른 사물들이 있다. (……) 그것은 폭력을 쓰는 사물들, 우연히 '맞닥뜨리는' 기호들이다"(PS, p. 150). "세계 안에는 우리가 사유하게끔 강요하는 어떤 것이 있다. (……) 그 어떤 것이란 (……) 기호다"(DR, p. 182). 기호는 왜 그것과 마주친 우리에게 사유를 강요하는가? 징후로서의 기호는 그 자체로 정체를 알려오지 않는 것이다. 징후라는 말 자체가, 내보여진 형태 안에 그것의 정체가 있지 않음을 암시한다. 의식적 경험과 상관적인 것의 본질이 그 의식적 경험 자체 바깥에 있으므로 사유는 자기에게 주어진 형태인 의식내재성을 초과하도록 강요되는 것이다. 이런 까닭에 기호는 의식적 사유와 상관적인 경험 대상으로서는 '미지의 것'으로 출현한다. 이런 기호와의 마주침의 대표적인 예 가운데 하나가 바로 프루스트의 마들렌 체험이다. 기호로서 마들렌의 체험에서 일어나는 일은 무엇인가?

공명, 어두운 전조

마들렌 체험의 분석을 특징짓는 것이 공명résonance 효과이다. 우리는 공명을 '비의존적인 이질적인 항들 간의 '이웃관계'의 조화'라고 정의할 수 있다.[10] 프루스트론에서 공명은, 그 효과(결과)의 측면에서 기술하자면, 우연히 마들렌 과자의 맛을 봄으로써 비자발적으로 과거의 동일한 맛을 상기하게 되고 그로부터 행복감을 느끼게 되는 경험을 말한다. 즉 과거의 마들렌 경험과 현재의 마들렌 경험이 병치됨으로써 생기는 행복감

---

10) G. Deleuze & C. Parnet, *Dialogues*, Paris: Flammarion, 1977(증보판: 1996), p. 125 참조(약호 D).

이 공명 효과다. 그런데 이런 공명 효과는 어떻게 발생하는가? 공명 효과의 발생을 설명하는 일이 중요한 까닭은, 과거와 현재 사이에 공명이 있다는 사실과, 과거의 과거로서의 '동일성(정체성),' 현재와의 '유사성' 및 '동일성' 등의 개념이 있다는 사실은 서로 '공외연적coextensive'이기 때문이다. 두 항 사이에 공명이 있다는 것은 이미 두 항을 서로 독립시켜 주는 개념(정체성)과 두 항을 서로 관계 맺어주는 개념(유사성)이 탄생했다는 뜻이다. 따라서 '공명의 발생 과정은 경험을 규정하는 개념의 발생 과정과 동일하며, 그렇기에 공명 효과의 가능 근거를 묻는 것은 개념의 탄생이 어떻게 가능한가를 묻는 것이기도 하다.' 들뢰즈는 말한다. "두 계열([현재의] 마들렌과 [과거에 마들렌을 먹던] 아침식사) 사이에는 유사성이 있다. 심지어 둘 사이에 어떤 동일성이 있기까지 하다(즉 성질로서의 [마들렌의] 맛은 현재와 과거 두 순간 모두에서 서로 유사할 뿐 아니라 자기동일적이기도 하다). 그럼에도 불구하고 비밀은 여기에 있지 않다"(DR, p.160). 개념의 획득과 동시에 '경험적 차원에서 이루어지는' 현재와 과거 사이의 공명이 아니라, 그 공명을 가능케 하는 선험적 근거를 묻고 있기에 '비밀은 여기에 있지 않다'고 말하는 것이다.

공명을 가능케 해주는 것, 또는 경험을 구성하는 개념들(동일성, 유사성 등)을 가능케 해주는 것을 가리켜 들뢰즈는 "그 자체로 존재하며, 과거 자체의 상태대로 살아남고 보존되[는] (……) 즉자적으로 존재하는 과거,"(PS, p.97) 혹은 '순수 과거'라고 부른다. "'무의식적으로 나타나는 기억'은 우리에게 순수 과거, 즉자적으로 존재하는 과거를 건네준다. 확실히 이 즉자적 존재는 시간의 모든 경험적 차원을 넘어선다"(PS, p.102). 반면 자발적 기억은 늘 과거 자체에 가 닿는 일에 실패한다. "나의 기억의 [의도적] 노력이나 지성의 노력은 지난날들, 잃어버린 시간을 찾는 일에 늘 실패해왔다"(RTP, III, p.871). "과거를 환기시키려는 우리 지성의 모든 노력은 쓸모가 없다"(RTP, I, p.45). 자발적 기억이 과거를 본 자태대로 되돌려주기보다는, 오래된 사진처럼 무미건조한, 하나의 열등한——현재적 지각에 비해 덜 생생하다는 의미에서 열등한——지각으로 '재구성'[11]할 뿐이라는 점은 다음과 같은 체험의 기록에 잘 나타난다. "나는 지금 기억 속에서 다른 '스냅사진,' 특히 기억이 베네치아에서 찍은 몇 가지 스냅사진을 꺼내 보려고 하였으나, 베네치아라는 낱말만으로도 기억은 사진 전람회처럼 권태롭게 되었다. 그래서 전에 면밀하고도 서글픈 눈으로 관찰했던 것을 지금 묘사하는 데 필요한, 그때 그 순간 가졌던 것과 똑같은 의욕도 재능도 없다는 느낌이 든다"(RTP, III, p.865). 자발적 기억이 하는 일은 앨범을 펼쳐 오래된 사진을 보는 일과 흡사하다. 과거에 어디에 갔고 무엇을 했는지를 구성해낼 수는 있지만, 과거 순간 자체에 가졌던 관찰의 의욕, 재능, 정서에 대응하던 과거의 대상 '자체'를 발견하게 해주는 것은 아니다.

비자발적 기억을 통해 발견되는 순수 과거는 자발적으로 의식 가능한 경험적 차원 안에 있기보다 그것을 가능케 해주는 근거라는 점에서 우리는 이렇게 이야기해야 할 것이다. "이 순수 과거는 (……) 모든 현재들을 흘러가게 하고, 그 흐름을 주재하는 심급이기도 하다"(PS, pp.102~103). 모든 현재들, 즉 지금이라는 현재와 한때 현재였던 의식 가능한 과거의 흐름을 주관하는 것이 순수 과거이다. 프루스트의 다음 구절이 말하고자 하는 바도 다른 것이 아니다. "그것[비자발적인 기억이 발견하는 즉자적 시간]은 다만 과거의 한 순간인가? 아마도 그 이상의 것이리라. 그것은 과거에도 현재에도 동시에 공통되고, 과거와 현재 두 가지보다 훨씬 본질적인 어떤 것일 것이다"(RTP, III, p.871). 그것은 두 순간, 현

---

[11] "이 기억[자발적 기억]은 과거를 직접 포착하지 않는다고 해도 과언이 아니다. 이 기억은 현재를 가지고 과거를 재구성한다"(PS, p.93).

재였던 과거와 지금의 현재를 연관 짓는 근거이기에 '본질적'이라 일컬어지는 것이다. 이러한 경험적 항들 사이의 짝짓기, 공명, 소통을 가능케 하는 요소를 들뢰즈는 '어두운 전조sombre précurseur'라고 부르기도 한다. "어두운 전조는 자기 고유의 힘을 통해 차이 나는 항들을 매개 없이 관계 짓는다"(DR, p.157). 또한 들뢰즈는 프루스트의 말을 빌려, 이 어두운 전조를 통한 두 항 사이의 종합을 가리켜 "과학의 세계의 인과율이라는 독보적인 관계에 비견될 만한 관계"(PS, p.81)라고 말하기도 한다.

차이, T. S. 엘리엇의 「황무지」 읽기

그런데 중요한 것은 여기서 '어두운 전조(순수 과거)'가 그 자체로 정체성을 지니는 것이 아니라는 점이다. "어두운 전조는 자기 고유의 힘을 통해 차이 나는 항들을 매개 없이 관계 짓는다." 이 인용에서 '관계 짓는다'는 말은 두 항의 종합을 나타낸다. "매개 없이"라는 표현은, 이 종합에서 어두운 전조가 그 자체로 정체성을 지니는 제3항으로서 나머지 두 항을 매개하는 것이 아니라, 종합되는 항은 오로지 서로 다른(차이 나는) 두 항일뿐이라는 점을 나타낸다. 요컨대 '어두운 전조'는 동일성을 지니는 하나의 항이 아니라, '차이 자체'로서 기능하는 것이다.

이런 전조는 동음이의어를 통해 예화될 수 있다. 가령 '사과 받다'라는 말에서 '사과'는 사과(謝過)로도, 과일의 일종으로도 이해될 수 있다. 동음이의어 사과는 각각 동일성을 지닌 두 개의 기의를 차별화하는 '변별화의 수행자,' 즉 두 기의를 서로 다른 각자의 동일성을 지닌 것으로 만들어내는 차이 자체이다. 이때 어두운 전조 자체는 자기동일성을 지니지 않는가? "전조에는 동일성이란 것이 '있다.' (……) 그러나 이 '있음'이란 전적으로 미규정적인 상태에 머문다"(DR, p.157). 자기동일성을 지닌 것은 두 기의이지, 동음이의어 자체는 자기동일성을 지니지 않는다. 그것은 오로지 두 개의 변별적인 자기동일성을 현실화하는 미규정적 요소로만 이해되어야 한다. 단지 추상적인 반성적 차원에서만 그것에 자체적인 동일성을 부여할 수 있을 것이다. 그 경우의 동일성은 그저 "허구적 동일성"(DR, p.157)이다. "어두운 전조들은 (……) 미리 준비된 어떤 동일성에 근거하지 않으며, 특히 원리상 '정체 확립 불능'이다"(DR, p.159). 그런데 이 미규정적 동음이의어로부터 두 개의 '변별적(차이 나는)' 동일성이 생산되므로, 이 요소는 차이 자체인 것이다. "차이의 차이화différenciation, '차이를 만들어내는 자'인 즉자un en-soi comme un différenciant/un Sich-unterscheidende가 있음에 틀림없다"(DR, p.154). 이렇게 변별화를 해주는 자가 어두운 전조이다. 그리고 이 차이 자체로부터 두 개의 자기동일성이 생산된 후 경험적 비교를 통해 두 항 사이에 유사성이 주어질 수 있다. 그렇다면 근본적 층위의 차이로부터 동일성과 유사성 개념이 이차적으로 출현하는 것이라고 말해야 한다. "두 계열이 아무리 유사하다고 해도, 그 둘이 공명하는 것은 결코 유사성을 '통해서가' 아니라, 그들의 차이를 '통해서'이다."[12] "동일성과 유사성은 차이를 만들어내는 자différenciant의 결과물 외에 다른 것이 아니다"(DR, p.160).

차이로서의 전조를 보다 잘 이해할 수 있는 예를 한 가지 더 들어보자. 동일성과 유사성 같은 경험구성적 개념의 생산자로서 차이(어두운 전조)가 어떻게 가능한지를 잘 보여준 작품이 T. S. 엘리엇의 「황무지」이다. 이 장시의 5부 '천둥이 한 말'은 '다$_{Da}$'라는 천둥소리의 작용으로 끝을 맺는다. 『우파니샤드』에 나오는 이야기의 시적 변용인 이 마지막 부분에서 '다'는 세 가지 '변별적인' 말로 사람들에게 들려온다. 다타(주라), 다야드밤(공감하라), 담야타(자제하라)……. 여기서 '다' 자체는 자기동일성

---

12) G. Deleuze, *Logique du sens*, Paris: Éd. de Minuit, 1969, p. 266.

을 가지고 있는가? 누구도 '다'라는 말 자체의 정체를 천둥의 말소리로서 확인하지 않는다. 그것 자체는 정체성이 있는 것이 아니라, 오로지 다타, 다야드밤, 담야타라는 세 단어의 변별적인 자기동일성을 출현시키는 생산적 요소이다. 물론 이 요소 '다'는 '변별적인(차이 나는)' 세 개의 동일성을 산출하므로 '차이 자체' 외에 다른 것으로 이해될 수 없다. 이렇게 각각의 동일성이 산출된 후 단어들은 유사한 두음을 가진 단어들로 서로 유사관계에 들어선다. 즉 항들 간의 유사성이 선행하는 것이 아니라 차이 때문에 유사성이 산출되는 것이다.

사후성

그런데 경험을 가능케 해주는 이런 어두운 전조는 하나의 시간지평 위에서 기능하는데, 그것이 '사후성'이다. 칸트에게서 경험의 근본 지평으로 제시된 것이 계기성으로서의 시간이었다면, 들뢰즈에게서는 사후성의 시간이 경험의 근본 지평이다. 마들렌 체험 이전에 과거의 콩브레 시절과 현재 순간은 아무런 관련을 가지고 있지 않았다. 마들렌 체험에 의해 생겨난 순수 과거를 통해 비로소 두 순간은 유사관계 아래로 들어가는 것이다. 즉 두 항, 현재와 과거의 종합은 미리 주어지거나 순차적인 시간적 계기를 통해 형성되는 것이 아니라, 어두운 전조의 사후적 개입을 통해 뒤늦게 이루어진다.

이 점은 들뢰즈가 프루스트와 관련하여 즐겨 이야기하는 또 다른 예, 바로 사랑의 사건에서도 잘 드러나고 있다. "그것은 『잃어버린 시간을 찾아서』의 주인공의 경우에서와 같다. 어머니에 대한 주인공의 유아기의 사랑은 성인기의 두 항, 즉 오데트에 대한 스완의 사랑과 성인이 된 주인공의 알베르틴에 대한 사랑이 소통하기 위한 동인agent이다. (……) 확실히 어린 시절의 사건은 오로지 연기와 더불어서만 작동한다. 그것은 연기로서 '존재한다Il est ce retard.' 그러나 이 연기 자체는, 이전과 이후가 공존하게 하는 시간의 순수 형식이다"(DR, p.163). 연기, 즉 사후성이 시간의 '순수 형식'이다. 여기서 '이전'이란 스완과 오데트의 사랑을 말하며, '이후'란 주인공 자신이 겪은 알베르틴과의 사랑이다. 이 두 개의 성인기 항을 유사관계의 형태로 종합해주는 것이 바로 주인공의 유아기 사건, 즉 어머니의 키스 거부라는 실패한 사랑의 사건이다. 이 유아기의 사건이 있기 때문에 두 개의 실패한 사랑의 사건(스완-오데트, 주인공-알베르틴)이 서로 유사한 것으로서 공명하게 된다.

프루스트의 주인공에게 알베르틴과의 사랑의 실패는 오데트에 대한 스완의 실패한 사랑에서 기인하는 것으로 이해된다("결국, 곰곰이 생각해보니, 내 경험의 재료는 스완에게서 비롯되었다"〔RTP, III, p.915〕). 두 사건 사이의 이런 연관, 즉 종합을 가능케 해주는 것이 바로 유아기의 잠재된 사건이며, 이런 뜻에서 그것은 경험을 가능케 해주는 근거로서의 지위를 갖는 것이다. 그리고 유아기의 사건 자체는 알베르틴과의 만남 뒤에 '사후적으로' 전조의 역할을 부여받는다. 알베르틴과의 만남이 없었다면, 유아기의 사건은 스완의 사랑과 주인공의 사랑을 공명시켜주는 전조의 사명을 갖지 못했을 것이다. 알베르틴과의 사랑의 실패의 원형으로서 도래하는 스완의 사랑의 실패 역시 유아기의 사건이라는 어두운 전조에 의해 사후적으로 첨가되는, 사랑의 실패의 기원이다(그런데 사후적으로 첨가되는 기원이란 사실 형용모순이다. 그러므로 사후성의 논리는 실은 기원이란 존재하지 않음을 함축하는 것이다). 이렇게 어두운 전조는 종합으로서 우리의 경험을 발생시켜준다. "〔유아기 사건에서의〕 어머니는 (……) 우리의 경험이 시작하는 방식(……)으로서 나타난다"(PS, p.113). 어머니의 저녁 키스 거부는, 주인공의 성인기 경험(알베르틴에 대한 사랑의 실패)이 스완의 사랑의 실패라는 원형의 모방물로서 구성되게끔 해주는 근거의 자격을 갖는 것이다. 이런 식으로 여기서도 경험의 기원은 지각한 채 도래한다는 '사후성'이, 경험이 주어지는 '시간의 순수 형식'을 이룬다.

한 가지 예 — 김수영

그런데 우리 문학도 이러한 어두운 전조를 통한 항들의 종합을 보여줄 수 있지 않을까? 만일 어두운 전조가 특정한 문학의 예외적인 소유물이 아니라면, 즉 세계의 비밀 자체에 근접하고 있는 것이라면 우리는 인쇄된 트레이싱지를 대고 겹쳐 읽듯 우리 문학 위에도 들뢰즈의 종이들을 대고 거기에 어떤 글씨들이 생기는지 관찰할 수 있을 것이다.

김수영의 「양계변명」(1964)[13]은 양계업자로서의 김수영의 삶을 엿보게 하는 글이다. 시단(詩壇)에 대해서 흔히 그랬듯 그는 양계업에 대해서도 저주받은 직업이라는 둥 엄청나게 구시렁거린다. 간략히 말해 이 글은 어려운 양계 사업에 뛰어들어서 "집안이 온통 배 파선한 집같이 되었"(김수영, p.45)는데, 여러 가지 이유로(아마도 그 가운데 하나는 일봐주는 머슴아이인 만용이를 비롯한 딸린 식구들에 대한 체면 — 김수영은 이 체면을 '겸연쩍다'라는 말로 노출한다 — 때문에?) 양계업에서 손을 떼지 못하는 사정을 기록하고 있다. 사건은 이렇다. 양계의 계속되는 실패 때문에 울고 싶은 날들이 연속인데, 양계를 하니까 돈이 있는 줄 알고 어느 날 도둑까지 든다. 그런데 이 도둑은 헙수룩한 양복을 입은 오십대 사나이로 전혀 도둑답지 못한 사람이었다. 너무 온순하고 맥 풀린 도둑의 모습에 김수영은 어이가 없어 그를 조용히 타일러 쫓아내고자 한다. 그런데 도둑의 반응은 어떠한가? "'(……) 여기서 좀 잘 수 없나요?' 이 말을 듣자 나는 어이가 없어졌습니다. '여보, 술 취한 척하지 말고, 어서 가시오.' 도

---

13) 김수영, 『김수영 전집』 2권, 민음사, 1981, pp. 42~46(약호 김수영).

둑은 발길을 돌이켰습니다. 그리고 두어서너 발자국 걸어가더니 다시 뒤를 돌아다보고 '어디로 나가는 겁니까?' 하고 태연스럽게 물어보았습니다. '어디로 나가는 겁니까?' 나는 도둑의 이 말이 무슨 상징적인 의미같이 생각되어서 아직까지도 귀에 선하고, 기가 막히고도 우스운 생각이 듭니다. 도둑은 철조망을 넘어왔던 것입니다. '어디로 나가는 겁니까?' 이 말은 사람이 보지 않을 제는 거리낌 없이 넘어왔지만 사람이 보는 앞에서 다시 넘어가기는 겸연쩍다는 말이었을 것입니다. 구태여 갖다 붙이자면 내가 양계를 집어치우지 못하는 이유도 마찬가지라고 생각합니다. 장면을 바꾸어 생각한다면, 도둑은 나고 나는 만용이입니다. 철조망을 넘어온 나는 만용이에게 '백번 죽여주십쇼, 백번 죽여주십쇼' 하고 노상 손이 발이 되도록 빌면서 '어디로 나가는 겁니까? 어디로 나가는 겁니까?' 하고 떼를 쓰고 있는지도 모릅니다"(김수영, p.46).

애초에 양계업의 존폐 위기에 처한 김수영의 상황과 도둑의 사정은 아무런 관계가 없는 것이다. 두 가지를 유사관계로 이어주는 '어두운 전조'는 무엇일까? '어두운 전조'로 작동하는 것이 있다면, 그것은 바로 "어디로 나가는 겁니까?"라는 도둑의 말이다. 바로 이 말 때문에 서로 관계를 가질 수 없었던 두 개의 상황, 즉 '나와 만용이'의 관계와 '도둑과 나'의 관계로 구체화되는 두 상황이 사후적으로 '유사관계로서' 종합되는 것이다. "[어두운 전조]는 완전히 다른 두 대상을 '시간의 우연성에서 비켜나도록 하기 위해' 이 두 대상 사이에 어떤 관계를 만들어준다"(PS, p.91).

경험적 종합

그런데 이렇게 감성에 끼치는 자극으로부터 시작되는 종합은 어떤 의미에서 '경험적 종합'인가? 항들 간의 종합을 수행하는 전조는 결코 의식적으로 경험되는 것이 아니다. 의식될 수 있는 것이 있다면 그것은 어두운 전조에 의해 공명하는 두 항의 종합뿐이다. "경험 자체는 우리에게 혼합체만을 제공한다."[14] 두 항의 종합으로서의 혼합체 말이다. 그런데 이 혼합체를 경험 안에 구성해주는 전조 자체는 경험할 수 있는 대상이 아니다. 그렇다면 이 전조는 어디서 왔는가? 경험 밖에서 왔는가? 이 전조 역시 경험 외의 다른 것으로부터 유래한 것이 아니다. 그것은 단지 의식되지 않는 경험일 뿐이다. 이러한 전조의 위상을 한 가지 예를 통해 이해해볼 수 있다. 내가 초록이라는 색을 의식적으로 경험할 때 실제로 경험하고 있는 것은 파랑과 노랑이다. 그러나 의식되는 것은 오로지 초록일 뿐 파랑과 노랑은 의식되지 않는 지각으로 남는다. 요컨대 "미세 지각들은 의식적 지각의 부분들이 아니라, 의식적 지각의 요건들 또는 발생적 요소들이다."[15] 파랑과 노랑은 초록이라는 경험의 일부분이 아니라 초록이 가능하기 위한 '선험적 근거'인 것이다. 정의상 "'선험적'은 경험으로부터 도출되지 않는 표상들을 일컫는다."[16] 초록이라는 의식적 경험으로부터는 결코 파랑과 노랑이라는 표상이 도출되지 않는다. 그런 의미에서 파랑과 노랑은 초록이라는 경험에 앞서는(초록에 대해 선험적인) 경험의 근거이다. 그러나 단지 의식되지 않을 뿐 파랑과 노랑도 경험이다. 경험의 배후에 있는 근거 역시 경험인 것이다. 어두운 전조의 경우도 마찬가지이다. 두 항이 종합되도록 해주는 전조는 의식되지는 않지만 경험 외에 다른 것이 아니다. 프루스트 화자의 유년기의 저녁 키스 거부가 경험이 아니라면 무엇이란 말인가? 그리고 이렇게 의식되지 않지만 경험인 전조를 경유해서 항들 간의 종합이 이루어진다는 사실로부터 우리는 들뢰즈 인식론의 가장 중요한 명제 하나를 이해하게 된다. "'배움appren-tissage'[17]

---

14) G. Deleuze, *Le bergsonisme*, Paris: PUF, 1966, pp. 11~12.
15) G. Deleuze, *Pli: Leibniz et le Baroque*, Paris: Éd. de Minuit, 1988, p. 118.
16) 질 들뢰즈, 『칸트의 비판철학 *La philosophie critique de Kant*』, 서동욱 옮김, 민음사, 2006 (개정판), p. 36(약호 PCK).

은 언제나 무의식을 경유한다"(DR, p.214). 결국 들뢰즈의 "경험론은 (……) [의식상에서] 체험된 경험에게 단순히 호소하지 않는다"(DR, p.3). 종합된 혼합체로서의 경험 대상을 가능케 하는 잠재적 요소, 즉 의식되지 않는, 또는 '의식적 경험에 앞서는' — 이런 뜻에서 선험적인 — 경험인 어두운 전조를 다루는 것이 들뢰즈의 경험론이다. 그러므로 이 경험론은 초월적transcendantal이다. 왜냐하면 '초월적'이라는 말은 칸트가 말하듯 대상들이 아니라 대상들을 가능케 하는 선험적 요소들을 다루는 모든 인식을 일컫기 때문이다(『순수이성비판』, A12; 학술원판, III, p.43 참조). 아울러 같은 이유에서 기호(징후)와 맞닥뜨린 사유는 '강요'를 겪는 것이다. 기호와 대면한 사유는 자기에게 주어진 형태인 의식내재성을 초과해 있는 것, 즉 의식되지 않는 경험인 어두운 전조에 의해 규정되는 까닭이다.

서사의 지위

사유가 어두운 전조에 가 닿을 때 일어나는 일은 무엇인가? "사유하는 것은 창조하는 것이라고 말해야 옳다. (……) 사유 속에서 사유 활동을 창조하는 것이다"(PS, p.166). 무엇보다 들뢰즈에게 사유 행위는 창조라는 것을 이해하는 것이 중요하다. 그런데 어떤 사유 행위인가? "인식은 창조이다"(NP, p.105). 풀어서 표현하면, 인식 대상인 경험구성적인 종합적 관계들은 사후적으로 창조되는 대상이라는 것이다. 이는 이러한 경험구성적 관계를 꾸며내는 어두운 전조(가령 순수 과거로서의 콩브레)가 '다시 인지할 수 있는' 대상(재인식récognition의 대상)이 아니라 창조의 대상이라는 것을 함축한다.[18] "부름에 응하는 콩브레는 완전히 새로운 형

---

17) 들뢰즈 사상의 핵심을 이루는 이 말은 뒤에 다루게 될 것이다.

태로 다시 출현한다. 콩브레는 옛날 당시의 콩브레로 출현하지 않는다. (……) 콩브레는 한 번도 체험될 수 없었던 그런 형태로 나타난다"(PS, p.100). "〔기호 안에 들어 있는〕 내용물은 완전히 상실된 것이거나 혹은 전에도 한 번도 소유된 적이 없었던 것이다. 그러므로 이 내용물을 다시 획득하는 것은 하나의 창조 행위이다"(PS, p.181).

이것이 함축하는 바는 무엇인가? 바로 시간적 구조(사후성의 시간)에 의해 본질적 대상이 규정된다는 점이다. 들뢰즈는 이런 요술을 가리켜 "진리를 위기에 처하게 만드는 시간의 형식 또는 오히려 시간의 순수한 힘"[19]이라 일컬었다. 서사가 탄생하는 지점은 바로 이 '시간의 순수한 힘'이 발휘되는 지점이다. 인식이 시간에 정복당하고, 시간 속에서만 영원불변의 진리를 대신할 무엇인가가 희미한 빛을 비추기 시작할 때, 이 시간의 흐름을 어떤 명칭으로 일컫는가? 우리는 그것을 바로 '서사'라 부른다. 그리고 이 서사는 시간의 기구한 운명과도 같은 '변화'를 본질로 하기에 근본적으로 '영원'한 진리와는 다른 것, 우리가 허구라는 익숙한 이름으로 불렀던 것, 바로 거짓으로서 존립한다. "서사는 진실된 것이기를 그치고, 즉 참임을 주장하기를 그치고 본질적으로 거짓을 만들어낸다"(IT, p.171). 이 '거짓'이란, 사람들이 '악의 없이' 가장 편하게, 소설을 일컫기 위해 사용한 명칭이기도 하다.

시간의 변화, 그러니까 서사가 인식에서 본질적인 대상을 규정한다면, 시간은 진리를 대신한다고 말해도 좋으리라. 이러한 시간과 진리 사이의 긴장은 단지 들뢰즈에 국한된 문제가 아니다. 데리다에게서도 진리란 연기됨의 시간을 통해, 무한히 연기되는 방식으로, 즉 시간의 질서에 지배

---

18) '재인식'에 대한 비판은 들뢰즈 철학의 가장 핵심적인 부분 가운데 하나인데, 그 연원은 스피노자에게 있다. 이 문제는 뒤에서 살펴보게 될 것이다.
19) G. Deleuze, *Cinéma 2: L'image-temps*, Paris: Éd. de Minuit, 1985, p. 170(약호 IT).

되는 방식으로만 도래하며, 레비나스에게서도 무한의 이념은 타인이라는 흔적의 배후로 무한히 연기되는 방식으로만 도래한다.[20] 사정이 이렇다면, 인간의 숙명은, 데미우르고스 같은 영원성을 모범으로 작업하는 이보다는, '시간을 취급하는' 장인들에게, 즉 서사를 만들어내는 이야기꾼들에게 맡겨져 있는 것이 아닐까? 진리는 근본의 자리를 차지한 서사에 대해 뒤늦게 '첨부되는 기원,' 지각한 기원, 그러므로 무늬만 기원일 뿐인, 서사의 이차적 산물이 되는 것은 아닐까? 그렇다면 결국 서사가 진리를 창조한다. 우리는 다음과 같이 말해야 하리라. "참된 것은 변화한다. 예술가란 바로 '진리의 창조자'이다"(IT, p.191). 진리는 영원히 고정불변인 어떤 것이 아니라, 시간 속에서, 아니 시간의 예술인 서사 속에서 계속 새롭게 탄생한다. 만일 문학'과' 철학을 잇는 저 접속사가, 우리에게 매혹적인 대상인 만큼이나 혐오의 대상이라면, 그것은 진리를 둘러싸고 벌이는 철학과 이야기의 싸움터 깊숙이, 지금 우리 모두가 원하든 원치 않든 제대로 끌려 들어왔음을 뜻할 것이다. 그리하여 저 접속사가 우리 시대의 '필연적인' 걱정거리라는 것을, 머무르기 위해서건 벗어나기 위해서건, 이 싸움터가 요구하는 바대로 각자의 사유를 괴롭힐 수밖에 없다는 것을 뜻할 것이다.

2) 카프카의 '표현': 시니피앙에 맞서서

들뢰즈의 카프카론을 어떻게 이해해야 할 것인가? 앞서 말했듯 카프카론은 프루스트론과 대립되는 하나의 개념 위에 축조되어 있다는 점에서 우리를 당황스럽게 한다. 그 개념이 바로 '스피노자적 원천'을 지니는 '표

---

[20] 여러 철학자들에서 이 연기됨(사후성)이란 주제에 관해서는 필자의 책 『들뢰즈의 철학—사상과 그 원천』(민음사, 2002)의 2장 및 「사르트르의 현재성」 『문학과사회』(70호, 2005년 여름호)의 1절 참조.

현' 개념이다(자세히 보겠지만, 단적으로 말해 들뢰즈의 카프카론은 표현 개념을 통해 전통적인 시니피앙 개념을 문제에 부치는 작품이다). 이 표현 개념은 카프카론보다는 프루스트론을 위태롭게 만드는데, '기호'는 들뢰즈 철학의 가장 중요한 원천 가운데 하나인 스피노자―따라서 우리는 이 원천과 독립적으로 기호 개념을 비롯한 들뢰즈의 개념들을 사유하기 어렵다―에게서 늘 부정적인 의미로, 즉 상상력의 소산인 '부적합 관념'을 가리키는 말로 사용되기 때문이다. "부적합 관념의 고유성은 그것이 바로 기호라는 점이다."[21] 이 부적합 관념인 기호는 '적합 관념'인 표현과 대립한다. "스피노자에게 본질적인 것은, 늘상 애매한[다의적인, 불명확한équivoque] 기호들의 영역과, 일의성univocité을 절대적 규칙으로 삼고 있어야만 하는 표현들의 영역을 편 가르는 일이다."[22] 기호는 "상상력으로부터 나오는 본질적으로 불명확한 언어를 형성한다는 점이며, 이는 일의적인 표현으로부터 나온 철학의 자연 언어와 대립되는 것이다"(SPP, p.145). 기호가 갖는 이런 부정적인 함의를 염두에 둘 때 우리를 당황스럽게 하는 것은 다음과 같은 두 가지 문제이다. 첫째, 프루스트의 기호 해독이란 결국 부적합 관념의 탐구인가? 그렇다면 들뢰즈는 부적합 관념에 대한 탐구인 기호 해독에 왜 그토록 몰두하는가? 둘째, 표현과 기호가 서로 대립적이라면, 들뢰즈 문학론 안에서 기호 개념에 기반을 둔 프루스트론과 표현 개념에 기반을 둔 카프카론은 서로 대립적인가? 그것이 사실이라면 들뢰즈 문학론 '일반'은 성립 불가능한 개념인가? 또는 이것이 성립 가능하다면 프루스트적 기호론과 카프카적 표현론은 어

---

21) G. Deleuze, *Spinoza: Philosophie pratique*, Paris: Éd. de Minuit, 1981, p. 145(약호 SPP).
22) G. Deleuze, *Spinoza et le problème de l'expression*, Paris: Éd. de Minuit, 1968, p. 307(약호 SPE).

떻게 연관될 수 있는가? 다시 말해 프루스트 연구와 카프카 연구를 두 기둥으로 삼는 들뢰즈의 문학론은 어떻게 일관성을 획득할 수 있겠는가? 이러한 질문이 우리의 문젯거리다.

스피노자의 기호와 프루스트의 기호

우리가 설정한 질문이 기다리는 답에 접근하기 위해서는 먼저 프루스트의 기호와 스피노자의 기호 사이의 거리를 가늠해보아야 한다. 혹시 우리는 무턱대고 프루스트와 스피노자의 기호 개념을 필연적으로 동류의 것으로 엮어놓고 있는 것은 아닌가? 사실 들뢰즈는 이렇게 명시하고 있다. "프루스트는 라이프니츠주의자이다"(PS, p.72). 들뢰즈에 따르면 라이프니츠에게서는 기호가 표현의 외연에 포함되는 반면, 스피노자에게서는 표현이 기호와 대립한다. "우리는 라이프니츠에게서 표현 범주의 내포와 외연을 명시적으로 다루는 텍스트들을 발견한다. 그러나 기이하게도 라이프니츠는 이 표현의 범주에다 기호, 유사물, 상징, 조화의 세계를 포함해 전체를 포괄하는 외연을 부여한다. 반면 스피노자는 (……) 표현을 기호 또는 유비와 엄격하게 대립시킨다"(SPE, p.305). 따라서 라이프니츠에게서는 기호가 표현의 일종인 까닭에 긍정적 의미를 가지며, 프루스트가 라이프니츠주의자라면, 들뢰즈의 프루스트론은 스피노자적인 기호론, 즉 부적합 관념에 대한 이론이라는 부정적 의미를 피할 수 있게 될 것이다.[23]

그러나 그렇다고 해서 문제가 말끔히 해결되는 것은 아니다. 왜냐하면 들뢰즈가 프루스트적 기호 해독을 스피노자의 그것과도 연관시키는 일이 없지 않기 때문이다. '앙티로고스'라는 『프루스트와 기호들』의 한 장(2부

---

23) 필자는 『차이와 타자』(문학과지성사, 2000)에서 들뢰즈가 제시하는 이러한 길을 선택하여 기호 해독 모델을 기술한 바 있다(1장 참조).

1장)의 제목에서부터 쉽게 짐작할 수 있는 것처럼, 기호는 진리와 친화적인 로고스에 반대되는 것, 즉 '대표적 비진리인 거짓말' 같은 것이다. "로고스와 반대로 기호들로 된 언어에서는, 오로지 속이기 위해 꾸며낸 것 속에만, 진리를 감추는 굴곡들méandres 속에만, 거짓말과 불행의 조각들 속에만 진리가 있다"(PS, pp.167~68). 이렇게 말하면서 들뢰즈는 프루스트를 특징짓는 이 앙티로고스적인 기호, 즉 거짓의 언어로서의 기호를 스피노자에게서 발견한다. 놀랍게도 『신학정치론』에서 그토록 신랄한 비판의 대상이었던 예언자가 '프루스트와 마찬가지로' 거짓말로서의 기호와 맞닥뜨리는 자이다. "스피노자가 예언을 정의하면서 말했듯이, 로고스를 잃고서 기호들의 언어에 이른 유대인 예언자가 신의 기호는 속이지 않는다는 점을 믿기 위해선 언제나 하나의 기호가 필요하다. 왜냐하면 신조차도 그를 속이고 싶어할 수 있기 때문이다"(같은 곳).

이러한 정황이 알려주는 바는 들뢰즈 철학에서 프루스트의 기호론이 갖는 애매한 위치이다. 왜냐하면 그것은 라이프니츠적 기호론을 통해 완전히 해명될 수 있음에도 불구하고, 또한 스피노자적 기호론과도 무관할 수 없기 때문이다. 그러므로 들뢰즈의 문학비평 안에서 프루스트적 기호 해독 모델의 긍정성을 밝히는 일은 스피노자에게서 기호가 갖는 긍정적 면모를 드러내는 일과 떼어서 생각할 수 없다. 스피노자에게 기호란 전적으로 부정적인 면모만을 지니는가? 결론부터 말하자면 그렇지 않다. 들뢰즈는 스피노자에서 우리의 인식이 최초로 시작되는 지점을 기술한다. 이 지점은 우리의 모든 미숙한 영혼들이 흔히 갖는 조건, 부적합 관념의 영역이다. "우리가 관념을 갖는 조건들은 우리가 부적합 관념만을 체험하도록 강요하는 것처럼 보인다. 그리고 우리가 변용되는 조건들은 우리가 수동적 변용들[기호로부터의 영향]만을 겪도록 강요하는 것처럼 보인다. (······) '자연'은 이러한 점에서는 우리에게 호의적으로 작용하지 않는다"(SPE, p.252). 부적합 관념에서 출발하는 우리의 이런 조건을 들뢰즈는 스피노자의 '경험론적 면모'로 규정한다. "거기서 스피노자의 영감은 근본적으로 경험론적이다. (……) 〔경험론자들에게〕놀라운 것은 사람들이 종종 참을 이해하고, 종종 서로를 이해하며, 종종 그들을 속박하는 것에서 자신을 해방시키기도 한다는 것이다. (……) 스피노자의 역설 가운데 하나는 (……) 경험론의 구체적 힘들을 되찾아서 그것들을 우리가 전혀 생각지 못했던 가장 엄격한 것 가운데 하나인 새로운 합리론에 봉사하게 만든다는 것이다. 스피노자는 묻는다. 우리의 힘을 왜곡시키고 우리가 할 수 있는 것에서 우리를 분리시키는 많은 부적합 관념들이 필연적으로 우리에게 주어지는데, 어떻게 우리는 적합 관념을 형성하고 생산하는 데 이를 수 있는가?"(SPE, pp.134~35) 경험에 처음 주어지는 것은 원인의 관념이 알려지지 않은 결과의 관념이다. 이런 의미에서 경험론은 늘 부적합 관념에서 출발한다. 스피노자의 경험론적 면모란 바로 이런 부적합 관념, 즉 기호로부터 참된 것, 즉 적합 관념으로 나아가는 길에 관심을 가지고 있다는 점이다.[24] 이러한 길이 가능한 까닭은 기호 자체는 적합 관념이 아닐지라도 그 안에는 적극적인 것, 참된 것이 들어 있기 때문이다. "부적합 관념 안에는 적극적인 어떤 것, 우리가 명석하게 파악할 수 있는 일종의 지시가 있다. 바로 그런 식으로 우리는 어떤 원인의 관념을 가질 수 있다"(SPE, p.135). 기호는 '제일 먼저 first and foremost' 그것이 현상하는 양식상 늘 원인이 알려지지 않은 결과이므로 우리를 수동적 passive으로 만들고 그런 의미에서 정념적인 passionnelle 것이다. 그런데 원인 없는 결과가 기호의 최종적 상태는 아니며, 그것은 "우리가 명석하게 파악할 수 있는" 원인을 감싸고 있다. 그렇다면 기호는 일종의 표현, 그것도

---

24) 스피노자의 경험론적 면모에 대한 보다 자세한 논의는 필자의 책 『들뢰즈의 철학―사상과 그 원천』, pp. 232~48 참조.

매우 특별한 표현, 바로—놀랄 만큼 모순돼 보이는 명칭인—"정념적 표현expression passionnelle"[25]의 지위를 갖는 것이라 해야 마땅하지 않을까? 기호 해독에 관한 작품이라는 관점에서 "『에티카』는 정념적 표현의 형식을 통해 진행되며, 기호에 의해 진행된다"(CC, p.180).

그러므로 '기호로부터 진리 인식에 이르려는 스피노자적 기호 해독'이 존재하는 것이다. "결과에서 원인으로 '어떻게' 거슬러 올라갈 수 있을까 라는 의문이 제기될 때, 최소한 몇몇 기호들이 우리에게 도약대 역할을 해야 하며, 몇몇 정서들은 우리가 필수적인 도약을 할 수 있도록 해주어야 한다. (……) 그러므로 기호에는 개념을 준비하는 동시에 배가(倍加)하는 무엇인가가 있다"(CC, pp.179~80). 여기서 개념이란 '적합 관념으로서 공통 개념'을 말한다("우리가 갖는 최초의 적합 관념, 그것은 공통 개념, 즉 '공통적인 어떤 것'의 관념이다"[SPE, p.259]). 기호로부터 출발해 참된 것(공통 개념)을 획득하는 이러한 과정을 들뢰즈는 '배움' 또는 '수련'이라 일컫는다. "공통 개념들의, 또는 '능동적으로-되기'의 배움 apprentissage이 있다. 스피노자주의에서 수련formation의 문제의 중요성을 소홀히 해서는 안 된다"(SPE, p.267). 그런데 기호 해독을 통해 본질적인 것의 배움에 이르는 이런 수련의 과정에 대한 소설이 바로 프루스트의 작품인 것이다. "이 책[『잃어버린 시간을 찾아서』]은 어떤 배움 apprentissage의 이야기이다. 더 정확히는 한 작가의 배움의 과정의 이야기이다. (……) 배운다는 것은 필연적으로 '기호들'과 관계한다"(PS, pp.22~23). 그리고 배움의 과정의 최종적 산물은 참된 것, 바로 본질에 대한 인식이다. "배움의 과정에서 최종적 결론 혹은 최종적으로 깨닫게 되는 계시가 바로 본질이다"(PS, p.68). 스피노자적 배움이 기호 안에

---

25) G. Deleuze, *Critique et clinique*, Paris: Éd. de Minuit, 1993, p.180(약호 CC).

있는 표현적인 것에 이르는 과정인 것과 동일한 의미에서 프루스트의 배
움은 기호 해독을 통해 본질에 이르는 과정인 것이다.

소수 문학, 화용론, 프루스트의 기호와 카프카의 표현

이제 두번째 문제에 대해 답해보자. 프루스트의 기호론과 카프카의 표
현론은 어떻게 연관될 수 있는가? 이 물음은 카프카론의 '소수 문학
littérature mineure' 개념과 관련해 다루어져야 한다. 소수 문학이란 무엇
인가? 그것은 소수 언어 사용자의 문학이다. 그렇다면 "오늘날의 영어,
미국어는 메이저 언어이며, 이탈리아어는 마이너 언어인가?"[26] 단연코
아니다. 소수 문학이란 국지적인 지역(소수인들의 점유지)을 차지하고서,
'민족어' 같은 개념을 동원해 배타적인 또는 독창적인 문화나 정체의 수
립을 꾀하는 집단의 문학을 위해 고안된 개념이 아니다. "소수 문학이란
소수 언어의 문학이 아니라, 오히려 메이저 언어 속에서 소수가 수행하는
문학을 가리킨다"(K, p.29). 메이저 언어(주도적 언어 또는 다수 언어)란
무엇인가? "메이저 언어란 매우 동질적인 구조를 지닌(표준화된) 언어이
며, 불변적인 것, 상수 또는 보편적인 것에 집중된 언어이고, 음운론적이
고 통사론적이며 의미론적 본성을 지닌 언어이다"(S, p.99). 쉽게 말해
언어 사용의 동질성을 표현하는 문법이라는 과학으로 고착화될 수 있는
것이 메이저 언어이다. 그런데 음운론, 통사론, 의미론 등 문법을 가능케
하는 언어 사용의 동질성 또는 동질적인 언어 사용의 정체란 무엇인가?
"(……) 상수와 동질성의 조건이란 이미 해당 언어의 특정한 쓰임새를 전제
하는 것이다. 즉 그 언어를 권력의 상태로, 권력의 지표로 취급하는 메이
저 쓰임새를 전제한다"(S, p.102). 메이저 언어는 문법이라는 정체성을 통

---

26) G. Deleuze & C. Bene, *Superpositions*, Paris: Éd. de Minuit, 1979, p. 98(약호 S).

해 가시화되는데, 이 문법이란 언어의 주도적인 쓰임새(메이저 쓰임새)를 전제했을 때만 성립하는 것이다. 그러나 우리의 행위가 국법보다는 욕망에 따르는 것처럼, 언어의 사용 또한 문법에 매개되지는 않는다. 문법은 언어의 수많은 사용 방식을, 주요한 쓰임새 또는 다수적 쓰임새라는 허구를 매개로 폭력적으로 일반화한 것에 불과하다. 따라서 소수 문학은 무엇보다도 언어의 주도적 용법에서 벗어난 쓰임새를 통해서 정의될 것이다. "메이저와 마이너는 서로 다른 언어를 가리킨다기보다는 동일한 언어의 서로 다른 쓰임새를 특징짓는다. 독일어로 작품을 쓴 체코계 유대인 작가 카프카는 독일어를 마이너로 사용함으로써 결정적인 언어학적 걸작을 만들었다"(S, p.101).

이러한 사정이 알려주는 것은 무엇인가? 소수 문학은 언어의 불변 상수나 보편적 용법과 상관없는 것으로서, '화용론'의 대상이라는 것이다. 들뢰즈가 이해하는 화용론은 언어를 불변적인 고착물로 간주하지 않는다. "화용론은 언표 행위나 표현에서 가변적인 것을 부각시키는데, 이 가변적인 것은 언어를 그 자체로 폐쇄되지 않게 하는 내적 근거다."[27] 그리고 만일 언어의 주요 용법이 문법을 통해 자신의 정체성을 확고히 하고자 하고, 이에 맞서 화용론이 이 주요 용법을 '법'으로 확정짓는 이른바 불변적 요소들을 가변적인 것으로 만든다면, "화용론은 언어의 정치학이다"(MP, p.105). 그것은 문법을 통해 고착화하고자 하는 지배적 언어가 대변하는 지배적 집단의 의도를 이탈하는 언어의 쓰임새 속에서 언어의 본질을 발견한다. 언어 안의 불변적 요소는 지배 집단(지배적 언어 사용 집단)의 의도의 반영이므로, 언어를 이러한 불변적 요소로부터 해방시켜 가변적 조건들에 종속시키는 소수 문학의 언어 사용은 정치적인 것이며,

---

27) G. Deleuze & F. Guattari, *Mille plateaux*, Paris: Éd. de Minuit, 1980, p.104(약호 MP).

같은 의미에서 이런 소수 문학의 언어적 사용을 기술하는 화용론 역시 정치적인 것이다. "화용론은 (……) 지배적인 '문법성'이라는 불변적인 것 역시 거부해야 한다. 왜냐하면 언어는 언어학적 사안이기 이전에 정치적인 사안이기 때문이다"(MP, p.174). 결국 소수 문학의 언어란 "문법이 없는 언어"(K, p.47)이며, 그런 자격으로 기존의 질서에 위협적인 정치적 힘을 지닌다. 가령 그 정치성을 다음처럼 표현해볼 수 있지 않을까? "소수적 쓰임새에 의해서 구멍 나지 않을 제국적 언어는 없다"(S, p.101).

이렇게 볼 때 지배적 집단의 편에 서지 않는 작가에게 '단일 민족' 같은 다수적 정체성과 얽혀 있는 모국어를 사랑하고 갈고 닦는 일은 수치스럽기조차 할 것이다. "글을 쓰기 위해 아마도 모국어는 불쾌한 것이지만, 어떤 통사적 창조가 거기서 일종의 외국어를 그려나가도록, 그리고 언어 전체가 모든 통사법을 넘어 자신을 바깥에서 드러내도록 해야 한다"(CC, pp.16~17). '사투리' 또한 표준적인 문법적 질서에 어긋나는 것은 결코 아니다. "대개 기성 질서의 보호자인 농촌 소설가들이 그렇게 하듯 사투리를 구사하거나 방언을 복원하는 것은 문제가 아니다"(D, p.73). 토속어에 대한 재능과 계급적 가치의 전복에 대한 정치적 감수성은 아무런 필연적 연관도 갖지 않는다. 사투리는 지배적 언어의 동질적 체계 안에서 하위 영역을 이룰 뿐이기 때문이다. "언어란 확실히 이질적인 혼합물이지만, 여기에서 오직 동질적인 하위 체계와 상수를 추출해야만 이 언어에 대한 과학적인 연구를 수행할 수 있다. 따라서 방언, 사투리, 게토의 언어는 표준어와 동일한 조건을 따르게 될 것이다"(S, p.101). 요컨대 사투리는 동질적 언어 안의 편차이지, 언어의 동질성 자체를 위태롭게 하지는 않는다. 따라서 문학에서 토속적인 사투리의 정체성은 정치적 소수가 겪는 억압에서 생겨나는 것이 아니라, 다수적인 민족 문화를 풍요롭게 하는 데서 얻어지는 것일 뿐이다.

그렇다면 누가 외국어화된 모국어 또는 중심 없이 떠도는 유목민적 언어로 글을 쓰는가? 가령 프라하의 독일어 사용자인 유대인 카프카가 그렇다. "프라하의 유대인들은 독일어로 글을 쓸 수 없기에, 탈영토화된 독일 민족 자체이다. 그것은 전체 덩어리로부터 잘라져 나온 어떤 언어로 말하는 소수이다. (……) 간단히 말해 프라하의 독일어는 이방인들에게 고유한 소수적 쓰임새가 가능하게 탈영토화된 언어다"(K, p.30). 이렇게 기존의 지배적인 문화적 코드로부터 이탈된 성격, 소위 탈코드화 내지 탈영토화된 성격이 소수 문학의 첫번째 특성이다. 기존의 문화적 코드로부터의 일탈이 '소수성'을 규정할 때 이 소수라는 개념은 정치적인 것일 수밖에 없다. 왜냐하면 그것의 정체성은 다수와의 '관계' 속에서 얻어지고, 그 관계는 정치적 사안 외에 다른 것일 수 없기 때문이다. 이러한 정치성이 소수 문학의 두번째 특성이다. 이런 소수 문학은 당연하게도 개인적인 것이 아니라 집단적인 것이다. 소수는 개별적 인격을 표현하는 개념이 아니라, 다수로부터 징지적으로 소외된 집단의 정체성을 표현하는 까닭이다. 이 소수의 탈인격화한 집단적 성격이 소수 문학의 세번째 특성이다 (K, pp.29~32 참조). 이렇게 소수 문학은 '문화 안의 편차'로 환원되는 사투리, 세대론 등등의 이질성과는 전혀 다른 것이다. 그것은 문화이전적인 것이며, 정치적인 것이고, 탈인격적인 것이다.

그런데 도대체 이러한 소수 문학이 '표현' 개념과 무슨 관계를 가지며, 또 프루스트의 기호론과는 어떤 연관이 있는 것일까? 앞서 말했듯이 소수 문학은 지배적 집단의 관심이 과학의 외관을 쓰고서 표현된 불변항들에 입각한 기호들의 보편적 질서, 즉 문법과 무관하다. 이런 보편적 기호체계를 거스르는 것이 바로 프루스트 기호론의 핵심인 것이다. 프루스트는 말한다. "어떤 민족은 문자를 일련의 상징들로 간주하고 나서야 표음문자를 사용하는데, 나는 살아가면서 이런 민족의 과정과는 반대 방향을 거쳐왔다. 여러 해 동안 나는 사람들의 실제 생활과 생각을 그들이 자발적으로 제공하는 직접적 언표 속에서만 찾아왔다. 그러나 그들의 잘못으로 인해, 이제 나는 반대로 진리의 이성적이고 분석적인 표현이 아닌 표식들만을 중요시하게 되었다. 나는 말을 해석할 때도, 당황했을 때 얼굴이 벌겋게 달아오르는 것을 해석하거나 혹은 갑작스레 밀려온 침묵을 해석할 때와 마찬가지로 접근하였다. 그렇게 하지 않으면 말 자체는 나에게 아무것도 가르쳐주지 않았다"(RTP, III, p.88). 앞서 프루스트의 경험론적 면모를 보여주는 것으로서 주목했던 이 구절은 한 민족의 공통적인 상징체계와 이런 체계로 환원되지 않는, 즉 어떤 질서에도 매개되지 않는 언표들, 즉 기호들을 대립시키고 있다. 카프카의 소수 문학에서와 마찬가지로 프루스트의 기호론에서도 지배적인 집단의 관심에 따라 임의적으로 과학의 지위를 갖게 된 법(문법)과 독립적인 언표가 문학의 언어로서 중요시되는 것이다.

들뢰즈는 소수 문학을 기술하면서 "어떤 우연한 마주침을 보아야 할 것이다"(S, p.107)라고 말한다. '우연한 마주침'만큼 기호의 본성을 잘 기술하는 개념도 없을 것이다. 이미 스피노자에게서 기호의 출현은 우연성을 핵심으로 한다. 기호와 마주쳤을 때 "우리가 갖는 관념들은 극도의 우연의 산물로서 나타난다"(SPE, p.132). 프루스트에서도 마찬가지이다. "대상을 우연히 마주친 대상이게끔 하는 것, 우리에게 폭력을 행사하는 것 ─ 이것이 바로 기호이다"(PS, p.41). 그런데 소수 문학의 언어 또한 규칙성과 보편성이 없는, 그러므로 우연성을 질서로 삼는 언어이다. 이러한 소수 문학은 무엇을 수행하는가? 바로 언어 자체를 기존의 모든 억압적 기제를 다시 알아보게récogniser 할 뿐인 판에 박힌cliché 의미와 상징들로부터 해방(탈영토화)시킨다. 그리고 이런 탈영토화를 수행하는 언어에 붙여진 명칭이 바로 표현이다. "우리는 표현[의 차원] 안에서 이 탈이 아니다. 그것은 폭력을 쓰는 사물들, 우연히 '맞닥뜨리는' 기호들이다"(PS, p.150). 그런데 대상에 대한 참된 인식과 재인식을 혼동하는 일은 우리에게 비일비재하며, 어쩌면 우리는 대상에 대한 인식보다 재인식을 더 좋아하는지도 모른다. "우리는 기호가 의미하는 것을 기호가 지칭하는 존재나 대상과 혼동한다. 우리는 가장 아름다운 마주침들을 그냥 지나쳐버린다. 우리는 그 마주침들이 우리에게 내리는 명령을 피해버린다. 다시 말해 이 마주침을 더 깊이 파고들기보다는 수월한 재인식을 더 좋아한다"(PS, p.55). 왜 어떤 철학들은 비진리인 재인식을 더 좋아하는가? 바로 그 철학들이 인식의 영역에서 소위 '상식' ─ 하이데거식으로 말하자면 우리의 비본래적인 '평균적 일상성'을 구성하는 ─ 을 목적으로 하기 때문이다. 가령 칸트는 『순수이성비판』의 인식론적 목적에 대해 다음과 같이 말한다. "여러분은 만인에게 관계하는 인식은 그 양태가 상식gemeinen Verstand을 뛰어넘어야 하며, 철학자만이 그 인식을 밝혀낼 수 있다고 요구하는 것인가? (……) 자연은 만인에게 평등하게 부여한 것에 있어서, 이를 편파적으로 분배했다는 죄명을 쓰지 않는다. 또 최고의 철학은 인간 본성의 본질적 목적들에 관해서는, 자연이 상식gemeinsten Verstande에 수여했던 이상의 인도를 할 수 없다"(『순수이성비판』, A831/B859; 학술원판, III, p.538. 또한 DR, p.179의 관련 논의 참조). 즉 재인식의 과제는 현행적인 명제들을 파괴하는 것이 아니라 다시 알아보는 일, 즉 '정당화justification'해주는 것이다(이렇게 '정당화'란 매우 제한적인 작업임에도 불구하고, 불행하게도 오늘날까지 몇몇 사람들은 인식론 일반의 과제를 정당화의 작업과 혼동하고 있다). 그리고 바로 이런 까닭에 기호 해독은 재인식의 관점에서 수립된 진리를 파괴하는 힘, 그리고 앞서 다루었듯이('서사의 지위' 항목 참조) 새로운 진리를 창조하는 힘을 지닌다(들뢰즈는 니체에게서도 진리의 창조와 재인식 사이의 긴장을 목격한다. "니체가 수행하는, 새로운 가치들의 창조와 이미 건립되어 있는 가치들을 재인식하는 일 사이를 가르는 구별"〔DR, p.177〕).

카프카의 소수집단적 언어, 즉 표현적 언어가 수행하는 역할 역시 재인식에 맞서 프루스트의 기호가 수행하는 바와 같은 전복적인 것이다. '표현'이 지니는 전복적 성격에 대한 평가는 사상사적 배경을 가지고 이루어질 필요가 있다. 60년대 구조주의와 그 주변 철학의 일반적 특성은 플라톤의 이데아와 같은 고정적인 이상적 의미, 즉 '초월적 시니피에'를 부정하고 '시니피에 없는 시니피앙(기표)'의 작용을 부각시킨 것이었다. 들뢰즈가 카프카의 문학 속에서 읽어내는 표현 개념은 바로 이 시니피앙의 작용을 공격하고 있다. 주요 비판 대상은 정신분석학의 '부성적 시니피앙'이지만, 동시대의 데리다 같은 철학자가 제시하는 '분절(문자)' 개념 또한 예외가 될 수 없을 것이다. 일단 표현 개념의 변별적 성격을 드러내기 위해서 데리다의 주요 논제와 비교해보자. 데리다는 말한다. "분절은 언어들의 기원이다. 에크리튀르에 의한 변질은 기원적 외재성이다. 이 변질은 언어의 기원이다."[30] (음성의) 분절은, 그 자체로는 비의미적인 것이나, 의미가 가능하기 위한 근본 조건이다. 이런 점에서 의미의 원천에는 플라톤적인 초월적 시니피에 같은 기원적 의미가 있는 것이 아니라, 의미로 환원되지 않는 시니피앙(그러므로 시니피에 없는 시니피앙), 즉 분절이 자리한다.[31] 그런데 들뢰즈는 카프카의 작품과 관련하여 이렇게 이야기한다. "카프카의 관심을 끈 것은 순수한 음성적 질료이다"(K, p.11).

---

30) J. Derrida, *De la grammatologie*, Paris: Éd. de Minuit, 1967, p. 443(약호 G).
31) 데리다가 분절과 같은 이러한 문자를 '시니피앙'과 동류의 것으로 생각하는 것은, 하이데거에 대한 다음 인용에서 잘 드러난다. 여기서 데리다는 하이데거의 '존재'를 의미(시니피에) 생성의 원천으로 다루는데, 그 원천이 바로 시니피앙이라고 명시된다("시니피앙적 흔적"). "**존재의 의미는** 초월적 또는 초시대적 시니피에가 아니라 (……) 엄밀하게 말하면 전대미문의 의미에서 이미 규정된 **시니피앙적 흔적**이다"(G, pp. 37~38).

이러한 진술은 모두 시니피앙이 부재하는 질료적 소리의 가능성을 강조하고 있다. 소리가 어떤 비음향적 요소(분절, 문자) 없이도 그 자체로 작용한다는 이런 통찰은 이미 데이빗 쿠퍼의 다음과 같은 구절 속에 선구적으로 담겨 있었다. "'목소리를 듣는다'는 말은 (……) 정상적인 담론에 대한 의식을 넘어서며, 그렇게 해서 상이한 것으로 경험됨에 틀림없는 어떤 것을 의식하는 것이다."[32] 즉 소리는 시니피앙으로도 시니피에로도 환원되지 않으면서 그 자체로 고유한 기능을 한다(데리다가 말하는 '분절'과 같은 문자 없이도 소리라는 이 질료는 기능하는 것이다). 그것이 바로 표현의 전복적 기능이다. "[카프카는] 언어의 순수하게 강도적인 쓰임새에다, 상징적, 심지어 의미적 또는 단순히 기표적 쓰임새를 대립시킨다. 그리하여 언어를 형태 없는 완전한 표현에 도달하게 한다"(K, p.35). 표현은 형태 없는 것, 또는 그것의 성격을 보다 분명히 부각시켜 말하자면 "형태 자체를 붕괴시키는 '표현 기계,'"(K, p.51) "'표현의 형태 없는 질료'"(K, p.13)이다. 이러한 표현은, 기호가 대상에 대한 재인식을 붕괴시키는 것과 마찬가지로 언어의 의미, 언어의 상징적 — 은유를 포함하는 넓은 의미에서 — 용법을 붕괴시킨다. 구체적으로 그 붕괴는 어떤 모습을 가지는가?

표현 개념이 붕괴시키는 것들: 법의 초월성, 죄의식의 내면성, 언표 행위의 주체성

표현 개념은 언어적 차원에서는 은유적 의미를, 정치적 차원에서는 질서의 입안자인 오이디푸스적인 법, '아버지의 이름 Nom-du-Père'과 같은 시니피에 없는 시니피앙을 와해시킨다. 정신분석학적 관점에서 언어는

---

[32] D. Cooper, *The Language of Madness*, London: Allen Lane, 1978, p. 34.

근본적으로 은유인데, 이 언어는 '아버지의 이름'이라는 법의 개입을 통해 성립한다. '아버지의 이름'은 특정한 어떤 내용(의미)으로 채워진 금지가 아니라, 이 금지를 통해 의미가 출현하게 되는 조건이다('아버지의 이름'이 의미를 실어 나르는 것이 아니라 의미의 출현 조건이라는 점에서 그것은 '시니피에 없는 시니피앙'이라 불릴 만하다). 이 부성적 시니피앙이 수행하는 금지는 은유로서의 상징적 세계를 출현시킨다. 다시 말해 우리 욕망이 매개 없이 직접 대면해서는 안 되는 것으로서의 '실재'와 그 실재의 대리자인 '은유(상징)'를 금지를 통해 출현시키는 것이다. 요컨대 숙명적으로 우리의 언어는 직접적 접근이 금지된 것에 접근하기 위해 마련된 매개적 수단(은유)이 된다.

그런데 아버지라는 이 금지의 법은 어떻게 작동하는가? 그것은 하나의 오류 추리를 통해 실재와 그것에 접근하는 간접적 수단인 은유를 갈라놓는다. 언어는 이제 실재를 직접 기술하지 못하며, 마치 레테 강 저편의 명부를 건너다보듯 은유를 통해, 그림자를 어루만지는 것처럼 간접적으로만 실재를 건드려보게 되는 것이다. 직접성의 상실이라는 이 패배주의를 창출한 '아버지의 이름'의 오류 추리는 무엇인가? "법이 욕망 혹은 '본능들'의 영역에서 완전히 허구적인 어떤 것을 금지하고는 자신의 백성들(본능들)이 이 허구에 대응하는 의도를 가지고 있었다고 그들을 설득하는 일이 생긴다."[33] 즉 금지로부터 금지되는 것의 왜곡된 본성이 생겨난다. "억제가 욕망에게 가면을 만들어주고 이 가면을 욕망에게 씌운다"(A, p.138). 욕망은 '아버지의 이름'이라는 법 때문에, 금지된 것을 원하게 되고 이 금지된 것에 접근하는 간접적 방책으로 언어의 세계, 즉 은유의 세계를 발생시키는 것이다. 왜 부성적 법은 욕망을 이처럼 변질시키

---

33) G. Deleuze & F. Guattari, *L'anti-Œdipe*, Paris: Éd. de Minuit, 1972, p. 136(약호 A).

는 조작을 해야만 하는 걸까? "사회적 생산의 관점에서 볼 때 그러한 조작의 이익은 분명하다. 사회적 생산은 욕망이 가진 반항과 혁명의 힘을 다른 식으로는 쫓아버릴 수 없다. 욕망에다가 근친상간의 왜곡된 거울을 들이댐으로써('아하, 이것이 네가 원했던 거지?') 사람들은 문명이라는 우위의 이익들을 내세우며, 욕망을 부끄러운 것이 되게 하고 (……) 출구 없는 상황에 집어넣으며 욕망이 '자기 자신'을 포기하도록 욕망을 쉽게 설득한다"(A, p.142). 이렇게 보자면 은유는 언어의 본성이 아니라, 언어에 남겨진 억압의 상처이다. 은유를 창안할 수 있다는 것, 그것은 이미 금지에 순응하고 있다는 뜻이다. 따라서 부성적 시니피앙의 와해는 부성적 권위로 편재된 질서의 전복과 욕망의 해방이다. 그리고 욕망의 해방은 은유로부터의 언어의 해방을 의미한다.

그러나 어떻게 이런 부성적 법으로부터의 해방을 카프카에게서 기대할 수 있단 말인가? 법의 외재성 또는 알 수 없는 곳에 있는—그러므로 초재적transcendent이라 할 수 있는—법원으로부터의 끊임없는 소환과 그에 대한 복종은 카프카의 항구적인 주제가 아닌가? 그러나 조금 더 들여다보면 법의 실체가 허구임이 드러난다. "변호사들은 가짜 변호사들이며, 재판관들은 가짜 재판관들이다. 그들은 '돌팔이 변호사들' '돈에 혈안이 된 불성실한 고용인들'이다"(K, p.90). 그러나 결정적인 장면이 있다. 법의 집행으로 끝나는 것처럼 보이는 『심판』의 마지막 부분은 어떻게 받아들여야 하는가? 사실 이 미완성 원고의 배치는 확정되어 있지 않으며, 그런 까닭에 들뢰즈처럼 이렇게 평가할 수도 있을 것이다. "『심판』의 마지막에 반드시 〔현재 편집상의〕 마지막 장이 씌었다고 볼 수 없다. (……) 카프카가 그것을 어느 자리에 위치시키려고 했는지 단정하기 어렵다. 그것은 장편소설에 집어넣을 꿈 장면일 수 있다"(K, p.80). 미완성의 수많은 스케치들로 가득 찬, 『잃어버린 시간을 찾아서』의 마지막 부분이 진정 어떤 식으로 편집될 것이었는지 모르는 것처럼, 『심판』의 마지막 장면도 정말로 마지막에 놓일 것이었는지는 모르는 것이다. 오히려 막스 브로트가 말하듯 심판은 '처형으로 끝날 수 없는, 끝없는 소설'이다. "카프카가 말한 바에 따르면, 『심판』이 최고 심판 기관에 결코 이를 수 없듯이, 장편소설 또한 어떤 의미에서 보면 결코 끝날 수 없는 것이다"(K, p.80에서 재인용). 결국 이 소설은 외재적 법에 대한 복종을 결론적으로 선언하는 작품으로 간주되기 어렵다.

그렇다면 법을 어떻게 이해해야 하는가? "욕망과 법은 같은 것이다"(K, p.109). "우리가 법이 있다고 믿는 곳에 사실은 욕망이 있으며, 오로지 욕망만이 있다. 정의는 욕망이며 법은 아니다"(K, p.90). 법이란 욕망을 금지에 매개하는 욕망외재적인 장치가 아니라, 욕망 그 자체가 가시화된 형태이다. 욕망이 곧 법이라는 말은, 판정의 심급에 욕망이 있는 것이지 초재적인 법을 통해 욕망이 판정되는 것은 아니라는 뜻이다. 그러므로 "욕망 안에는 아무것도 심판할 것이 없다"(K, p.93). 이렇게 보자면 법의 외재성을 표현하는 "부정신학 또는 부재의 신학, 법의 초월, 죄의식의 선험성"(K, p.79) 등 카프카적인 것으로 알려져온 주제들은 기실 카프카에게 귀속시키기 어려운 것들이 된다.

카프카에게서 오히려 읽어내야 할 것은 욕망의 표현으로서의 법과 반대되는, 욕망을 부정적으로—즉 금지를 통해—매개하는 법의 파괴, 보다 구체적으로 부성적 시니피앙의 전복이며, 그것을 기술하는 개념이 바로 표현이다. "그것〔형태 없는 소리〕은 형식을 벗은 내용의 표현이 가능하도록 돕는다. 그리하여 치켜든 고개는 이제 더 이상 그 자체로는 의미를 상실하게 된다. 형태적으로 볼 때 치켜든 고개는 음성적 표현의 물살 위로 떠밀려가는, 형태가 변모될 수 있는 실체에 지나지 않는다"(K, p.13). 여기서 기술되고 있는 '표현'이란 '형식을 벗은 내용의 표현'이다. 이것이 뜻하는 바는, 표현은 외부에서 도래해 내용을 규정하는 형식 — 가령 시니피에 없는 시니피앙 또는 법 — 이 아니라는 것이다. "표현된 것은 표현 바깥에 실존하지 않는다"(SPE, p.35). 즉 표현은 표현된 내용 바깥에 머물 수 있는 부가적 요소가 아니다. 내용과 그것의 표현 양자의 실존은 동일하다. 곧 가변적 질료(가령 위의 인용에서 말한 "음성")는 그것의 가변성에 따라 변형될 수 있는 외관을 통해 '직접' 현시된다. 결국 "내용이 형태로부터 해방되는 것이다"(K, p.24). 형태(시니피에 없는 시니피앙)에 의해 내용이 규정되는 것이 아니라, 내용의 가변성에 따라 형태가 변형되는 것이다. 마치 물의 흐름에 따라 물무늬가 변형되듯이 말이다. 위의 인용에서 말하는 "치켜든 고개" 같은 부성적 시니피앙으로 보이는 형태는 기실 시니피앙의 지위를 갖지 못하고, 내용에 따라 가변적인 모습을 지니는(고정된 형태를 잃어버리는) 이런 '표현'의 지위를 갖는 것이다.

이런 표현의 세계 속에는, 실재와 그것에 접근할 간접 수단(은유)이라는 쌍을 창출하는 부성적 시니피앙이 개입할 여지가 없다. 내용은 그것과 구별 불가능한 형태를 가질 뿐이므로, 내용외재적인 것으로 머물려는 형태(시니피에 없는 시니피앙)는 내용의 표현이라는 힘에 의해 와해되고 만다. 이것은 또한 내용에 해당하는 욕망이 외재적 형태(법)에 의해 규정되지 않는다는 것을 뜻한다. 그런데 언어활동이 이렇게 부성적 시니피앙과 결별한다면, 즉 은유가 될 수 없다면, 우리는 어떻게 언어활동을 기술할 수 있을까? 그 기술을 가능케 하는 것이 바로 서로 상대적인 내용contenu과 표현expression의 무제한적 흐름이다. 여기서 '상대적'이라는 말과 '흐름'이라는 말을 우리는 다음과 같은 의미로 이해해야 한다. "한 매체의 '내용'은, 그것이 무엇이든 언제나 다른 한 매체이다. 글의 내용은 말이다. 이것은 글로 쓰인 낱말이 인쇄된 것의 내용이고, 인쇄된 것은 전신(電信)의 내용인 것과 똑같다."[34] 이런 식으로 언어를 이해할 경우 여기에는

'아버지의 이름' 같은 어떤 특권적 시니피앙이 끼어들 여지가 없다. 어떤 내용의 표현은 다른 곳에서는 다른 표현의 내용이 될 뿐이다. 이러한 내용과 표현의 무한한 흐름만이 있을 뿐이며 그 배후에, 마치 숨어 있는 신처럼 언어활동을 주관하는 부성적 시니피앙이 있는 것은 아니다. "내용과 표현의 흐름은 시니피앙 없이 이루어지는 것이다"(P, p.35).

이렇게 내용과 표현의 흐름 속에 욕망과 언어(언표)가 놓이게 되었다는 것은 무엇을 뜻할까? 그것은 욕망과 언어 모두가 익명적인 것이 된다는 것을 의미한다. 라캉의 다음 진술을 보자. "대타자의 영역에서 시니피앙이 나타나는 한에서 주체는 태어난다."[35] 이 진술은 욕망이란 부성적 시니피앙이라는 법에 매개되는 한에서만 자아의 형태를 지닌다는 것을 알려주고 있다. 이러한 주체는 본래적 힘(욕망)을 금지의 법을 통해 부정적으로 매개한 주체이다. 욕망의 부정적 매개가 심리적인 차원에서는 '죄의식'(가책)이라는 형태로 출현한다. 니체식으로 말하면 적극적 힘이 허구적인 기제(법)에 의해 자기 본성으로부터 유리되어 반응적이 된 것이 "죄의식의 느낌으로서의 가책"(NP, p.148)이다.[36] 따라서 부성적 시니피앙 없이 내용과 표현의 흐름에 맡겨진 욕망은 죄의식도 주체도 없는 익명적 욕망이 된다. 주체가 없으므로, 발화 또한 익명적 성격을 지닌다. 다르게 표현하자면, 익명적 욕망이 가시화되는 형태가 바로 익명적 언표인 것이다. "카프카에게서 발화는 그것의 원인으로서 언표 행위의 주체와도, 결과로서의 언표의 주체와도 관련되지 않는다. (……) 주체는 없다"(K, pp.32~33). 언표의 주체가 없다는 생각은 들뢰즈와 동시대인인

---

34) M. MacLuhan, *Pour comprendre les média*, Paris: Seuil, p. 24(A, p. 286에서 재인용).
35) J. Lacan, *Le séminaire* XI, Paris: Seuil, 1973, p. 181.
36) 니체가 말하는 죄의식에 대한 자세한 논의는 『들뢰즈의 철학—사상과 그 원천』, pp. 128~29 참조.

푸코의 사상 속에서도 핵심을 이루는데, 푸코의 다음 구절들이 익명적 언표의 문제를 이해하는 데 도움을 줄 것이다. "언표 행위의 다양한 양태들은 한 주체의 '그' 종합이나 '그' 통일적 기능과 연관되는 대신, 그〔주체〕의 분산을 보여준다. (……) 이 언표 행위들의 규범을 정의해야 하는 것은 초월적 주체에 의지해서도, 심리학적인 주체성에 의지해서도 아니라는 것을 알아야 한다."[37] 언표들을 통일시켜줄 '권리'를 가진 주체(초월적 주체)도, 상상을 통해 스스로 통일적이라 믿는 주체(심리적 주체)도 없다. 오로지 익명적 욕망을 표현하는, '주체 없는' 언표들의 "어떤 익명의 장un champ anonyme"(AS, p.160)이 있을 뿐이다. 또는 들뢰즈와 더불어 이렇게 말할 수 있다. "우선 존재하는 것은 '누군가가 말한다ON PARLE'는 것이며 익명의 중얼거림이다."[38] "언어란 3인칭으로 된, 즉 인칭과 대립하는, 거대한 '있음il y a'이다"(P, p.157). 카프카에서도 "K는 주체가 아니다"(K, p.151). K의 "모든 위치들은 언표가 그로부터 파생되는, 어떤 기원적인 '나'의 다양한 형태들이 아니다"(F, p.17). K는 개체의 이름이 아니라, 다수적인 익명적 욕망들의 다양한 출현이 가시화되는 공터와 같은 곳이다(K, p.152 참조). 그리고 이렇게 개체가 아닌 다수적 욕망이 가시화되는 장이라는 점에서 K는 앞서 말한 소수 문학의 세번째 특성인 '발화의 집단성(비개인성)'을 구현하고 있는 것이다. 이처럼 들뢰즈는 표현 개념을 통해 카프카를 따라다니는 세 가지 악령을 몰아낸다. "카프카에 대한 많은 해석 가운데 가장 나쁜 세 가지 주제가 있다. 법의 초월성, 죄의식의 내면성, 언표 행위의 주체성이 그것이다"(K, pp.82~83).

---

37) M. Foucault, *L'archéologie du savoir*, Paris: Gallimard, 1969, p. 74(약호 AS).
38) G. Deleuze, *Foucault*, Paris: Éd. de Minuit, 1986, p. 62(약호 F).

3. 나오는 글: 사유와 욕망의 해방

들뢰즈가 다룬 다양한 문제들을 크게 두 가지로 나누자면, '인식론적·존재론적 사유'의 문제와 '욕망'의 문제라고 할 수 있을 것이다. 들뢰즈는 그의 인식론적·존재론적 사유를 완성하는 저작『차이와 반복』(1968)의 영역판 서문에서 "새로운 사유의 이미지, 혹은 오히려 사유를 감금하고 있는 이미지로부터 사유의 해방을 나는 이미 프루스트에게서 발견하려고 시도했다"고 말한다. 이 말은 들뢰즈의 인식론적·존재론적 사유에서 프루스트론이 갖는 의미를 단적으로 요약해준다. 들뢰즈가 인식의 문제에서 고발하는 것은 대상 인식에 있어서 우리 사유에 전제되어 있는 '임의적인' 전제들(사유의 이미지의 공리들)이다. 그러한 임의적 전제 위에 서 있는 인식론이 내세우는 인식은 '재인식'이라는 형태로 귀결되며, 이러한 재인식으로부터 우리 사유를 해방시키는 것이 기호 해독이다.

『앙티오이디푸스』(1972)에서부터 집중적으로 다루어지는 욕망의 문제란, 욕망에 대해 정당한 권리를 가지고 있다고 주장해왔던 오이디푸스(부성적 시니피앙)가 실은 욕망의 본성 규정에 속하지 않는 '임의적인' 전제임을 고발하는 것이다. 『앙티오이디푸스』의 욕망이론을 카프카의 작품 속에서 가시화한 카프카론은 욕망을 금지라는 부정적 매개로부터 해방시키고, 욕망에 내용과 표현의 자유로운 흐름을 되돌려주는 작업이다. 그렇다면 들뢰즈가 들고 있는 두 개의 악기라고 할 수 있는 이 두 작가는 결국 공통의 목적을 위해 불로 글씨를 새겨 넣은 듯이 꺼질 줄 모르는 그들의 작품에 생애를 봉헌한 것이 아니겠는가? 그 공통의 목적이란 사유의 해방과 욕망의 해방, 즉 생명이 가진 근본적인 두 힘의 해방이다. 그리고 그 해방의 종국에서 목격되는 것은 바로 익명적 사유와 익명적 욕망이다.

각종 선험적 원리들의 통일적 원리로서의 주체(코기토)를 벗어버린 익명적 사유와, 부성적 시니피앙에 부정적으로 매개됨으로써 출현하는 죄의식과 결여로서의 욕망의 주체를 벗어버린 익명적 욕망 말이다.[39] 그리고 익명성이 이런 것이라면, 그것은 모든 억압으로부터의 자유와 교환 가능한 말이 아니겠는가?

---

39) 우리 문학과 관련하여 이야기하자면, 이러한 익명성은 최근 젊은 시인들이 공유하는 핵심적인 특성이다. 우리 현대 시의 익명적 성격에 관해서는 필자의 글 「익명의 밤: 최근 시 읽기」 『세계의 문학』(125호, 2007년 가을호), pp. 384~413 참조.

들뢰즈의 문학 연구 관련 문헌

* 아래 문헌들은 최종 판본을 기준으로 했으며, 최초의 발표지면은 생략하고 최초 발표연도만을 괄호 안에 병기했다. 순서는 최초 발표연도를 따랐다.

단행본

Proust et les signes, Paris: PUF, 1976(초판: 1964).
(한국어판)『프루스트와 기호들』, 서동욱 외 옮김, 2004(초판: 1997), 민음사.
: 1963년 발표된 프루스트에 관한 한 논문에서 출발한 이 연구서는 10년 이상 가필·증보되었다. 이러한 과정을 통해 사유의 해방과 욕망의 해방이라는 들뢰즈 철학의 주요 과제들이 모두 프루스트를 통해 투영되고 있다.

Présentation de Sacher-Masoch, Paris: Éd. de minuit, 1967.
(한국어판)『매저키즘』, 이강훈 옮김, 인간사랑, 1996.
: 마조히즘과 사디즘을 분석한 책. 매저키즘(마조히즘)이라는 용어가 유래한 자허-마조흐의 소설「모피를 입은 비너스」가 함께 수록되어 있다.

Kafka: pour une littérature mineure, Paris: Éd. de minuit, 1975.
(한국어판)『소수집단의 문학을 위하여: 카프카론』, 조한경 옮김, 문학과지성사, 1992.
         『카프카: 소수적인 문학을 위하여』, 이진경 옮김, 동문선, 2001.
: 펠릭스 가타리와의 공저. 1972년 발표된 반(反)프로이트적인 욕망이론인『앙티오이디푸스』사상이 카프카의 작품을 통해 투영되어 있다.

Dialogue, Paris: Flammarion, 1996(초판: 1977).
(한국어판)『디알로그』, 허희정 옮김, 동문선, 2005.
: 클레르 파르네와 공저이며, 2장이 문학적 주제「영미문학의 우월성에 대해」로 구성되어 있다.

Superpositions, Paris: Éd. de minuit, 1979.
(한국어판)『중첩』, 허희정 옮김, 동문선, 2005.
: 이탈리아 극작가 카르멜로 베네의 희곡과 관련된 '소수문학론.' 베네의 희곡「리처드 3세」가 함께 수록되어 있다.

Quad et autres pièces pour la télévision, suivi de L'Épuisé, Paris: Éd. de minuit, 1992.
: 들뢰즈의 글과 사뮈엘 베케트의 글 네 편이 수록되어 있다.

논문

"Jean-Jacques Rousseau, précurseur de Kafka, de Céline et de Ponge," (1962) in *L'île déserte et autres textes*, D. Lapoujade(éd.), Paris: Éd. de minuit, 2002, pp. 73~78.

"Raymond Roussel ou l'horreur du vide," (1963) in *L'île déserte et autres textes*, pp. 102~104.
: 미셸 푸코의 저작 『레몽 루셀*Raymond Roussel*』에 대한 서평.

"En créant la pataphysique Jarry a ouvert la voie à la phénoménologie," (1964) in *L'île déserte et autres textes*, pp. 105~108.
: 프랑스 시인이자 극작가인 알프레 자리(1873~1907)에 관한 글.

"Pierre Klossowski ou les corps-langage," (1965) in *Logique du sens*, Paris: Éd. de minuit, 1969, pp. 325~50.

"Philosophie de la Série noire," (1966) in *L'île déserte et autres textes*, pp. 114~19.
: 하드보일드 탐정 소설에 관한 글.

"Michel Tournier et le monde sans autrui," (1967) in *Logique du sens*, pp. 350~72.
: 발표 당시 제목은 "Une Théorie d'autrui(Autrui, Robinson et le pervers)"(*Critique*, 241호에 수록)로 미셸 투르니에의 소설 『방드르디』에 대한 평론이자, 들뢰즈의 타자이론을 대표하는 글.

"Zola et la fêlure," (1967) in *Logique du sens*, pp. 373~86.

"Mystique et masochisme," (1967) in *L'île déserte et autres textes*, pp. 182~86.
: 마조흐에 대한 들뢰즈의 저술 Présentation de Sacher-Masoch과 관련된 인터뷰.

"Hélène Cixous ou l'écriture stroboscopique," (1972) in *L'île déserte et autres textes*, pp. 320~22.

"Joyce indirect," in *Change*, n. 11, 1972, pp. 54~59.
: 이 글은 장 파리Jean Paris가 들뢰즈의 『프루스트와 기호들』『차이와 반복』『의미의

논리』에 수록된 제임스 조이스에 관한 텍스트만 모은 것이다.
"Table ronde sur Proust," (1975) in *Deux régimes de fous*, D. Lapoujade (éd.), Paris: Éd. de minuit, 2003, pp. 29~55.
: 롤랑 바르트, 제라르 주네트, 세르주 드브로브스키, 장-피에르 리샤르, 장 리카르두 등과 함께한 프루스트에 대한 좌담.
"Avenir de linguistique," (1976) in *Deux régimes de fous*, pp. 61~65.
"Sur Le mysogyne," (1976) in *Deux régimes de fous*, pp. 66~71.
"Nietzsche et Paulus, Lawrence et Jean de Patmos," (1978) in *Critique et clinique*, Paris: Éd. de minuit, 1993, pp. 50~70.
(한국어판) 「니체와 성 바울로, D. H. 로렌스와 사도 요한」 『비평과 진단』, 김현수 옮김, 인간사랑, 2000, pp. 71~98.
: 영문학 연구자인 부인 파니 들뢰즈Fanny Deleuze와 D. H. 로렌스의 『아포칼립스』 서문으로 공동집필한 글.
"Manfred: un extraordinaire renouvellement," (1981) in *Deux régimes de fous*, pp. 173~74.
: 이탈리아 극작가 카르멜로 베네에 관한 글.
"Lettre à Uno sur le langage," (1982) in *Deux régimes de fous*, pp. 185~86.
"Boulez, Proust et les temps: 'Occuper sans compter,'" in *Eclats/Boulez*, Claude Samuel (éd.), Paris: Centre Georges Pompidou, 1986, pp. 98~100.
"Le plus grand film irlandais (Film de Beckett)," (1986) in *Critique et clinique*, pp. 36~39.
(한국어판) 「가장 위대한 아일랜드 영화(베케트의『필름』론)」『비평과 진단』, pp. 51~56.
"Bartleby, ou la formule," (1989) in *Critique et clinique*, pp. 89~114.
(한국어판) 「바틀비 혹은 상투어」『비평과 진단』, pp. 125~64.
: 멜빌의『바틀비』의 후기로 작성한 글.
"re-présentation de Masoch," (1989) in *Critique et clinique*, pp. 71~74.
(한국어판) 「마조흐의 재등장」『비평과 진단』, pp. 99~104.
"Préface: une nouvelle stylistique," (1991) in *Deux régimes de fous*, pp. 343~47.
"La littérature et la vie," in *Critique et clinique*, pp. 11~17.
(한국어판) 「문학과 삶」『비평과 진단』, pp. 15~24.
"Lewis Carroll," in *Critique et clinique*, pp. 34~35.

(한국어판)「루이스 캐럴」『비평과 진단』, pp. 47~50.
"Whitman," in *Critique et clinique*, pp. 75~80.
(한국어판)「휘트먼」『비평과 진단』, pp. 105~12.
"Un précurseur méconnu de Heidegger, Alfred Jarry," in *Critique et clinique*, pp. 115~25.
(한국어판)「하이데거로부터 제대로 평가받지 못한 선구자 알프레 자리」『비평과 진단』, pp. 165~78.
"Bégaya-t-il," in *Critique et clinique*, pp. 135~43.
(한국어판)「그는 더듬거리며 말했다…」『비평과 진단』, pp. 191~202.
"Pour en finir avec le jugement," in *Critique et clinique*, pp. 158~69.
(한국어판)「심판과 결별하기 위하여」『비평과 진단』, pp. 221~36.

푸코의 문학론

푸코가 문학을 다루는 방식에서 흥미로운 것은 강단으로부터 전승된 전통적인 학문 분할 방식, 그중에서도 특히 우리가 습관적으로 문학과 철학이라 구분하는 분할 방식에 대한 문제 제기일 것이다. 독자들이 익히 알고 있듯이 푸코는 대작가이고 철학이, 문체나 수사학, 달리 말해 수신인과의 일정한 관계 속에서 담론을 배열하는 방식과 양립 불가능하다고 생각하지 않은 철학자이다. 그리고 푸코는 이 점과 관련해 고도의 의식화 수준에 도달한 철학자이다. 그는 이 문제를 아주 날카롭게 성찰했고 또 그렇기 때문에 사유와 역사의 관계에 대한 연구에서 문학 텍스트에 극도의 중요성을 부여한 것이다. 우리는 『광기의 역사』에서 푸코가 세르반테스, 셰익스피어에 할애한 장들을 잘 알고 있고, 『말과 사물』에서 보르헤스, 사드, 말라르메에 할애한 구절들을 잘 알고 있다. 그러므로 푸코 저작 전체가 문학작품의 분석에 의해 운율화되어 있다고 해도 과언은 아니며, 이 분석을 통해 푸코는 문학이 실제로 문학 이외의 모든 것, 미학적인 느낌을 불러일으키는 아름다운 것 이외의 모든 것을 말하고 있다는 사실을 폭로한다. 푸코가 연구한 문학은 인식의 한 형태이고 더 나아가 인식의 가장 탁월한 형태이기까지 하다. 이러한 푸코의 관점은 지극히 도발적이다. 그러므로 푸코가 생각하는 철학은 문학 없이는 존재할 수 없다. 푸코의 철학은 문학에서 자신의 거울을 발견하고, 이 거울 속에는 철학의 모든 근본적인 고심거리가 투영되어 있다.

푸코와 문학

심 세 광

1. 여는 글: 글쓰기의 물질성

미셸 푸코가 세상을 떠난 지도 벌써 20년이 넘었지만 대학사회가 그의 저서들에 보이는 관심은 여전히 지속되고 있고, 많은 학술 행사 및 출판, 추모 행사들이 다양하게 펼쳐져왔다. 하지만 푸코에 대한 이러한 활발한 논의들이 일반적으로 60년대 프랑스의 구조주의 논쟁에 근거한 인식론적 논의의 주요 노선들을 반복한다거나, 인간과학의 틀 내에서 학문들 간의 경계의 문제를 재론하는 것으로 일관되는 것은 정말 이상한 일이 아닐 수 없다. 요컨대 많은 경우 푸코를 구조주의자, 칸트주의자, 니체주의자, 하이데거주의자로 분류하여 철학사의 한 계보에 편입시키려 한다든지, 아니면 그를 철학자, 역사학자, 에세이스트로 간주하며, 그의 저작들을 여러 학문의 범주에 귀속시키려고 애쓰는 경향이 지배적이다.

이러한 접근 방식은 푸코 생전에 사람들이 그에게 던진 질문들과 본질적으로 다를 바가 없다. 즉 그 모든 접근 방식은 그의 담론이 불러일으키는 모든 정체성의 문제들을 간과하고 푸코가 인간과학에 속한다는 공통 전제에 기초를 둔 것이라고 말할 수 있다. 푸코의 문체는 찬미받기에 부족함이 없지만 그래도 사람들은 결코 그를 작가 혹은 문학자로 여기지 않는다.

이는 최근 60여 년 사이에 문학이 변방으로 밀리고 배제되었다는 사실과, 또 같은 시기에 사회과학이 인간에 대한 담론의 진정한 준거가 될 공간을 구축하고 있었다는 것을 명확히 보여준다고 할 수 있다. 푸코의 경우 그것은 상당히 의미심장하다. 왜냐하면 이러한 현상이 푸코를 유명하게 만든 바를 부정하는 듯하므로. 이는 『광기의 역사』를 읽고 푸코의 새로운 방식의 글쓰기에 대해 내비친 로제 카유아의 반응과, 우려 섞인 찬탄을 묘사한 블랑쇼의 『내 나름대로 생각한 푸코』의 몇 구절을 상기하는 것만으로도 충분하리라 생각된다. "철학적이고, 사회학적이고, 역사적인 다양한 특성들을 가지며 그를 당혹하게 하고 또 매료시킨 이 독특한 지식을 이 위대한 바로크 문체가 황폐화시킬지도 모른다고 카유아는 생각했다. 아마도 그는 푸코에게서 자기의 재산을 훔치는 분신을 발견한 듯했다"[1]라고 블랑쇼는 지적한다. 그리고 카유아의 당혹감이 이처럼 큰 이유는 푸코가 지식인들이 우선적으로 훌륭한 작가여야 하는 시대에 여전히 속하고 있기 때문이며, 또 동시에 그의 문체가 단순한 수사학적 치장이 아니라는 점 때문이다. 푸코는 글쓰기의 물질성을 그가 증명하려고 하는 바의 심층부에 삽입한다. 사람들은 이것이 이미 시효가 지난 에피소드에 불과하다고 말할 수도 있을 것이다. 하지만 이는 마치 정직하기에는 지나칠 정도로 예쁘다고 한 여자에 대해 말하는 것처럼, 푸코가 너무 수사학적으로 글을 잘 쓴다고 비난한 사람들이 많았다는 사실을 망각하는 것이나 다름없다. 그러나 발레리, 카유아, 사르트르의 글쓰기가 우선적으로

---

1) M. Blanchot, *Michel Foucault tel que je l'imagine*, Montpellier: Fata Morgana, 1986, p. 11.

"작가의 글쓰기"이기 때문에 "문학적"이라는 식으로 쉽게 받아들일 수 있는 반면에 문학에 속할 뿐만 아니라, 문학을 인간과학의 중심부에 삽입하는 푸코의 글쓰기를 어떻게 평가해야 할지가 문제이다. 이는 푸코가 자신의 지식 담론에 문학의 위상을 부여할 것을 주장하기도 하고, 반대로 그것에 인식론적 담론의 위상을 부여할 것을 요청하기도 하면서 결정적으로 랑그와 파롤과 같은 소쉬르의 전통적 구분을 사장시켜버린 데만 중요성을 부여하려는 것처럼 보인다. 그러나 여기서도 관습적인 담론 분류를 거부하기 때문에, 겉보기와는 달리 그가 가한 타격은 결코 단순하지 않다. 그러므로 인식 절차의 구성요소로서 간주되는 글쓰기의 실천은 텍스트의 주관적이고 심리학적인 이해에 갇힐 수 없다. 푸코는 모든 문학적 생산이 필연적으로 작가의 이름 아래 놓이기를 요구하는 모든 인위적 관계를 비판한다. 문체는 의미의 외관과 이해를 보다 부드럽게 포장하는 장식이 아니라 실제적으로 제의된 바의 내적인 골격을 이룬다. 그것은 『말과 사물』에서 말하는 중국 백과사전으로부터 분리될 수 없는 보르헤스의 글쓰기와 같다. 요컨대 분류학적 부조리는 그것을 발화하고, 사용하고, 말로 채우는 목소리 없이는 사유가 불가능하고, 아마도 푸코의 박장대소는 문학적 실천이 인식의 건조물 밑에서 집요하게 저항하고 있는 현기증 나는 공간을, 하지만 사유하고 활용하려고 노력해야만 하는 공간을 연다는 사실을 우연히 발견한 데서 비롯된 듯하다.

2. 자기해방과 자기창조의 도구로서의 문학

1) 철학, 픽션, 진실

미셸 푸코를 논할 때, 많은 비평가들은 서구 철학적 전통과 비교하면서 흔히들 일탈성, 전복성, 역설, 분류 불가능성을 그 특성으로 지적한다. 이러한 특성들은 어디서 오는 것일까? 이것은 푸코가 철학 없는 철학자라는 사실에서 기인한다. 푸코는 서구 철학의 전통과 관련하여 지극히 교란적인 철학을 실천한 철학자라고 말할 수 있다. 그리고 이 점은 역사 혹은 고고학이라는 제목을 갖는 거의 모든 푸코 저서의 표지에서 명백히 드러난다. 우리가 익히 알고 있듯이 푸코의 최초 대작은 『광기의 역사』, 마지막 저작은 『성의 역사』라는 제목을 갖는다. 게다가 푸코는 독자들에게 철학자로 알려지기보다는 역사가로 알려지기를 원했다. 그의 철학적 전망에서 독창적인 요소는 바로 그가 취하는 역사적 관점에 있다고 해도 과언이 아닐 것이다.

보다 정확히 이 문제의 핵심에 접근하기 위해 『임상의학의 탄생』 서문의 한 구절을 상기해보자. "우리는 역사적으로 역사에, 담론들에 대한 인내력을 요하는 담론의 구축에, 이미 말해진 것들을 이해해야 하는 운명에 처해 있다."[2] 이어 위의 언급에 대한 메아리로, 작고한 해에 출간된 저서들 가운데 하나인 『성의 역사』 제2권 『쾌락의 활용』 서문에서 그는 다음과 같이 적고 있다.

오늘날 철학은—내가 뜻하는 것은 철학적 활동인데—무엇인가? 그것이 사고에 대한 사고의 비판 작업이 아니라면, 그리고 그것이 사람들이 이미 알고 있는 것을 정당화하는 대신에 어떻게, 그리고 어느 만큼까지 다르게 생각하는 것이 가능할 것인가를 알려고 하는 데 있지 않다면 말이다. 철학적 담화가 밖으로부터 타인들을 지배하고 그들에게 그들의 진리가 어디에 있으며 그것을 어떻게 찾는가를 말해주고자 할 때에, 혹은 순수하게

---

2) M. Foucault, *Naissance de la clinique*, Paris: PUF, 1963, p. xii.

실증적으로 그들의 발달 과정을 가르칠 수 있다고 자부할 때에 거기에는 언제나 가소로운 무엇인가가 있다. (……) "시도"—이것은 의사소통을 목적으로 한 타인의 단순한 전유로서가 아니라 진실놀이 속에서의 자기의 변형 시험으로 이해되어야 하는데—는 철학의 살아 있는 본체이다. 적어도 철학이라는 것이 오늘날에도 예전과 같다면, 다시 말해 그것이 사유 내에서의 "고행," 자기의 훈련이라면.[3]

이렇게 푸코의 철학적 절차는 앞에서 인용한 두 텍스트 간에 설정되는 두 축 사이에 놓이게 된다. 즉 철학은 한편으로는 이미 말해지고, 쓰여지고, 사유된 모든 것들에 대한 역사적 시선으로서의 역사의 축, 다른 한편으로는 달리 사유하기 위해, 역사의 흐름을 변화시키기 위해 필요한 도구를 개발하고자 하는 의지의 축 사이에 놓이게 된다. 푸코에게 역사는 전통이라는 의미에서의 단순한 과거뿐만 아니라, 자기 자신에게로의 비판적 회귀, 사유의 운동, 새로운 관념의 탐색까지도 포함하고 있다. 그런 의미에서 푸코가 철학자라면, 그것은 사상사를 변형시키고 다른 무엇으로 유도하는 새로운 역사적 시선을 던졌기 때문이다. 그는 과거의 것들에 대한 정당화나 합법화로서의 모든 철학적 시도를 거부한다. 푸코에게 철학은 담론에 대한 비판적 성찰이고, 또 이러한 비판적 성찰은 필연적으로 전통철학이 아닌 다른 무엇으로 열리면서, 철학 하는 새로운 방식을 연다. 달리 사유하기 위해 푸코는 철학의 주요 체계와 특수한 관계를 설정했다. 독자들이 잘 알고 있듯이 푸코는 헤겔, 칸트, 후설, 니체, 하이데거, 메를로-퐁티 등 철학사에 등장하는 대사상가들의 세심한 독자였을 뿐만 아니라, 철학사 전반에 정통해 있었다. 그러나 푸코는 아마추어가

---

[3] M. Foucault, *L'usage des plaisirs*, Paris: Gallimard, 1984, pp. 14~15.

아닌 전문가 수준에서 철학사와 철학의 주요 체계들에 해박하고 정통한 지식을 갖추고 있었음에도 불구하고, 자신의 전 저작을 통해 대사상가들을 거의 언급하지 않았다. 더욱이 그는 그의 저작들에서도 자신의 철학하는 방식과 절차의 방향을 자세히 제시하지 않았다. 그러나 단 한 권, 예외가 있는데, 『레몽 루셀』이 그것이다. 문학작품의 변방에, 요컨대 철학서의 목록에서 제외된 채 1963년 『임상의학의 탄생』과 동시에 출간된 이 책에서 푸코는 자신의 철학 체계의 핵심 요소들을, 규칙을 벗어난 루셀의 사후 텍스트에 대한 예리한 분석을 통해 지극히 우연한 방식으로 해명한다. 푸코는 루셀의 『내 몇 권의 책을 쓴 방법에 대하여 Comment j'ai écrit certains de mes livres』를 빌려 자신의 텍스트 생산 방식을 설명한다. 바로 이러한 점들이 푸코 사유 체계의 독창성을 구성하고 심지어는 전통적 철학 텍스트에 익숙한 독자들에게 당혹감을 불러일으킨다.

    푸코의 철학적 절차에서 필자의 관심을 끄는바 가운데 중요한 하나는 문학과 철학의 전통적 구분에 대한 문제 제기이다. 우리가 잘 알고 있듯이 푸코는 철학자이기에 앞서 대작가이고, 철학과 문체가 양립 가능하다고 생각하면서 철학을 실천한 사람이다. 즉 그는 철학과 수사학(담론을 수신인과의 일정한 관계 내에서 배열하는 방식)을 화해 불가능한 것으로 생각하지 않았다. 바로 이런 이유로 그는 사유와 역사의 관계에 대한 연구에서 항시 문학 텍스트에 중요성을 부여했다. 그의 저작에서 돈키호테, 디드로, 사드, 횔덜린, 말라르메, 보들레르, 루셀, 보르헤스, 아르토 등의 작가들이 차지하는 중요성은 그 좋은 예라 할 수 있다. 이처럼 푸코의 전 저작은 문학적 분석으로 점철되고, 또한 문학은 전통적 의미에서 미학적 표현 형식이 아니라, 언어 존재와 불가분의 관계에 있는 사유 경험의 공간 역할을 한다. 푸코는 문학에 대해 성찰했다기보다는 문학과 더불어 작업했다. 그의 주된 관심사는 문학이론의 구축이 아니라 문학을 이론적으로 활용하는 데 있다.

『광기의 역사』『임상의학의 탄생』『감시와 처벌』은 역사에 대한 진지한 성찰이라기보다는 합리적 극화, 인위적인 텍스트의 구축처럼 보인다. 그러나 푸코 담론의 특수한 위상은 생각보다 훨씬 복잡 미묘하다. 왜냐하면 푸코의 전 작품이 루셀의 전략처럼 감추기와 보여주기의 항구적인 팽팽한 긴장 속에 있기 때문이다. 푸코의 담론 세계는 표현으로서의 에크리튀르가 아니라, 텍스트로서의 에크리튀르에 경도되어 있다고 말할 수 있다. 따라서 푸코의 담론을 언어의 시학에 귀속시키는 것은 언어가 갖는 자기표상적 속성의 인정에 입각해 고찰할 필요가 있다. 즉 푸코의 텍스트적 메타픽션은 필립 솔레르스를 위시한 '텔켈Tel Quel' 그룹이 설정한 그것과 유사하다.

필립 솔레르스는 『글쓰기와 한계의 경험 L'écriture et l'expérience des limites』의 서문에서 다음과 같이 쓰고 있다.

여기서 이의 제기된 바는 텍스트를 표상, 주체, 의미, 진실에 항시 예속시킨 선적인 역사다. 선적인 역사는 의미, 주체, 진실이라는 신학적 범주들 하에서 한계-텍스트 내에서 행해지는 엄청난 작업들을 억압했다. 이러한 한계들은 (……) 선적인 역사가 그들에게 부여한 명칭들──신비주의, 에로티즘, 광기 문학, 무의식──을 통해 특징지어질 수 있다고 생각된다. 초현실주의자들이 직관적으로 했던 것처럼 이 명칭들을 찬양할 것이 아니라, 편리한 알리바이를 빌미 삼아 거기에 감금되고 유보된 사유를 끌어내기 위해 이 명칭들에 체계적으로 문제 제기를 할 때가 왔다. 그러나 내가 보기에 이 사유의 변별적 자질은 엄밀히 말해서 파롤이 아니라 에크리튀르가 발견하고 야기하는 다차원성이라고 생각한다.[4)]

솔레르스는 에크리튀르의 체제를 모든 사유의 선험적 한정으로 오해하는 사변적 사고와 단절하고, 새로운 역사의 장을 구축하려 시도한다. 그는 언어의 화해 불가능한 두 위상의 교차가 인정돼야 한다고 주장하고, 에크리튀르를 양자 간의 모순 설정의 절차로 생각한다. 단절을 인정하는 에크리튀르는 실제 텍스트를 이 이원성의 산물로 간주한다.

결국 픽션이 언어가 아니라고 말하는 것은, 비록 오늘날 우리에게 친숙해진 표현임에도 불구하고, 지나치게 단순한 표현이 아닐 수 없다. 보다 신중하게 픽션과 언어 사이에 존재하는 지지, 반박과 같은 복잡한 소속관계를 인정해야 할 필요가 있다.[5]

고 말할 때, 푸코 또한 솔레르스와 유사한 사유를 하고 있다. 따라서 우선적으로 규범 비판의 관점에 앞서 푸코의 언어관에 입각해 픽션을 이해할 필요가 있다. 우리가 푸코의 저작에서 픽션을 발견하지 못했다면, 아마도 그것은 철학자, 과학자의 담론을 권위 있고 진실을 담지한 특권화된 담론으로 여기는 합리성의 체제에 입각해 사유하는 습관에 익숙해져 있기 때문이리라. 달리 말해 우리는 진실/거짓, 이성/광기, 주체/객체, 공간/시간, 말하기/보기, 지식/권력, 동일자/타자 등과 같이 사유를 변증법화하는 서구 계몽철학의 합리성의 체제에 입각해 사유하기 때문이다. 그러나 이러한 변증법적 대립쌍들은 이원론을 소거하는 에크리튀르 속에서 사라진다. 픽션/언어 간의 변증법적 대립을 거부하는 이 새로운 관계를 푸코는 다음과 같이 특징짓는다. "나는 경험을 쉽게 변증법화하는 모든 모순적 대립적 단어들 — 주관적인 것과 객관적인 것, 내적인 것과 외

---

4) P. Sollers, *L'écriture et l'expérience des limites*, Paris: Seuil, 1968, p. 6.
5) M. Foucault, "Distance, aspect, origine," in *Dits et Ecrits*, t. I, Paris: Gallimard, 1994, p. 280.

적인 것, 사실적인 것과 상상적인 것의 대립—을 소거해버릴 것이다. 이렇게 혼탁한 모든 어휘들을 거리라는 어휘로 대체하고, 허구적이라는 것이 언어에 고유한 거리두기—언어 내에 장소를 갖지만, 언어를 진열하기도 하고 분산시키기도 하고, 열기도 하는—임을 보여줄 터이다."[6] 이처럼 푸코의 모든 글쓰기는 언어 특유의 거리두기가 설정하는 무대 위에 놓이게 된다. 언어의 이 같은 선험성은 문학일까? 만약 그렇다면 이것은 문학적 담론을 통한 철학적 담론의 무효화를 초래하게 될 것이다.

이렇게 제기된 문제는 논지 증명의 특권을 부여받은 철학과, 허구성이나 언어의 시학을 대표하는 문학이라는 두 규범화된 실천의 전통적 대립처럼 보일 수도 있다. 푸코 철학을 특징짓는 규범 비판의 의지는 제 장르의 붕괴에 적절히 부합한다고 말할 수도 있을 것이다. 문학적 담론을 철학적 담론에 편입시키는 것이 푸코 철학의 궁극적 의도라고 가정할 수도 있을 것이다. 그래서 신빙성의 독점을 막기 위해 모든 종류의 담론을 총망라함으로써 사료에 평등권을 부여하는 역사 기술 방식을 통해, 푸코가 자신의 저작에 허구성을 도입하는 것처럼 보일 수도 있을 것이다. 결국 푸코는 이러한 전략을 통해 철학적 담론의 진리 위상에 이의를 제기하면서 세계를 담론을 통해 사유하려 한다고 추론할 수도 있을 것이다. 그러나 이러한 관점은 일면 지나치게 환원적이라는 비판을 초래할 수 있다.

철학사를 통해 볼 때, 미학과 철학의 근접은 푸코 이전에 이미 존재했다. 예컨대 칸트가 『판단력 비판』에서 고안한 "미학적 관념"은 실러와 슐레겔과 같은 독일 낭만주의 철학자들에 의해 심화·발전되었다. 『인간의 미적 교육에 관한 서한 Uber die aesthetische Erziehung des Menschen in einer Reihe von Briefen』에서 실러는 예술이 진실의 원천일 수 있고 철학은 궁극적으

---

6) 같은 곳.

로 미학이 되어야 한다고 주장한다. 실러는 이러한 관점을 횔덜린과 공유하게 된다. 『아테네움 Athenäum』에서 슐레겔은 철학과 시가 다시 만나게 되는 과학과 예술의 시대를 예고한다. 그러나 철학이 이미 표상 기능을 완수했다고 여기면서, 철학이 본향인 시로 돌아가야 한다고 가장 강력하게 주장한 사람은 『초월론적 관념론의 체계 Système de l'idéalisme transcendental』의 저자 셸링이다.

그러나 철학적 담론의 미학화는 개념적 사유의 동원 해제를 의미하는 것이 아니라, 언어의 본질적 "낯섦 l'étrangeté"의 회귀를 의미한다. 그래서 니체 이후 철학은 코드의 불투명성 속에 빠지고, 문학과 철학의 경계 붕괴에 관한 테마는 급격히 확산된다. 예컨대 데리다는 철학 텍스트에 남아 있는 은유에 대한 문학적 설명과 문학 텍스트에 배열된 테마의 철학적 해체를 접목한 착종된 담론의 대가가 되었는바, 푸코와 하이데거에게서도 동일한 경향은 쉽게 발견된다. 이들 모두는 문학적 담론과 철학적 담론의 의식적 혼합을 통해 양자의 경계를 제거하려 했다.

명백히 푸코의 담론은 철학과 문학이 이렇게 다른 방식으로 섞이는 공간에 편입된다. 사실상 이러한 제 담론의 착종이 푸코의 비판적 주장, 사유와 언어의 분리불가능성, 진실/픽션의 이분법 제거를 위해 유일하게 사유 가능한 메커니즘으로서의 에크리튀르의 근거를 강화하였다고 가정할 수 있다. 게다가 이러한 견해는 미학을 재정의해 공리로 전환시켰다고 볼 수 있다. 푸코뿐만 아니라 오늘날 많은 이론가들이 미학을 창조적 활동의 특수한 영역으로 정의하지 않고, 총체적 사실의 지각으로 정의하는 경향이 있다. 근대의 인간과학인 사회학, 심리학, 문학/신화학이 인간의 표면적 경험에 기초를 둔 인간, 문화, 자연, 역사의 베일을 벗기려고 시도했다면, 오늘날 반-인간과학인 정신분석학, 민족학, 언어학은 이러한 인간 관련 지식의 "가능성의 조건 condition de possibilité"을 탐구하게 된다.

그 결과 반-인간과학은 이러한 가능성의 조건들의 탐구 내에서 언어 존재의 문제와 불가피하게 만나게 된다. 길고 예측 불허인 길을 통과해 우리는 니체가 "누가 말하는가?"라는 질문을 던졌을 때, 말라르메가 말Mot 자체에서 해답이 반짝이고 있다고 응수할 때, 그들이 지시하는 공간으로 회귀한다.[7] 결국 인간, 문화, 역사 등과 같은 현실들은 텍스트적 픽션이 되고, 우리는 '사물'로부터 분리되어 오로지 '말'과 대면하게 된 것처럼 보인다.

이런 맥락에서 푸코는 언어에 특권을 부여함으로써 철학의 장을 지배하는 담론의 규범들을 재정의하게 된다. 이 규범들은 유동적이고 다양하며, 엄격한 증명 체제로 환원될 수 없다. 데리다가 주장하듯이 철학사 전반은 철학을 지배하는 담론 규칙들의 우연성들을 기술하려 한다. "철학적 논쟁은 담론의 방식들, 증명 절차들, 수사학적, 교육적 테크닉을 강요하기 위한 투쟁들이기도 하다. (……) 철학적 논쟁을 형식, 형성 방식, 수사학, 은유, 언어, 픽션 내에서 분석하는 것은 '철학적 담론'을 문학으로 환원시키는 것이 아니다."[8]

따라서 여기서 중요한 것은 문학을 택할 것이냐 철학을 택할 것이냐가 아니라, 푸코의 담론이 철학을 의도적으로 언어의 문제로 유도하는 담론 체제라는 사실을 파악하는 것이리라. 모든 표상의 사실성 인식과 새로운 해석 도식의 제안 사이에서 진동하고 있는 푸코의 담론은 철학적 담론의 진실성 주장에 대한 비판 내에서만 이해가 가능하다. 요컨대 푸코의 담론에서 중요한 것은, 우리에게 항시 진실과 픽션에 입각해 말하기를 강요하는 이분법을 비판하면서, 문학과 철학의 관계를 다른 방식으로 문제화하

---

7) M. Foucault, *Les mots et les choses*, Paris: Gallimard, 1966, pp. 316~17.
8) J. Derrida, "Y-a-t-il un langage philosophique?," in *Autrement*, n. 102, 1988, pp. 31~32.

는 것이리라. 따라서 푸코가 말하는 픽션은 진실 말하기를 무효화하고, 언어가 사유를 직조하는 절차를 밝혀내려고 시도하는 특수한 담론 연구를 의미한다. 철학은 담론의 수준에서 어떠한 우월성을 가질 수 없고, 단지 존재하는 담론 가운데 하나에 불과하며, 제 담론의 수준 간에는 상관관계만이 존재할 뿐이다. 누군가가 철학으로부터 진실을 말하는 독점권을 박탈했다면 그것은 푸코가 틀림없다. 푸코는 작가를 철학자와 동등한 자격을 갖는 진실의 담지자로 간주한다. 『광기의 역사』『임상의학의 탄생』『말과 사물』『감시와 처벌』을 자세히 살펴보면, 우리는 이 저서들이 역사의 장에서 가능할 수 있었던 가상적 사실을 광기, 임상의학, 담론, 감금과 관련하여 기술함과 동시에 이러한 세계의 가능성의 조건들을 기술하고 있음을 쉽게 파악할 수 있을 것이다.

푸코는 언어의 반영적 특성을 "사물에게 자신을 넘어서게 하고, 이식된 공간을 부여하고, 그 누구도 절단할 수 없는 미세한 관계 속에서 동일성과 차이성을 배가하는 거울"[9]로 규정한다. 결국 푸코의 담론은 성찰적, 이론적 픽션이라고 말할 수 있다. 그렇기 때문에 푸코는 문학을 사유의 한 형식, 심지어는 사유의 탁월한 형식으로까지 간주한다. 철학은 문학 속에서 일종의 거울을 발견하고, 이 거울 속에 철학의 가장 중요한 문제들을 투사한다. 따라서 우리가『레몽 루셀』에서 푸코의 존재론과 윤리의 주축들을 발견하게 되는 것은 지극히 당연한 일이다.『레몽 루셀』에서 푸코는 자신이 구축하게 될 고고학이라는 픽션의 고안자인 자신을 말하고 있고, 아울러 루셀이 고안한 픽션의 절차를 가능케 한 독특한 언어관을 빌려 인지성의 복잡한 경로를 다양한 사료의 재분배를 통해 기술하는 자신의 에크리튀르 절차를 해명하고 있다.『레몽 루셀』에서 푸코는

---

9) M. Foucault, 앞의 책, p. 274.

자신의 분신을 만나게 된다. 픽션을 통해 푸코가 지적하고자 하는 바는 미학적 조절, 상상력의 조절과 깊은 관계가 있는 인지성의 보편 체계이다. 픽션은 작가는 물론이고 철학자, 역사가, 과학자 들 모두가 공유하는 발화 체계라고 말할 수 있다.

2) 언어, 한계, 위반

푸코가 문학과 맺는 관계의 복잡성은 여기서 그치지 않고, 일종의 양분화 속에서 작가의 파롤 분석 쪽으로까지 이어진다. 문제는 자기 자신을 위해 새로운 글쓰기의 공간을 포착하여, 거기서부터 담론의 전통적 분류법을 재정의하기 위해, 그것을 타인들에게 가시화하는 것이다. 푸코는 새로운 유형론을 만들어냈고, 그 결과 그의 글쓰기는 학문의 언어들을 다른 방식으로 재단하게 되었고, 그래서 파롤의 생산은 과학의 신체로부터 이미 배제되어버린 주체성의 최후의 보루가 아닌 다른 무엇으로 변화된다. 하지만 이 점에서도 우리는 역설적인 형식의 확인으로부터 출발할 필요가 있다. 1962년부터 1971년에 이르기까지 우리는 푸코에게서 상이한 두 담론 체제를 발견할 수 있다.

한편으로 그의 책들 속에서는 다양한 외관들을 넘어서서 우리 인식의 기초가 되는 중요한 분할들이 지식 속에서 구축되는 방식을 기술하려는 계획을 발견할 수 있을 뿐만 아니라, 이 방대한 현실의 재단—그중 노동, 생명, 언어는 긴밀히 연결된 세 형상이다—을 규범적 체제로 만드는 사회적 장치들을 다시 거치게 되는 방식 또한 추적할 수 있다. 누차의 부인에도 불구하고 푸코가 당시 구조주의자로 여겨진 것은 그의 사유나 절차가 실제적으로 구조주의의 그것과 유사했기 때문이기보다는 상보적이고 상응적인 지식과 권력의 장치들이 결정론적 인상을 주었기 때문이다. 다시 말해서 푸코가 기술한 지식과 권력의 장치들이 우리가 속하는

"에피스테메épistémè"의 총괄적 구조를 통해 우리의 존재를 단일하게 결정하는 듯한 폐쇄적인 인상을 주었기 때문이다. 따라서 항시 세계의 질서, 다시 말해서 현실 재단의 언어적 격자를 보여주는 것이 문제였다. 요컨대 지식의 생산과 제도의 기능, 사회적 규범화의 메커니즘을 기술하는 것은 항시 규범적 장치의 골조로 기능하는 "언어화"의 절차를 재발견하기 위함이다.

다른 한편으로 푸코가 문학에 할애하고 비평가들이 관심을 갖지 않는 상당수의 글들에서 푸코가 텍스트에 접근하는 방식은 위에서 언급한 방식과는 완전히 다르다. 『광기의 역사』와 『담론의 질서』 사이에 놓이는 약 스무 편의 글들은 중요한 두 가지 의문을 야기한다. 첫째로, 푸코가 왜 이미 자신의 저작들에서 언급된 바를 문학비평의 전통과 비교해볼 때 훨씬 고전적으로, 또 동시에 자신의 여타 저작들과 비교해볼 때 훨씬 지엽적으로 쇄신할 필요를 느꼈는지가 의문이다. 둘째로 수적으로도 많고, 내용면에서도 풍부함에도 불구하고 푸코의 담론의 주변부에 용의주도하게 은폐된 이 텍스트들이 마치 문학 텍스트에 대한 참조가 푸코에게 갑자기 중요하지 않고, 시효가 지나고, 부족한 것이 되어버리기라도 한 것처럼, 1972년부터는 완전히 사라져버렸다는 것을 어떻게 설명해야 할 것인가? 70년대 초반에 푸코는 사회과학의 영역에서도 문학을 배제시켜버린다. 문학에 할애된 푸코의 텍스트들을 부차적인 영역으로 환원하지 않는 한, 우리는 무엇이 이러한 완전한 소실과 망각을 발생시켰는지를 잘 이해할 수 없다. 사람들은 대개 문학에 대한 푸코의 관심이 일시적이고 일화적이라고 말하는가 하면, 그가 스스로 유희적 공간을 만들어내어 거기서 '텔켈' 그룹과 같은 문학 서클과 교류하며 많은 문학비평을 했지만 그것은 푸코의 주요 사상적 흐름과는 별개의 독자적인 실천이었다고 생각하는 경향이 많다.

하지만 두 가지 사실이 이런 해석을 불가능하게 한다. 먼저 푸코는 1957년 『레몽 루셀』을 읽고 현상학과 결정적으로 단절할 수 있었고, 이어 현상학의 불충분성을 주장할 수 있었고, 또 현상학과의 단절의 부하를 지탱할 수 있었다고 여러 번 고백하고 있다는 사실이다. 같은 맥락에서 푸코는 니체의 독서를 통해 철학의 질서에 속하는 바를 문학적 충격으로 유도할 수 있었다. "나는 니체를 독서한 이유를 잘 알고 있다. 나는 바타유를 읽었기 때문에 니체를 읽었고, 또 블랑쇼를 읽었기 때문에 바타유를 읽었다"[10]라고 푸코는 1983년의 한 인터뷰에서 고백한다. 여기서 문학은 이상한 역할을 담당하고 있고, 또 담론적 실천과 관련해 단절적 가치를 담당하고 있음을 알 수 있다.

문학에 대한 푸코의 관심이 그의 주요 철학 체계와 무관하다는 편견을 반박할 수 있는 또 하나의 사실은 문학에 할애된 텍스트들과 동시대 푸코의 저작들 사이에 설정되는 격차에서 찾을 수 있다. 푸코는 문학에 할애된 텍스트에서 다른 말을 할 수 있는 가능성을 발견하는 것 같고, 문학에 대한 논의와 민중의 말(「불명예스러운 사람들의 생La vie des hommes infâmes」)과, 특수한 목소리인 사드, 루소, 플로베르, 말라르메, 아르토, 루셀 등의 청취를 통해 그의 이론적 담론이 발생시키는 결과들에서 벗어난다거나, 책의 공간에서 논의되던 바에 항구적인 대위법을 부가하는 듯하다. 들뢰즈는 『푸코』에서 속성에 따라 푸코의 텍스트가 위계화되어 있다고 주장한다. 물론 여기서 위계가 있다는 것은 어떤 텍스트가 다른 텍스트에 비해서 우월하기 때문이 아니라, "인터뷰들이 작품에 속한다고 한다면, 그것은 각 권의 책의 역사적 문제화가 현재의 문제를 구축하는 쪽으로 연장되기 때문이다."[11] 여기서 중요한 것은 푸코의 많은 인터뷰에

---

10) M. Foucault, "Structuralisme et poststructuralisme," in *Dits et Ecrits*, t. IV.

서, 과거에 대한 고고학이 아니라, 근대성의 분석을 통해 현재의 계보학을 지향하는 또 다른 담론의 체제, 일종의 사유의 실험실을 인정한다는 사실이다. 요컨대 푸코가 쓴 문학비평 텍스트가 어떻게 몇 년 후 그 방법론이 명확히 규정되기에 이르는 계보학의 일차적 공간을 표현하는지를 이해하는 것이 중요하다.

미셸 푸코의 저서들에 대한 논의로 다시 돌아가 보자. 푸코의 저서들이 제기하는 핵심 문제는 애초에 분류 불가능했던 것으로 주어진 바를 규범 속에 집어넣으려 시도하며 지식의 담론과 사회적 장치들을 광기/이성, 질병/병원, 범죄/감옥 등과 같이 분할하는 방식을 포착하는 일이다. 그러고 나서 담론이 정상과 비정상의 관계로 발전하거나 사회적 한계 상황을 회유하거나 동화시키는 방향으로 나아가는 데는, 푸코가 연구하는 상이한 학문의 장들의 상호작용을 통해 부과되는 단일한 변조만이 있을 뿐이다. 왜냐하면 논의의 대상은 항시 동일한 것, 즉 차이성의 회유를 가능케 하는 공간의 구축이기 때문이다. 이러한 장치들과 관련해 푸코의 저서들은 어떤 외부성의 가능성을 열어놓고 있지 않다. 즉 우리는 항시 고고학자 푸코가 역사가로서의 세심한 배려를 통해 복원한 구성 상태 내부에 위치한다. "왜냐하면 우리는 항시 경계선을 넘어설 수 없고, 다른 곳으로 넘어갈 수 없는 상태에 있기 때문이다."[12)]

그러나 문학 텍스트는 이 경계선의 추월을 현시한다. 한편으로 한정에 대한 위반과 저항의 가능성 타진을 통해 에피스테메 한정을 연장해 기술하려는 지적인 필요성과, 다른 한편으로는 이 같은 위반을 담론의 규범화에 저항하는 전복적인 다른 언어의 가능성을 통해 수행할 필요가 있다.

---

11) G. Deleuze, *Foucault*, Paris: Éd. de Minuit, 1986, p. 122.
12) M. Foucault, "La vie des hommes infâmes," in *Les Cahiers du chemin*, n. 29, 15 janvier 1977.

따라서 절대적인 문학적 생산의 영역 내에서 "언어와의 들쭉날쭉한 관계"를 통해 혹은 "구조적인 비의주의"를 통해 푸코는 한계에 대한 침범, 즉 규범화된 언어의 제도화되고 전능한 질서에 대한 위반의 가능성을 타진하게 된다.

이렇게 푸코는 문학을 문학의 장 밖으로 이동시키면서, "달리 사유하기penser autrement"라는 자신의 방법론을 역사나 철학 분야뿐만 아니라 문학 자체에도 적용했다. 문학에 할애한 다양한 접근 방식을 통해 푸코는 새로운 토대 위에서 문학의 문제를 재성찰하고, 지금까지 제기된 적이 없는 문학의 새로운 쟁점들을 바타유의 "내적 경험l'expérience intérieure" 모델에 입각해 제시하고 있다. 왜냐하면 바타유의 "내적 경험"은 문학을 자신 밖 혹은 자신의 경계로 내몰면서 재가동시키는 방법이었기 때문이다. 자신의 경계에서 문학은 전통적 의미에서의 문학에 속함을 부정하면서 자신의 궁극적인 진실들을 드러낸다.

그런데 여기서 문학을 통한 위반은 한계의 초극이 아니라, 유한성의 자각이다. 언어의 극한에 이르면, 인간은 자기 자신의 중심으로부터 일탈해, 결국 자기를 한정하는 한계의 가장자리에 위치하게 된다. 위반은 한계의 피안에 있는 것이 아니라 이 한계에 대한 작업이라고 말할 수 있다. 그리고 이러한 문학적 한계 경험이 푸코가 『말과 사물』에서 인간의 죽음을 선언할 때 등장하는 것은, 문학이 인간의 죽음을 표현할 뿐만 아니라 가속화하기 때문이다. 푸코는 이렇게 문학을 반-인간과학 운동 내에 편입시킨다.

그러나 문학 언어를 통한 위반 행위가 역사의 장에 기입되는 방식을 명확히 설명하지 않으면 이 모든 것은 불충분하다. 자기가 속한 시대로부터 일탈하는 방식을 해명해야 한다. 그러나 이 일탈은 예언이나 위인들의 업적으로부터 비롯되는 헤겔식의 일탈이 아니다. 여기서 일탈은 개인과 사회 간의 관계 문제를 제기하는 실천에서 비롯된다. 즉 어떤 조건 아래에서 하나의 개별적 실천이 이미 사라져가는 다른 체제를 대체하는 새로운 체제의 도래를 예고할 수 있었을까라는 질문이 바로 그것이다. 바로 이 단계에서 푸코는 인간의 유한성을 구체적 역사의 장 내로 끌어내려 연구하기 위해 "권력-지식 장치 le dispositif du pouvoir-savoir"라는 계보학적 개념을 동원하게 된다. 푸코는 담론, 담론이 내포하는 제도, 신체, 기술 등과 같은 진실 생산에 필요한 총체적 기제들을 대상화시키기 시작한다. 게다가 푸코는 이 진실 생산의 메커니즘을 생리학적, 사회적, 경제적, 제도적 힘과 같은 이질적인 권력의 작용과 결부시킨다. 진실의 체제는 권력-지식 내에서 물질적인 긴급성과 지극히 우연한 방식으로 작동한다.

개인의 신체와 영혼에 관한 탐색 기술이 발달함에 따라, 통제, 조절 전략들도 발달하게 된다. 푸코의 관점에서 보면 이 같은 인간에 대한 탐색과 조작을 정당화시키는 담론이 인간과학이다. 인간과학은 동일자 개념과 규범성이라는 강력한 이미지를 갖고 있다. 개념, 규칙, 기초, 정당화 등과 같이 진실 체계로부터 생산된 모든 것들은 곧 제도화되고, 반복되며 확산된다.

따라서 푸코의 계보학은 보편화, 일반화, 여기서 비롯되는 "정상인 l'homme normal"을 지향하는 모든 체계에 구체적으로 저항할 수 있는 언어의 생산에 그 목적이 있다고 말할 수 있다. 이러한 조작에 저항하면서 푸코는 "진실을 둘러싼 투쟁 le combat autour de la vérité"에 참여한다. 그의 전략은 진실을 모든 권력 체계로부터 해방시키는 것이 아니라, 사회, 경제, 문화적 헤게모니의 형식들과 진실의 권력을 분리시키려는 데 그 목적이 있다고 할 수 있다. 푸코는 의사, 교수, 연구원 등과 같은 특수 전문영역의 지식인들을 선동하여, 그들이 담당하는 학문의 특수성과 역사성과 대면하게 하고, 각 담론 속에 숨겨진 규범화의 전복을 선동한다. 이러한 관점에서 볼 때, 지식의 문제는 더 이상 언어 존재의 문제로 환원될 수 없게 된다. 게다가 "담론형성체formation discursive"의 분석만으로는 "정신병리학la psychiatrie"이나 "범죄학la criminologie"과 같은 지식의 역할과 기능을 설명할 수 없으며, 문학에 "메타-에피스테메"의 위상을 부여할 수 없게 된다.

1971년『담론의 질서』에서 푸코는 누차 반복해 언어의 전복적 가치를 강조한다. 그래서 담론은 법의 질서에 속하며, 그것은 질서를 존중하긴 하지만 그를 무장해제할 하나의 자리이다. 왜냐하면 "지루하고 회색빛이 도는 활동 아래에서 상상하기 쉽지 않은 권력들과 위험들을 느끼는 불안을 제압해야 하기 때문이다. (……) 그 위험은 어디에 존재하는가?" 여기에 대한 응답으로 푸코는 "니체부터 아르토에 이르기까지 우리의 역사의 각 지점에서 진실이 금지를 정당화하고, 광기를 정의하고자 하는 바로 그곳에서 진실의 의지를 비켜가고자 한 모든 사람은 이제 우리에게 일상의 작업들을 위한 기호들 ─ 물론 불손한 기호들 ─ 을 제공하고 있음에 틀림없다"[13]라고 단언한다. 푸코가 인용하는 이름들(다른 곳에서 푸코는 사드, 말라르메, 조이스, 루셀, 카프카, 바타유, 파운드, 보르헤스, 블랑쇼, 클로소프스키 등의 긴 목록을 전개한다)은 60년대에 푸코가 지대한 관심을 가진 사람들이며, 또 그는 그들의 이상스러운 언어와 위험한 말들, 그리고 '전쟁기계'의 형식을 갖는 담론의 주름을 펴려고 고심하였다.

"불손한 기호들"의 경우에서 문학적 창작은 언어 규칙의 전복으로 기술된다. 코드의 강압은 말을 쓰는 행위 내에서 중단된다. 왜냐하면 말은 코드에 복종하지 않을 수 있기 때문이다.『광기의 역사』의 관건은 광기가 이와 같은 일탈과 일치하며 지식의 담론이 비(非)광기의 다른 편으로 축

---

13) M. Foucault, *L'ordre du discours*, Paris: Gallimard, 1971, p. 10.

소시켜버린 것임을 보여주는 데 있었다. 조르주 캉길렘의 말로 다시 풀어 보면 비정상인, 즉 병자, 광인은 정상의 다른 측면에 지나지 않으며, 지식의 담론은 역설적으로 회유의 공간으로 작용하는 배제의 공간을 규범의 내부에서 비정상에 마련해주면서 지탱시킨다. 이렇게 이상성이 제압되었을 때, 광기는 모든 전복적 가치를 잃게 된다. 왜냐하면 광기가 설명되고 명명되었기 때문이며, 또 지식과 사회 속에서 자리를 부여하는 구조에 의해 병합되었기 때문이며, 담론에 의해 주름이 펴졌기 때문이다.

하지만 문학 작가들에 대한 텍스트에서는 완전히 다른 비정상의 형상이 문제시된다. 여기서 비정상은 환원을 거부하는 탈소외된 광기이고, 우리 시대의 에피스테메가 구성 상태에 의해 허용된 담론적 인준의 거대한 감금으로 환원되지 않은 광기이다. 그것은 의학적 지식이 분석할 수 있는 광기가 아니라, 모든 종류의 포획으로부터 벗어나 "부정형적이고, 대립적이고, 탈중심적인 동요를 일으키며, 가장 은밀한 비밀로 향하기보다는 가장 가시적인 형식들을 양분하는 쪽으로 진행됨에 따라 문학적 행위에 의해 해독될 수 있는 광기이기 때문에"[14] 이 같은 저항을 푸코는 "밖의 광기"라고 부른다. 레몽 루셀의 작품이 푸코에게 충격을 주었던 것은 푸코가 루셀의 작품에서 거부의 문학의 첫 모델을 발견하기 때문이다. 이는 루셀의 작품이 문법이나 언어의 관습들을 존중하지 않거나 괴물 같은 것들을 말하려고 하기 때문이 아니라, 겉으로 보기에는 전적으로 용인할 수 있고 이해가 가능하고, 그가 쓴 다른 작품들을 쓴 절차를 명확히 해명하는 임무를 띤 한 권의 책을 쓸 수 있었음에도 불구하고(『내 몇 권의 책을 쓴 방법에 대하여』), 역설적으로 그의 작품은 미친 작품에 비해 훨씬 더 괴물 같은 작품이기 때문이다. 우리는 중국의 괴상한 백과사전이

---

14) M. Foucault, "Dire et voir chez Raymond Roussel," in *Dits et Ecrits*, t. I, p. 210.

『말과 사물』을 연다는 것을 다시 한 번 상기할 필요가 있고, 또 푸코가 이 책을 읽고 동요되어 폭소를 터뜨린 점을 상기할 필요가 있다. 우리는 이 폭소가 말해지고, 쓰여질 수 있고, 사유될 수 있는 것 앞에서 체험할 수 있는 정신적인 혼란이 야기시키는 폭소라는 것을 알아야 한다. 루셀, 니체, 아르토의 비정상은 언어의 규칙들을 존중하지만 사유 불가능한 것을 만들어내는 구조적 비의주의(秘義主義)이다. 바로 이와 같은 문학적 생산이 도처에서 터져 나온다. 왜냐하면 그것은 사전에 모든 통일의 가능성을 와해시키고, 말하는 순간조차 권력/지식의 회유 전략을 실패로 몰아넣기 때문이다. 그것은 구축된 세계의 질서에 도전하는 행위이다. 왜냐하면 이와 같은 행위는 거울의 다른 편으로 넘어가 체계에 저항하며 다른 질서를 발명해내기 때문이다. 이 행위는 원시적인 이타성 구축의 순수한 순간이며, 구축된 담론의 경직화에 저항하는 행위이다. 그것은 해방된 주체성의 생산의 극점이고, 괴물스럽기 위해서 괴물로 채워질 필요가 없는 언어의 봉기이고, 탈중심화되기 위해 탈중심화될 필요가 없는, 일시적으로 귀속이 불가능하고, 명명 불가능하고 이해 불가능한 파롤이며, 언어 자체에 반하여 언어를 사용하는 행위이다. 말하자면 푸코는 여기서 데카르트의 몽환과 보르헤스의 중국 백과사전을 대립시킨다. 요컨대 이것은 이상한 것과 이상한 자의 대립, 병적인 것과 한계로의 이행의 대립, 안과 밖의 대립, 시니피앙의 인정과 기호의 저항 간의 대립이다.

하지만 푸코가 이 일차적 저항 행위를 역사에 대한 자신의 담론에 연결시키는 방식을 알 필요가 있다. 사람들은 푸코가 한 에피스테메에서 다른 에피스테메로 넘어가는 과정을 명확히 밝히지 않는다고 종종 비난했다. 하지만 문학에 할애된 텍스트에서 푸코는 이 이행 관념을 명시적으로 주제화한다. 왜냐하면 개별적이고 선구적인 위반 행위의 판별로부터 장치 변화의 일반적 전략의 설정으로 나아가는 운동을 재추적하는 것이 관건이기 때문이다. 개별적 파롤에서 포착 가능할지라도 위반 행위는 우리의 발화 조건들에 충격을 주는 일반적인 큰 변화를 야기하기 때문에 그만큼 복잡하다. 그것은 마치 위반적 파롤이 새로운 코드의 가능성을 보여주기 때문에, 동시에 낡은 코드의 소멸을 알리는 것과 같다. 그것은 마치 주어진 한 시대의 한 사유 체계에 충격을 가하는 단절이 특이한 시기상조성의 고독한 운동에 입각해서만 가능한 것과 같다. 이 운동은 기성의 장치의 손상을 예고하고, 거기에 휩쓸려 들어간다. 하지만 이 시기상조성은 결코 "어떤 사람"에 의존하지 않는다. 왜냐하면 파롤 행위의 가치를 지적하는 것이 문제이지 심리적 주체를 지정하는 것이 중요한 게 아니기 때문이다.

이런 의미에서 자신의 시대로부터 자신을 "해방시키는 것"이 문제가 된다. 그리고 그것은 예언자의 일도 아니고, 헤겔식의 위인들의 일도 아니다. 그것은 단지 개인적인 것과 집단적인 것이 맺는 어려운 관계의 문제를 제기하는 실천의 결과일 뿐이다. 다시 말해서 그것은 어떤 조건 아래에서 고립된 실천이 소멸하는 체제를 대체해 새로운 체제를 예고하는지에 대한 문제 제기이다.

그러나 여기서 푸코의 입장은 광범위하게 지식과 권력의 담론의 "유동적" 개념에 의존한다. 푸코의 "문학 텍스트"의 운동이 어떤 발언의 위반적 공격을 우리로 하여금 의심하게 만든다 해도, 거기서 문제시되는 것은 항시 일시적인 저항이다. 푸코의 저서들이 지식과 권력의 담론의 이동을 일반적으로 기술했다는 것을 잊어서는 안 되기 때문이다. 그의 저서들은 이러한 장치들을, 일탈에 대한 새로운 규범화와 제도화 절차들을 부단히 만들어내는 항구적인 이동으로 특징짓는다. 이런 의미에서 "문학 텍스트"의 범위는 문학적 대상을 넘어선다. 사회적 통제의 틀에 광인들을 집어넣기 위해 광기에 대한 담론을 만들어내듯이, 저항과 구조적 비의주의의 모든 형식은 일반적으로 그것들을 해명할 수 있는 보다 광범위한 패러다임에 이르든 늦든 간에 회유되고 통합된다. 그렇기 때문에 한 행위가 갖는 단절의 가치는 일시적이며, 탈주의 작업은 밖의 다른 곳에서 지속적으로 재개되어야 한다. 왜냐하면 봉기를 구성하는 순수한 운동이었던 것이 새로이 구축된 권력의 거점이 되고, 그것에 대항해 새로운 외부성을 다시 만들어낼 필요가 있기 때문이다. 이 점과 관련해 들뢰즈는 다음과 같이 지적한다. "적어도 장기적 지속성 차원에서는 재분배와 재편성은 독자적으로 이루어진다. 왜냐하면 자기와의 관계는 모든 '제도적, 사회적' 체계로부터 독립된 자유로운 개인에게 예정된 내재적인 지대로 남아 있을 수 없기 때문이다. 자기와의 관계는 권력관계와 지식관계 내에서 파악되어야 한다. 자기와의 관계는 자신이 파생되었던 체계들 내에 재통합된다. 내적인 개인은 '도덕적' 지식 내에서 코드화되고, 재코드화된다. 또 특히 자기관계는 권력의 관건이 되고 다이어그램화된다. 주름은 따라서 펴지고, 자유로운 인간의 주체화는 예속으로 변형된다."[15]

사실 60년대 말에 우리는 이미 저항의 중심과 관련한 푸코의 사유를 결산할 수 있었다. 한계의 가능한 침범에 관한 테마와 새로운 주체성 형식의 도래를 가능하게 하기 위해 자기 자신의 고유한 사고의 틀로부터 탈출을 시도할 필요성이 벌써 이때부터 나타난다. 마찬가지로 장치의 모태가 애초에 이방인으로 주어지는 바를 회유하는 새로운 형식들을 항시 생산하여, 탈주를 다시 포획하고, 스스로를 강화시키기 때문에 한없는 작업이 중요하다.

반대로 두 가지 점이 문제로 남는다. 한편으로 문학의 사례들 — 푸코는 이를 통해 질서의 위반에 대한 일차적 연구를 할 수 있었다 — 이 고립

---

15) G. Deleuze, 앞의 책, p. 110.

된 특수성과는 다른 것인지를 알 필요가 있고, 또 문학의 저항 행위가 역사적 우연성에 속하는지, 아니면 어떤 단절의 권력을 실험하려는 명백하고 의식적인 의도에 해당되는지를 알 필요가 있다. 레몽 루셀은 우연하게 레몽 루셀인가? 아니면 그의 문학적 기도가 전투 계획의 마스크에 불과하기 때문에 루셀이 자기 고유의 선동의 공간을 구축하려고 결심한 것일까? 다른 한편으로는 고립된 특이성에서 집단적 저항의 전략으로의 이행이 어떻게 수행될 수 있는지를 아는 것이 중요하다. 달리 말하면 시기상조의 모델인 루셀 작품의 독서가 어떻게 우리가 속한다고 여겨지는 역사적 장치들로부터 적어도 일시적으로나마 우리를 벗어날 수 있게 해줄 수 있는지를 알 필요가 있다. 바로 이 순간에 문학적 대상들이 사라진다. 하지만 이러한 갑작스러운 관심의 소멸은 인터뷰의 낡은 주제들을 대체하게 되는 새로운 문제의 출현과 정확히 일치한다. 요컨대 그것은 "감옥정보운동G. I. P."에의 참여이고, 또 이 년에 걸친 이 직접적인 참여는 사회 보조원들의 위상에 대한 성찰 작업이기도 하다. 탐구 영역의 변화가 1960년대에 시작된 절차를 다른 방식으로, 다시 말해서 집단적인 것의 정치적 방식으로 수행하게 만든 것처럼 보인다. 필요한 발언권 관념이 문학적인 유일한 장으로부터 해방되고 동시에 사회의 장 전체로 열림에 따라, 푸코는 '감옥정보운동'의 경험을 통해 예속에 대항한 투쟁의 테마와 자립적 주체성 생산의 테마를 보다 철저하게 다룰 수 있었다.

3) 문학, 전쟁기계, 실존의 미학

1963년, 정확히 말해서 『광기의 역사』(1961)와 『말과 사물』(1966) 사이에 푸코는 『레몽 루셀』과 『임상의학의 탄생』을 동시에 출간하고 난 다음 「위반의 서문」과 『레몽 루셀』을 『임상의학의 탄생』이 한정한 동일한 영역에 위치시키기 위해, 『광기의 역사』에서 행한 바와는 다소 다르지만, 『말과 사물』에서 그가 시도하려 한 바를 예고한다. 그 이유는 바로 그해에 문학에 대한 푸코의 성찰이 구체화되기 때문이다. 이 문학을 푸코는 "한계의 문학," 즉 우리가 속한 에피스테메를 특징짓는 언어관계로 정의한다. 이 언어관계는 『말과 사물』에서 극도의 중요성을 갖는데, 그 이유는 언어가 유한성의 세 형식(노동, 생명, 언어) 중의 하나인 동시에, 두 다른 유한성과 관련하여 특권적 형식이기 때문이다. 즉 언어를 통해서만 노동과 생명이 성찰될 수 있고, 또 언어 내에서 유한성의 특수한 체험이 『말과 사물』의 마지막 구절이 지적하는 인간의 종말, 주체의 소멸과 비극적 양태로 만나기 때문이다.

비극적인 것을 죽음 이외의 다른 출구를 발견하지 못하는 것으로 규정한다면, 사실상 『말과 사물』의 결론은 지극히 비극적이다. 그러나 인간의 죽음을 다소 완곡하게 생각할 필요가 있다. 당대에 수많은 반향과 오해를 불러일으킨 '인간의 죽음' 선언은 주체가 그 자체로서 소멸된다는 것을 의미하는 것이 결코 아니라, 주체가 그 속에서 탄생하는 주체성 형식의 변화를 의미하기 때문이다.

푸코가 현상학과 단절한 시점을, 스웨덴에서 돌아와 레몽 루셀의 작품을 독서하기 시작한 1957년과 1960년 사이라고 고백하는 점에 비추어 볼 때, 1960년대 푸코의 모든 문학 연구는 지극히 우연한 방식으로 레몽 루셀에 대한 독서에서 비롯되었다고 추정할 수 있다. 그리고 이 문학이라는 대상은 1961년과 1970년 사이에 푸코의 저작에서 아주 강도 있게 등장하는 테마 중의 하나가 된다. 여기서 이 문학이라는 대상은 우리가 속하는 에피스테메의 출현 체제를 가시화하는 방식인 동시에, 아직 우리의 것은 아닐지라도 도래 중에 있는 새로운 주체성을 규정하는 방식을 의미한다. 우리 시대 담론들의 가시성 체제에 관한 연구, 우리 자신의 현실 l'actualité ─ 왜냐하면 형상들이 "바닷가 모래사장에 그려놓은 얼굴처럼"

사라지고 있기 때문에 — 에 도래할 또 다른 형상들이 어떤 방식으로 존재하는가를 동시대적으로 파악하는 것이 중요한 과제로 부과된다.

그리고 이러한 배려는 "달리 사유하기"와 밀접한 관계가 있고, 또 많은 비평가들이 푸코의 칸트에게 단순 회귀한 것 — 근대적이라는 것은 무엇을 의미하는가? 계몽이란 무엇인가? — 과는 달리, 모든 종말에 관한 테마, 즉 근대성에 대한 테마 — 자기 자신의 시대에 속한다는 것이 의미하는 바는 무엇인가? — 는 이미 1960년대부터 푸코의 주요 문제 틀을 이루고 있다. 푸코에게 자기 자신의 시대에 속한다는 것은 분석해야 할 한 담론 유형에의 참여 —『말과 사물』이 그 좋은 예이다 — 와 주어진 한 시기, 즉 단절의 시기에 어떤 방식으로 새로운 사유의 방식을 사유해야 하는지를 알려는 의지를 동시에 내포한다.

이런 관점에서 볼 때, 우리는 푸코와 바타유 간의 심층적 유연관계를 설정할 수 있다. 앞서 말했듯이『말과 사물』의 결론에서 사라지는 것은 인간이 아니라 인간이라는 형식, 즉 주체성의 양태로서의 인간이다. 마찬가지로 바타유를 독서하면서 푸코가 설명하는 죽음의 체험은 생의 종말에 도래하는 것으로서의 죽음이 아니다. 사실상 우리는『말과 사물』의 결론에서 인간의 장례식에 참석하는 것이 아니라 생명 체험을 구성하는 죽음과의 관계, 즉 생명 체험 내의 죽음의 회귀에 참여하는 것이다. 바로 이 점에서『임상의학의 탄생』은「위반의 서문」『레몽 루셀』과 명백한 상관관계에 놓이게 된다. 바타유가 말했듯이 "주체는 죽음의 수준에까지 끌어올려져 있다."

예를 들면『임상의학의 탄생』에서 푸코가 비샤에게 갖는 관심은 바타유와 레몽 루셀에게 갖는 관심과 대단히 유사하다. 레몽 루셀의 작품에서 정신병의 심각한 징후를 발견하는 피에르 자네 Pierre Janet와 달리, 푸코는 루셀의 작품에서 언어의 병, 즉 루셀의 언어 자체 내에서 작동하는 근심과 죽음을 지적한다.

　죽음이 언어 내에서 작동하고 있다고 말하는 것은 예를 들어 광인의 언어 내에서 전개되고, 궁극적으로 소거시키고 은폐시키고 치유해야 할 언어의 비정상성의 무의식적 요소가 남아 있음을 의미한다. 그러나 푸코가 1960년대에 문학을 통해 주제화하는 것은 모든 병리기록부의 밖에 위치하는 이 "비-정상성"의 활용 문제이다. 요컨대 지식, 정치, 타자 지배의 장부 내에 자리 잡고 있는, 즉 가시적인 것에 경계를 설정하는 모든 것들의 내부에 있는 모든 장치에 대항하는 전쟁기계의 자격으로 언어가 우리에게 부여하는 외부성의 활용이 문제가 된다. 보다 정확히 말해서, 예를 들어 푸코가 『광기의 역사』를 쓰고 또 고전주의 시대부터 광기라는 비정상을 정상의 체제 내에 편입시키는 방식을 설명할 때 우리는 여전히 가시성의 표면에 머무는 것이다. 그러나 언어를 바타유, 루셀, 아르토, 니체, 보들레르, 말라르메 등의 작가들처럼 일종의 "전쟁기계"로 활용한다면 언어는 또 다른 존재 방식의 발견을 우리에게 허용할 것이다.

　"전쟁기계"라는 용어는 피에르 리비에르Pierre Rivière를 위해 사용했지만 루셀에게도 동일하게 적용될 수 있다. 이 말은 푸코의 저작에 자주 등장한다. 여기서 우리는 모든 문학 작가들에게 공통적으로 적용 가능한 한 구절을 상기할 필요가 있다. 즉 "근대인은 보들레르에 있어서 자기 자신, 자신의 비밀, 숨겨진 자신의 진실을 찾아나서는 인간이 아니라, 자기 자신을 만들어내는 데 고심하는 인간이다"라고 푸코는 주장한다. 다시 말해서 근대인에게는 "전-주체sujet antérieur," 자립적 주체 혹은 자족적 주체의 재발견이 중요한 것이 아니라 자기 자신의 창조가 중요하다. 근대인들은 『말과 사물』이 그 소멸의 지평을 소묘한 인간 형식을 채우려고 시도하는 인간이다. 요컨대 다른 방식, 다른 형상, 다른 형식의 발명이 요청된다. 언어 분석을 통해 푸코가 발명해내려고 시도한 것은 내용 없는 "전쟁기계"로서만 기능하는 빈 언어이다. 언어 내에 내용을 채우려는 순간 우리는 진실을 말하려고 하게 된다. 그러나 진실은 역사적으로 한정된 담론의 체제이기 때문에 그럴 수 없다. 이제 이용해야 하는 것은 진실의 체제를 벗어나는 언어이다. 즉 한 시대의 진실을 우리로 하여금 말하도록 명령하는 절차에 편입되지 않는 ― 그것은 항시 필연적으로 내부를 말하는 것이 되기 때문에 ― 언어의 사용이 요구된다. 이제 자기 자신을 이야기하는 언어, 즉 자신을 말하면서 아무것도 말하지 않는 일종의 "밖의 글쓰기l'écriture du dehors"가 필요하다.

1960년대에 푸코는 명백한 방식으로 블랑쇼의 영향을 받는다. 블랑쇼를 통해 푸코는 우리가 속한 에피스테메 내에서 지배력을 행사하는 담론으로부터 벗어날 가능성을 발견한다. 푸코는 「밖의 사유」에서, 우리가 속한 언어 밖에서 묘사적 실체들을 제거하고 언어를 사유하려고 노력해야 하고, 사물에 대해 이야기하는 것을 중단하고 "글쓰기 행위" 자체를 써야 한다고 피력한다. 그런데 여기서 이 행위는 1970년대 푸코의 정치적 실천 행위이기도 하다. 결국 문학과 예술과 정치에서 푸코에게 문제가 되는 것은 바로 이 공통의 행위이다. 블랑쇼가 자기보다 앞서 이야기를 쓰는 것을 중단하고 글쓰기 자체를 써야 한다고 말했다고 푸코가 「밖의 사유」에서 지적할 때, 또 그가 사드에서 시작해 네르발, 보들레르, 말라르메, 아르토, 루셀로 이어지는 전통에 자신을 재위치시킬 때, 그가 의도하는 바는 무엇일까? 그것은 문제의 핵심이 문학과 예술사의 시도에 있는 것이 아니라, 글쓰기를 통해 자기 시대의 모든 책들을 소거하려고 시도한 일련의 작가들을 지적한다는 점에 있다. 푸코의 관점에서 사드는 자기 시대의 모든 책을 소거하려 시도한 작가이고, 말라르메는 자기 시대의 모든 책들을 집대성한 총체로서의 책을 쓰려 했다.

그는 이 문학에 "시뮬라크르의 문학"이라는 이름을 부여한다. 그는 이를 사드에 적용했고, 그가 참조하는 모든 작가들에게 적용했다. 그리고 푸코 또한 시뮬라크르의 문학가이다. 즉 그는 바로크적이고 아카데믹한 고전적인 문체를 가지고 있었지만 동시에 이 문체는 그가 『레몽 루셀』에서 말하는 그 유명한 "전쟁기계"와 일치한다. 푸코의 저작을 문학 텍스트, 역사 텍스트, 철학 텍스트라고 말하는 것은 무의미하다. 중요한 것은 그의 텍스트가 사전에 모든 범주화를 와해시키려고 시도했다는 점이다.

푸코는 작가의 개인화 절차가 보다 심층적인 전략에 속하고, 다른 개인화 절차를 내포하고 있음을 자각하게 된다. 푸코는 자신의 에크리튀르를 이용해 개인을 주체로 만드는 시스템에 저항한다. 여기서 주체는 두 가지 측면이 있다. 주체는 한편으로는 보편적 개인의 이데올로기에 예속되어 있고, 다른 한편으로는 자신의 정체성에 연루된 자기이데올로기에 예속되어 있다. 그래서 주체는 자기 자신에 대한 탐색 기술, 의식, 고백 등과 같은 무수한 자기배려 기제에 예속되게 된다.

푸코는 개인성과 주체성에 대해 새롭게 문제 제기를 하면서 근대문학을 특수한 방식으로 분석한다. 그는 작품과 저자를 심리화하는 구비평, 상호텍스트성에 기초한 신비평을 단호히 거부하고, 근대문학이 다른 담론들과 맺는 관계 방식을 분석하려고 노력한다.

보다 정확히 말해서, 푸코는 주체성을 근대문학의 핵심 문제로 삼는 데 기여한 주요 담론과 전략을 찾아내려고 한다. 푸코는 서구문화에서 심리적 차원은 서사적 지각 체계의 부정이라고 주장하고, 심리중심주의le psychologisme에서 근대 개인의 형성에 관여하는 주요 기제들을 발견한다. 일상생활에서 일어나는 흉측하고 사소한 사건들에 대한 열광, 가족 문제의 해부, 평범한 개인의 극히 사소한 비밀에 대한 관심 등이 그 예라고 할 수 있다. 푸코는 심리적 차원이 담론화되는 과정과 방식을 파악하려고 노력한다. 다시 말해서 그는 개인의 진실을 만들어내는 기제들로서의 고백, 고해성사, 내성 등과 같은 관례들이 형성되고 제도화되는 방식을 분석한다.

이러한 규율 기제는 근대 정치의 특징 중 하나이다. 서사문학의 소멸은 권력 양태의 변화와 직결되어 있다. 영웅의 공적을 찬양하고 추모하는 의식들 대신 사료화, 범죄 기록, 정상 테스트 등이 점차적으로 보편화되기 시작한다. 이제 영웅을 노래하는 시대는 지나가고, 정상적인 행실, 규범 일탈의 문제에 관심이 집중되는 시대가 도래한다. 그래서 "어린 앙리가 아니라 어린 한스가 유년기의 모험을 이야기하게 된다."[16]

심문, 상담, 자서전적 이야기 등이 증명하듯이 고백은 "성담론 생산"의 중심지가 된다. 바로 이 시점에서 서사시는 근대문학에 자리를 양보하게 된다. 그래서 영웅의 공적으로부터 평범한 개인의 사소한 일상생활의 세세한 기록으로 주제가 변화되고, 인쇄술, 출판, 저작권 등과 같은 보급 기술의 변화가 발생한다.

그렇기 때문에 계보학에서 사드는 고고학에서처럼 욕망이 모든 표상에 범람하는 사실을 입증하면서 근대를 여는 선구자가 아니라, 17세기의 고백 형식을 문학 내에 투사해 욕망을 사소한 세부 사항까지 파헤쳐야 할 은밀하고 신비스러운 대상으로 변환시키는 데 크게 기여한 인물이 된다. 고고학적 단계에서 사드는 욕망 및 성(性)의 진정한 영웅인 반면, 계보학적 단계에서 푸코는 성을 한계 체험과 위반이라고 여기지 않고 예속 강제, 규범화로 간주한다. 1970년대 이후 푸코는 근대의 에크리튀르를 모든 개인화 절차를 전복시킬 수 있는 위반 행위로 더 이상 생각하지 않는다. 왜냐하면 개인화는 단순한 문학적 주제가 아니라 어떤 문학적 언어도 피할 수 없는 복잡한 정치 문제이기 때문이다.

---

16) M. Foucault, *Surveiller et punir*, Paris: Gallimard, 1975, p. 195.

그렇기 때문에 푸코는 근대문학이 언어의 존재를 건드린다는 주장을 포기하게 된다. 주체가 언어 내에서 형성되지 않으므로, 에크리튀르의 윤리는 이제 더 이상 언어윤리가 될 수 없다. 그래서 푸코는 실존의 새로운 형식 창조를 위해, 제도화된 경험 형식으로부터 자신을 해방시킬 수 있는 새로운 윤리를 찾게 된다. 이 새로운 주체성의 윤리를 푸코는 "실존의 미학l'esthétique de l'existence"이라 명명하였다.

말년에 푸코는 말라르메식의 언어 문제를 버리고, 보들레르가 「근대생활을 그리는 화가Le peintre de la vie moderne」에서 제기한 "주체화 la subjectivation" 문제에 관심을 집중시킨다. 보들레르는 생의 형식에 관련된 윤리, 즉 실존의 미학을 제안한다. 왜냐하면 푸코가 지적하듯이 "보들레르에 있어서 근대인은 자기 자신과 자신의 숨겨진 진실을 찾아나서는 사람이 아니라 자기 자신을 창조하는 데 고심하는 사람이기" 때문이다. 보들레르의 댄디즘dandysme은 실존의 미학과 관련된 근대적 태도를 잘 보여준다. 시간의 흐름 속에 자신을 방치하지 않기 위해서는 지금까지 전혀 실험되지 않은 삶의 새로운 형식을 창조하는 데 에크리튀르를 활용해야 한다. 그런데 이 새로운 삶의 형식이 과학, 종교, 칸트의 정언적 명령 등에 기초를 두고 있지 않기 때문에, 이 윤리는 실존 형식의 창조가 된다. 그리고 에크리튀르의 문제는 자기창조 윤리로 변형된다. "어떻게 자신의 삶을 살아 있는 작품으로 만들 수 있을까?"라는 보들레르의 문제와 푸코의 실존의 미학은 불가분의 관계가 있다.

그런데 이 "실존의 미학"은 많은 푸코 비평가들이 생각했던 것처럼 "주체로의 회귀"가 결코 아니다. 푸코가 타진하는 것은 주체해석학이 아니라, 항시 일시적이고 재창조되어야 하는 주체의 가능성이다. "자유로운" 주체는 주어진 것이 결코 아니라, 우리가 만들고 수정해야 할 무엇이다. 이 윤리는 다음과 같은 특성이 있다. 먼저 이 윤리는 어떤 종교보다도 더

혹독한 훈련이다. 다음으로 이 금욕적인 자기창조 행위는 사회 안에서 실현될 수 없고, 보들레르가 예술이라고 부르는바 내에서만 실현될 수 있다.

그래서 "저항résistance" "주체화subjectivation" "한계 태도l'attitude limite" "새로운 삶의 양식의 창조la création de nouveaux styles de vie"는 개인이나 그룹이 예속을 벗어나 특수한 실존을 차이성에 입각해 창조해낼 수 있게 해주는 자유의 구체적이고 철저한 실천과 실험을 지칭하는 동일한 행위들les actes이다. 이 점에서 우리는 『광기의 역사』 초판 서문에서 "당신의 정당한 이상(異常)성을 발전시키시오Développez votre étrangeté légitime"라는 르네 샤르의 시 구절을 인용했을 때처럼, 푸코가 말년에 출발점으로 되돌아온다는 사실을 주목할 필요가 있다.

푸코는 철학적 성찰 공간에 문학과 예술을 삽입하여 독특한 사유 체계를 형성하였고 철학적 담론이 말할 수 없었던 사실을 해명할 수 있었다. 즉 문학은 철학에 존재하지 않았던 새로운 사유 공간을 푸코에게 제공한다. 결국 문학은 철학의 타자l'Autre, 다시 말해서 합리적 사유에 의해 무시된 차원이다. 푸코의 에크리튀르는 전복적 공간과 일련의 미로를 열고, 그 속에서 합리적 주체를 전복시키고, 데카르트의 코기토에 이의를 제기한다. 타자를 피력하면서 푸코는 사유의 한계에 대해 문제를 제기한다. 푸코는 "사유되지 않은 바l'impensé"를 받아들이고, 사유의 한계를 극복하기 위해 상투적인 사유의 경계 밖으로 나가려고 시도했다. 사드, 말라르메, 루셀, 바타유, 블랑쇼, 클로소프스키 등과 같은 작가들의 도움으로, 푸코는 이성의 지하로 내려갈 수 있었다. 이 일련의 작가들은 푸코에게 시각의 지배로부터 벗어나는 방법, 표상의 부조리성을 탐구하는 방법, 언어 속에서 죽음의 지점에 도달하는 방법과, 육체의 절규를 듣는 방법을 가르쳐주었다고 할 수 있다. 이러한 문학적 충격은 합리성을 동요시켜 사유에 새로운 장을 연다. 따라서 푸코의 작품 내에서 문학은 중심에 있다고 할 수 있다. 그러나 푸코가 에크리튀르를 저항, 실험, 삶의 예술작품화를 지향하는 자유의 실천에 사용되는 "전쟁기계"로 만들기 위해 제 유형의 담론들을 해체하려고 했기 때문에, 문학은 동시에 숨겨져 있다. 푸코는 1950년대 강단철학과 단절하는 데 필요한 수단을 문학에서 발견하였고, 구조주의적 담론이 쉽게 벗어날 수 없었던 폐쇄성을 극복하기 위해 문학을 전략적으로 사용했으며, 문학에 힘입어 작가-작품-독자가 맺는 삼각관계의 심리화에 이견을 제기하면서 에크리튀르 행위 자체, 즉 파롤 형성, 주체성 생산, 자기창조 행위 등과 같은 운동을 위해 저자의 죽음을 단언할 수 있었다.

결국 역설적인 것은, 푸코 자신은 자신의 텍스트가 모든 회유, 동화의 절차를 와해시키는 무엇인가가 되기를 바랐던 반면, 많은 비평가들과 주석자들은 푸코의 텍스트를 그것이 푸코주의건, 구조주의건, 현대 프랑스 사상의 조류이건, 포스트모더니즘이건, 반인간주의건 한 사상 사조의 기원으로 환원시킨다는 점이다. 바로 그렇기 때문에 우리가 푸코를 통해 얻을 수 있는 교훈이 있다면, 그것은 푸코를 철학사의 관점에서만 다룰 것이 아니라, 한없는 운동인 줄 알면서도 자기 자신의 전방에 항시 위치해야 한다는 관념을 자기 자신을 위해 실천해야만 한다는 자각일 것이다.

푸코는 철학을 담론이 아니라 행위로 생각하였고, 이 행위는 확인하고 단절해야 할 어떤 현실태와 관련되고, 단절은 특수한 배려에 입각한 자기생산을 통해 이루어진다. 한 인터뷰에서 푸코는 자신이 몇 년 전에 한 말과 다른 말을 하는 그를 비판하는 질의자에게 "사유와 연구의 관계는 화가와 화폭의 관계와 비슷하다고 생각합니다. 그림을 그리는 것이 자기 자신을 변형시키기 위함이 아니라면 화가가 도대체 왜 그림을 그리겠습니까?"라고 말한 적이 있다. 결국 자기생산과 자기변형은 철학자, 이론가,

작가, 예술가 모두의 공통된 목표 가운데 하나가 아닐까?

3. 나오는 글: 문학과 건강

우리는 푸코의 사유 내에서 문학의 소멸이 아니라 변신이 핵심 문제라는 사실을 알 수 있다. 푸코는 초기부터 말기까지 문학을 지속적으로 논의한다. 그는 문학에 무관심해진 것이 아니라, 문학을 통해 포착한 침범, 저항 개념을 보다 넓은 탐구의 영역으로 확장시켜나갔다. 그럼에도 불구하고 애초부터 푸코의 사유의 기원은 문학에 있다. 그는 문학에서 50년대 강단철학과 단절하는 방법을 찾을 수 있었고, 또 문학을 통해 자신의 사유를 부단히 쇄신하여 구조주의의 담론이 벗어나기 힘들었던 사유의 폐쇄성을 피해 도주할 수 있었다. 결국 문학을 통해 푸코는 작가-텍스트-독자의 삼각관계를 심리화하는 데 반대하며 글 쓰는 "행위"를 위해, 다시 말해서 파롤의 구축과 주체성의 생산, 자기창조를 위해 생산 주체와 수신인의 죽음을 단언할 수 있었다.

푸코는 문학과 인지적 담론 간의 전통적인 구분을 거부한다. 아마도 푸코의 업적은 각각의 담론에 학문적 경계를 부여하는 분류 체계를 허물어버린 것일 것이다. 푸코는 문학을 항시 보잘것없는 픽션의 관행적 공간으로 결코 폄하하지 않았으며, 인간과학은 문학에서 모든 것을 배워야 한다는 사실을 누구보다도 잘 이해한 철학자였다. 달리 말해서 푸코는 오늘날 문학이 규범적 권력에 대한 저항에 붙여진 다른 이름, 즉 "전쟁기계"라는 사실을 누구보다도 잘 알고 있었으며, 문학은 제대로 독서할 줄 아는 사람들에게 한계로의 이행의 공간, 즉 우리 자신의 근대성의 확인과 그것으로부터의 탈주와 새로운 자기창조 및 생산을 기초로 하는 윤리적이고 기술적인 공간을 가리키고 있다는 사실을 누구보다 탁월하게 간파한 철학자였다.

국제도시 파리에서 생활하는 보들레르의 댄디가 제기하는 것은 서사적이라기보다는 근대적인 형태의 실존의 미학과 연관되어 있다. 즉 댄디는 화려한 명성을 후대에 남기기 위해서 글쓰기를 활용하는 방식의 문제와 직면한다. 이 문제가 제기하는 것은 과학, 종교, 도덕적 의무에 기초를 둔 윤리이다. 다시 말해서 추상적 의무로서의 윤리가 아니라 일정한 삶의 방식의 선택을 문제시하는 윤리이다. 따라서 말기 푸코의 사유에서 글쓰기의 문제는 자기창조의 미학의 문제가 된다. 퍼포먼스와 같은 포스트-형식주의 작품은 이러한 보들레르의 문제를 새로운 방식으로 제기한다. 즉 자신의 생활, 자신의 살아 있는 신체, 사진화할 수 있는 자신의 실존은 보편적으로 이미 수동적으로 외부에 의해 구축된 자기의식을 역동적이고 능동적으로 변형시키려 시도하는 어떤 작품에 통합된다. 언어, 상황, 몸짓, 경험에 있어서 이미지를 패러디화하고 풍자적인 시뮬라크르로 반복하는 것은 그것이 우연한 것이라는 생각을 내포하고 있다. 우리는 이같은 삶의 형상을 본질적, 본래적이라고 생각할 필요가 없으며 다른 방식의 삶을 선택할 수도 있다. 이러한 작품에서 "거리"는 예술적 표상을 위한 소션이 아니라, 다른 종류의 경험을 우리가 창출해낼 수 있다고 생각하는 윤리-미학의 한 방편이다. 따라서 이 "거리"는 자기발견이나 참되고 보편적인 존재의 발견을 지향하는 주체의 해석학 내에 있지도 않고 언어의 자유인 유희에 있지도 않으며 오로지 자기해방과 자기창조의 부단한 실험에 존재한다고 생각하는 생활의 윤리이다. 이것이 푸코의 실존의 미학, 자기테크놀로지, 자기창조의 윤리이다.

이런 관점에서 볼 때 푸코는 탈주의 가능성을 제시하고 그것을 시행한 철학자라고 할 수 있다. 카유아를 그토록 당황하게 했던 푸코의 바로크적 문체는 "실천"의 순간과 동시에 생산의 순간에 있어서도 그 이면을 이야기하는 글쓰기의 돌출이다. 푸코가 보르헤스가 『픽션들』에서 언급하는 이상한 중국 백과사전을 읽으며 그랬듯이, 우리는 푸코를 읽으며 박장대소할 필요가 있다. 푸코의 문학에 대해 우리는 들뢰즈식으로 대답할 필요가 있다. 그것은 일종의 건강이라고.

푸코의 문학 연구 관련 문헌

L'histoire de la folie à l'âge classique, Paris: Gallimard, 1972.
(한국어판)『광기의 역사』, 이규현 옮김, 나남출판, 2003.
Raymond Roussel, Paris: Gallimard, 1963.
Les mots et les choses, Paris: Gallimard, 1966.
(한국어판)『말과 사물』, 이광래 옮김, 민음사, 1987.
『미셸 푸코의 문학비평』, 김현 편역, 문학과지성사, 1989.
Dits et Ecrits, t. I, Paris: Gallimard, 1994.

데리다의 문학론

이 글은 데리다의 해체론에서 텍스트 개념이 차지하는 위상과 의미를 최대한 다양한 관점에서 설명하고 평가해보자는 목적에서 시작되었다. 전체의 논의는 여섯 단계로 이루어진 사다리의 형태를 띤다. 첫 단계는 고전적인 텍스트 개념이다. 텍스트라는 말의 어원적 의미와 그것을 둘러싼 은유적 친족관계, 이 개념의 주요 구성요소 등을 정리하는 것이다. 두번째 단계에서는 후설, 잉가르덴, 수용미학 등의 텍스트 개념이 나온다. 여기서 문제는 현상학적 텍스트 개념과 데리다의 텍스트 개념을 비교하여 양자의 공통점과 차이를 밝히는 데 있다. 세번째 단계는 현상학적 텍스트 개념과 구별되는 해체론적 텍스트 개념을 다시 바르트의 텍스트 개념과 비교한다. 여기서는 데리다의 텍스트 개념이 현대 문학이론과 맺는 연관성이 문제이다. 네번째 단계는 해체론과 정신분석의 연관성을 배경으로 한다. 데리다의 텍스트 개념에는 상호텍스트성의 개념이 함축되어 있는데, 이를 프로이트의 정신분석에 대한 해체론의 계승관계 속에서 설명한다. 다섯번째 단계에서 등장하는 것은 상호텍스트성의 개념과 짝을 이루는 중층적 규정의 개념이다. 여기서 중요한 것은 프로이트의 중층적 규정이란 개념이 데리다의 텍스트 이론에서 흔적의 개념으로 바뀌는 과정에 주목하는 것이며, 이 과정에서 헤겔의 규정 개념과 니체의 규정 개념이 함께 수용되고 있다는 사실을 밝히는 것이다. 마지막 여섯번째 단계에서는 이런 논의를 바탕으로 데리다의 텍스트 개념에서 핵심적인 요소이면서도 종종 오해되는 개념들, 가령 흔적, 원초적 흔적, 쓰기, 원초적 기록, 차연 등의 개념이 지닌 의미를 정확히 설명하고자 한다.

데리다의 텍스트

김상환

1. 여는 글: 왜 텍스트인가

 텍스트는 외형상으로는 아주 오래전에 생겨난 개념이지만 내용상으로는 이제 막 태어난 개념이다. 아마 오늘날 텍스트보다 더 전위적인 내용을 담고 있는 개념도 드물 것이다. 들뢰즈와 가타리의 배치나 리좀 등과 같은 개념은 이 새로운 텍스트 개념과 경쟁하기 위하여 고안된 것인지 모른다.[1] 이론적 사유의 모태인 철학은 예술의 죽음과 종교의 죽음을 초래했지만 20세기 사상사의 중요한 고비는 철학의 죽음에 있다. 저자의 죽음, 초월적 기의의 죽음은 그런 철학의 죽음, 더 넓게는 이론적 사유의 종언이 동반하는 하위의 사건들일 뿐이다.[2] 첨단적 의미의 텍스트는 이

---

1) 데리다의 텍스트와 들뢰즈-가타리의 리좀, 배치의 비교에 대해서는 필자의 글, 「들뢰즈의 CsO론」『안과 밖: 영미문학연구』(22호, 2007년 상반기) 3절과 5절 참조.
2) 이 모든 죽음의 핵심은 일정한 '비판적' 거리 뒤에서 이론적 시각화의 대상이 되는 데 있다. 다시 말해서 대상화되는 데 있고, 그에 따라 다른 원천의 '근거'와 자명성 안에서 설명, 해석, 평가, 해소된다는 데 있다. 이에 대해서는 필자의 책, 『해체론 시대의 철학』(문학과지성사, 1996, pp. 97~104)과

모든 죽음과 더불어 다시 태어난 개념이다.

이런 사실에 주목할 때 두 가지 삼단논법을 생각하게 된다. 먼저 이 시대를 긍정하면서 출발하는 대부분의 실험적 사유는 텍스트가 새롭게 분만하는 의미 군을 거점으로 한다. 이는 자연스러운 일이다. 텍스트는 이 시대의 인문학적 상상력을 살릴 만한 거의 유일한 개념인지도 모르기 때문이다. 다른 한편 텍스트의 이런 특권적 위상을 파악하기 위해서는 신의 죽음, 예술의 죽음, 주체의 죽음 등을 거느리는 철학의 죽음에 초점을 맞추어야 한다. 철학의 시대는 이념의 시대, 이론의 시대이다. 과격한 의미의 텍스트는 이론적 사유의 협소한 틀을 깨뜨리면서, 이색적인 차원을 열어놓으면서 등장하고 있다. 텍스트는 복잡하고 광활한 사유의 요구이다.

첫번째 삼단논법은 오늘날 텍스트라는 말이 일반화되고 있는 이유를 설명한다. 사실 이 시대에 텍스트는 과거처럼 언어적 사태만을 가리키는 말이 아니다. 기형도의 「오래된 서적」에서 읽을 수 있는 것처럼("나의 영혼은 검은 페이지가 대부분이다. 그러니 누가 날 펼쳐볼 것인가"[3]), 존재하는 모든 사태가 텍스트로 이해되고 있다. 이는 중요한 징후이다. 현대의 존재론적 상황은 존재자의 의미가 투명성을 상실했다는 데 그 특징이 있다. 이는 모든 존재자가 어떤 난해하고 책임 있는 해석을 요구하고 있음을 뜻하고, 그런 의미에서 '존재자로서의 존재자'는 그 자체가 텍스트이다.

두번째 삼단논법은 텍스트의 상징적 지위가 성립하는 역사적 문맥을 설명한다. 이 문맥을 규정하는 것이 죽음 혹은 종언의 주제라면, 이 주제를 선도한 사조는 니체, 하이데거, 데리다로 이어지는 해체론이다. 하지만 해체론의 부상 때문에 철학이 종언을 맞이한 것은 아니다. 오히려 고전적인 철학이 자신의 한계에 부딪혔기 때문에 해체론이 부상하게 되었

『예술가를 위한 형이상학』(민음사, 1999, 5장 등)을 참조.
3) 기형도, 『입 속의 검은 잎』, 문학과지성사, 1989, p. 25.

다. 이 시대의 역사-문화적 현실은 철학이나 형이상학의 전제들이 너무 단순하고 소박한 것으로 내려다보이기 시작하는 수준에 이르렀다. 이것이 철학이 맞이한 죽음의 실상이다. 이때 죽음은 단순한 소멸이나 부재를 뜻하지 않는다. 다만 다른 종류의 사유에 의해 상대화되고 대상화된다는 것을, 따라서 전제와 자명성을 빌려주던 자리에서 빌리는 위치로 전락했음을 의미한다. 텍스트는 이런 전락의 거울이다.

2. 텍스트의 해체론적 구조

1) 은유로서의 텍스트

이 두 가지 삼단논법은 상호보충적이다. 이 점은 텍스트 개념의 일반화와 과격화를 주도한 데리다의 글들에서 잘 드러나고 있다. 그 많은 글들 중에서 먼저 텍스트의 어원과 은유적 기원이 언급되는 부분부터 읽어보자.

(……) 로고스의 층위는 경험의 '보다 일반적인 구조' 안에 포함되어 있다. (……) 언어 안에서는 순수하게 언어적인 것과 경험을 이루는 여타의 섬유들이 서로 얽혀 있고, 이 얽힘Verwebung은 하나의 직물tissu을 이루고 있다. Verwebung이란 말은 직물이라는 은유의 영역을 지시한다. 즉 '층위'들은 서로 '짜여' 있고, 그 씨줄과 날줄을 식별할 수 없을 정도로 혼합되어 있다. 만일 로고스의 층위가 단순히 '정초'되어 있다면, 우리는 그것을 걷어내고 그 밑에 자리 잡은 비표현적 행위와 내용의 층위가 나타나도록 만들 수 있을 것이다. 그렇지만 이 상층 구조가 역으로 본질적이고도 결정적인 방식으로 하위층Unterschicht에 작용하기 때문에, 그것을 서술하

기 위해서는 지리학적 은유에 텍스트의 은유를 연계시키지 않을 수 없다. 왜냐하면 직물은 '텍스트'를 말하기 때문이다. Verweben은 여기서 textere를 의미한다.[4]

이 구절은 후설의 『순수 현상학의 이념들 1』(1913) 124절에 대한 주석이다. 후설은 본질을 추구하는 철학자이다. 이 저서에서 그 본질에 해당하는 것은 뜻Sinn이다. 이 뜻은 표현Ausdruck을 통해 밖으로 드러난다. 하지만 표현을 통해 드러난 뜻은 그 이전의 뜻과 구분되어야 하고, 그래서 의미Bedeutung라 불린다. 이 의미는 로고스의 층위에 속하므로 당연히 보편성을 띠지만 개인에 따라, 상황에 따라 다르게 경험된다. 이런 경험적 차이가 나타나는 층위는 표지Anzeichen층이다. 이 층은 의미를 드러내는 표현층과 대립적 관계에 있다. 표현층은 선험적 영역에 속하기 때문이다. 그러므로 후설의 의미론에서는 세 가지 층이 설정된다. 먼저 경험적이고 심리적인 차원인 표지층이 있고, 그 아래 선험적 차원인 표현층이 있다. 그리고 다시 그 아래에는 표현과 무관하게 존재하는 뜻층(선-표현적 하위층)이 있다.

데리다는 후설이 이 세 층위 사이의 관계를 설명하는 방식에 초점을 맞춘다. 먼저 이 층위들을 서로 구별하는 단계가 있다. 이는 경험적 영역에서 선험적 영역으로, 그리고 다시 순수한 본질(노에마)로 향하는 '환원'의 과정이다. 이 환원의 과정을 설명할 때 후설은 층이라는 지질학적 은유에 의존한다. 하지만 그다음 단계의 설명에서 이 세 층위의 상호영향관계가 암시된다. 이런 암시는 지질학적 은유를 대신하는 새로운 은유를 통해 적극적으로 드러난다. 이 새로운 은유는 얽힘, 짜임, 직조 등과 결부

---

4) J. Derrida, *Marges de la philosophie*, Paris: Èd. de Minuit, 1972, pp. 190~91.

된 직물의 은유이다. 하지만 이 두 은유는 서로 충돌한다. 즉 직물의 은유를 중시한다면, 앞 단계에서 설정된 구분법이 무력해질 수밖에 없다.

후설의 현상학이 의도하던 목적은 '순수한' 현전의 상태에 있는 본질과 관계하는 데 있다. 하지만 서로 구분되었던 의미론적 층위들이 정태적으로 머물러 있는 것이 아니라 실처럼 서로 꼬이고 얽혀서 직물을 형성하고 있다면, 그런 순수한 현전은 처음부터 불가능한 것이 아닐까? 순수한 본질의 현전은 그로부터 환원된, 따라서 거기에 부재하는 것에 의해 보충되고 있는 것이 아닐까?

이렇게 묻는 데리다의 주석은 두 종류의 은유에 초점을 맞춘다. 하나는 층이라는 지질학적 은유이고, 다른 하나는 직조와 얽힘이라는 직물의 은유이다. 텍스트는 직물의 은유에서 나온 말이며, 그 어원은 '짜다, 엮다' 등을 의미하는 그리스어 tech/tek에 있다(여기서 텍스트와 테크놀로지가 동일한 어원에서 나왔다는 사실에 주목하자). 하지만 이 두 은유는 서로 배타적인 것만은 아니다. 직물의 은유는 층이라는 지질학적 은유의 품 안에서, 그것을 보충하거나 대리할 필요성에서 태어났다. 사실 이는 후설의 문헌만이 아니라 다른 문헌에서도 확인할 수 있는 점이다. 가령 현상학적 예술철학을 개척했고 수용미학이나 독자반응이론의 길을 처음 열어놓은 로만 잉가르덴의 대표작 『문예작품』(1931)[5]이 좋은 예이다.

이 책에서 저자는 문학작품을 여러 가지 지층으로 이루어진 지질학적 형성물로 간주하고 그 층위들을 네 가지로 구분한다. 소리로서의 말, 의미, 재현된 대상들, 도식적 측면 등이 그것이다. 이것들 중 잉가르덴이 가장 주목하는 것은 마지막의 도식적 측면이다. 이 측면은 '미결정성의

---

[5] R. Ingarden, *Das literarische Kunstwerk*, Tübingen: Niemeyer, 1960(2판). 잉가르덴의 미학 일반에 대해서는 『미학과 현상학』(박상규, 한신문화사, 1997[개정·증보판]) 가운데 pp. 31~56 참조.

반점'이라 불린다. 아직 완결된 의미를 지니지 않기 때문이다. 하지만 현상학적 의미에서 문학작품이 어떤 '지향적 대상'일 수 있는 근거는 이 얼룩에 있다. 독자는 이 반점 앞에 설 때 어떤 요구에 직면하는데, 그것은 독자적 해석에 대한 요구이다.

문학작품은 독자가 그렇게 요구된 독자적 해석을 감당할 때에야 비로소 어떤 자기동일성을 띤 미학적 대상으로 탈바꿈된다. 문학작품은 어떤 완결된 자기동일성이나 미리 정해져 있는 정체성을 지니고 있는 것이 아니다. 읽기와 해석을 기다리는 미결정성의 얼룩들을 핵으로 하고 있기 때문이다. 그 핵은 미학적 잠재력이 충전되어 있는 장소이고, 그 잠재력은 독서 행위를 통해 비로소 구체적으로 현실화된다. 하지만 그 현실화 과정은 정해진 노선에 따라 이루어지는 것이 아니라, 독자에 따라, 상황에 따라 서로 다른 방향으로 이루어질 뿐이다.

이런 잉가르덴의 작품 개념은 현대적 텍스트 개념이 부화되는 중요한 장소이다. 문학작품이 단일하고 동질적인 공간이 아니라 복수의 층위들로 구성된 공간이라는 자각이 없었다면, 오늘날 우리가 아는 텍스트 개념은 성립할 수 없었을 것이다. 하지만 현재의 텍스트 개념을 부추긴 보다 결정적인 요소는 '미결정성의 반점'에 있다. 말하자면 이 반점은 어떤 소용돌이다. 서로 구분되던 층위들은 이 소용돌이를 통해 역동성을 띠게 되고 마침내 서로 뒤얽혀 직물이 된다. 텍스트가 되는 것이다.

2) 쓰기, 읽기, 텍스트

이런 뒤얽힘을 촉발하는 것은 독서 행위이다. 이 행위를 통해 작품을 구성하는 '내적' 요소들은 '외적' 요소들과 하나로 엮인다. 물론 그런 교직 운동은 미결정성의 반점을 중심으로 이루어진다. 데리다 역시 텍스트에서 그런 미결정성의 반점을 중시하고, 그 얼룩에 부응하는 독서에 새로운 의미를 부여한다.

 그리고 독서는 언제나 작가에 의해 의식되지 않은 어떤 특정한 관계를 겨냥해야 한다. 작가가 스스로 사용하는 언어의 도식들 안에서 그가 통제하는 것과 통제하지 못하는 것 사이의 관계가 문제이다. 이 관계는 빛의 음영, 힘의 강약에 대한 어떤 양적 분배가 아니라 비판적 독서가 '생산'해야 하는 의미화 구조 structure signifiante이다. (……) 물론 독서는 텍스트를 중복하는 것으로 만족하지 말아야 한다. 하지만 독서는 텍스트를 넘어 그것과 다른 어떤 것으로, 어떤 지시 대상(형이상학적, 역사적, 심리학적 및 자전적 실재 등등)으로, 혹은 그 내용이 언어 밖에서 성립했거나 성립했을 수도 있을 텍스트 밖의 기의[초월적 기의]로, 다시 말해서 기록 일반의 바깥으로 정당하게 초과해 갈 수 없다. (……) 텍스트의 바깥은 없다.[6]

 이 유명한 구절은 데리다가 루소의 문헌을 읽어가는 과정에서 해체론적 독서의 '방법'을 언급하는 대목이다. 첫 문장은 해체론적 독서가 겨냥해야 할 대상을 말하고 있다. 그 대상은 '언어의 도식'이다. 이 도식은 잉가르덴이 말하는 '도식적 측면'이나 '미결정성의 반점'과 어떤 관계에 있는 것일까? 데리다가 이 문장을 쓸 때 잉가르덴의 용어들을 염두에 둔 것은 아닐까? 주의 깊은 독자라면 이렇게 물을 것이다. 하지만 이런 문제를 떠나서 이 대목은 데리다의 텍스트 개념이 잉가르덴의 작품 개념에 이중적으로 관계한다는 것을 말해주고 있다.
 먼저 두 개념이 공유하는 점을 분명히 하자. 그것은 텍스트의 정체성을 파악하는 방식에 있다. 그 정체성을 결정하는 것은 독서의 과정이다.

---

[6] J. Derrida, *De la grammatologie*, Paris: Éd. de Minuit, 1967, p. 227(고딕체는 필자 강조).

데리다에 따르면, 독서는 저자가 의식하지 못하고 있는 '의미화 구조'를 생산하는 창조적 독서이다. 이 창조적 독서의 출발점은 어떤 언어적 도식이며, 이 도식은 작가에 의해 통제되지 않는 부분을 포함한다. 문제는 이 부분을 읽어내는 데 있다. 하지만 이 언어적 도식에서 새로운 의미화 구조를 생산하는 독서는 어떻게 이루어지는가? 데리다는 이 점에서 잉가르덴과 멀어진다. 문헌과 그 바깥 사이에 성립할 수 있는 모든 지시관계를 의심하기 때문이고, 그 관계를 구성할 수 있는 모든 지시 대상(형이상학적, 역사적, 심리적 실재 등)을 거부하기 때문이다. 즉 텍스트의 바깥은 없다.

데리다가 이렇게 말하는 배후에는 해석이 무한한 과제라는 믿음이 있다. 그 믿음에 따르면, 텍스트와 무관하게 존재하는 것처럼 보이는 사태도 여전히 어떤 상징적 매개의 산물이고, 그런 한에서 해석을 기다리고 있다. 사물의 영혼은 검은 페이지가 대부분이다. 사물의 내면은 이미 텍스트이다. 잉가르덴은 문학작품에서 '도식적 측면'이라는 제한된 층위 안에서만 미결정성의 반점을 보았다. 하지만 데리다는 텍스트가 재현하는 것처럼 보이는 외적 대상 안에서도 유사한 얼룩을 발견한다. 나아가 순수한 현전의 상태에 있는 것처럼 보이는 지시 대상들을 어떤 생산의 산물로 간주한다. 헤겔적 용어를 빌리자면 그 대상들을 생산하는 과정은 상징적 매개, 혹은 매개로서의 규정이나 종합이 될 것이다. 하지만 데리다는 그 과정을 기록 혹은 쓰기écriture라 부른다.

(……) 루소의 작품 너머에는, 그 작품의 배후에는 오로지 기록밖에 없었다. 있는 것은 오로지 대리적 보충물, 대체적 기능의 의미작용들뿐이었다. 이것들은 변별적 차이관계에 있는 일련의 지시들이 만드는 사슬 안에서만 성립할 수 있다. 반면 '실재적인 것'은 단지 어떤 흔적이나 어떤 보충

의 요구 등으로부터 의미를 취하는 가운데 비로소 출현하거나 덧붙여질 뿐이다. 그리고 이런 과정은 무한하다. 왜냐하면 '텍스트 안에서'(……) 절대적 현전, 자연, '실제의 엄마'라는 말이 가리키는 것 등은 언제나 이미 은밀한 장막에 가려져 있고 결코 실존하지 않았다. 의미와 언어를 개방하는 것, 그것은 이런 쓰기다. 이 쓰기는 자연적 현전의 소멸에 해당한다.[7]

이렇게 말하는 데리다는 초월적 기의나 실재를 단순히 부정하거나 무화시키는 것이 아니다. 다만 그것이 발생하는, 하지만 그것의 배후에서 잊혀진 '포괄적 구조'와 문맥 안에 다시 위치시키고 있을 뿐이다. 데리다는 이 포괄적 구조를 다시 텍스트라 부른다. 이때 텍스트는 당연히 그 이전과 다른 의미를 지닌다. 이제 텍스트는 "하부구조라는 의미의 텍스트 texte, au sens infrastructural"이며, 이 텍스트의 본성은 생산에 있다. 즉 텍스트는 쓰기, 읽기, 지식 등을 동시에 생산하는 체계이다. "우리가 생산이라 부르는 것은 필연적으로 어떤 텍스트이다. 그것은 어떤 쓰기, 어떤 읽기 (……) 그리고 어떤 앎을 하나로 묶는 체계이다. (……) 이 쓰기와 읽기는 각기 자신에 고유한 맹점, 보이지 않는 얼룩 tache aveugle 주위에서 일정한 질서를 얻는다."[8]

분화적 현실 안에 존재하는 모든 것은 상징적 매개의 산물이다. 모든 것은 쓰기와 읽기를 통해, 다시 말해서 해석을 통해 생산된 결과이다. 해석은 언제나 완전히 통제할 수 없는 맹목의 반점에 의해 유인된다. 하지만 그 반점을 완전히 제거할 수는 없다. 매개는 언제나 불완전한 매개이다. 쓰기와 읽기는 미결정성의 반점과 씨름하지만 그 반점을 언제나 다른 장소로 옮겨놓거나 감출 뿐이다. 그 불투명한 반점은 자리를 바꾸되 지워

---

7) 같은 책, p. 228.
8) 같은 책, p. 234.

지거나 해소되지 않는다. 쓰기, 읽기, 지식은 그런 미결정성의 얼룩을 실어 나르는 은유적 대체이거나 환유적 이동이다. 텍스트가 쓰기, 읽기, 지식을 생산하고 다시 하나로 묶는 체계라면, 그 얼룩은 그 체계의 배꼽이다.

데리다는 그런 얼룩을 다시 대리적 보충supplément이라 부른다. "루소의 문헌 안에서 대리적 보충의 개념은 일종의 맹점이다. 그것은 보이지 않는 것이지만, 그것이 가시성(可視性)을 열어놓고 또 제한한다."[9] 대리적 보충은 텍스트의 비밀에 해당하는 '맹점'을 번역하기 위해서 루소에게서 빌린 용어이다. 이 번역어가 잉가르덴의 '미결정성의 반점'을 제대로 옮기고 있는지는 모르겠다. 하지만 이런 번역과 이동을 통해 데리다가 도착하는 곳은 전혀 새로운 지반이다.

3) 책, 작품, 텍스트

이 새로운 지반 안에서 작품이라는 말은 화석화된다. 예전에는 작품과 텍스트가 거의 비슷한 말로 사용되었지만, 데리다나 그가 한때 참여했던 '텔켈' 그룹의 동인들(크리스테바, 솔레르스, 바르트 등)에게 그 둘은 반대말에 가깝다. 그래서 작품이 어떤 안정되고 중심화된 전체를 가리킨다면, 텍스트는 닫히지 않는 의미화 회로와 무한정한 생산적 유희, 그 유희를 통한 의미의 과잉 등을 지시한다. 하지만 데리다는 텍스트를 작품이 아니라 책에 대립시킨다.

책의 관념은 어떤 기표의 총체성, 유한할 수도 있고 무한할 수도 있는 총체성의 관념이다. 이 기표의 총체성이 어떤 총체성으로서 있기 위해서는

---

9) 같은 곳.

반드시 먼저 어떤 다른 총체성, 기의로 구성된 총체성이 그보다 먼저 존재해야만 한다. 이 기의의 총체성은 기표의 기입과 기호작용들을 감시하되 기표와 독립하여 자신의 이상성 안에 존재한다. 언제나 자연적 총체성을 지시하는 책의 관념은 글쓰기의 의미에 대해 대단히 이질적이다. 그것은 쓰기의 일탈과 경구적 에너지에 반하여, 나아가 차이 일반에 반하여 신학과 로고스중심주의를 지키는 백과사전적 보호막이다. 만일 우리가 책으로부터 텍스트를 구분한다면, 오늘날 도처에서 천명되고 있는 책의 파괴는 텍스트의 표면을 노출시키고 있다고 말할 수 있다.[10]

책의 종언을 선언하는 이 대목을 읽기 전에 텍스트를 작품에 대립시키는 바르트를 먼저 참조하자. 특히 참조해야 할 중요한 매개항은 저자 개념이다. 사실 전통적으로 저자는 창조자 신에, 작품은 신이 창조한 우주에 비유되었다. 이런 비유에 따르면 작품은 저자의 사유 안에 먼저 있었던 기의의 총체성에 근거한다. 작품은 그 기의의 총체성을 재현하는 기표의 총체성이다. 이 총체성의 공간은 동질적이며 단일한 중심을 지닌다. 반면 텍스트는 저자의 의도와 무관한 일탈적 의미작용이 일어나는 공간이며 다양한 관점, 다양한 언어와 문화가 함께 엮이는 공간이다. 이렇게 생각하는 바르트의 관점에서 작품의 종언은 저자의 죽음과 맞물려 있고, 그 저자가 물러간 자리에 등장하는 것은 독자이다. 텍스트의 탄생은 독자의 탄생과 동시에 일어나는 사건이다.

한 텍스트는 다양한 글쓰기들로 이루어져 있고 복수의 문화들에서 유래한다. (……) 그러나 이런 다양성이 하나로 모이는 장소가 있다. 하지만

---

10) 같은 책, pp. 30~31.

이 장소는 저자가 아니라 독자이다. 독자는 글쓰기를 이루고 있는 모든 인용들이 조금도 상실되지 않은 채 기입되는 장소이기도 하다. 한 텍스트의 통일성은 그 기원에 있는 것이 아니라 목적지에 있다. (······) 독자의 탄생은 저자의 죽음을 대가로 한다.[11]

텍스트의 통일성이 저자가 아니라 독자에 의해 성립한다는 이런 생각에서 바르트는 잉가르덴과 그 이후의 수용미학자들과 일치한다. 하지만 독자란 누구인가? 이 물음에서 그들은 달라진다. 잉가르덴은 현상학자로서 작품의 의미를 저자의 심리적 상태나 개인사로 환원하는 태도에 반대한다. 마찬가지로 독서의 주체도 경험적 주체가 아닌 현상학적 지향의 주체, 선험적 주체가 되어야 한다고 본다. 그것은 데카르트적 주체이다.

바르트적 의미의 독자도 어떤 인격적 주체도, 심리적 주체도 아니다. "독자는 역사 없는 인간, 전기(傳記) 없는 인간, 심리 없는 인간이다. 그는 단지 글을 구성하는 모든 흔적들을 하나의 같은 장(場) 안에 회집하는 어떤 아무개on일 뿐이다."[12] 하지만 독자는 이제 데카르트적 코기토마저 아니다. 텍스트의 시대를 여는 독자의 탄생은 근대적 주체의 재탄생이나 휴머니즘의 부활을 의미하지 않는다. 오히려 그것은 근대적 주체의 죽음, 휴머니즘의 종언을 의미한다. 근대적 주체와 그것을 핵으로 하는 휴머니즘은 저자와 더불어 죽음을 맞이한다.

바르트는 이런 저자의 죽음이 일어나는 지점에서 다시 글쓰기의 시작을 본다. "저자는 자신의 고유한 죽음에 임한다. 글쓰기가 시작된다." "말하는 것은 언어이다. 결코 저자가 말하는 것이 아니다. 쓴다는 것, 그것은 (······) 선행의 비인격성을 통과해서 '자아'가 아니라 오로지 언어만

---

11) R. Barthes, *Le bruissement de la langue*, Paris: Seuil, 1984, pp. 66~67.
12) 같은 책, p. 67.

이 행동을 '수행'하는 지점에 도달한다는 것이다."[13] 바르트적 의미의 글쓰기는 심리적 주체의 재현적 행위가 끝나는 지점에서 시작되는 순수한 언어적 사건이다.

이 사건 안에서 볼 때 언어는 기의를 위해 있는 기표도, 심리적 내면을 재현하는 도구도 아니다. 언어는 오로지 언어를 위해서, 언어로서 이어지고 실행되기 위해서 있다.[14] 여기서 행동의 주체는 기의도, 지시 대상도, 주체도 아니다. 그것은 오로지 언어일 뿐이다. 이런 자기실행적인 언어, 수행성에 도달한 언어에 견줄 때 쓰기와 읽기의 구별은 무의미해질 것이다. 이 둘은 수행적 언어가 자신의 수행성을 실현하는 서로 다른 방식에 지나지 않을 것이다.

이와 유사한 언어관을 공유하는 데리다는 한 걸음 더 나아가 모든 언어적 사태의 배꼽에서 어떤 수행적 구조 structure performative를 발견한다. "모든 사실 확인적 명제는 그 자체가 어떤 수행적 구조, 적어도 암묵적인 수행적 구조에 의존한다."[15] 이런 발견 이후 수행적 언어와 비수행적 언어의 구분은 무의미할 것이다. 비수행적 언어는 이미 수행적 언어의 귀결이기 때문이다. 바르트와 데리다가 말하는 읽기나 쓰기는 언어가 이런 수행적 구조를 드러내는 사건, 오로지 언어만이 행동을 수행하는 사건이다.

위의 인용문에서 데리다는 이런 의미의 글쓰기를 책의 관념에 대립시키는가 하면 또한 그것을 텍스트의 도래와 결부시키고 있다. 그 이유는 바르트가 읽기나 쓰기를 작품이나 저자에 대립시키는 동기와 크게 다르지 않다. 책의 관념은 언어를 이미 확립된 기의의 총체성을 재현하는 위치에 둔다. 반면 글쓰기는 읽기와 마찬가지로 선행의 의미를 재현하는 행

---

13) 같은 책, pp. 61~62.
14) 이 점은 바르트를 떠나서도 얼마든지 경험할 수 있는 언어의 핵심적 성격이다. 이에 대해서는 필자의 책, 『니체, 프로이트, 맑스 이후』(창비, 2002) 2부 1장 1절 참조.
15) J. Derrida, *Force de loi*, Paris: Galilée, 1994, p. 59.

위가 아니라 새로운 의미화 구조를 생산하는 행위이고, 그런 의미에서 그것은 어떤 수행적인 행위이다.

여기에 덧붙여야 할 것이 있다. 그것은 읽기와 쓰기가 언어의 자기수행적인 행위임을 말할 때 이들이 이해하는 언어적 수행성은 현대 영미 철학자들이 파악하는 것과 다른 뉘앙스를 띤다는 점이다. 가령 데리다는 오스틴Austin과 설Searle을 의식하면서 이렇게 적는다. "만일 (……) 위험을 무릅쓰고 해체론에 대한 정의를 내린다면, 간단하고 생략적이며 슬로건이나 구호같이 경제적인 단 하나의 정의를 내린다면, 나는 간단명료하게 '하나의 언어 이상으로plus d'une langue'라 하겠다."[16]

그러므로 중요한 것은 복수적이고 이산적인 언어를 생산하는 것이다. 해체론은 여럿의 언어들을 생산하는, 따라서 하나의 언어 안에 그 이상의 차원을 기-입하는 읽기이자 쓰기이다. 하지만 "이 읽기는 '우리의' 읽기가 아니다. 왜냐하면 그것은 텍스트 자체에 의해 제공된 언어적 요소들만을 사용하기 때문이다. 저자와 독자의 구별은 잘못된 구분법이며, 이는 읽기를 통해 분명하게 드러난다. 해체는 우리가 텍스트에 덧붙인 어떤 것이 아니다. 그것은 그 무엇보다 먼저 텍스트를 구성하고 있다."[17]

이 말에 따를 때 모든 텍스트 안에는 해체 혹은 탈-구성déconstruction이 내재한다. 해체는 텍스트의 구성요소로서 그 안에 있다. 그런 의미에서 텍스트는 이미 해체론적이다. 하지만 이런 해체론적 구조를 노출할 때 텍스트는 이론적이고 개념적인 담론보다 포괄적이고, 그런 의미에서 보다 일반적이다. 그 "텍스트는 (……) 이론적이거나 개념적인 담론의 한계를 '실제로' 기록하면서 동시에 넘어서는 것을 의미한다. 이 담론과

---

16) J. Derrida, *Mémoires: pour Paul de Man*, Paris: Galilée, 1988, p. 38. 여기서 'plus d'une langue'는 '언어 이상의' '언어보다 더한' 등으로도 옮길 수 있을 것이다.
17) Paul de Man, *Allegory of Reading*, Yale University Press, 1979, p. 17.

(……) 그 질서가 초과되는 모든 곳에는 그런 일반적 텍스트가 있다."[18] 데리다의 해체론은 이론적 담론을 자신의 일부로 기록하고 번역하면서 이어지는 그런 일반적 텍스트를 드러내는 작업, 읽기와 쓰기의 작업이다. 하지만 데리다적 의미의 '일반적 텍스트'란 무엇인가?

4) 텍스트에서 상호텍스트성으로

우리는 앞에서 텍스트와 해체론이 상호규정적 관계에 놓이는 지점에 이르렀다. 데리다의 이야기는 이 지점에서부터 어려워진다. 이 이후의 여정은 텍스트의 존재론적 일반화와 과격화로 향하고 있다. 이 여정의 출발에 있는 직관은 어떻게 보면 단순하다. 그것은 "모든 존재론적 사건은 탈-언어학적 사건이다"라는 말로 요약될 수 있다. 모든 사건은 일단 언어학적 사건이면서 언어학의 한계를 넘어선다. 이는 또 모든 사건은 일단 개념적으로 매개되고 구성되는 사건이면서 개념적 사유의 한계를 넘어선다는 말과 같다. 모든 사건은 일단 형이상학적 사건이면서 형이상학적 사유를 넘어선다. 해체는 그런 이중의 운동에 대한 명칭이고, 일반적 텍스트는 그런 해체의 이중 운동이 구체적으로 펼쳐지는 장소이다. 하지만 해체의 이런 이중 운동은 모든 존재자 안에서 일어나는 일반적 사건이고, 따라서 존재자는 이미 모두 어떤 텍스트이다.

"해체는 모두 '탈-전유ex-apprioriation'의 운동들이다."[19] 이 말도 단순히 해체론에 대한 정의라기보다 텍스트로서의 존재자 일반에 대한 정의일 수 있다. 해체는 고유한 정체성(개념적이거나 상징적인 정체성)의 획득

---

18) J. Derrida, *Positions*, Paris: Èd. de Minuit, 1972, pp. 81~82. 데리다가 이 점을 가장 명확하게 보여주는 것은, 에드거 앨런 포의 소설이 그 소설을 자신의 의도에 따라 재단하는 라캉의 무의식이론을 이미 자신 속에 포함하고 또 넘어서고 있음을 설명하는 대목이다. 이 점에 대해서는 앞에서 인용된 필자의 책, 『니체, 프로이트, 맑스 이후』 1부 3장 2절 참조.
19) J. Derrida, *Limited Inc.*, Paris: Galilée, 1990, p. 261.

과 박탈을 동시에 가져오는 이중적 리듬이다. 이런 해체의 리듬은 모든 존재자 안에서 반복되고 있다. 데리다의 중요한 용어인 차연과 흔적은 그런 해체의 리듬에 대한 또 다른 이름이다. 그러므로 모든 존재자 안에는 그것을 있게 한 차연이 있다. 하지만 존재자를 있게 하거나 없게 하는 차연은 존재자처럼 있거나 없는 것이 아니다. 차연은 존재자처럼 현전하거나 부재하지 않는다. 현전도 부재도 아니라는 의미에서 차연은 흔적이다.[20] 모든 현상은 흔적으로서의 차연, 차연으로서의 흔적에 의해 비로소 나타나거나 사라진다. "흔적은 나타남과 의미작용을 개방하는 차연이다."[21]

차연인 흔적, 혹은 흔적인 차연. 이것이 해체론이 가리키는 궁극의 탈-형이상학적 사태이고, 그런 한에서 해체론은 "흔적의 사유"[22]이다. 이 흔적의 사유는 『그라마톨로지』전반부에서 소쉬르의 언어학에 대한 주석의 형태를 취하면서 정교하게 펼쳐지고 있다. 하지만 난해한 내용을 담고 있는 이 부분에 눈을 맞추기 전에 한 번 더 예비적 독서의 기회를 가져보자. 아래의 긴 인용문은 프로이트의 쓰기 개념에 대한 데리다의 주석인데, 이 주석은 그의 텍스트 개념의 마지막 국면으로 가는 징검다리가 될 수 있다.

프로이트에게 텍스트는, 그것이 원초적인 형식이든 변형된 형식이든,

---

20) J. Derrida, *De la grammatologie*, p. 92, p. 95 참조.
21) 같은 책, p. 95. 여기서 차연différance과 동의어인 '흔적trace'은 이 책 p. 303의 인용문(각주 7)의 "의미와 언어를 개방하는 것, 그것은 이런 쓰기다"의 '쓰기écriture'와 동일한 지위에 있다. 개방성의 기원에 있는 이런 흔적과 쓰기는 다시 '원초적 흔적archi-trace'과 '원초적 기록archi-écriture'이라 불린다. 데리다의 원초적 흔적이나 쓰기는 어떤 원초적 규정이나 종합(혹은 생성)을 의미하며, 이 점은 다음의 '6) 원초적 흔적으로서의 차연과 쓰기'에서 좀더 상세히 설명할 것이다.
22) 같은 책, p. 142.

어떠한 현전의 형식 안에서도 생각될 수 없다. 텍스트는 이미 순수한 흔적들로 엮여 있으며, 의미와 힘이 하나가 되는 차이들로 짜여 있다. 텍스트는 그 어디에도 현전하지 않으며, '언제나 이미' 전사(轉寫)인 기록들 archives로 구성되어 있다. (……) 모든 것은 재생산에 의하여 시작한다. 다시 말해서 언제나 이미, 결코 현전했던 적이 없는 의미의 침전물에서 시작한다. 그 의미에 대하여 지시된 현전le présent signifié은 언제나 뒤늦게 사후적으로nachträglich, après coup, 보충을 통하여supplémentairement 구성된다. 즉 '사후적'이라는 것은 또한 '대리적 보충'을 말한다. 대리적 보충에 대한 호소는 여기서 근원적이며, 우리가 현전적인 것으로서 뒤늦게 재구성하는 것에 헛헛한 구멍을 만들어놓는다. (……) 이 대리적 보충의 논리 안에서 사후성의 가능성을 생각해야만 하는 것이다. Nachtrag은 또한 (……) 부록, 유언 추가서, 후기(後記) 등의 의미를 지닌다는 것에 주목하자. 현전적이라 불리는 텍스트는 오로지 페이지 아래쪽에서, 각주나 후기 안에서만 해독될 수 있다. 이런 회귀(回歸) 이전에, 현전적인 것은 각주를 부르는 신호에 불과하다. 현전성 일반은 원초적인 것이 아니라 다만 재구성되는 것이라는 점, 그것이 경험의 절대적 형식도 아니요 경험을 구성하는 충만하게 생생한 형식도 아니라는 점, 살아 있는 순수한 현전성이란 것은 존재하지 않는다는 점, 바로 그런 점들이 프로이트가 사태 자체에 부합될 수 없는 개념화 작업을 통해서 우리로 하여금 생각해보도록 요청하고 있는 주제, 형이상학의 역사에 대하여 무시무시한 의미를 지니는 주제이다. 아마 이 주제에 대한 사유야말로 형이상학 혹은 과학 안에서 결코 다 길어낼 수 없는 유일한 사유인지 모른다.[23]

---

23) J. Derrida, *L'écriture et la différence*, Paris: Seuil, 1967, p. 314.

프로이트는 심리적 과정 일반을 기록의 과정으로 간주하곤 했다. 가령 감각기관은 아무런 흔적을 남기지 않는 기록 장치로, 기억은 기록의 흔적을 보존하는 장치로 보았다. 그리고 어떻게 상반적인 것처럼 보이는 이 두 장치가 맞물려 하나의 단일한 기록 체계를 이루는 것인지 고심했다. 위의 인용문은 데리다가 이 고심의 여정을 따라가면서 적은 문장이다.

프로이트는 정신을 복수적 층위의 체계로 파악한다. 여기서 심리적 체계를 구성하는 각각의 층위는 상호갈등과 상호규정의 관계에 있다. 위의 인용문에서 텍스트는 그런 상호규정의 관계에 있는 각각의 심리적 층위를 가리킨다. 심리적 과정 일반이 어떤 기록의 과정이라면, 서로 다른 본성과 경향을 지닌 심리적 층위들 각각은 그 기록이 일어나는 텍스트이다. 여기서 중요한 것은 이 텍스트들이 끊임없이 영향을 주고받는 관계에 있다는 점이다. 텍스트는 이미 상호텍스트성을 띠고 있고, 한 텍스트에서 일어나는 규정은 언제나 '중층적 규정'[24]이다.

이런 중층적 규정의 세계에서 한 텍스트의 기록은 다른 텍스트의 기록이 남긴 흔적들에 힘입어 분절화된다. 하나의 기록은 다른 기록들에, 하나의 흔적은 다른 흔적들에 빚지면서 나타난다. 상호텍스트성과 중층적 규정을 중심으로 파악된 텍스트, 그것이 데리다가 말하는 '일반적 텍스트'가 아닐까? 하지만 데리다는 여기서 다시 섬세한 관찰을 요구한다. 하나의 기록을 분절화하고 일정한 형태를 띠고 나타날 수 있도록 해주는 것이 다른 기록이 남겼던 흔적이라면, 그 분절화는 구체적으로 어떻게 일어나는가?

이 문제는 잠시 미루어두자. 하지만 이런 문제를 떠나서 어떤 일정한 형태의 자국을 분절화하는 그 배후의 흔적들 각각은 그 자국과 동일한 조

---

24) 프로이트적 의미의 중층적 규정Überderminierung에 대해서는 S. Freud, *Die Traumdeutung* (*Gesammelte Werke* II/III), Frankfurt a. M.: Fischer, 1942, p. 224, p. 575 등 참조.

건에 구속되어 있음을 알 수 있다. 그것들이 일정한 형태의 흔적일 수 있는 조건은 여전히 또 다른 흔적들에 있다. 이런 소급적 관계는 계속 이어진다. 따라서 현재 기록이 일어나고 있는 텍스트는 결코 현재화하거나 현전화할 수 없는 흔적들과 함께 엮여 있다. 흔적이란 "현재의 단순성 안으로 수렴되지 않는 것"[25]이다. 그러므로 그런 흔적들에 힘입어 비로소 일정한 형태를 얻는 기록과 텍스트는 결코 현전의 형식 안에 존재할 수 없다.

그런 텍스트 안에서 현전적 사태가 나타난다면, 그것은 사후적으로 구성된 결과에 불과하다. 가령 과거는 미래에 의해 사후적으로 구성되고, 그런 의미에서 과거는 미래보다 늦게 온다. 원인은 결과에 의해 소급적으로 성립되고, 그런 의미에서 원인은 결과 뒤에 발생한다. 이것이 프로이트가 병인(病因)과 '원초적 장면' 등을 지배한다고 보는 사후성의 논리이다. 원초적 장면은 발병의 원인이지만 발병 상황에 의해 보충되고 구성되는, 따라서 발병보다 늦게 오는 사건이다. 이 사후성의 논리 안에서 원초적인 것과 파생적인 것, 현전하는 것과 부재하는 것, 과거에 있는 것과 미래에 있는 것은 서로의 가능성을 조건 짓는다. 사후적 시간성의 세계인 텍스트에서 순수한 현전은 불가능하며, 나아가 형이상학적 이항 대립 역시 불가능하다.

5) 흔적으로서의 규정, 종합, 분절화

텍스트 안에서 그 지위가 위태로워지는 것은 원초적인 기원만이 아니다. 여기서는 개체나 유(類)가 지니는 정체성 또한 안정된 기반을 잃어버린다. 텍스트 안에서 정체성이나 규정성을 지닌다는 것은 책으로 상징되

---

[25] J. Derrida, *De la grammatologie*, p. 97.

는 형이상학적 세계에서와는 전적으로 다른 의미를 지닌다. 여기서 모든 정체성은 순수한 투명성과 충만한 현전성을 잃어버린다. 데리다의 텍스트론에서 흔적의 개념이 중요한 위치를 차지하는 것은 이런 이유에서이다. 여기서 규정성을 띤 모든 것은 흔적이라 불린다.

그러므로 데리다의 흔적 개념으로 이어지는 배후의 역사적 이정표, 가령 어떤 짤막한 규정 개념의 역사를 생각해볼 수 있다. 상호텍스트성을 함축하는 프로이트의 중층적 결정이라는 독특한 규정 개념은 이미 이런 역사적 재구성을 유인하고 있다. 이 역사적 재구성의 첫머리에 와야 하는 것은 헤겔의 규정 개념일 것이다. 왜냐하면 "모든 규정은 부정"이라는 헤겔의 공리는 이미 형이상학적 존재 이해의 핵심(존재자의 실체성, 현전성)을 깨뜨리는 파괴력을 담고 있기 때문이다.

헤겔의 공리는 한 사물의 규정성이 그 사물이 다른 사물들과 맺는 대립이나 차이의 관계에서 성립한다는 것을 말한다. 이는 다른 사물들과 무관하게 그 사물이 지닐 수 있는 자기동일성이나 정체성은 없다는 것이고, 그런 고립된 정체성을 근거 짓는 초월적 원리(가령 본질, 형상, 이데아 등)는 가상임을 말한다. 이 공리는 실체의 존재론에 대한 거부와 순수 관계의 존재론을 향한 전환을 함축한다. 인식의 차원에서만이 아니라 존재의 차원에서도 모든 한정된 규정성은 차이관계의 산물이자 흔적에 불과함을 말하기 때문이다. 여기서 사물의 실체적 내면성이나 대자적 자립성은 그 사물에 특정한 정체성을 선물하는 타자와의 관계 속으로 환원, 해소되어버린다.

사물은 오로지 다른 사물들과 이런 관계 속에 놓이지 않는 한에서만 어떤 사물일 수 있거나 대자적으로 존재하는 어떤 일자(一者)일 수 있다. 왜냐하면 이런 관계 속에서 정립되는 것은 어떤 다른 사물과의 연관성

Zusammenhang이고, 다른 사물과 연관된다는 것은 대자적 존재 방식[= 대자적 내면성과 자립성]을 멈춘다는 것이기 때문이다. 사물은 정확히 바로 자신의 절대적 성격과 [다른 사물들과의] 대립으로 인하여 다른 사물들과 관계를 맺게 되고 또 본질적으로는 오로지 이러한 관계에 불과하다. 하지만 그런 관계는 사물의 독립성에 대한 부정이고 사물은 자신의 본질적인 속성으로 인하여 파멸에 이른다.[26]

모든 규정은 부정이라는 헤겔의 공리는 20세기 구조주의를 낳은 소쉬르의 차이의 원리("언어에는 차이밖에 없다")와 동일한 존재론적 함축을 담고 있다. 이 둘은 모두 실체적 동일성의 신화를 깨고 차이의 존재론과 관계의 존재론을 향하는 힘찬 도약의 디딤돌이다. 그럼에도 불구하고 헤겔주의와 구조주의는 아직 책의 시대를 완전하게 벗어나 텍스트의 시대를 열지 못했다. 왜 그런가? 이는 차이관계를 모든 규정적 단위의 기원에 놓되 그 관계가 궁극적으로는 어떤 조화로운 전체를 이룬다는 대전제에 머물러 있기 때문이다. 여기서 차이관계는 요소들 간의 공존 가능성, 라이프니츠적인 의미의 공-가능성compossibilité 안에서 성립한다. 차이의 유희가 가져오는 활력은 유기체적 통일성 안으로 수렴된다. 텍스트의 세계는 목적론석이거나 유기체론적인 조화, 구조주의적 안정성이 깨지면서 열린다.

들뢰즈가 말했던 것처럼 헤겔의 차이는 디오니소스적 차이를 흉내 내는 아폴론적 차이인지 모른다. 차이의 유희를 공-가능성의 제약에서 해방한 것은 니체였다. 아폴론적 차이에서 디오니소스적 차이로. 이것이

---

26) G. W. F. Hegel, *Phänomenologie des Geistes*, Hamburg: Felix Meiner, 1952, pp. 98~99. 헤겔의 차이 철학이 지닌 현대적 의미에 대해서는 필자의 글, 「헤겔과 구조주의」 『헤겔연구』(제23호, 2008년 6월호), pp. 9~33 참조.

니체에게서 일어나는 전환이다. 이런 전환과 더불어 규정의 개념도 달라질 수밖에 없다. 헤겔에게 모든 규정이 부정이라면, 니체에게 규정은 언제나 날조이다. 왜곡하고 날조하는 해석, 자신의 관점을 강요하는 해석. 이제 그런 해석이 규정이다.

진리에의 의지란 고정성을 날조하는 것ein Fest-machen, 참됨으로서의 지속성을 날조하는 것, 저 거짓 성격을 모른 척 도외시하는 것, 그 날조된 성격을 존재하는 것 안으로 바꾸어 해석하는 것Umdeutung이다. 그러므로 진리란 어디엔가 있다가 찾아지고 발견되어야 할 어떤 것이 아니다. 그것은 오히려 창조되어야 할 어떤 것이다. (……) 진리를 포착한다는 것은 어떤 능동적인 규정aktives Bestimmen이지 그 자체로 고정되고 규정되어 있을 어떤 것에 대한 의식화Bewußtwerden가 아니다. 그것은 '힘의 의지Wille zur Macht'를 나타내는 어떤 말이다.[27]

니체의 철학에서 존재자로서의 존재자가 힘(에)의 의지로서 정의된다면, 이 힘Macht은 서로 우월성을 다투는 하위의 힘들Kräfte 간의 창발적인 종합과 창조적인 변이를 의미한다. 그리고 그렇게 종합되는 각각의 힘은 자신을 관철하고자 하는 어떤 해석의 관점으로 정의된다. 따라서 니체가 말하는 힘의 의지는 서로 갈등하는 해석의 관점들을 종합하여 새로운 상위의 관점을 창조하고자 하는 의지이다. 그런 이유에서 그것은 어떤 가상에의 의지Wille zum Schein와 동의어가 된다. 니체가 "예술은 진리보다 더 한층 가치가 있다"[28]고 선언하는 것은 진리라는 것 역시 창조적 규정을 추구하는 가상에의 의지가 남기는 산물에 불과하다는 생각 때문이다.

---

27) F. Nietzsche, *Der Wille zur Macht*, Stuttgart: Kröner, 1964, 552항, p. 377.
28) 같은 책, 853항 4절, p. 578.

"가상에의 의지, 환상에의 의지, 허구에의 의지, 생성과 변전에의 의지가 여기서는 진리에의 의지, 현실에의 의지, 존재에의 의지보다 한층 더 깊고 한층 더 근원적이며, 한층 더 형이상학적인 위치에 있다. 후자의 의지는 그것 자체로 단지 환상에의 의지의 한 형식에 불과하다."[29]

우리는 헤겔의 규정 개념에서도 가상Schein이 중요한 위치를 차지하고 있음을 알 수 있다. 헤겔의 본질은 가상화된다는 조건에서만 현상Er-schein-en할 수 있다. 그리고『정신현상학』에서 자주 읽을 수 있는 것처럼 각각의 규정은 진리를 대신하는 사례들의 연극적 장면화Bei-spielen, Darstellen에서 완성된다.[30] 진리는 소멸하는 사례들의 행렬 속에서, 어떤 극적인 반전 속에서 규정성을 얻는다.

그러나 니체의 규정 개념은 헤겔의 규정 개념과 두 가지 점에서 멀어진다. 먼저 규정이 서로 갈등하는 복수의 심급 사이에서 다층적으로 성립한다는 점을 들 수 있다. 이 점을 가장 잘 표현하는 것은 중층적 결정이라는 프로이트의 독특한 규정 개념이고, 그것이 함축하는 상호텍스트성이라는 개념이다. 니체에게서도 이미 하나의 규정은 단일한 심급으로 수렴되지 않는 이질적인 힘들 간의 상호투쟁과 왜곡을 전제로 한다. 다른 한편 규정이 가상의 생산이라면, 이렇게 생산된 가상은 진리의 사례도, 진리의 연출도 아니다. 거꾸로 신리는 가상의 한 사례나 연출에 불과하다. 이는 텍스트의 세계에서 기의가 기표의 유희 속에서 생산되는 것과 같다. 여기서는 기의가 기표를 연출하는 것이 아니라 기표가 기의를 연출·생산한다. 기표 이전의 기의란 없다.

---

29) 같은 책, 853항 3절, pp. 577~78.
30) 헤겔의『정신현상학』에 등장하는 규정 개념, 그리고 그것을 완성하는 것처럼 보이는 사례 연출과 장면화Beispielen, Darstellung 등의 개념을 충실하게 번역하기 위해서는 데리다의 쓰기 écriture나 들뢰즈의 극화(劇化, dramatisation) 개념으로 옮길 가능성에서부터 접근할 필요가 있다.

이것은 딱딱한 일상적 현실의 세계에서는 어떨지 몰라도 꿈의 세계에서는 어김없는 말이다. 기표가 기의를 연출·생산한다는 점에서 텍스트의 세계는 꿈의 세계와 한없이 가까워진다. 또 이 점에서 프로이트의 '규정'은 니체의 '의지'와 거의 구별되지 않는다. 프로이트에 따르면, 무의식에 의해 지배되는 심리적 영역에서 모든 규정은 어떤 전치, 압축, 왜곡, 위장, 방어 등의 복잡한 절차를 거치는 어떤 장면화이다.

가령 『꿈의 해석』에 등장하는 "요셉 삼촌의 꿈"으로 돌아가 보자. 이 꿈은 프로이트의 두 대학 동료가 교수에 임용되지 못하는 것이 유대인이기 때문이 아니라 개인적인 결함 때문이고, 따라서 자신은 유대인일망정 아무런 결함이 없으므로 교수에 임용될 수 있다는 프로이트의 무의식적 욕망에 뿌리내리고 있다. 이 꿈에 등장하는 요셉 삼촌은 "한 원판에 여러 명의 얼굴을 사진 찍는 갈톤의 조합 사진술"[31]과 같이 프로이트의 두 동료 R과 N을 압축하고 있는 어떤 종합적인 인물이다. 머리가 모자란다는 점에서 R을, 어떤 법률적 소송에 말려들었다는 점에서 N을 깎아내리고자 하는 프로이트의 숨은 욕망이 두 가지 결점을 동시에 갖고 있는 요셉 삼촌에게 전치되어 장면화되는 것이다.

이런 압축과 전치는 무의식 쪽에서 의식 쪽으로, 의식의 억압을 피해 연출되는 가상화이다. 그러나 이런 가상화의 작업은 의식 쪽에서 일어나는 새로운 방어와 저항 때문에 또다시 심화된다. 그 저항은 "꿈-해석"에 대한 저항이고, 이 저항은 권력관계 속에서 흔하게 일어나는 표현의 검열에 해당한다. 하지만 "검열이 엄격할수록 위장 Verkleidung의 범위가 넓어지고, 그럴수록 원래 의미의 흔적 die Spur der eigentliche Bedeutung을 찾을 수 있도록 독자를 도와주는 수단은 종종 기지를 더한다."[32] 동료에 대한

---

31) S. Freud, *Die Traumdeutung*, p. 144.

부당한 폄훼를 내용으로 하는 장면 연출은 의식 쪽의 반발을 상쇄하기 위해 자신과 모순되는 새로운 은폐 요소를 끌어들인다. 그것은 문제의 꿈속에서 등장인물에 대한 강렬한 애정으로 나타난다. 이 거짓 애정은 원래의 장면에 대한 해석을 방해하기 위한 왜곡으로서, "여기서 왜곡Entstellung은 의도적인 것, 변장Verstellung의 수단"[33)]에 해당한다.

꿈속에서, 나아가 무의식적 욕망에 의해 삼투된 의식의 흐름 속에서 현상하는 것은 자신의 고유한 의미와 무한히 분리되어 있는 기표이다. 그것은 전치와 압축, 왜곡과 위장, 자기은폐와 말소 등의 절차를 거쳐 원래의 형태를 완전히 잃어버린 흔적이다. 데리다가 말하는 텍스트의 세계에서 일정한 규정성을 띠고 등장하는 모든 기호와 형태는 이런 프로이트적 의미의 흔적에 가깝다. 이미 언급했던 것처럼 데리다가 말하는 차연, 쓰기, 혹은 기록은 이런 흔적을 생산하는 프로이트적 의미의 중층적 결정의 연장선상에서 이해되어야 한다. 그것은 의미와 형상을 개방하는 최초의 종합이나 규정을 가리킨다.

6) 원초적 흔적으로서의 차연과 쓰기

최초의 종합, 원초적 규정, 원초적 기록. 이것은 다시 흔적이라 불리고 더 정확히 원초적 흔적이라 불린다. 그러므로 중층적 규정과 사후성의 논리가 지배하는 데리다의 텍스트에서 흔적이란 말은 다의적인 의미를 지닌다. 특히 원초적 기록에 해당하는 흔적과 그 기록이 생산하는 흔적을 구별하는 것이 중요하다. 가령 이런 대목을 읽어보자.

(가) 차이들은 요소들 사이에서 나타난다. 혹은 오히려 차이들이 그 요

---

32) 같은 책, p. 148.
33) 같은 책, p. 147.

소들을 생산하고 그렇게 요소로서 모습을 드러내게 만들며 또한 어떤 '텍스트들,' 어떤 흔적들의 연쇄와 체계들을 구성한다. 하지만 이 모든 것은 자국empreinte과 흔적이라는 이 특수한 지대 안에서, '어떤 선-체험'의 시간화temporalisation d'un vécu 안에서 일어나는바, 이 체험은 세계 '안'에 있는 것도 아니고 '또 다른 세계' 안에 있는 것도 아니며, 소리도 아니고 빛도 아니며, 시간 '안'에 있는 것도 아니고 공간 '안'에 있는 것도 아니다. 이 연쇄와 체계들은 오로지 이 흔적이나 자국의 직물 안에서만 그려질 수 있다. (나) 나타나는 것l'apparaissant과 나타남apparaître 사이(세계와 선-체험 사이)의 차이, 그 전대미문의 차이는 모든 다른 차이들의 조건, 모든 다른 흔적들의 조건이며 게다가 그 차이 자체가 이미 어떤 흔적이다. (……) '흔적은 사실 의미 일반의 절대적 기원이다. 이는 의미 일반의 절대적 기원이 없다는 것과 같다. 흔적은 나타남과 의미작용 일반을 개방하는 차연이다.' 차연은 살아 있는 것을 살아 있지 않은 것 위로 분절화하는 것, 모든 반복의 기원이자 이상성idéalité의 기원이고, 그런 한에서 차연은 현실적이 아닌 것처럼 관념적인 것도 아니다. 그것은 감성적이 아닌 것처럼 지성적인 것도 아니며, 불투명한 에너지가 아닌 것처럼 투명한 의미작용도 아니므로 '어떠한 형이상학의 개념도 그것을 기술할 수 없다.' (다) 하물며 차연은 모든 감성적 영역들 사이의 구별에 선행함으로, 가령 청각적인 자국과 시각적인(도형적인) 자국 사이에 어떤 위계를 설정한다는 것이 무슨 의미를 지닐 수 있을 것인가? 도형적인 영상은 보이지 않는다. 청각적 영상은 들리지 않는다. 목소리의 충만한 단위들 사이의 차이는 들리지 않는 것으로 남아 있다. 기록물 안의 차이 역시 보이지 않는 것으로 남는다.[34]

---

34) J. Derrida, 앞의 책, p. 95((가) (나) (다)의 단락 구분은 필자가 보충한 것).

데리다의 탈-형이상학적인 텍스트론을 집약하는 이 어렵고 긴 대목은 소쉬르가 말하는 청각적 영상 image acoustique과 정신적 흔적에 대한 주석에서 출발한다. 소쉬르는 이렇게 말한다. "언어 기호가 결합시키는 것은 한 사물과 한 명칭이 아니라 하나의 개념과 하나의 청각 영상이다. 이 청각 영상이란 순전히 물리적인 사물인 실체적 소리가 아니라 그 소리의 정신적 흔적이다."[35] 이 정신적 흔적은 어떤 흔적인가? 그것은 언어에 대하여, 경험에 대하여, 현상 일반에 대하여 어떤 의미를 지니는가?

이런 물음을 위해서 먼저 (가)에 등장하는 '텍스트'라는 말에 주목해보자. 이 말에는 따옴표가 붙어 있는데(원문에는 이탤릭체로 표시), 이는 일상적이고 통속적인 의미의 텍스트를 표시하기 위한 의도로 읽어야 할 것이다. 여기서 일상적인 의미의 텍스트는 "흔적들의 체계와 연쇄들"과 같은 의미를 지닌다. 하지만 그 아래 다시 "흔적이나 자국의 직물"이라는 말이 나온다. 데리다가 강조하는 것은 이 두 말의 차이이다. 텍스트와 직물, 체계나 연쇄와 직물의 차이. 이 차이가 중요한데, 이 차이는 (나)에서 "나타나는 것과 나타남 사이의 차이"로 풀이된다.

이런 구분법에서 텍스트는 차이들에 의해 형성되고 구성된다. 반면 직물은 흔석이나 자국으로 직조된다('흔적'과 '자국'은 '차이'와 마찬가지로 소쉬르의 용어이다). 이때 텍스트를 구성하는 차이들은 어떤 생산된 차이들이다. 그것은 다른 것과 구분되는 변별적 특징들을 가리키며, 그런 의미에서 다시 흔적들이라 불린다. 반면 직물을 엮어가는 흔적은 생산된 차이가 아니라 생산하는 차이이다. 차연은 이 생산하는 차이나 흔적에 대한 이름이다. (나)에 나오는 "흔적은 나타남과 의미작용 일반을 개방하는

---

35) 페르디낭 드 소쉬르, 『일반언어학 강의』, 최승언 옮김, 민음사, 1990, p. 84.

차연이다"라는 말은 이런 구분법 위에 언명되고 있다. 흔적으로서의 차연, 차연으로서의 흔적은 의미의 차원 일반을 개방하는 최초의 규정이자 종합이다.

그러므로 이 대목을 읽을 때는 두 차원을 구분하는 것이 중요하다. 하나는 현상적 차원이고 이는 (통속적 의미의) 텍스트라 불린다. 텍스트는 서로 구별되는 요소들 사이의 변별적 차이들에 의해 형성된다. 그 변별적 차이들이 텍스트들 혹은 "흔적들의 체계와 연쇄들"을 형성한다. 하지만 이것이 전부가 아니다. 그 변별적 차이들의 배후에는 이 차이들을 생산하는 차이(차연)가 있다. 현상적 차원이 텍스트라면, 그 배후의 차원은 직물이라 불린다. 텍스트가 '나타나는 현상'의 차원이라면, 직물은 '현상의 나타남'을 개방하는 차원이다. 텍스트를 구성하는 흔적은 나타나는 현상에 해당한다. 반면 직물을 이루는 흔적은 현상의 나타남을 개방하는 원초적 흔적archi-trace이다. 고전적인 의미의 텍스트와 구별되는 데리다적 의미의 텍스트는 이 원초적 흔적이 형성하는 직물을 가리킨다.

소쉬르가 말하는 정신적 흔적은 결국 그렇게 원초적 흔적이란 말로 번역된다. 수식어 없이 흔적이라 표기되기도 하는 이 원초적 흔적은 차연과 대체관계에 있고, 원초적 기록 혹은 쓰기archi-écriture와 동의어이다.[36] 현상적 차원의 경험, 현상적 차원의 기록과 흔적의 배후에는 원초적 기록이 있다. "원초적 기록은 말parole의 첫번째 가능성이고 다시 좁은 의미의 '기입graphie'의 가능성이다. (……) 이 흔적은 일차적 외면성 일반의

---

36) J. Derrida, 앞의 책, p. 88. "왜냐하면 원초적 기록, 차연의 운동, 환원 불가능한 원초적 종합은 하나의 단일하고 동일한 가능성 안에서 시간화와 언어를 동시에 열어놓으므로 모든 언어학적 체계의 조건에 해당하고, 그런 한에서 언어학적 체계 자체의 일부가 될 수 없으며 그 체계의 장(場)에 속하는 어떤 대상이 될 수 없기 때문이다." 이 문장에서 쓰기, 차연, 종합, 그리고 규정 사이의 등가관계가 분명하게 드러나고 있다. 그 밖에 이 인용문에 등장하는 시간화temporalisation라는 말은 공간적 종합, 공간내기에 대립하는 시간적 종합, 시간내기temporisation와 구별되어야 한다. 그것은 시간과 공간의 대립 이전에 성립하는 어떤 간격내기나 사이내기로 새겨야 할 것이다.

개방성이며 살아 있는 것과 그것의 타자 사이의 관계, 그리고 안과 밖 사이의 수수께끼 같은 관계, 곧 간격내기espacement이다."[37]

차연 혹은 쓰기가 벌이는 간격내기나 사이내기는 위의 인용문 (가)에 나오는 '어떤 체험의 시간화'와 유사한 사건이다. 그것은 서로 대립하는 시간적 종합과 공간적 종합 이전의 원초적 종합에 해당하는 어떤 사이내기를 가리킨다. (다)에서는 소쉬르가 언급하는 청각적 각인(자국)이나 영상이 다시 그런 간격운동으로 풀이되고 있다. 이 각인이나 영상은—칸트의 도식처럼—단지 경험적 차원에 속하는 것도, 단지 선험적 차원에 속하는 것도 아니다. 그것은 "현실적이 아닌 것처럼 관념적인 것도 아니다. 그것은 감성적이 아닌 것처럼 지성적인 것도 아니며, 불투명한 에너지가 아닌 것처럼 투명한 의미작용도 아니"다. 그것은 형이상학적 이항 대립의 어느 한 편에 속하지 않는다. 오히려 그 대립적 이항 이전의 종합이며, 더 정확히 말하면 그 대립적 이항의 공통된 뿌리이다. 형이상학적 이분법 이후에 오는 종합이 아니라 그 이전에 오는 종합. 이 원초적 종합은 시-청각적 각인이나 영상으로 귀결된다. 경험적인 것도 아니고 선험적인 것도 아닌 이 영상은—여전히 칸트의 도식처럼—어떤 '근원적인' 시간성을 띠고 있다.

이 시-간화하는 규정과 종합, 혹은 공-간화하는 생성, 이것이 차연이다. 차연 혹은 원초적 기록(쓰기)은 특정한 현상을 나타나게 하는 동시에 그 나타남을 일정한 범위 안에 제한하는 도식(혹은 각도나 구도)이며, 그 도식이 발생하는 원초적 사건이다.[38] (나)의 마지막 부분에서 이 차연적 종합은 다시 '분절화'라는 말로 표현되고 있다. 원초적 흔적이 나타남과

---

37) 같은 책, p. 103. 여기에 등장하는 간격운동espacement 또한 시간과 공간의 대립 이전에 성립하는, 어떤 원초적 종합에 해당하는 간격내기나 사이내기로 새겨야 할 것이다.
38) 데리다의 쓰기, 차연, 흔적 등의 개념이 갖는 위상을 충분히 가시화시키기 위해서는 들뢰즈의 생성이나 사건 등의 개념 쪽으로 끌고 갈 필요가 있을 것이다.

의미작용 일반을 개방하는 차연이라면, 차연을 통한 개방운동은 분절화하고 조직하는 종합이다.

이 분절화 혹은 조직화는 두 종류의 흔적들 사이에서 일어나는 종합이다. (나)에서 읽을 수 있는 것처럼, 분절화는 "살아 있는 것"과 "살아 있지 않은 것" 사이에서 일어난다. 이때 살아 있는 것은 경험적 차원에서 현전하는 흔적을 가리킨다. 반면 살아 있지 않은 것은 현전화하거나 현재화할 수 없는 흔적들, 따라서 절대적 과거에 속하는 흔적들에 해당한다. 원초적 흔적(원초적 기록, 쓰기, 차연, 원초적 이미지, 간격내기, 사이내기, 대리적 보충 등)은 이 두 흔적 사이의 종합과 분절화를 가리킨다.

이런 원초적 흔적은 경험적 현상의 유사-선험적 가능 조건이고, 그런 의미에서 나타남 자체이다. 살아 있는 것, 현재적인 것은 원초적 흔적에 힘입어 비로소 특정한 형태를 띠고 나타날 수 있다. 하지만 나타나고 있는 현상에는 현전화가 불가능한 흔적들, 죽어 있는 흔적들이 개입하고 있다. 이 죽어 있는 흔적들의 보충이 없다면 살아 있는 흔적들도 발생할 수 없다. 죽어 있는 흔적들은 차연적 종합과 분절화를 통해 현전의 발생에 참여한다. 하지만 동시에 그 발생 과정에서 사라진다. 원초적 기록, 그 차연적 기록은 현전화가 불가능한 흔적의 기입인 동시에 말소이다. 현전의 형식 안에 존재하는 사태, 현상적 차원의 모든 사태와 차이는 이 이중적 기록을 가능 조건으로 한다.

데리다는 계속 말한다. 우리에게 가장 친숙한 대상도 현전하는 것과 부재하는 것, 살아 있는 것과 죽어 있는 것을 서로 엮고 보충하는 차연의 종합과 분절화 이후에 온다. "우리는 바깥이란 것을, '공간적'이고 '객관적'인 외면이란 것을 잘 안다고 생각하고 마치 이 세상에서 가장 친숙한 것인 양 마주한다. 하지만 이 외면도 문(文, gramme)이 없다면, 시간화에 해당하는 차연이 없다면 나타날 수 없다. 현전적인 것의 의미 안에 타자의 비-현전이 기입되지 않는다면, 죽음에 대한 관계가 살아 있는 현전의 구체적인 구조로서 성립하지 않는다면 바깥은 나타날 수 없다."[39]

3. 나오는 글: 텍스트의 구도

그러므로 세 종류의 흔적 혹은 기록이 있다. 먼저 통속적인 의미의 텍스트를 구성하는 흔적이 있다. 그것은 나타나는 현상에 해당하는 흔적, 살아 있는 흔적이다. 하지만 이 흔적을 나타나게 하는 사건은 그 흔적이 기록되면서 지워지고, 그런 의미에서 그것은 현전에 미치지 못하는 흔적이다. 존재자는 모두 그런 자격의 흔적이나 기록들로 이루어진 텍스트이다. 다른 하나는 절대적 과거에 속하는 흔적, 결코 기억하거나 현전화할 수 없는 흔적이다. 앞의 흔적이 살아 있는 흔적이라면, 이 흔적은 죽어 있는 흔적이다. 이 죽어 있는 흔적은 살아 있는 흔적에 대해 어떤 절대적 타자이지만, 그것 역시 역동적으로 어떤 텍스트를 구성하고 있다. 마지막으로 상호텍스트성에서 비롯되는 흔적, 다시 말해서 앞의 두 종류의 흔적을 잇고 엮는 흔적, 종합하는 흔적이 있다. 이것이 원초적 흔적 혹은 원초적 기록이다. 텍스트를 구성하는 흔적은 이 제3의 흔적을 통해 비로소 분절화되고 기록된다. 하지만 이 원초적 기록과 그것을 가져오는 상호텍스트성은 텍스트의 기록과 더불어 말소되는 사건이다.

데리다가 규명하고자 하는 (글)쓰기는 이 제3의 기록이다. 그것은 텍

---

39) J. Derrida, 앞의 책, p. 103. 여기서 차연, 쓰기, 원초적 흔적 등의 동의어로서 문(文, gramme)이 등장한다는 점에 주목하자. 데리다의 문자학grammatologie은 문자의 기원과 역사에 대한 실증과학이 아니라 문자를 포함한 경험적 현상 일반을 개방하는 최초의 종합과 분절화인 원초적 기록에 대한 사유이고, 이 점에서 차라리—하이데거적으로 해석된—칸트의 도식론에 가까울 것이다.

스트의 차원에서 일어나는 수평적 구도의 기록이 아니다. 그것은 텍스트의 절대적 과거로 향하는 쓰기, 죽음과 망각으로 이어지는 수직적 구도의 쓰기이다. 하지만 해체론의 관점에서 모든 수평적 구도의 쓰기는 이미 수직적 구도의 쓰기를 전제로 한다. 모든 언어가 어떤 '수행적 구조'를 함축하고 있다면, 그 수행적 구조를 낳는 사건은 역시 이 수직적 구도의 쓰기나 기록일 것이다. 김수영은 그런 의미의 글쓰기를 "죽음의 고개를 넘어가는 기술"이라 말한 적이 있다. 이 기술이 원초적 기록에 해당한다면, 우리는 이것을 다시 기형도의 시어(詩語)로 번역할 수 있을 것이다. 가령 그것은 "입 속의 검은 잎"(잎 속의 잎, 입속의 입)이다.

데리다의 문학 연구 관련 문헌

L'écriture et la différence, Paris: Seuil, 1967.
(한국어판)『글쓰기와 차이』, 남수인 옮김, 동문선, 2001.
: 아르토론, 바타유론, 구조주의 비평론.
La dissémination, Paris: Seuil, 1972.
: 말라르메론.
Marges de la philosophie, Paris: Éd. de minuit, 1972.
: 은유론, 발레리론.
Glas, Paris: Galilée, 1974.
: 장 주네론.
Economimésis, in *Mimésis*, Paris: Aubier-Flammarion, 1975.
: 모방/재현론.
Préjugé-Devant la loi, in *La faculté de juger*, Paris: Éd. de minuit, 1985.
: 카프카론.
Schibboleth: pour Paul Celan, Paris: Galilée, 1986.
: 첼란론.
Parages, Paris: Galilée, 1986.
: 블랑쇼론.
Ulyss gramophone-Deux mots pour Joyce, Paris: Galilée, 1987.
: 조이스론.
Mémoires: pour Paul de Man, Paris: Galilée, 1988.
: 폴 드 만론.
Signéponge, Paris: Seuil, 1988.
(한국어판)『시네퐁주』, 허정아 옮김, 민음사, 1998.
: 퐁주론.
Donner le temps 1. La fausse monnaie, Paris: Galilée, 1991.
: 보들레르론.
Demeure: Maurice Blanchot, Paris: Galilée, 1998.
: 블랑쇼론.

바디우의 문학론

바디우는 베케트의 저작 속에서 인류에 대한 유적 사유를 찾는다. 만남을 통해 성립되는 '둘'은 남성적 입장과 여성적 입장의 실존을 나타낸다. 그 만남은 사랑의 만남으로서 유아론적 코기토의 고뇌에서 벗어나 서로 다른 성의 '둘'을 도래하게 한다. 인류는 그러한 '둘'의 형상을 지니고, 그것은 사랑이라는 유적 절차에 의해 가능하다. 결국 베케트의 사유는 그렇게 사랑의 진리를 통해 인류의 형상을 보여주는 것이다. 베케트의 글쓰기는 사랑의 진리에 대한 사유, 만남의 둘을 통해 파악되는 인간에 대한 사유이다.

베케트와 바디우의 마주침에 대한 단상
— 인류에 대한 유적 사유

서용순

1. 여는 글: 베케트의 사유에 접근하는 바디우의 철학

베케트? 어떤 베케트인가? 아무것도 벌어지지 않는 황량한 무대 위에서 오지 않는 누군가를 하염없이 기다리거나, 어떤 삶의 의미를 찾아 헤매는 베케트인가? 아니면 죽음과 삶의 불확실한 경계에 위험스레 걸터앉아 절망을 노래하는 허무주의의 베케트인가? 그것도 아니라면 의사소통에서 단절된 인간의 한계 상황을 절묘하게 묘사하는 베케트인가? 우리는 이러한 질문들에 대답하려 하지 않을 것이다. 의미의 추적, 인간의 절망, 넘어설 수 없는 한계 상황과 같은 것으로 베케트의 세계를 특징짓고자 하는 모든 시도는 베케트라는 질문에 대한 적절한 대답일 수 없다. 비록 그것이 베케트가 남긴 작품의 계기를 구성하는 것이 사실이라 할지라도 말이다. 그러한 밋밋한 해석은 베케트를 어떤 협소한 울타리(그것이 무엇이든 간에) 안에 가둬두는 효과만을 양산할 뿐이다.

확실히 베케트는 근대와 근대 비판의 접경에서 많은 반향을 불러일으킨 작가이다. 그는 극한의 상황 속에서 존재에 대해 말하고 그 존재의 의미를 추적하며 존재의 접근불가능성을 말한다. 홀로 말하는 주체가 겪는 코기토의 고통과 그 불가피성 그리고 비스듬히 이루어지는 그 전환가능성의 사유는 근대적 사유에 대한 절망에 찬 의문이자 그 가역성réversibilité에 대한 끊임없는 탐사이다. 어쩌면 베케트의 글쓰기가 보여주는 사유는 그와 동시대에, 또는 조금 뒤에 벌어진 탈근대철학의 사유와 비견될 만한 것이다. 우리는 양자를 모두 근대성에 대한 근본적인 비판이라는 관점에서 파악할 수 있다. 다시 말해 우리는 베케트의 글쓰기를 저 '시인의 시대'에 벌어진 근대적 명증성에 대한 집요한 추적과 비판의 선상에서 대면할 수 있다는 것이다. 이러한 비교는 그저 상상적인 것은 아닐 것이다. 자신의 저작 여기저기에서 베케트를 참조하는 들뢰즈나, 자신과 베케트의 사유가 동일한 것이라고 여기는 데리다 등을 볼 때, 베케트의 작품은 근대성에 대한 비판적 사유와 어떤 관련을 가진다고 짐작할 수 있다. 그러나 베케트에 대한 그러한 평가는 결코 베케트의 특이성을 제대로 드러내지 못한다. 그에게는 근대의 비판을 넘어서는 그 무엇인가가 있다.

베케트에 대한 성찰은 좀더 근본적인 방식으로 이루어져야 한다. 사실 그의 작품은 표현적인 서사적 문학의 영역과는 거리가 멀다. 그의 희곡은 그 구조의 실험적 특이성으로 인해 부조리극과의 경계에 있는 것으로 종종 평가되며, 그의 산문은 뭐라 말하기 힘든 시적 형상화로 가득 차 있다고 말할 수 있다. 게다가 그의 작품을 문학이라는 테두리에 가두어놓기는 더욱 힘들다. 그도 그럴 것이 베케트는 문학의 장르를 뛰어넘어 영화와 TV로까지 자신의 영역을 확장시키기 때문이다. 그렇다면 베케트에 대한 질문은 어떤 답을 가질 수 있을 것인가? 우리는 베케트를 어떻게 명명할 것인가? 이 질문에 대해 가장 독창적인 방식으로 답하는 철학자가 있다. 다름 아닌 사건과 진리의 철학자 알랭 바디우가 바로 그이다.

우리는 이 짧은 글에서 바디우라는 철학자가 어떻게 베케트의 글쓰기를 전유하는지 간단하게 살펴보고자 한다. 바디우의 난해한 진리철학이 그만큼이나 난해한 베케트의 글쓰기에서 무엇을 읽어내는지, 그리하여 베케트는 어떠한 이름으로 불릴 수 있는지에 대한 간단하고 압축적인 스케치를 제공하는 것이 이 글의 목적이다. 이 스케치를 통해 우리는 바디우가 베케트와의 만남을 통하여 어떠한 철학적 성찰을 수행하는지 살펴보게 될 것이다. 바디우의 철학이 항상 진리라는 테마를 중심으로 펼쳐진다는 점을 상기할 때, 베케트가 우리에게 어렴풋이 보여주고 있는 진리를 바디우의 철학이 어떻게 포착해내느냐가 이 짧은 글의 주요한 논점이 될 것이다.

2. 바디우의 눈으로 본 베케트: 만남의 지형도

1) 진리에 대한 사유로서의 베케트의 글쓰기

어쩌면 당연한 이야기이겠지만 바디우가 베케트를 전유하는 방식은 대단히 '철학적'이다. 진리의 철학자 바디우가 베케트를 통해 말하고자 하는 것은 바로 인류와 진리의 형상이다. 단적으로 그에게 베케트는 인류에 대한 유적 사유pensée générique를 보여주는 사상가이다. 좀더 정확히 말하자면, 이 사유를 통해 베케트는 인류에 대한 어떤 진리를 드러낸다는 것이 바디우가 말하고자 하는 것이다. 여기서 우리는 베케트를 통해 전통적인 철학의 범주인 진리의 문제를 다루는 바디우를 본다. 그에게 베케트의 글쓰기는 바로 어떤 진리를 생산하는 특이한 사유의 지점에 다름 아니다. 여기서 우리는 '사유'라는 말에 주목해야 한다. 바디우에게 사유란 바로 진리를 생산하는 실천의 형태이다. 그리고 철학은 이러한 사유 활동을 통해 생산된 진리를 다시 사유하는 영역이다. 바디우에게 철학은 진리에 간접적으로만 관계한다. 즉 자신의 외부로부터 생산된 진리를 다시 사유하는 것이 철학인 것이다. 이것은 바디우 철학의 핵심적인 전제로 약간의 설명이 필요하다. 바디우의 철학을 아주 간단히 일별해보자.

바디우는 주로 프랑스에서 벌어진 근대 비판의 주요한 쟁점인 진리의 범주에 대한 비판에서 탈근대철학과는 다른 입장을 취한다. 탈근대철학에 있어서 진리란 폭력적인 보편성으로서 타자에 대한 사유를 불가능하게 하고, 어떠한 의미의 확정을 통해 진리의 이면을 볼 수 없게 만드는 것이었다. 탈근대철학(그 중심에는 리오타르와 데리다가 있다)은 마침내 진리의 범주를 폐기하고 의미의 상대주의로 나아가게 된다. 이는 현대의 맥락에서의 소피스트적 사유의 부활이며, 플라톤 이래의 이성중심주의적인 철학사에 대한 가장 근본적인 비판이다. 이제 진리는 더 이상 사유되지 않으며, 주체의 범주는 철학에서 추방된다. 그러나 바디우는 이러한 결론을 거부한다. 철학이란 여전히 진리에 대한 사유이다. 철학은 진리를 포기할 수 없다는 것이다. 그렇다고 그가 전통적인 형이상학에 굴복하는 것은 아니다. 그는 진리의 범주를 쇄신해낸다. 그에게 진리는 복수이다. 그리고 그 진리는 철학이 아닌 철학 외부에서 생산된다. 그는 진리를 생산하는 영역을 네 가지로 분리해내는데, 정치와 예술, 사랑과 과학이 바로 그것이다. 철학은 이 네 가지 진리의 유적 절차 procédures génériques des vérités에서 생산된 진리를 다시 사유하는 영역이다. 우리는 그것을 진리의 배치와 명명이라고 말할 수 있고, 진리를 확증하는 실천이라고 말할 수도 있다. 또한 진리가 사건을 통해서만 출현한다는 의미에서 이러한 네 가지 진리 생산 절차는 사건의 영역이라고 말해야 할 것이다. 바디우에게는 모든 것이 사건일 수 없다. 바디우에게 사건이란 진리의 출현 과정과 관련된 것이다. 진리를 생산하지 않는 것은 사건이 아니고, 모든 사건은 지식의 망에 구멍을 냄으로써 진리를 생산한다. 만약 그렇게 진리가 '생산'된다면, 그 진리는 존재하지 않던 것의 출현이라고 볼 수 있다. 진리는 지식과 대립하는 것이어서 어떤 지식의 총체도 진리에 대해 말할 수 없다. 지식과 언어의 입장에서 볼 때 우리는 진리를 식별할 수 없는 것, 말할 수 없는 것으로 간주할 수 있다. 진리는 지식에 구멍을 내며 출현한다는 언명이 보여주는 것이 바로 그것이다. 이러한 진리가 출현하는 계기가 바로 사건이다. 사건은 진리를 생산하고, 그렇게 생산된 진리는 즉시 소진되지만 그 자리에 주체를 남겨놓는다. 사건과 함께 소진되는 진리는 주체를 통해, 정확히 말하면 주체의 후-사건적 실천을 통해 유지되고(그런 점에서 주체는 진리의 유한한 부분이다), 결국 지식으로 강제forcée된다. 특기할 만한 것은 이러한 모든 과정을 바디우는 현대 집합이론을 통하여 수립된 자신의 '수학적 존재론'을 통해 입증한다는 사실이다. 이는 주체를 매개로 하여 (항상적인) 존재와 (돌발하는) 사건 사이의 심연을 메우고 합리적인 것과 혁명적인 것을 일치시키는 가장 근본적인 철학적 혁신이다.[1]

바디우의 이러한 철학적 입장은 베케트의 글쓰기를 진리에 대한 사유(思惟), 진리의 형상을 보여주는 사유로 파악할 수 있게 한다. 결국 베케트의 글쓰기는 어떠한 진리를 보여주는 것이기에, 진리를 다루는 철학과 어떤 관련을 맺고 있는 것이다. 베케트의 글쓰기가 담고 있는 사유는 인류와 진리에 대한 유적인 사유, 사건과 진리의 과정을 통하여 인류의 모습을

---

1) 바디우는 1988년에 출간된 『존재와 사건 L'être et l'événement』에서 자신의 철학적 혁신을 아주 복잡한 동시에 명료한 방식으로 보여주고 있다. 또한 그 이듬해에 출간된 『철학을 위한 선언 Manifeste pour la philosophie』에서는 그 철학적 배경에 대해 압축적이지만 분명하게 설명하고 있다. 바디우 철학에 대한 전반적인 해설로는 필자의 글, 「철학의 조건으로서의 정치」『철학과 현상학 연구』(27집, 2005년), 「철학과 정치의 철학적 포착」『프랑스 철학』(1집, 2006년), 그리고 「철학의 윤리, 진리의 윤리」『사회와 철학』(13집, 2007년)을 참조.

끌어내는 사유인 것이다. 이제 우리는 베케트의 사유 속으로 진입하여, 그것이 어떤 진리를 보여주고 있는지, 좀더 정확히 말하면 바디우가 베케트의 글쓰기에서 끌어내고 있는 진리에 대한 사유가 어느 지점에 집중되어 있는지 살펴보기로 하자.

2) 불가능한 코기토

실제로 베케트의 창작물은 하나의 철학적 궤도를 만들어내고 있다. 그 궤도를 따라 베케트는 존재에서 주체로, 타자에서 사건으로 이동한다. 바디우는 베케트에 대한 그의 여러 저술에서 이 과정을 자세히 파헤치는데, 그것은 그의 철학적 문제의식과 철저히 일치하는 베케트 해석이라고 할 수 있다. 바디우가 베케트에게서 읽어내는 문제는 '존재의 장소' '주체' '도래하는 것' '둘의 실존'의 문제이다.[2] 이는 베케트의 초기 작품부터 후기에 이르기까지의 지형의 변화이며, 베케트의 사유가 통과하는 여정이다. 베케트는 공백으로서의 존재의 문제를 언어의 문제와 연결시키는 한편, 코기토Cogito의 문제에 천착하여 그 불가능성을 보여준다. 이러한 불가능성은 베케트로 하여금 코기토와 단절하고 타자성을 통하여 만남으로 나아가게 한다. 바디우는 베케트의 여정이 겪어내는 이러한 과정을 면밀한 방식으로 보여주고 있다.

'존재의 장소'의 문제는 초기의 지배적인 테마이다. 베케트에게 존재의 장소는 잿빛의 암흑이다. 그 잿빛은 존재의 불일치성, 비견실성을 말한다. 베케트의 잿빛은 구분되지 않는 암흑이다. 우리는 그 잿빛 암흑을 어떤 방식으로도 말할 수 없다. 바디우에 따르면 이러한 잿빛 암흑은 '어떤 빛도 대립물로 가정되지 않는 암흑'이고, '명백하게 대조되지 않는 암

---

2) A. Badiou, *Conditions*, Paris: Seuil, 1992, pp. 332~33.

흑'이다. 역설적으로 이 모호한 암흑은 '어떤 것과도 짝을 이루지 않는 고유한 배치' 속에서 받아들여져야 하는 암흑인 것이다.[3] 우리는 베케트의 작품에서 너무도 자주 이러한 잿빛을 만난다. 『승부의 끝 Fin de partie』에서의 잿빛 조명, 『행복한 날들 Happy days』에서 위니 Winnie를 덮고 있는 흙더미, 『유령 트리오 Ghost Trio』에서 여자의 목소리가 잿빛으로 묘사하는 방 안의 어슴푸레한 빛 pénombre 등등. 이러한 잿빛은 초기에서 마지막 시기에 이르기까지 거의 모든 작품에 편재한다고 말해야 한다. 이러한 암흑은 어떻게도 분리될 수 없고 빛으로부터 대조의 형상을 얻어내지도 못한다.

이 암흑은 밝은 빛과 모순을 이루기에는 지나친 잿빛을 띠고, 그 어느 것과도 대칭을 이루지 않는 암흑, 반-변증법적인 암흑이다. (……) 물론 잿빛 암흑은 명석판명한 방법으로 말해지지 않는다. 또한 그것이 여기서 문학적 글쓰기가 요구되는 이유이다. 참 le vrai과 명석판명함 le clair-et-distinct 의 데카르트적 동치를 전복시켜야만 하는 것이다.[4]

그 암흑의 함의는 분리의 불가능성이다. 운동과 정지는 동일한 배경 속에 있고 명확한 구분과 대립의 설정은 불가능한 것으로 남는다. 잿빛 암흑은 존재가 그 불일치성을 드러내는 장소적 계기인 것이다. 응당 존재의 사유는 구분되지 않는 것, 판명하지 않은 것의 사유로 나아가야 하는 것이다. 그리고 그 경로는 바로 문학적 글쓰기, 시적인 글쓰기가 된다. 구분과 대립이 사라진 장소 속에 있는 존재는 언어의 망에서 벗어나 있기 때문에 공백으로 간주된다. 존재의 형식으로 나타나는 것은 공백이다. 바

---
3) 같은 책, pp. 334~35.
4) A. Badiou, *Beckett: L'increvable désir*, Paris: Hachette, 1995, p. 31.

디우는 '무보다 더 실재적인 것은 아무것도 없다'라는 『말론 죽다』의 언표를 통해 베케트가 공백을 존재의 이름으로 간주했음을 보여준다. 언어는 이러한 공백을 포착하기에 무능하다. '공백으로서의 존재는 언어에서는 실존하지 않기' 때문이다.[5] 결국 시학의 언어가 개입하는 것이 필요하다. 의미의 망에서 벗어나 있는 것을 포착하기 위한 수단으로서의 시학적 언어. 바로 그러한 이유에서 베케트는 산문에 **운율법**을 동원하는 것이다. 존재의 장소에 대한 묘사는 종종 운율법에 의해 행해진다. 『없이 Sans/Lessness』 또는 『가장 나쁜 쪽으로 Worstward Ho』에서 전형적으로 드러나듯이 존재를 장소에 배치하는 베케트의 산문은 시의 운율법에 지배당한다.[6]

그러나 그것으로는 충분하지 않다. 어떤 픽션도 장소만으로 성립하지는 않는다. 가정된 주체의 존재는 필연적이다. 바디우가 지적하듯 '장소만이 있는 것은 아니'며, '픽션은 실제로 주체를 가정'한다.[7] 무로서의 공백만이 남겨진 상태에서 베케트는 코기토로 나아간다. 그것은 외적 지각을 제거함으로써 (참이 아닌) 비존재에 가 닿으려는 노력이 자기지각에 부딪혀 실패로 나아가는 역설적인 코기토이다. 이는 '코기토의 닫힘 속에서 포착된 주체에 대한 질문'이라고 바디우는 말한다.[8]

바디우가 포착하는 베케트의 주체는 말 속에서 사유되는 사유로서의 주체, 즉 목소리의 주체이다. 목소리를 제외한 나머지는 철저히 제거된다. 이 주체는 움직이지도 않고 타자와 관계를 맺지도 않는다. 오로지 말하는 목소리만이 있다. 그것은 말하기를 계속하는 주체인데 이때 그 목소

---

5) A. Badiou, *Conditions*, p. 336.
6) 이러한 '시학의 개입'은 베케트에게서 지울 수 없는 글쓰기의 특징적인 기제이다. 이 시학적 언어는 이어지는 설명 속에서 지속적으로 등장할 것이다.
7) A. Badiou, *Beckett: L'increvable désir*, p. 31.
8) A. Badiou, *Conditions*, pp. 338~39.

리를 담고 있는 몸은 보이지 않거나, 특정한 장소에 묶여 있거나, 흙더미 속에 갇혀 있다. 결국 바디우에게 베케트의 '목소리'는 **부동의 목소리**이고, 이것은 언술énonciation을 통하여 정체화의 지점을 찾기 위해 끊임없이 노력하는 주체일 것이다. 목소리는 끊임없이 되풀이되고, 그것을 통해 성찰을 행하면서 베케트의 고독한 유아론적 주체는 정체화를 시도한다. 이 정체화가 가능해지는 것은 오로지 모든 말의 근원으로서의 침묵에 가 닿는 것을 통해서이다.[9] 살아서 침묵에 빠져드는 것을 자신이 받을 수 있는 보상이라고 생각하는 『명명 불가능한 것 L'innommable』의 주인공은 이러한 정체화로서의 침묵을 열망하지만, 그것은 가 닿을 수 없는 침묵이다. 끊임없이 이어지는 말, 흥분하고 신음하는 목소리, 그 광포한 이어짐은 결코 침묵에 가 닿지 못한다. 결국 베케트의 코기토는 실패로 나아가는 끔찍한 코기토, 탈진된 코기토이다. 이러한 가운데 목소리는 결코 사유를 포기하지 않는다. '출구'도 없고, '개념'도 없이 목소리는 그저 '명령으로 부과'되며 그 '가능성을 묻지도 않'는다. 그저 '존재할 수 없는 것을 지탱'하기 위해 '되풀이'될 뿐이다. 바디우가 말하듯 이것은 테러이다. '계속해야 한다, 계속할 수 없다, 계속할 것이다'라는 명령은 견뎌낼 수 없는 '코기토의 고문'을 드러내는 목적 없는(정체화는 불가능하기 때문에) **계속의 명령**인 것이다.[10] 결국 베케트의 유아론적 코기토는 위기에 빠진다.

이러한 위기, 유아론적 주체의 정체성을 확보하는 것의 불가능성에서 비롯되는 위기는 분명 주체의 성립가능성에 대한 위기이다. 바디우에 따

---

9) A. Badiou, *Beckett: L'increvable désir*, p. 33.
10) A. Badiou, *Conditions*, p. 341. 바디우는 베케트에게서 드러나는 계속의 명령을 자신의 윤리학적 지표로 취한다. 진리의 윤리는 그 막다른 골목에도 불구하고 '계속하는 것'에 있다. 바디우 철학이 내포하는 '계속하기'의 윤리학에 대한 해설은 앞에서 인용한 필자의 글, 「철학의 윤리, 진리의 윤리」를 참조.

르면, 베케트는 이 유아론적 주체를 세 가지 층위로 분석해내면서 그 불가능성을 확정한다. 말을 통해 성찰하는 언술의 **능동적 주체**와 그것을 듣고 있는 **수동성의 주체**, 그리고 정체화의 질문을 지탱하는 **질문의 주체**라는 삼원성을 통하여 그 셋을 하나로 셈할 때 베케트가 얻는 것은 모든 질문에 앞서 있었던 공백, 다시 말해 잿빛 암흑과 같은 가치 없는 무(無)라는 것이다. 부연하자면, 여기서 문제가 되는 것은 세번째 주체, 즉 질문하는 주체인데 그 질문은 자신의 정체성에 대한 질문이다. 이 질문은 고문의 논리를 따르는 집요한 질문으로, 주체의 존재에 대한 질문을 지속적으로 던진다. 결국 이 질문은 회색 암흑, 다시 말해 공백 또는 무로 돌아갈 수밖에 없는 질문인 것이다.[11]

그러나 질문을 포기할 수는 없다. 베케트는 『잘못 보이고 잘못 말해진 Mal vu mal dit』에서 질문의 폐기가 어떤 경우에도 불가능하다는 것을 명백히 하고 있다. 결국 코기토의 아포리아가 펼쳐진다. 바디우가 말하듯 '불가피하지만 견뎌낼 수 없는 것'으로서의 코기토[12]는 베케트의 난국을 심화시키는 것이다. 이 난국을 베케트는 어떻게 돌파하는가?

3) 사건과 명명 그리고 둘 le Deux 의 사유

유아론적 주체 sujet solipsiste의 불가능성은 확실히 코기토의 근본적 검토를 통해 드러나는 것이다. 바디우는 여기서 베케트의 '계속할 수 없다'라는 언표에 주목한다. 그것은 이전과 같은 글쓰기가 지속될 수 없다는 것, '그가 그때까지 썼던 것이 계속될 수 없다는 것'이다.[13] 그러나 그는 계속한다. 이전의 방식대로가 아니라 다른 지형으로의 이동을 전제로 하

---

11) A. Badiou, *Conditions*, pp. 342~43; *Beckett: L'increvable désir*, p. 36 참조.
12) A. Badiou, *Beckett: L'increvable désir*, p. 38.
13) A. Badiou, *Conditions*, p. 343.

는 사유의 전환을 통해. 바디우가 주목하는 이러한 계속의 경로는 베케트에게 다름 아닌 타자성의 경로이다. 타자와의 만남은 유아론적 주체에서 벗어나 우연의 열림을 통해 다자(多者)로 나아가는 계기이고, 데카르트의 고문하는 코기토에서 벗어나는 길이다. 이제 존재의 잿빛 암흑, 공백으로 환원되는 그 무차별적 공간 속에서 무엇인가가 일어나는 것이다. 우리는 이것이 앞서 말한 바디우 철학의 핵심적 범주인 사건événement과 유사하다는 점을 쉽게 알아챌 수 있다. 베케트의 작품 속에 일어나는 것으로서의 사건이 자리 잡음으로 인해 회색 암흑의 잔인한 고요는 깨어진다. 사건과 그것을 가능하게 하는 타자성altérité은 베케트의 글쓰기가 드러내는 사유의 근본화 과정을 특징짓는 열쇠이다. 이를 통해 베케트는 인류의 유적 형상에 대한 글쓰기로 나아가게 된다.

바디우는 1960년 이후 베케트의 작품 속에서 결정적인 단절을 본다. 바로 그때, 이 전환의 경로가 베케트의 작품에서 가시적으로 드러나기 때문이다. 이전 시기의 베케트에게 사건은 일어나는 것이 아니다. 그것은 그저 가정되는 것이며 하염없는 기다림의 대상이다. 그리고 아무것도 '일어나지' 않는다. 사건은 '단지 오리라는 약속' 그러나 '지켜질 수 없는 약속'인 것이다.[14] 비록 『와트Watt』의 구조적 장소인 놋트 씨의 집에서 일어나는 사고들은 사건이 갖는 '불투명한 내용' '형식적 빛남' '예외적 지위,' 그를 통한 '사유의 깨어남' 등을 드러내고 있지만, 바디우에게 그것에 대한 가설들은 단지 '의미의 문제 틀'에 사로잡힌 '해석학적 유형의 시도'에 불과하다.[15] 그러나 '일어나는 것'은 의미에 소속된 것이 아니다. '일어나는 것'의 의미를 비웃는 『승부의 끝』에서의 클로브를 보라. 이 작품에서 사건의 돌발과 그 의미의 발견에 대한 명령은 유지될 수 없는 것

---

14) 같은 책, pp. 347~48.
15) 같은 책, p. 349.

으로 여겨지는 것이다.16) 바디우가 발견하는 사건에 대한 명령은 의미의 발견이 아니라 그것의 **명명**이다. 존재의 장소와 마찬가지로 시적 언어로 밖에 표현될 수 없는 명명, 즉 명명의 시학은 사건을 고정시키는 베케트적 글쓰기의 기제이다. 바디우는 이러한 명명의 시학이 작동하는『잘못 보이고 잘못 말해진』에 주목한다. 바디우에 따르면 일어나는 것, 도래하는 것은 가시성의 법칙에서 벗어나 있다. 그것이 진정한 사건이라면 그것은 잘못 보일 수밖에 없다. 일어나는 것은 '잘못 보이는mal vu' 것이다. '잘못 말해진' 것 역시 동일한 맥락에 서 있다. 이것은 잘 말해진 것, 다시 말해 지식 체계의 질서 안에 있는 것이 아니므로 잘못 말해질 수밖에 없다. 사건이 지식 체계 전체에 대해 낯선 것이라면 이러한 결과는 당연한 것이다. 모든 사건은 알려진 적이 없는 것들의 돌발이기 때문에 이러한 운명에 놓일 수밖에 없다. 그것은 낯설고 당황스러운 것으로 나타나 이전의 모든 명명을 무용한 것으로 만든다. 결국 사건의 명명은 필연적으로 잘못 말하기의 체제 안에 있는 것이고, 시적 언어를 통해서만 어렴풋이 다가설 수 있는 것이다.

잘-말하기는 바로 확립된 의미 질서에 속하는 것이다. 그런데 만약 우리가 도래하는 것에 대해 일어나는 것 그대로의 이름, 잘못 보이는 것의 이름을 생산하게 된다면, 이 이름은 장소의 단조로움과 결부된 의미에 사로잡힌 것일 수 없다. 결국 그 이름은 잘못 말해진 것의 등재에 속하는 것이다. '잘못 보이고 잘못 말해진'이 지시하는 것은 보이는 것으로부터 벗어나는 '잘못 보이는 것'과 의미로부터 벗어나는 '잘못 말해진 것' 사이의 일치가 가능하다는 것이다.17)

---

16) 같은 책, pp. 349~50.
17) 같은 책, p. 350.

시학적 언어를 통한 사건의 명명은 이렇게 비가시성과 탈의미의 일치를 가져오는 것이다. 바디우는 이러한 명명의 효과를 같은 텍스트에서 읽어낸다. 그 효과는 다름 아닌 희망, 어렴풋이 다가오는 '희망의 미광'이다. 확실히 이 희망은 눈부시지 않다. 잘못 보이는 것으로서의 사건은 밝은 빛의 명증성을 띠지 않는다(오! 안타까운 플라톤이여!). 바디우에게 이것은 진리의 희망이다.[18] 바디우의 철학에서 모든 진리는 상황을 지배하는 지식 체계의 법칙성에서 벗어난 것이라는 점을 상기한다면, 이 빛의 어렴풋함은 확립된 질서의 입장에서 볼 때 드러나는 진리의 모호성과 그대로 연결되는 것이다. 이렇게 진리는 베케트의 글쓰기에 스며들기 시작한다.

　여기서 필요한 것이 타자와의 만남이다. 베케트의 주체는 비로소 유아론의 틀에서 벗어나 타자를 만나게 된다. 유아론의 틀을 벗어나는 타자와의 만남은 사건의 내용을 이룬다. 만남이 없다면 사건도 없는 것이다. 『박탈자 Le dépeupleur』에서 베케트는 큰 원기둥에서 타자를 찾아 헤매는 사람들의 모습을 묘사한다. 그것은 각자의 정체성이 의존하는 스스로와의 대면을 위한 추적이 아니다. 그들은 자신의 타자, 자신을 박탈할 타자를 추적하는 것이다.[19] 다양한 방식으로 타자를 추적하는 그들은 추적의 명령 아래에서 움직인다. 바디우는 이러한 명령의 함수를 통하여 주체의 유형을 형상화하는 베케트에 주목한다. 이 추적자들은 계속 움직이거나, 가끔 휴식하거나, 오랫동안 움직이지 않으며 눈으로만 박탈자를 찾고 있거나, 굴복한 채 추적을 포기한 자들이다. 간단히 말해 명령에 충실하거나, 명령을 포기한 자들로 나뉘는 것이다. 그러나 베케트에게서 특징적

---

18) 같은 책, p. 351.
19) A. Badiou, *Beckett: L'increvable désir*, p. 49.

인 것은 불가역적인 명령의 포기가 선택과 시점의 법칙에 지배당한다는 것이다.[20] 다시 말해 명령의 포기가 갖는 불가역성은 항상적으로 불가역성에 머물지는 않는다. 이 불가역성은 주체의 형상들 속에서 포착된 불가역성일 뿐 언제나 '가능 le possible'으로 열려 있기 때문이다. 추적의 포기는 그 시점에서만 절대적이다. 반면 가능하지 않은 것은 결정적으로 불가능한 것이 아니라 단지 그리고 잠정적으로 더 이상 가능하지 않은 것일 뿐이다.[21] 드물게나마 추적을 포기한 사람들이 다시 추적으로 나아갈 수 있다는 점에서 바디우에게 베케트의 이러한 불가역성irréversibilité은 열린 불가역성이자 '가능'으로 회귀할 수 있는 불가능성이다.

주체의 형상에 대한 구분은 『그건 어때 Comment c'est』에서 『박탈자』와는 다른 함의를 갖는다. 『그건 어때』는 타자와의 만남을 통해 성립하는 '둘 le Deux'이 직접적으로 문제가 되는 텍스트이다. 베케트는 네 가지 주체의 형상을 말한다. 첫째는 가방을 가지고 암흑 속에서 **방랑**하는 주체이고, 둘째는 능동적 위치에서 누군가와 마주친 후 그를 암흑 속에서 공격하는 주체인데, 이는 **형리(刑吏)**의 위치이다. 셋째 형상은 마주친 자에 의해 암흑 속에 버려져 움직이지 못하는 **부동**의 주체이며, 넷째는 수동적 위치에서 누군가와 마주쳐 공격당하는 주체로, **희생자**의 위치를 점하는 주체이다. 바로 이 네 가지 형상은 그 사이에 어떠한 위계도 없는 평등한 형상으로서 바디우에 의해 '인류의 유적인 형상'으로 간주된다.[22] 우리는 이 형상에서 '만남'과 '분리'를 목격한다. 만남은 둘의 형상으로서 형리와 희생자라는 주체 안에서 발견되며, 분리는 암흑 속에서의 방랑(放浪)과 부동(不動)의 주체로 나타난다. 바디우는 이러한 구분 속에서 다시 접합을

---

20) A. Badiou, *Conditions*, p. 354.
21) A. Badiou, *Beckett: L'increvable désir*, p. 51.
22) A. Badiou, *Conditions*, p. 355.

행하는데, 방랑 또는 여행은 형리를 떠난 희생자의 여행이며 부동은 희생자에 의해 버려진 형리의 모습이 된다.[23] 이러한 접합은 '인류의 둘'을 표시한다. 그것은 다름 아닌 성(性)의 둘이다.

베케트는 남성과 여성을 말하지 않으면서 성의 구분을 행한다. 말하자면 이러한 성의 구분은 경험적이거나 생물학적인 구분이 아니라는 말이다. 실제로 베케트는 남자/여자라는 실제적 구분을 그의 글쓰기에서 거의 배제한다. 베케트에게 이러한 성별화는 경험적이고 생물학적인 객관적(대상적objectif) 구분이 아닌 담론 속에서 작동하는 일종의 결과로서 드러나는 것이다. 우리는 그것을 만남의 작용을 통한 결과라고 말할 수 있을 것이다. 바디우가 말하듯 성은 '암흑 속을 기어다니는 죽을 운명의 인간이, 기어다니는 다른 죽을 운명의 인간과 만날 때 도래하는 것'이다.[24] 결국 둘의 만남은 성별화된 존재의 성립이고, 이 만남을 통해 서로 다른 성의 둘le Deux이 도래하는 것이다. 『그건 어때』가 제시하는 존재적 정리는 '여행하는 존재'로서의 여성과 '암흑 속에서 움직이지 않는' 남성이다.[25] 그러나 이 둘의 만남은 그저 단순한 마주침이 아니다. 이것은 사랑이라는 사건의 양상이며 무한으로 나아가는 둘의 성립인 것이다. 만남이 만들어내는 둘의 진리는 그렇게 세계의 무한을 펼쳐낸다.

4) 인류의 둘le Deux 그리고 사랑의 진리

사랑을 정의하는 것은 우연한 만남이다. 이 우연한 만남은 철저히 분리된 둘, 좀더 정확히 말하면 오로지 유아론적으로만 존재하던 하나와 다른 하나의 조우(遭遇)를 통해 사랑의 과정을 구축한다. 이 사랑이야말로

---

23) 같은 책, p. 356.
24) 같은 책, p. 357.
25) 같은 곳.

바디우가 베케트에게서 확인하는 가장 중요한 사유의 형태이다. 사랑이 진리를 생산한다면 이 진리는 무엇에 대한 진리인가? 그것은 다름 아닌 성차를 매개로 하는 둘의 진리이다. 고립된 성은 존재하지 않으며, 성차에 대한 사유는 둘의 만남을 통한 사랑의 사건 밖에서는 드러나지 않는다. 바디우는 베케트에게서 드러나는 사랑을 감상성과 섹슈얼리티에서 완전히 벗어나고, 융합이나 분출과 같은 관념으로부터 유리된 것으로 파악한다. 사랑은 둘을 하나로 만드는 것이 아니라 단지 둘을 둘로서 존재할 수 있게 하는 힘겨운 조건이다.[26] 여기서 문제는 둘의 성격이다. 둘은 하나에서 벗어난 최초의 다자(多者)로서 무한으로 나아가는 것을 가능하게 하는 다자로의 열림의 계기인 것이다. 이제 둘은 세계로 나아가는 것이다.

둘은 처음에 주어진 유아론의 하나와 존재들êtres의 무한한 경험 사이에 통로를 만들고, 그것을 통과하도록 허용한다. 사랑의 둘은 타자성 일반에 대한 우연적인 성찰이다. 사랑의 둘은 코기토의 하나에 대한 단절과 침입을 끌어들이지만, 바로 그로 인해 둘은 자기 자신에 만족할 수 없고, 존재 Etre의 한계 없는 다자를 향해 열리는 것이다.[27]

둘의 만남은 결국 세계에 대한 탐험으로 연결된다. 사랑을 통해 발견하는 아름다운 세계, 그 다자(多者)의 펼쳐짐을 베케트는 그의 산문에서 시적인 언어로 노래한다. 사랑과 무한한 지식의 접속과 더불어 『이제 그만Assez』에서 나타나는 꽃핀 언덕에서의 산보와 별자리 찾기, 『동반Compagnie』에서의 사시나무 나뭇잎 소리와 고요한 대기 속에 흔들리는

---

26) 같은 책, p. 358.
27) 같은 곳.

머리카락, 『크라프의 마지막 테이프 Krapp's last tape』에서 보이는 '사랑으로 다자가 열리는 시점'에 대한 회상은 이러한 다자의 열림 속에서의 세계에 대한 탐험을 표현한다.[28] 하나, 둘 그리고 무한. 이것은 바로 사랑의 수적 성격을 말한다. 그것은 또한 베케트의 글쓰기에서의 수적 경로이기도 하다. 유아론적 하나에서 둘의 사건을 통한 무한으로의 경로가 바로 그것이다.

가장 중요한 것은 사랑에서의 성의 입장을 규정하는 두 가지 성에 대한 이념Idée이다. 이는 바디우 철학에서의 사랑의 진리를 구성하는 핵심적인 부분이다. 바디우는 사랑이 드러내는 둘의 분리를 라캉에게서 처음으로 구한다. 라캉에 따르면 남성과 여성이라는 두 가지 입장은 완전히 다른 것이어서 어떠한 성관계도 불가능하다.[29] 이렇게 바디우는 라캉에게서 **둘**의 확립을 받아들이고 베케트에게서 두 성에 대한 이념을 발견한다. 그것은 우리가 앞서 살펴본 『그건 어때』에서의 주체의 네 가지 형상과 관련되어 있다. 바디우는 그 각각에 충실성의 네 가지 함수를 분배한다. 우선 **여행** 또는 **방랑**은 세계에 대한 끊임없는 횡단을 제시한다. 두번째는 **부동성**으로, 최초의 명명, 사랑한다는 명명의 지점을 견지해내는 것이다. 이 부동성은 '타자의 눈동자에 쏟아내는 시선의 부동성'이다. 세번째는 '계속하라'는 명령의 함수인데, 이는 '결별이 있을지라도 언제나 계속하라'는 명령이다. 둘의 명령은 '독백의 명령에서의 헛된 고문을 제거하고 행복의 법칙을 부과'한다. 네번째는 이야기의 함수로, 둘의 지점에서 '세계의 무한한 펼쳐짐'을 이야기하는 것이다.[30] 여기서 바디우는 베케트를

---

28) 같은 책, pp. 359~61.
29) J. Lacan, *Le séminaire* XX: *Encore*, Paris: Seuil, 1975, p. 35 참조. 사랑을 둘러싸고 라캉의 정신분석과 바디우의 진리철학이 만나는 지점에 대해서는 필자의 글, 「철학과 정신분석―둘이라는 관건」, 『라캉과 현대정신분석』(9권 1호, 2006년) 참조.
30) A. Badiou, *Conditions*, pp. 361~62.

따라 성의 이념을 분배하는데, 이는 '둘'을 남성적 극단과 여성적 극단에 배치하는 작용이다.

우선 남성적 극단이 있다. 이 지점을 구성하는 것은 '부동성과 명령의 함수의 조합'이라고 해야 할 것이다. 남성의 입장은 '계속의 법칙을 고수'하며 움직이지 않는다. 이야기와 여행의 결여는 남성의 입장을 말하지 않고, 움직이지 않으며, 사랑에 대한 말없는 확신 속에 머무르게 한다. 여성적 극단은 '여행과 이야기의 조합'이다. 이 입장은 '증거를 요구'하고 이름이 아닌 그 '의미를 보호'하고자 한다.[31] 성은 애초에 분리되어 있었던 것이기에 사랑에 대한 두 성의 입장 역시 분리된 것일 수밖에 없다. 남성이 욕망하는 것은 결국 둘의 공백, 둘-사이의 갈라짐이다. 다시 말해, 그것은 이별의 순간이 가져다주는 너무나 짧고 너무나 벅찬 시간의 간절한 행복이다. 바디우가 아주 적절히 인용하는 『잘못 보이고 잘못 말해진』의 주인공이 마지막 이별의 순간에 느끼는 행복이 바로 그것이다. 반면 여성의 욕망은 **영원성**을 말한다. 다른 아무것도 아닌 둘만을 욕망하는 여성의 입장은 둘이 그 자체로 영속되기를 바라는 것이다. 여성이 추구하는 것은 **둘의 완강함**이고 둘 안에서 방랑의 이야기를 지속시킨다. 공백의 침입에 의해 이별이 닥치더라도 여성은 둘이기를 멈추지 않는다. 『이제 그만』의 여주인공은 그것을 잘 보여주는데, 그녀는 갑작스러운 이별에 대항하여 계속 둘을 고집한다.[32] 그것은 눈물겨운 행복의 고집이고 방랑 속에서도 여전히 지속되는 둘의 저항이다. 여성은 '지속하려는 완강한 욕망'인 것이다.[33] 이렇게 유적 인류의 형상은 베케트가 행하는 성별화의 과정에서 도출된다. 베케트의 글쓰기 속에서 바디우의 철학은 인류

---

31) 같은 책, pp. 362~63.
32) 같은 책, pp. 364~66.
33) A. Badiou, *Beckett: L'increvable désir*, p. 59.

에 대한 유적 사유를 발견하여 그것을 사랑의 진리라 칭하는 것이다. 그렇게 베케트는 둘의 사유를 끌어내어 사랑을 그려낸다.

3. 나오는 글: 둘Le Deux에 대한 유적 사유

베케트의 글쓰기에서 나타나는 이러한 둘의 이념을 통하여 바디우가 드러내고자 하는 것은 성차의 진리이다. 그것은 유아론적 주체를 넘어 둘의 만남이라는 사건(모든 사건은 실제로 만남이라는 형식 아래에서 드러난다)을 통해서만 드러나는 진리이다. 베케트의 작품은 이러한 만남을 통하여 드러나는 진리를 우리에게 말한다. 60년대 이래의 베케트는 이전의 허무주의적인 기다림에서 벗어나 만남이라는 사건으로 나아감으로써 두 가지 입장을 만들어내고 있는 것이다. 만남을 통해 드러나는 것은 분명 입장의 분리이다. 이는 유아론적 주체의 고뇌에서 벗어났을 때, 그리하여 타자를 향해 자신을 열어나갈 때, 무엇인가가 실질적으로 일어난다는 것을 말해준다. 유아론적 주체는 그 자체로 분리를 모른다. 우리가 분리를 이야기하기 위해서는 어떤 조건이 필요한데, 그것은 바로 '둘' 그리고 그 둘의 만남이라는 조건이다. 그 만남은 어떠한 질적인 변화, 외부를 향한 어떤 새로운 반응을 수반한다. 그것이 바로 두 성에 대한 이념을 구성하는 전제가 되는 것이다. 분리의 테마는 그렇게 이념을 통하는 것이며, 그렇게 성차의 진리가 출현한다. 바디우의 눈에 가장 중요한 베케트의 공헌은 바로 그것이다.

바디우는 베케트의 글쓰기가 드러내는 사유를 명백히 인류에 대한 유적 사유로서 정의한다. 그것은 바로 만남의 둘을 통해 파악되는 인간에 대한 사유일 것이다. 확실히 인류의 형상이 이 둘의 형상을 넘어서지는 못한다. '둘'의 형상을 가능하게 해주는 유일한 기제는 바로 사랑의 유적 절차이다. 이 진리 생산 절차로서의 사랑에 연결된 기호는 다름 아닌 행복이다. 사랑은 유일하게 행복을 가능하게 한다.[34] 바디우는 각 진리가 가능하게 하는 특이한 항목을 말한다. 예술과 과학과 정치는 각각 쾌락과 기쁨과 열광을 가능하게 한다면 '행복을 가능하게 하는 것은 다름 아닌 사랑'이다.[35] 우리는 사랑을 통해 행복을 전유한다. 이것은 결코 사랑으로 포장되는 융합의 환상이나 성적 행위와 결부된 것이 아니다. 그것은 성적 차이의 진리를 통해 가능한 주체적인 테마인 것이다. 만남의 행복. 그것이야말로 모든 서사적 픽션을 뛰어넘는 시적 공간의 펼쳐짐이요, **잘못 보이는** mal vu 만남의 순간이 만들어내는 새로운 주체의 성립 조건이다.

사랑의 사건이 펼쳐놓는 성차의 진리는 베케트의 글쓰기를 가장 보편적인 인류의 담론으로 승격시킨다. 베케트의 글쓰기는 이러한 성차의 진리를 수립하기 위해 라캉과 더불어 요구되는 두 가지 축의 하나일 것이다. 코기토가 부과하는 고통스럽고 외로운 여정을 마침내 넘어서는 둘의 **사상가**, 둘 le Deux을 통해 인류를 수립해내는 유적 사상가. 이것이 바디우가 베케트에게 표하는 경의일 것이다. 그렇게 베케트는 바디우의 철학에 가장 큰 영향을 미치는 사상가 중의 하나로 자리 잡는다. 사랑의 진리를 철학적 담론으로 펼쳐내는 바디우에게, 베케트는 밤하늘의 성좌와도 같다. 바디우의 철학을 사랑이라는 진리로 인도하는 잿빛의 성좌.

---

34) 바디우가 말하는 행복이 존재의 어떤 안전함이나 노곤한 안락함 또는 잘사는 것(이른바 웰빙 well-being의 테마)과 아무 관계가 없다는 것은 명백하다. 행복이란 인간의 고유한 기호이며, 어떤 동물적인 만족으로 환원될 수 없는 것이다. 이에 대해서는 바디우의 『윤리학 L'éthique』(1993)과 함께 필자의 글, 「철학의 윤리, 진리의 윤리」『사회와 철학』(13집, 2007년)을 참조.
35) A. Badiou, *Conditions*, p. 363.

바디우의 문학 연구 관련 문헌

"L'âge des poètes," in J. Rancière(éd), *La politique des poètes: Pourquoi des poètes en temps de détresse?*, Paris: Albin Michel, 1992.
: 횔덜린에서 파울 첼란에 이르는 '시인들의 시대'에 대한 철학적 사유이다.

"Le statut philosophique du poème après Heidegger," in J. Poulain(éd), *Penser après Heidegger*, Paris: L'Harmarttan, 1992.
: 하이데거 이후 철학의 시학화 문제에 대한 성찰이다.

"Ecriture du générique: Samuel Beckett," in *Conditions*, Paris: Seuil, 1992.
(한국어판)『조건들』, 이종영 옮김, 새물결, 2006.
: 철학의 조건들을 논하는 바디우의 저작으로 진리 생산 절차에 대한 논문들로 구성되어 있다. 그중 마지막 장은 베케트의 산문에서 드러나는 성의 이념을 통하여 베케트가 수립하는 인류에 대한 유적 사유에 집중한다.

"La méthode de Mallarmé: Soustraction et isolement," in *Conditions*.
: 바디우 철학에서 아주 중요한 위치를 차지하고 있는 말라르메의 시학에 대한 연구이다.

"La methode de Rimbaud: l'interruption," in *Conditions*.
: 철학의 조건들과 관련하여 랭보의 시학을 논하고 있다.

Beckett: L'increvable désir, Paris: Hachette, 1995.
: 바디우의 철학을 통해 베케트의 작품 전체를 조망하는 책이다.

"Etre, existence, pensée: prose et concept," in *Petit Manuel d'inesthétique*, Paris: Seuil, 1997.
: 베케트의 말년 작품인 *Worstward Ho*에 대한 자세한 철학적 비평이다. 이 논문이 수록된 *Petit Manuel d'inesthétique*에는 예술 전반에 대한 바디우의 성찰이 담겨 있으며 페소아, 말라르메를 비롯한 시인들의 사유, 그리고 시학 전반에 대한 문제가 사유되고 있다.

Le Siècle, Paris: Seuil, 2005.
: 20세기에 대한 철학적인 성찰로 문학과 관련한 여러 가지 사유를 살펴볼 수 있다.

On Beckett, Alberto Toscano & Nina Power(tr.), London: Clinamen Press, 2003.
: 베케트에 대한 바디우의 저작을 모아 영어로 번역한 책이다. 토스카노와 니나 파워의 깔끔한 번역과 함께 베케트 연구자인 앤드류 깁슨Andrew Gibson의 논문이 들어 있다.

이 외에도 많은 문학 관련 연구가 있고, *Ahmed le subtil*을 비롯한 소설, 오페라 등의 문학작품을 집필하였다.

이 책에서 다루는 철학자들의 약력(가나다 순)

모리스 메를로-퐁티 Maurice Merleau-Ponty, 1908~1961

프랑스의 로슈포르쉬르메르에서 태어났다. 고등사범학교 졸업 후 리옹대학, 소르본 대학에서 가르쳤다. 1952년에 콜레주 드 프랑스의 철학교수로 임명되었다. 그는 후설의 현상학에 많은 영향을 받았으나, 점차 신체 행위와 지각에 대한 자신만의 독창적인 철학을 구축했다. 몸의 현상학이라 불릴 수 있는 그의 사상은 현대 철학의 선구적 업적으로 평가받고 있다. 주요 저서로는 『행동의 구조』(1942), 『지각의 현상학』(1945), 『휴머니즘과 테러』(1947), 『의미와 무의미』(1948), 『철학예찬』(1953), 『변증법의 모험』(1955), 『기호』(1960) 등이 있으며, 사후에 『눈과 정신』(1964), 『보이는 것과 보이지 않는 것』(1963)이 출간되었다.

모리스 블랑쇼 Maurice Blanchot, 1907~2003

젊은 시절 몇 년간 저널리스트로 활동한 것 이외에는 평생 동안 모든 공식적 활동에서 물러나 글쓰기에 전념했다. 작가이자 사상가로서 철학, 문학비평, 소설의 영역에서 방대한 양의 글을 남겼다. 문학의 영역에서 말라르메를 전후로 하는 전위적 문학의 흐름에 대해 깊고 독창적인 성찰을 보여주었고, 철학적 시론과 픽션의 경계를 뛰어넘는 독특한 스타일의 문학작품을 창조했다. 철학의 영역에서는 존재의 한계와 부재에 대한 급진적 사유를 대변하며 이후 사상가들에게 큰 영향을 주었다. 주요 저작으로 『토마, 알 수 없는 자』(1941), 『아미나다브』(1942), 『헛발』(1943), 『저 높은 것』(1948), 『불의 몫』(1949), 『원하던 순간에』(1951), 『문학의 공간』(1955), 『최후의 인간』(1957), 『미래의 책』(1959), 『무한한 대화』(1969), 『우정』(1971), 『저 너머의 발자국』(1973), 『재난의 글쓰기』(1980) 등이 있다.

미셸 푸코 Michel Foucault, 1926~1984

프랑스의 소도시 푸아티에에서 태어났다. 파리고등사범학교 졸업 후 클레르몽페랑 대학, 뱅센대학 등에서 강의했고, 1972년 콜레주 드 프랑스의 교수로 취임했다. 푸코의 작업은 역사의 심층을 파헤쳐 담론의 형성과 변환을 분석하는 고고학적 방식을 취한다. 그는 서구 근대사회는 새로운 담론들이 계속적으로 생겨난 사회이며, 이 담론들은 항상 지배 권력과 연계되어 있다고 강조했다. 주요 저서로는 『광기의 역사』(1961), 『임상의학의 탄생』(1963), 『말과 사물』(1966), 『지식의 고고학』(1969), 『담론의 질서』(1970), 『감시와 처벌』(1975), 『성의 역사 1: 앎의 의지』(1976), 『권력의 미시물리학』(1977), 『성의 역사 2: 쾌락의 활용』(1984), 『성의 역사 3: 자기 배려』(1984) 등이 있다.

알랭 바디우 Alain Badiou, 1937~

1937년 모로코의 라바에서 출생했으며, 파리8대학과 파리고등사범학교 교수를 역임했다. 그는 현대 프랑스 철학의 부동의 한 축을 형성하는 철학자로서, 현대 프랑스 철학의 주된 경향인 반플라톤주의에 정면으로 대항하는 플라톤주의 진영을 이끌고 있다. 바디우는 수학의 집합론에 근거를 둔 '순수다수'로서의 '존재'를 주장하고, 수학의 역사를 존재 물음의 역사와 동일시하면서 독창적인 존재론을 펼치고 있다. 주요 저서로 『모델의 개념』(1969), 『모순의 이론』(1975), 『이데올로기에 대하여』(1976), 『주체의 이론』(1982), 『존재와 사건』(1988), 『수와 수들』(1990), 『불투명한 파국에 대하여』(1991), 『들뢰즈』(1997), 『사도 바울, 보편주의의 성립』(1997), 『메타정치학 개요』(1998), 『세기』(2005), 『세계들의 논리들』(2006) 등이 있으며, 또한 소설, 희곡 등 예술작품도 썼다.

에마뉘엘 레비나스 Emmanuel Levinas, 1906~1995

리투아니아 태생의 프랑스 철학자 에마뉘엘 레비나스는 서양의 존재론 전체를 비판적으로 문제 삼고, 윤리학을 '제1철학'으로 내세우는 독특한 타자성의 철학으로 현대 철학사에 불멸의 업적을 남겼다. 후설과 하이데거 밑에서 공부하고 프랑스에 이들을 최초로 소개했으며, 유명한 다보스 회의에서는 현상학을 옹호하는 등 초기에는 현상학자로 활동했다. 그러나 이후 타자와의 관계 속에서 무한을 향한 초월의 욕망을 밝혀냄으로써 현대 철학의 가장 전위적이고 대담한 입장을 확립하는 데 성공했다. 주요 저서로 『탈출에 관하여』(1935), 『시간과 타자』(1947), 『전체성과 무한』(1961), 『존재와 다르게 혹은 본질 저편』(1974), 『어려운 자유』(1963), 『윤리학과 무한』(1982), 『신, 죽음 그리고 시간』(1993) 등이 있다.

자크 데리다 Jacques Derrida, 1930~2004

프랑스령 알제리에서 태어났다. 파리고등사범학교에서 수학한 후 소르본 대학에서 강의했으며, 예일, 존스홉킨스 대학 등에서 교환교수를 지내기도 했다. 1987년 이후 파리 사회과학고등연구원 연구주임으로 활동했다. 데리다의 초기 작업은 음성언어가 문자언어에 의존할 수밖에 없음을 보임으로써, 서양 형이상학의 로고스중심주의적 한계를 부각시키는 데 집중되었다. 80년대 이후부터는 서양의 법적·정치적 전통에 대한 해체 작업을 수행하여 주목할 만한 성과를 거두었다. 주요 저서로 『목소리와 현상』(1967), 『그라마톨로지』(1967), 『글쓰기와 차이』(1967), 『철학의 여백』(1972), 『산종』(1972), 『입장들』(1972), 『조종』(1974), 『회화의 진리』(1978), 『우편엽서』(1980), 『체류지들』(1986), 『마르크스의 유령들』(1994), 『법의 힘』(1994), 『타자의 단일 언어』(1996) 등이 있다.

자크 라캉 Jacques Lacan, 1901~1981

프랑스 태생의 정신분석이론가인 자크 라캉은 콜레주 스타니슬라에서 고전 및 인문학 교육을 받은 후 파리 의과대학에서 수학했고, 1932년 망상증에 관한 연구로 박사학위 논문을 발표한 후부터 바로 프랑스 정신분석학계에서 우수함을 인정받았다. 프로이트의 정신분석학을 재해석하여 주체와 욕망의 문제를 주요 관심사로 삼았고, 무의식의 언어적 본성과 욕망을 새로운 시각으로 설명함으로써 정신분석이 오늘날 인문학과 예술비평의 토대 이론으로 활용되는 데 크게 기여했다. 주요 저서로 논문 및 강연 모음집인 『에크리』(1966)와 사후에 출간된 『또 다른 에크리』(2001)가 있으며, 1953년 이후 약 30년 동안 지속된 라캉 세미나가 전 27권으로 기획되어 계속해서 출간되고 있다.

장-폴 사르트르 Jean-Paul Sartre, 1905~1980

프랑스의 실존주의 철학자, 문학가, 극작가, 평론가이다. 사르트르는 파리고등사범학교를 거쳐 고등학교에서 철학을 가르치던 중 제2차 대전에 참전한다. 전쟁 후 사회적 책임으로 눈을 돌려 정치에 적극적인 관심을 보였으며 활발한 학문적 활동을 펼쳤다. 1964년 노벨문학상 수상을 거부했다. 인간은 선험적으로 결정된 어떤 본질을 지니지 않고, 그 의미와 가치를 스스로 만들어가는 생성의 존재라고 주장하는 실존주의 철학을 제시했다. 주요 저서로는 『존재와 무』(1943), 『파리 떼』(1943), 『자유의 길』(1945), 『실존주의는 휴머니즘이다』(1946), 『문학이란 무엇인가』(1947), 『더러운 손』(1948), 『말』(1963), 『변증법적 이성비판』(1960) 등이 있다.

질 들뢰즈 Gilles Deleuze, 1925~1995

소르본 대학에서 철학을 전공한 후 파리8대학에서 교수 생활을 했으며 1987년 은퇴했다. 철학사를 해석하는 뛰어난 능력과 독특한 관점으로 일찍부터 주목받았다. 근대적 이성의 재검토라는 1960년대의 큰 흐름 속에서 서구 사상의 전통들을 새롭게 종합하려는 시도를 했으며, 문학과 예술 비평에 철학적 깊이를 더하는 활발한 작업들을 통해 철학 분야 바깥에서도 큰 영향력을 행사했다. 주요 저서로 『니체와 철학』(1962), 『베르그손주의』(1966), 『차이와 반복』(1968), 『스피노자와 표현의 문제』(1968), 『의미의 논리』(1969), 『앙티 오이디푸스』(1972), 『천 개의 고원』(1980), 『프란시스 베이컨: 감각의 논리』(1983), 『영화1』(1983), 『영화2』(1985), 『푸코』(1986), 『주름: 라이프니츠와 바로크』(1988), 『철학이란 무엇인가?』(1991) 등이 있다.

폴 리쾨르 Paul Ricœur, 1913~2005

프랑스 동남부 발랑스에서 태어났다. 소르본 대학에서 철학을 전공한 후 프랑스 국립학술연구소 연구원을 역임했으며, 1949년 박사학위를 받은 후 스트라스부르 대학, 소르본대학, 낭테르대학, 시카고대학에서 강의했다. 그는 주체철학의 전통에 서서 반주체적인 철학에 동조하지 않았지만, 주체철학을 수정하려는 노력을 진지하게 받아들였다. 따라서 그의 해석학은 모더니즘에 서서 모더니즘을 넘으려는 노력이라 할 수 있다. 그의 사상은 근대를 넘어서는 새로운 대안으로 각광받고 있으며, 철학, 신학, 문학의 많은 분야에서 광범위한 영향을 미치고 있다. 주요 저서로 『의지적인 것과 비의지적인 것』(1950), 『역사와 진리』(1955), 『악의 상징』(1960), 『해석에 대하여』(1965), 『해석의 갈등』(1969), 『살아 있는 은유』(1975), 『시간과 이야기』(1983~1985), 『기억, 역사, 망각』(2000) 등이 있다.

필자 소개(가나다 순)

김상환

프랑스 파리4대학에서 철학박사 학위를 받았으며 현재 서울대 철학과 교수로 있다. 저서로『해체론 시대의 철학』『니체, 프로이트, 맑스 이후』가 있고, 주요 논문으로「데리다의 CsO론」「들뢰즈의 CsO론」등이 있으며, 역서로는『차이와 반복』이 있다.

김석

프랑스 파리8대학에서 철학박사 학위를 받았으며 현재 건국대 자율전공학부 조교수로 있다. 저서로『에크리―라캉으로 이끄는 마법의 문자들』『프로이트 & 라캉, 무의식에로의 초대』『포르노 이슈』(공저)가 있고, 주요 논문으로「욕망하는 주체와 욕망하는 기계―라캉과 들뢰즈의 욕망이론」「남자의 사랑, 여자의 사랑―「색, 계」를 중심으로」등이 있으며, 역서로는『라캉, 주체 개념의 형성』『문자라는 증서』가 있다.

박준상

프랑스 파리8대학에서 철학박사 학위를 받았으며 현재 숭실대 철학과 교수로 있다. 저서로『바깥에서―모리스 블랑쇼의 문학과 철학』『빈 중심―예술과 타자에 대하여』가 있고, 주요 논문으로「원음악(源音樂)」「메를로-퐁티에 비추어 본 미적

경험과 예술』 등이 있으며, 역서로는『밝힐 수 없는 공동체 | 마주한 공동체』가 있다.

변광배
프랑스 몽펠리에3대학에서 문학박사 학위를 받았으며 현재 프랑스인문학 연구모임 '시지프'의 대표로 있다. 저서로『존재와 무—자유를 향한 실존적 탐색』『제2의 성—여성학 백과사전』이 있고, 주요 논문으로「기부분화의 이론적 토대」「'아버지의 법'의 해체」등이 있으며, 역서로는『레비나스 평전』이 있다.

서동욱
벨기에 루뱅대학에서 철학박사 학위를 받았으며 현재 서강대 철학과 교수로 있다. 저서로『차이와 타자—현대 철학과 비표상적 사유의 모험』『들뢰즈의 철학—사상과 그 원천』『일상의 모험—태어나 먹고 자고 말하고 연애하며, 죽는 것들의 구원』『익명의 밤』『철학연습』이 있으며, 주요 논문으로「부정성을 너머 차이로—하이데거와 들뢰즈의 경우」「흔적과 존재—데리다 해체의 기원으로서 하이데거」등이 있다.

서용순
프랑스 파리8대학에서 철학박사 학위를 받았으며 현재 영남대 인문과학연구소 학술연구교수로 있다. 저서로『청소년을 위한 서양철학사』등이 있고, 주요 논문으로「철학의 윤리, 진리의 윤리—바디우의 진리철학이 내포하는 윤리적 함의에 대하여」「바디우 철학에서의 공백의 문제」「5·18의 주체성과 후사건적 주체의 미래에 대한 소고」등이 있으며 역서로는『철학을 위한 선언』『베케트에 대하여』『투사를 위한 철학』이 있다.

신인섭
스위스 로잔대학에서 철학박사 학위를 받았으며 현재 강남대 철학과 교수로 있다. 저서로『정신치료의 철학적 지평』(공저)이 있으며, 주요 논문으로「M. 메를로-퐁티의 실존적 정신분석과 L. 빈스방거의 현존재 분석」「누보로망과 메를로-퐁티의 유비쿼터스 현상학」「지각에서 역사로의 교두보, 메를로-퐁티의 언어현상학」「미학지평에서 본, 메를로-퐁티의 내재적 초월의 현상학과 들뢰즈의 철저 내재주의 경험론」등이 있다.

심세광

프랑스 파리10대학에서 철학박사 학위를 받았으며 현재 성균관대와 철학아카데미에서 강의하고 있다. 저서로『들뢰즈 사상의 분화―스피노자론에서 영화론까지』(공저)가 있고, 주요 논문으로「미셸 푸코에 있어서 주체화와 실존의 미학」「미셸 푸코에 있어서 역사, 진실, 픽션」「미셸 푸코를 통해 본 성과 권력」 등이 있으며, 역서로는 『주체의 해석학』이 있다.

윤성우

프랑스 파리12대학에서 철학박사 학위를 받았으며 현재 한국외대 철학과 교수로 있다. 저서로『폴 리쾨르의 철학』『들뢰즈―재현의 문제와 다른 철학자들』『생각하고 토론하는 서양철학 이야기 4―현대』『번역학과 번역철학』(공저)이 있고, 주요 논문으로「포스트구조주의 욕망론―들뢰즈를 중심으로」「리쾨르의 번역론」 등이 있으며, 역서로는『번역론―번역에 관한 철학적 성찰』『낯선 것으로부터 오는 시련―독일 낭만주의 문화 번역』『번역과 문자―먼 것의 거처』(이상 공역)가 있다.

찾아보기(주요 용어)

ㄱ

가시적인 것 146, 149~50, 154, 170, 174, 176
개종 44~46, 50~51, 53, 60
객체성 54, 62
객체화 52, 54~56, 58, 61, 63
거주 93~96
거주지 93, 95~96
게슈탈트 152
결여 22, 24~25, 36
경험론 210~12, 226, 232, 238
경험적 종합 224
계보학 272, 274, 286
고고학 260, 268, 272, 286
공-가능성 315
공명(효과) 212, 216~17, 219~20, 222, 225
공백 334~36, 338~39, 346
구원 43~45, 50, 53, 57, 60, 63, 66, 67, 71, 72
구조적 비의주의 277~78
권력-지식 장치 274
그le〔블랑쇼〕 109, 112~19
기록 → 에크리튀르〔데리다〕
기술(技術) 83~84

기의〔블랑쇼〕 113, 116, 129~31
기표〔블랑쇼〕 111, 113, 116, 129, 130~34
기표들 중의 기표〔블랑쇼〕 133~34
기호 212~14, 216, 226~27, 229~34, 237~43
기호 해독 229~31, 233~34, 239, 241, 250

ㄴ

남근 → 팰러스
내적 경험 273
누보로망 147, 163, 168, 175~77

ㄷ

다단식 실재론 156, 176
다단식 이야기 156
다자(多者) 339, 344~45
다중-병합적 세계 162
담론 257~72, 274~78, 281~82, 284~85, 288~90
대리적 보충(물) 301, 304, 309, 311, 324
대자-즉자존재 47~48, 51, 53, 55~59, 61, 63~64, 71

대체 23~24
대타자 26~28, 33~34, 36,
대타자의 욕망 34, 36
대타존재 46~47, 58, 64
도구성 115, 128~130, 141
동일자 98
둘le Deux〔바디우〕334, 338, 342~48
뜻층〔후설〕298

ㄹ
로고스 231
로고스중심주의 305
리듬 87~88
리비도 20

ㅁ
마그마 150~53
마르크시즘 42
마조히즘 62
메이저 언어 234
명명(命名)〔리쾨르〕188, 190
명명(命名)〔바디우〕332, 337~38, 340~41, 345
모든 세계의 타자 116~17, 119
몸짓 109, 111~13, 116
무상성 46
무의식 17~18, 20, 25, 33
무의식적 소망 17, 26, 32
무한 94~95
무한자 101
문예비평 77~78
문자 28~30
물(物)〔라캉〕22

미메시스(론) 195~97
미학 78~80→에스테틱

ㅂ
바깥 109, 115~21, 123~24, 127, 129, 132~33, 138~39, 141~42
본래성 84, 87, 94~96
본질적 언어 109, 119, 127~30, 133, 139~42
부성적 법 243, 245
부성적 시니피앙 242, 244~48, 250~51
불가능한 대상 35
불가능한 욕망 33
비은폐(성) 83~84, 86~87
비인칭성 113~14
비자발적 기억 218

ㅅ
사건 330, 332~34, 338~41, 343~45, 347~48
사후 의미화 29
사후성 221~23, 225, 311~12, 319,
살chair 146, 159, 162~63, 170, 174
삼중의/삼중적 미메시스 195~96, 198
상상계 35
상징 183~85, 187, 190~92, 194, 202~204
상징계 18, 20~23, 27, 29~31, 33~37
상징적 남근→팰러스
상호신체성 153
상호잠식 153, 172
상호주체성 18, 26~27, 29, 31
상호텍스트성 309, 312, 314, 317, 325

생기(生起)〔메를로-퐁티〕 174~75
서사 214, 226~28, 241
선의지 214~16
선(先)지각적 170
세계-내-존재 115~16
소수문학 234~38, 249
소수언어 234
소외 37
소통불가능성 73
수용미학 51, 299, 306
수학적 존재론 333
순수 과거 217~19, 221, 226
술어현상 188, 190~91
승화 22
시간(성) 193~96, 198~202
시니피앙〔라캉〕 18~21, 23, 25~30
시니피에〔라캉〕 18~19
시니피에 없는 시니피앙 242~44, 247
시뮬라크르 284~85, 291
시선〔라캉〕 27~31
시선〔사르트르〕 55~56, 58, 60, 63
신비평 65, 285
신화 181~82, 185~87, 192
실재계 21~22, 24~25, 36~37
실존 48, 62
실존의 미학 280, 287, 291
실존적 정신분석학 42
쓰기 → 에크리튀르〔데리다〕

ㅇ

아버지의 이름 243~44, 248
악(惡) 185~87
앙가주망engagement 문학론 → 참여문학론
애도 34~36

어두운 전조 225~26
억압 20~21, 23, 28
언어의 도식 301
언어의 이미지 119, 127, 133, 140
에고ego 32, 35
에스테틱 79~80 → 미학
아이스테시스aisthesis 79~81
에크리튀르〔데리다〕 299, 301~304, 307~309, 312~13, 319, 323, 325~26
에크리튀르〔메를로-퐁티〕 147, 156~58, 163~65, 168, 178
에크리튀르〔푸코〕 263~66, 268, 285~89
에피스테메 270, 272, 276~77, 281, 284
연루 81, 90~91, 101
영생 44~45, 50, 55, 57, 59~60
예술을 위한 예술 91
오이디푸스콤플렉스 32~33
외존 108
요구〔라캉〕 20, 25
요구〔사르트르〕 60, 65~68
욕구 20, 24
욕망〔들뢰즈〕 235, 244~51
욕망〔라캉〕 17, 20~22, 24~26, 28~30, 33~34, 36
욕망의 대상 31, 34~37
욕망의 주체 34
우연성 46
원초적 기록 319, 322~26
원초적 흔적 319, 322~25
원초적/최초의 만족 24
유목민 95~97
유비쿼터스 공간 162
유비쿼터스 현상학 173, 175~76
유사성 23
유아론적 주체 337~39, 347

유적 사유 331, 347
유한성〔레비나스〕 94~95
유한성〔푸코〕 273~74, 281
은유〔들뢰즈〕 243~45, 247
은유〔라캉〕 22~23, 29
은유〔리쾨르〕 183, 187~92, 194, 203~204
음악성〔레비나스〕 87~88
음악(성)〔블랑쇼〕 108·-109, 131, 134, 137~40, 142
응시 123~25
의도의 오류 65
의미화 21~23, 25
의미화 구조 301~302, 308
이미지 86~88, 114~15, 119, 123~27, 129, 140
이야기 183~84, 187, 192, 194~95, 197~99, 201~204
이야기적 동일성 198
이중의 환원 52
이타성(異他性) 98~99
익명(성) 80~82, 88, 90 → 있음
익명적 탈존 114~15
인접관계 24
일반의 언어 127~28, 130
잃어버린 대상 35~36
있음 l'il y a 117 → 익명(성)
잉여존재 46, 56

ㅈ

자기 파괴 행위 121~23, 127
자리바꿈 24, 28
자발성 81, 88
자아 26, 34

자율성의 법칙 31
재인식 226, 239~43
재현 104, 113~14, 118, 120~23, 126, 131~32, 137~38
재형상화 193, 196~97
전쟁기계 275, 280, 283, 285, 289~90
전(前)형상화 193, 196
정신분석(이론) 18~19, 22
정주민 95~97
제3의 인물 113, 116, 119
조직 tissu 147, 149, 160, 166
존재와 다르게 93~95
존재의 장소 334, 336, 340
존재이유 46, 49, 53, 56
존재정당화 44, 49, 50
존재하게 함 85, 87, 94
종교(적) 40, 44~46, 51, 60
종교성 49~50
주체성〔레비나스〕 80~82, 87~88, 91
주체성〔사르트르〕 52, 54~55, 58, 61~64, 66~70
중립성 114
중성화 116, 129~30, 140~41
중층적 규정 294, 312, 319
즉자존재 46~47, 53, 55, 58, 62, 64
증여 67~68
증여자 67
지향성 45, 47, 58, 62, 64
직물 297~322
징후(학)〔들뢰즈〕 212~13, 216, 226
징후〔라캉〕 26

ㅊ

차연 310, 319~24

참여문학(론) 43~44, 71~73, 82, 89~91
책임(성) 81, 88, 98, 100~101
청각(적) 영상 321
초월 95, 101
초월적 시니피에 242
충동 20, 22, 26
침묵 104, 106~107, 128, 137, 139~42
침묵의 글쓰기 108

ㅋ

카이로스Kairos 155
코기토Cogito 214, 240, 251
키아스마chiasma 173

ㅌ

타인〔레비나스〕 81, 91~92, 96, 99
타자(성)〔라캉〕 20, 33
타자(성)〔레비나스〕 77, 82, 92~95, 97~98, 100~101
타자(성)〔바디우〕 332, 334, 336, 339, 341~42, 344~45, 347
타자〔사르트르〕 46, 55, 59, 60, 62, 67~68, 70
탈-구성 → 해체
탈영토화 237~39
탈은폐 83
탈존 108~109, 112~19, 136~37, 140, 142
테크네techne → 기술(技術)
텍스트〔데리다〕 297~315, 317~22, 325~26
텍스트〔라캉〕 17~18, 23, 26~28, 31
텍스트〔리쾨르〕 186, 192, 194, 197~98, 202~204
투기(投企) 48, 66
튀케Tuchè 154~55

ㅍ

파롤 259, 263, 269, 277~78, 289~90
팰러스 33~36
포이에시스 83, 87
표상 120~23, 125~26, 128, 131, 133, 136~38, 141
표식 210, 212, 238
표지층〔후설〕 298
표현 212, 219, 228~30, 233~35, 237~39, 242~43, 246~50
표현층〔후설〕 298
퓌시스physis 78
픽션 259, 264, 266~69, 290

ㅎ

해방 79, 81, 91
해체 308~10
해체론 296~97, 301, 308~10, 326
향유 31
현시 113~15, 119, 128, 132, 134
형상화 193, 196
호소 61~62, 64~65, 67
화용론 234, 236
환상 25
환유 22, 24~25
흔적 302, 306, 310~14, 318~322, 324~25

찾아보기(인명)

ㄱ

가타리, 펠릭스F. Guattari 295
기형도 296, 326
김수영 223~24, 326

ㄴ

나보코프, 블라디미르V. Nabokov 42
네르발, 제라드G. Nerval 284
니장, 폴P. Nizan 42
니체, 프리드리히F. W. Nietzsche 108, 110, 215, 241~42, 261, 271, 275, 277, 283, 296, 316~17

ㄷ

데리다, 자크J. Derrida 77, 100, 227, 242, 266, 330
데카르트, 르네R. Descartes 79, 215, 239~40, 277, 288, 339
데콩브, 뱅상V. Descombes 97
델런바흐, 뤼시앙L. Dällenbach 174
도스토예프스키, 표도르F. M. Dostoevskii 32
뒤뷔페, 장J. P. A. Dubuffet 175
들뢰즈, 질G. Deleuze 77, 80~81, 97, 107, 271, 279, 295, 315, 330
디드로, 드니D. Diderot 262

ㄹ

라이프니츠, 고트프리트G. W Leibniz. 230~31, 239
라캉, 자크J. Lacan 248
레비나스, 에마뉘엘E. Levinas 108
루셀, 레몽R. Raymon 262~63, 268, 271, 275~77, 280~84, 288
루소, 장-자크J.-J. Rousseau 271, 301, 304
르나르, 쥘J. Renard 42
리비에르, 피에르P. Rivière 283
릴케, 라이너R. M. Rilke 108

ㅁ

만, 토마스T. Mann 200
말라르메, 스테판S. Mallarme 42~43, 73, 85, 108, 120, 127~29, 134, 136~37, 139, 262, 267, 271, 275, 283~84, 287~88
말로, 앙드레A. Malraux 148
메를로-퐁티, 모리스M. Merleau-Ponty 108,

110~12, 118, 261
모리악, 프랑수아 F. Mauriac 42

ㅂ

바르트, 롤랑 R. Barthes 51, 304, 306~307
바타유, 조르주 G. Bataille 42, 108, 271, 273, 282~83, 288
발레리, 폴 P. Valéry 258
베르그송, 앙리 H. Bergson 183
베케트, 사뮈엘 S. Beckett 108, 329~31, 333~48
보들레르, 샤를 C. P. Baudelaire 42, 262, 283~84, 287~88, 291
보르헤스, 호르헤 J. L. Borges 259, 262, 275, 277, 283, 292
볼스, 폴 P. F. Bowles 42
뷔토르, 미셸 M. Butor 73, 77, 163, 178
브로트, 막스 M. Brod 246
블랑쇼, 모리스 M. Blanchot 77, 91, 95~97, 177, 258, 271, 275, 284, 288
비트겐슈타인, 루드비히 L. J. J. Wittgenstein 108

ㅅ

사드, 도나티앙 D. A. F. Sade 262, 271, 275, 285~86, 288
사르트르, 장-폴 J.-P. Sartre 77, 82, 89, 172, 183, 258
샤로트, 나탈리 N. Sarraute 163
샤르, 르네 R. Char 288
설, 존 J. R. Searle 308
세잔, 폴 P. Cézanne 146
세제르, 에메 A. F. D. Césaire 73

셰익스피어, 윌리엄 W. Shakespeare 18, 92, 189
셸링, 프리드리히 F. W. J. Scheling 266
소쉬르, 페르디낭 드 F. de Saussure 18, 109, 259, 310, 321~23
소크라테스 Socrates 199
소포클레스 Sophocles 32
솔레르스, 필립 P. Sollers 263~64, 304
슐레겔, 칼 K. W. F. Schlegel 265
스피노자, 베네딕트 B. Spinoza 228~33, 239
시몽, 클로드 C. Simon 145~47, 151~57, 159~62, 164, 167, 171, 177~78
실러, 요한 J. C. F. Schiller 266

ㅇ

아렌트, 한나 H. Arendt 199
아르토, 앙토냉 A. Artaud 108, 262, 271, 275, 277, 283~84
아리스토텔레스 Aristoteles 154, 181, 195~96, 199~200, 203
아우구스티누스, 아우렐리우스 A. Augustinus 199, 201
야우스, 한스 H. R. Jauß 51
에코, 움베르토 U. Eco 51
엘리엇, 토마스 T. S. Eliot 219~20
오스틴, 존 J. L. Austin 308
울프, 버지니아 V. Woolf 200
이저, 볼프강 W. Iser 51
잉가르덴, 로만 R. W. Ingarden 299~302, 306

ㅈ

자네, 피에르 P. M. F. Janet 282
자베스, 에드몽 E. Jabès 105

자코메티, 알베르토 A. Giacometti 42, 124~27
제임슨, 프레드릭 F. Jameson 21
조이스, 제임스 J. A. A. Joyce 37, 275
주네, 장 J. Genet 42, 73
지로두, 이폴리트 H. J. Giraudoux 42

ㅊ

첼란, 파울 P. Celan 91~92, 94~95, 97

ㅋ

카뮈, 알베르 A. Camus 42
카시러, 에른스트 E. Cassirer 187
카유아, 로제 R. Cailois 258
카프카, 프란츠 F. Kafka 114, 141, 209~12, 228~30, 234~35, 237, 239, 242~43, 245~46, 248~50, 275
칸트, 임마누엘 I. Kant 213, 221, 226, 240~41, 261, 265, 323
칼더, 알렉산더 A. S. Calder 42
캉길렘, 조르주 G. Canguilhem 276
쿠퍼, 데이비드 D. Cooper 243
크리스테바, 줄리아 J. Kristeva 304
클로소프스키, 피에르 P. Klossowski 275, 288

ㅌ

틴토레토 Tintoretto 42

ㅍ

파소스, 존 J. R. D. Passos 42
파운드, 에즈라 E. W. L. Pound 275

포, 에드거 E. A. Poe 18, 28
포크너, 윌리엄 W. Faulkner 42
퐁주, 프랑시스 F. J. A. Ponge 42
푸코, 미셸 M. Foucault 77, 108, 182, 249
프로이트, 지그문트 G. Freud 17, 25, 32, 108, 171~72, 311~13, 317~19
프루스트, 마르셀 M. Proust 76, 91, 97, 108, 145~46, 148, 150~53, 155, 161~62, 199~201, 208, 210~14, 216, 218~19, 221~22, 228~31, 233~34, 237~39, 242, 250
플라톤 Platon 108, 181, 184, 199, 203
플로베르, 귀스타브 G. Flaubert 42~43, 73, 77, 271

ㅎ

하이데거, 마르틴 M. Heidegger 77~78, 82~84, 86, 93, 95, 97, 100, 108, 134~36, 139~41, 195, 203, 241, 261, 266, 296
헤겔, 게오르크 G. W. F. Hegel 20, 108, 261, 273, 314~17
횔덜린, 요한 J. C. F. Hölderlin 77, 84, 93~94, 96, 134~35, 262, 266
후설, 에드문트 E. Husserl 46, 172, 261, 298~99
흄, 데이비드 D. Hume 801